ein Ullstein Buch

ÜBER DAS BUCH:

Ein Jahr nach Friedrich Torbergs Tod am 10. November 1979 erschien der erste Band aus dem Nachlaß des bedeutenden österreichischen Schriftstellers und streitbaren Publizisten. Der Titel *Apropos* erinnert schon akustisch an Torbergs berühmtes *PPP* (Pamphlete, Parodien, Post Scripta), als dessen Fortsetzung dieser Band gedacht war. Er vereinigt mehr als fünfzig brillant formulierte essayistisch-analytische Texte - Aufsätze, Rezensionen, Parodien und Glossen -, die Torberg zur Sache - zu der jeweils ihn faszinierenden Sache - geschrieben hat: Apropos Österreich; Apropos Witz, Satire, Parodie und tiefere Bedeutung; Apropos Friedrich Torberg ...

DER AUTOR:

Friedrich Torberg, am 16. September 1908 in Wien geboren, wurde während seiner Prager Studienzeit von Max Brod entdeckt und als Jüngster in den legendären Prager Dichterkreis aufgenommen. 1938 emigrierte er in die Schweiz, 1940 gelang ihm über Spanien und Portugal die Flucht nach Amerika. 1951 kehrte er nach Wien zurück und gab bis 1965 das *Forum,* die führende kulturpolitische Zeitschrift Österreichs, heraus. Durch eine Reihe von Romanen und Erzählungen und nicht zuletzt durch seine Kritiken und Essays, Pamphlete und Feuilletons wurde Friedrich Torberg zu einer literarischen Institution. Er starb am 10. November 1979 in Wien.

Friedrich Torberg

Apropos

Nachgelassenes – Kritisches – Bleibendes

ein Ullstein Buch

ein Ullstein Buch
Nr. 20909
im Verlag Ullstein GmbH,
Frankfurt/M - Berlin

Ungekürzte Ausgabe

Die Zusammenstellung dieses Bandes erfolgte aufgrund der testamentarischen Verfügung Friedrich Torbergs vom 16. September 1978 durch Herbert Eisenreich in Zusammenarbeit mit Frau Marietta Torberg und dem Originalverlag

Umschlagentwurf:
Theodor Bayer-Eynck
Foto: Fritz Eschen (um 1950)
Archiv für Kunst und Geschichte, Berlin

Taschenbuchausgabe mit Genehmigung des Albert Langen - Georg Müller Verlags, München/Wien

Printed in Germany 1988
Druck und Verarbeitung:
Elsnerdruck, Berlin
ISBN 3 548 20909 2

April 1988

CIP-Titelaufnahme
der Deutschen Bibliothek

Torberg, Friedrich:
Apropos : Nachgelassenes - Krit. - Bleibendes/Friedrich Torberg.
- Ungekürzte Ausg. -
Frankfurt/M ; Berlin : Ullstein, 1988
(Ullstein-Buch ; Nr. 20909)
ISBN 3-548-20909-2
NE: GT
Vw: Kantor-Berg, Friedrich
[Wirkl. Name] → Torberg, Friedrich

Vom selben Autor
in der Reihe der
Ullstein Bücher:

Mein ist die Rache (20584)
Auch das war Wien (20785)
Der letzte Ritt des Jockeys Matteo (20751)
Die zweite Begegnung (20827)
Auch Nichtraucher müssen sterben (20864)

Inhalt

Apropos Österreich, dieses selbst,
und die lieben Nachbarn

Apropos Witz, Satire, Parodie und tiefere Bedeutung, nebst einem Anhang mit eigenen fremden Federn

Apropos Bretter, die die Welt bedeuten, und solche, die, vor dem Kopf getragen, Weltanschauung bedeuten

Apropos kalter Krieg, oder »der Friede ist die Fortsetzung des Krieges mit anderen Mitteln«

Apropos Friedrich Torberg

Apropos Heiteres vom Totenbett

Blaugrau karierte Berufung zum Dichter

Ein Nachruf zu Lebzeiten

(1968)

Der Sammelband »Heiteres vom Totenbett« – eines der zahlreichen niemals ausgeführten Vorhaben Friedrich Torbergs – hätte auch jene sonderbare Grabsteininschrift enthalten sollen, die der abortive Herausgeber vor vielen Jahren auf einem kleinen Wiener Vorstadtfriedhof entdeckt hatte:

Hier ruht unsere liebe Mutter Aloisia Gschwendner, 1876–1929, im Tode vereint mit unserem unvergeßlichen Vater Franz Gschwendner, Gastwirt, 1873–

Der Gastwirt Gschwendner war also zur Zeit der Errichtung des Grabsteins noch am Leben, wollte dereinst neben seiner Aloisia bestattet sein und hatte Vorsorge getroffen, daß auf dem Grabstein, wenn's einmal soweit wäre, nur noch das Todesjahr eingemeißelt werden müßte. Dergleichen ist zumal bei Familiengräbern, deren Inhaber sich am Anblick ihrer künftigen Ruhestätte im voraus zu erfreuen wünschen – »morgen können wir's nicht mehr«, heißt es bei Schiller –, häufig der Fall und nicht weiter bemerkenswert. Das eigentlich Bedeutsame der Inschrift war, daß der Gastwirt Gschwendner sich schon zu Lebzeiten für unvergeßlich hielt oder seinen Nachkommen den Auftrag gegeben hatte, ihn für unvergeßlich zu halten. Er war ein Bahnbrecher. Ehre seinem Andenken und Friede der Asche, zu der er mittlerweile geworden ist.

Von solcherlei wehmütigen Gedanken wurde Friedrich Torberg überkommen, als man ihm die Niederschrift eines »Nachrufs zu Lebzeiten« abforderte. Daß diese Abforderung ihn zu einem Zeitpunkt ereilte, da ebensogut – gewissermaßen fürs selbe Geld – auch schon wirkliche Nachrufe auf ihn hätten erscheinen können, beunruhigte ihn nicht so sehr wie die vom seligen Gschwendner inspirierte Frage, ob er sich für unvergeßlich halten dürfe. Nach einigem Nachdenken kam er zu dem Ergebnis: eher nicht. Oder wie der von ihm über alles geliebte Schwejk sich ausgedrückt hätte: melde gehorsamst, daß herich nein. Und da Torberg, besonders im Anekdotischen, einer an Zwangsneurose grenzenden Assoziations-Manie unterlag, fiel ihm sogleich ein andrer Ausspruch des braven Soldaten ein: »Das menschliche Leben im allgemeinen, melde gehorsamst, Herr Oberlajtnant, is so kompliziert, daß das gewehnliche Leben von einen einzelnen Menschen dagegen ein Dreck is!« Torberg hatte immer davon geträumt, einmal ein Buch zu schreiben, dem sich dieser Ausspruch als Motto voranstellen ließe. Es blieb, wie so vieles andre, ein Traum, und zwar ein für Torberg typischer: Vorrang des Nebensächlichen vor der Hauptsache, des Einfalls vor seiner Tragkraft, der Arabeske vor der Substanz, des Mottos vor dem Buch. Kurz gesagt (in einer Sprache, die er um ihren präzisen Zugriff seit jeher beneidet hat): second things first. Man könnte das beinahe als das Leitmotiv seines Lebens bezeichnen.

Ehrlich genug, sich nicht unter die Unvergeßlichen einzureihen, wollte er immerhin die Möglichkeit nicht ganz ausschließen, in einigen Jahrzehnten zum Gegenstand einer vorübergehenden Wiederentdeckung zu werden. Irgendein findiger Außenseiter, so ließ er sich's vorschweben, stieße durch Zufall auf eines seiner Werke ... ja, aber auf welches? Nämlich: auf ein Werk welcher Art?

Hier liegt der Zwie-, genauer der Fünfspalt, der sich so tragisch durch Torbergs Leben zieht. Sind es doch mindestens fünf Gebiete literarischer Betätigung, auf denen Torberg hervorgetreten ist, und wenngleich sein Hervortreten auf keinem dieser Gebiete unbemerkt blieb: bis ganz nach vorne hat es ihn nie geführt, in eine ganz erste Reihe ist er dort, wo es ihm wirklich darauf ankam, nie gelangt. Wäre er der Witzbold, zu dem ihn manche Neider abwerten möchten (in Wahrheit mißgönnen sie ihm nur seine schon erwähnte Assoziationsfähigkeit, laut Schopenhauer ein Zeichen von Genialität, und seine nahezu talmudisch organisierte Denkschärfe) – er rettete sich zur Verdeutlichung seiner Situation in das humorige Klischee, daß die Lyriker ihn für einen Romancier halten, die Romanciers für einen Parodisten, die Parodisten für einen Theaterkritiker, die Theaterkritiker für einen Feuilletonschreiber, und so rundum. Nichts liegt ihm ferner als Ausflüchte dieser Art. Er hat sich auf allen fünf Gebieten durchaus autochthone Anerkennung erzwungen, also die Anerkennung der auf dem betreffenden Gebiet Heimatberechtigten. Die Romanciers mußten ihn als einen der ihren ebenso zur Kenntnis nehmen wie die Verfasser von Parodien und Polemiken, die Theaterkritiker ebenso wie die Verfasser von Essays und Feuilletons, und den Lyrikern bleibt das nur deshalb erspart, weil er es hier an dem erforderlichen Nachdruck fehlen ließ – »Nachdruck« in jeglichem Sinn, auch in Anthologien und Jahrbüchern. Ja mehr als das bzw. weniger: auf dem Gebiet der Lyrik hat er seine niemals sehr vehementen Bemühungen, sich durchzusetzen, überhaupt aufgegeben. Warum er das tat, wäre ein eigenes Kapitel, das hier nicht zu schreiben ist. Hier genüge die Andeutung, daß er die »alten« lyrischen Formen nicht mehr als zulänglich empfand und die »neuen« nicht mehr als Lyrik – ein Dilemma, dem er sich 1958 durch die Publikation eines resümierenden Auswahlbandes (»Lebenslied/Gedichte aus 25 Jahren«) endgültig entzog.

Dabei lag ihm die Lyrik von Anfang an besonders am Herzen und war nicht nur seine erste, sondern jahrelang seine einzige literarische Ausdrucksform. Es muß allerdings hinzugefügt werden, daß es sich hier um sehr frühe Jahre handelt. Beträchtlich später geschah es einmal, daß eine ihm nahestehende Dame von großem Liebreiz ihn im Verlauf einer Auseinandersetzung aus dunklen Augen lange ansah und kopfschüttelnd sagte: »Du mußt ein widerliches Kind gewesen sein.« Er war es. Er war so richtig das, was man einen frühreifen Judenbuben nennt. Mit fünf Jahren konnte er lesen und schreiben, mit sechs begann er Reime zu produzieren und trug mit sieben, als er die 2. Klasse der Volksschule in der Grünentorgasse besuchte, im Kriegswinter 1915/16 eigene patriotische Gedichte vor. Das alles ist abstoßend genug. Noch bedenklicher, ja schlechterdings entlarvend wird es dadurch, daß ihm Brocken jener Gedichte bis heute in Erinnerung geblieben sind und daß er das graublau karierte Wachsleinwandheft, in das er sie eintrug, von 1915 an nicht nur ständig weiter benützte, sondern, nachdem er's vollgeschrieben hatte, auch weiter aufbewahrte. Offenbar war er schon als Siebenjähriger fest überzeugt, daß er die Dichterlaufbahn ergreifen würde, und seine Frühreife ist ihm tatsächlich noch jahrzehntelang erhalten geblieben. Er hat, wie er schon als knapp Einundzwanzigjähriger, beim Erscheinen seines ersten Romans, stolz von sich sagen durfte, eine große Zukunft hinter sich. Jenes Wachsleinwandheft kam ihm übrigens erst 1938 abhanden, als seine immer noch vielversprechende Entwicklung jäh unterbrochen wurde, weil die Weltgeschichte dazwischen und ihn in den Hintern trat. Der Tritt beförderte ihn zuerst über die Schweiz nach Frankreich, wo er sich 1939 freiwillig zum Kriegsdienst meldete, und schließlich via Spanien und Portugal in die Vereinigten Staaten, die er 1950 verließ, um nach Wien zurückzukehren. Auch das wäre ein eigenes, hier nicht zu schreibendes Kapitel. (Dem Leser fällt allmählich auf, daß selbst hier, im engen Rahmen eines Nachrufs, immer wieder von etwas zu Schreibendem die Rede ist, welches nicht geschrieben wird.)

Zurück zu Torbergs Anfängen. Als Dichter galt ihm also lange Zeit nur einer, der Gedichte machte. Wer Prosa schrieb, war ein Schriftsteller. Von dieser reichlich primitiven Unterscheidung ist er niemals gänzlich losgekommen. Bis an sein Lebensende sah er im Gedicht die eigentliche Legitimation, sozusagen die Carte d'identité des Poeten. Für sich selbst hätte er die Bezeichnung Poet freilich nicht in Anspruch zu nehmen gewagt. Er wollte am liebsten als »homme de lettres« gelten, was es im Deutschen nicht gibt (»Literat« ist etwas andres und spürbar Geringeres). Einem »homme de lettres«, so schien ihm, wird aus seiner Vielseitigkeit kein Strick gedreht. Das aber war's, womit Torberg es immer wieder zu tun bekam, mitunter auf eine recht schmerzhafte Weise. Besonders schmerzte ihn ein Erlebnis, das ihm durch einen befreundeten Buchhändler vermittelt wurde. Zur Zeit, da Torberg im Bewußtsein der interessierten Öffentlichkeit fast ausschließlich als Herausgeber des FORVM (1954–1965) und nebenher als Theaterkritiker figurierte, erschien eine Jubiläumsausgabe seines schon erwähnten Erstlingsromans, und jener Buchhändler berichtete ihm, daß ein Käufer des Buchs sich zweifelnd erkundigt hätte, ob der Autor vielleicht derselbe Torberg sei, der das FORVM herausgibt. Das war kein geringer Schock für den damals ohnehin schon um seine literarische Existenz Besorgten. Es war geradezu ein Alarmsignal und, wie wir heute wissen, der erste Anstoß zu seinem Entschluß, sich vom FORVM zurückzuziehen und sich wieder ganz der Literatur zu widmen – ein Vorhaben, das ihm, wie wir heute gleichfalls wissen und ohne Überraschung feststellen, keineswegs wunschgemäß geglückt ist.

Über die immanenten Gefahren seiner Vielseitigkeit war Torberg sich schon lang zuvor klargeworden, nicht ganz so bald wie über seine blaugrau karierte Berufung zum Dichter, aber noch immer viel zu frühzeitig, als daß es für ihn schon statthaft gewesen wäre, sich darüber zu äußern. Er tat es dennoch, und zwar vermittels einer Eintragung in sein Tagebuch – mit dem er übrigens, wie mit so mancher andern pompös in Szene gesetzten Unternehmung, nicht sehr weit kam. Auch spätere Versuche ähnlicher Art fanden alsbald ein unrühmliches Ende, wobei allerdings, und ausnahmsweise zugunsten Torbergs, geltend gemacht werden darf, daß er anstelle von Tagebüchern eine Korrespondenz führte, die schlechthin ruinöse Dimensionen annahm. Es wird sich vermutlich zeigen, daß gut die Hälfte alles jemals von ihm Niedergeschriebenen, und nicht das Schlechteste, aus Briefen bestand, für die er einen unverhältnismäßig großen Aufwand an Zeit und Sorgfalt bereithielt. Trotz aller Eitelkeit, die ihm zu eigen war und die er durch eine kokette Selbstironie zu tarnen suchte: in seinen Briefen nahm er niemals auf die Nachwelt Bedacht, immer nur auf den Partner. Jeder einzelne Brief, auch der nebensächlichste an den unwichtigsten Empfänger, stellte für ihn eine Herausforderung dar, der er sich nicht minder gewachsen zeigen wollte als literarischen Herausforderungen welcher Art immer. Er war organisch außerstande, kurze Briefe zu schreiben, denn sie schienen ihm gleichbedeutend mit unpersönlichen. Er teilte die Menschen in solche ein, die Briefe schreiben konnten, und in solche, die das nicht konnten. Mit diesen trat er erst gar nicht in Verkehr, am allerwenigsten in brieflichen, oder er brach ihn nach kurzem ab. Manch eine verheißungsvoll begonnene Beziehung, so geistiger wie seelischer Art, ist daran zugrunde gegangen, daß seine Briefe »schlecht« beantwortet wurden; nicht daß sie unbeantwortet blieben, dagegen gab es Auskunftsmittel, sondern daß die erfolgte Antwort unzulänglich war. Noch widerborstiger reagierte er, wenn ihm für ein briefliches Beisammensein telephonischer Ersatz angeboten wurde, eine Unart, die zumal unter den Angehörigen des weiblichen Geschlechts bedrohlich um sich greift. »Fünf Minuten Brief sind mehr als fünfzig Minuten Ferngespräch«, bemerkte er bei solchen Anlässen, und das war dann meistens das Ende der Verbindung, sowohl der telephonischen wie insgesamt.

Aber wir sind – kein Wunder bei einem Autor, dem das ja immer wieder selbst passiert – vom Thema abgekommen, von jener Tagebuchnotiz, in der sich der junge Torberg auf eben diesen Defekt bezog, auf seinen Hang zur thematischen Dezentralisation, also auf seine Vielseitigkeit. Der junge Torberg war damals sechzehn Jahre alt, besuchte in Prag das Realgymnasium und hatte mit der Mathematik und der Darstellenden Geometrie die größten Schwierigkeiten, die nachmals denn auch zu seinem Durchfall bei der Matura und in weiterer Folge zur Niederschrift des bis heute tantiemenspendenden »Schüler Gerber« führten. Dies mußte noch rasch gesagt sein, um die unerträgliche Selbstgefälligkeit der nunmehr endlich zitierten Tagebucheintragung ins rechte Licht zu rücken: »Der Kreis, wie wir aus der Darstellenden Geometrie wissen, besteht aus einer Vielzahl unendlich kleiner Seiten. Ich bin so vielseitig, daß ich fürchte, ein ewig purzelnder, niemals Halt findender Kreis zu werden.« Das Fatale dieser (wenn auch anfechtbar formulierten) Erkenntnis liegt nicht so sehr darin, daß sie sich bereits dem Sechzehnjährigen erschlossen hat, sondern daß der Sechzigjährige sich noch an sie erinnert – ohne in den mittlerweile vergangenen 44 Jahren etwas dagegen getan zu haben.

Auch die Zeit, die ihm noch zubemessen ist, wird nicht mehr viel daran ändern. Dem in formaler Hinsicht zweifellos recht begabten Autor wird allenfalls nachzurühmen sein, daß er sich der Grenzen seines Talents bewußt war, und nachzutadeln, daß er nicht einmal diese ihm bewußten Grenzen ausgefüllt hat. Von seinen vielseitigen Möglichkeiten verlockt, wollte er in allzu vielen Gegenden der solcherart umgrenzten Literaturlandschaft siedeln und fand in keiner eine Bleibe. Kaum hatte er sich damit abgefunden, daß ihm die alten lyrischen Formen nicht mehr taugten, verbiß er sich in die alten Formen der erzählenden Prosa, schrieb Novellen wie »Mein ist die Rache« und Romane wie »Hier bin ich, mein Vater« oder »Die zweite Begegnung«. Kaum hatte er aus der Einsicht, daß die moralischen und ideologischen Konflikte unsrer Zeit sich im Roman nicht mehr bewältigen ließen, die sinnvolle Konsequenz gezogen, eine kulturpolitische Kampfzeitschrift von scharf antitotalitärer Haltung herauszugeben, trug er den kulturpolitischen Kampf auch schon in die Theaterkritik weiter. Kaum hatte er durch einen vor illustrem Pariser Kreis gehaltenen Vortrag: »Y a-t-il une littérature autrichienne?«, durch einen akribisch untermauerten Essay über das »Selbstgericht in der österreichischen Literatur«, durch einen Rundfunkzyklus über das Verhältnis zwischen Deutschen und Österreichern und durch dergleichen mehr sich zum Verfechter eines neuen österreichischen Selbstverständnisses aufgeworfen, fiel er über die Verfasserin eines vorgeblich jüdischen Witzbuches her, um sie in aller Öffentlichkeit rituell abzuschlachten, erregte Zustimmung und Widerspruch mit Vortragsthemen wie »Das philosemitische Mißverständnis« und kehrte die jüdische Komponente seines Wesens so nachdrücklich hervor, daß er immer häufiger als (wie er sagte) »Jud vom Dienst« zu den einschlägigen Rundgesprächen, Fernsehdiskussionen und Seminaren herangezogen wurde. Kaum hatte er eine Sitzung der Jury für das »Berliner Theatertreffen« verlassen, unterbrach er seine Rückreise in München, um auf einer Veranstaltung der »Katholischen Akademie« über den Strukturwandel des Freiheitsbegriffs zu sprechen. Kaum war er mit der Übersetzung eines neuen Satirenbandes von Ephraim Kishon fertig geworden, gab er einen Vortragsabend aus den Werken Herzmanovsky-Orlandos und bereitete sich anschließend für eine Schallplattenaufnahme von Gedichten Peter Hammerschlags vor. Kurzum: er machte immer zuviel auf einmal, und da ihm nichts davon überzeugend mißlang, hörte er bis an sein Lebensende nicht auf damit. Wie er es unter solchen Umständen fertigbrachte, auch noch die irdischen Freuden des Daseins zu genießen, des Umgangs mit Köchen und Kabarettisten, mit Mädchen und Matronen, mit Theologen und Politikern zu pflegen, allsonntäglich über die Fußballmannschaft der »Austria« sich violett zu ärgern, ohne darob den Appetit fürs anschließende Nachtmahl einzubüßen, sein Häuschen im Wienerwald zu bestellen und nach einem Haus in Alt-Aussee Sehnsucht zu haben, stundenlang in den sorgfältig gesammelten Bänden der »Fackel« nach einer Stelle zu forschen, die ihm in einer sprachlichen Entscheidung recht gäbe, und zwischendurch immer wieder daran zu glauben, daß er jenen Roman, um dessentwillen er überhaupt zu schreiben begonnen hatte, den Roman des jüdischen Minnesängers Süßkind von Trimberg, doch noch schreiben würde –: wie er das alles gemacht hat, ist sein Geheimnis, und er wird es mit ins Grab nehmen.

Auf seinem Grabstein aber stehe, da er's an Unvergeßlichkeit mit jenem Gastwirt doch nicht aufnehmen kann, die artverwandte und zugleich symbolträchtige Inschrift: »Essen war seine Lieblingsspeise.«

keit mit jenem Gestirn doch nicht [illegible]
verwandte und zugleich symbolträchtige Instrument – dieses
war seine Lieblingsweise.«

Apropos Deutsch als Sprache, als Kauderwelsch, und auch als ortografi

Ein fehlender Beistrich bei Kleist

(1969)

Der Titel täuscht. Es liegt hier keine literatur- oder stilkritische Untersuchung über Heinrich von Kleist vor und keinerlei Anspruch auf wissenschaftliche Haltbarkeit. Beinahe im Gegenteil. Beinahe widerstrebt der hier abgesteckte Rahmen sogar der simplen Feststellung, daß über dem Dramen- und Novellendichter, ja über dem Essayisten und Epigrammatiker Kleist der Lyriker völlig in Vergessenheit geraten ist, und nicht einmal mit Unrecht.

In der wahrscheinlich zuverlässigsten aller verfügbaren Werkausgaben, der zweibändigen Dünndruck-Ausgabe des Hanser-Verlags (die 1961 in einer revidierten Neuauflage erschienen ist), nimmt die Lyrik ganze 36 von rund 1600 Textseiten ein. Kleist hat nur sehr wenige Gedichte geschrieben. Aber unter diesen sehr wenigen Gedichten befindet sich das folgende:

Katharina von Frankreich
(als der schwarze Prinz um sie warb)

Man sollt ihm Maine und Anjou
Übergeben.
Was weiß ich, was er alles
Mocht erstreben.
Und jetzt begehrt er nichts mehr,
Als die eine –
Ihr Menschen, eine Brust her,
Daß ich weine!

Das ist – mit dem einleitenden Vorbehalt sei's gesagt – eines der schönsten Liebesgedichte deutscher Sprache, das ist eine der schönsten Überschriften, denen jemals ein Liebesgedicht folgte, das ist von einer so sprengenden, so leidenschaftlichen, so über alles Erdenmaß hinausjauchzenden Atemlosigkeit, daß da nichts mitgeatmet werden konnte, was nicht unabdingbar und unerläßlich hierhergehörte, kein Wort, keine Silbe, nicht einmal ein Apostroph.

Und eben diese fehlenden Apostrophe (in »sollt« und »mocht«) lassen mich seit Jahrzehnten störrisch an die Richtigkeit einer Lesart glauben, die mir nur in einer einzigen Kleist-Ausgabe untergekommen ist, und ich weiß nicht einmal, in welcher, denn ich besitze sie längst nicht mehr. Es war, soviel habe ich noch in Erinnerung, eine annähernd zeitgenössische Ausgabe, gedruckt kurz nach des Dichters Tod und offenbar unbefugt, also mit keinem »Allerhöchst Kayserl. Privilegio« und keinem sonstigen. Und in dieser Ausgabe hießen die beiden Schlußzeilen:

Ihr Menschen eine Brust her,
Daß ich weine!

Niemand wird mir ausreden können, daß Kleist die vorletzte Zeile so geschrieben hat, wie sie hier steht. Daß sie so, wie sie hier steht, besser ist. Daß er nicht Atem hatte noch haben wollte, nach »Menschen« einen Beistrich zu setzen. Daß manch ein Lyriker, den wir als repräsentativ für unsere Zeit ansehen, manches dafür gegeben hätte, wenn ihm eine solche Zeile eingefallen wäre. Und daß der fehlende Beistrich dieses Gedicht, das eines der schönsten Liebesgedichte deutscher Sprache ist, obendrein zu einem ganz und gar heutigen macht.

Ihr Menschen eine Brust her! Und wenn einer vielleicht jene Kleist-Ausgabe besitzt oder Kenntnis von ihr hat: auch jene Kleist-Ausgabe her!

Karl Kraus und der grosse Kahn

Eine Reminiszenz / zugleich ein Geburtstagsbrief an Erich Heller

(1976)

Jedwede kritische Beschäftigung mit Goethe »erfordert das äußerste Taktgefühl; nicht nur, weil die Erscheinung so immens ist [. . .], sondern auch, weil ein großer Teil der endlosen Diskussionen um Goethe von so nervöser Erregtheit ist, daß in der elektrizitätsgeladenen Atmosphäre um ihn kritische Kurzschlüsse fast unvermeidlich wurden«.

Sollten Dir diese Zeilen bekannt vorkommen, lieber Erich, dann täten sie's mit Recht. Sie stammen von Dir. Sie stehen in Deinen gesammelten »Essays über Goethe«, die vor einigen Jahren im Insel-Verlag erschienen sind und die ich gleich damals gelesen habe – »mit Genuß und Belehrung«, wie der Professor Steiner zu sagen pflegte, jener unvergleichlich originelle Kauz, der zuerst an einem Prager Gymnasium klassische Sprachen unterrichtet hatte und dann zum weithin respektierten Leitartikler des »Prager Tagblatts« geworden war. Sogar der von uns beiden (und von ihm) verehrte Karl Kraus respektierte ihn, nahm ihm die journalistische Betätigung nicht übel, nannte ihn im privaten Gespräch eine »anima candida«, es klingt uns beiden noch im Ohr . . ., und da sieht man wieder, wohin es führt, wenn zwei allmählich Betagte soviel gemeinsame Erinnerungen haben wie wir.

Nicht von ungefähr führt es dorthin. Karl Kraus steht ja schon im Titel dieser kleinen Reminiszenz, die sich unter die hier versammelten Geburtstagshuldigungen einschmuggelt, und auf eine merkwürdige Teil-Weise könnte ihm auch das einleitende Zitat aus Deinen »Essays über Goethe« gelten: »Endlose Diskussion [. . .] nervöse Erregtheit [. . .] elektrizitätsgeladene Atmosphäre [. . .] kritische Kurzschlüsse« – sind das nicht eher Merkmale der Auseinandersetzung mit und um Karl Kraus? Mir jedenfalls will es so scheinen. Ich hab's da allerdings ein wenig leichter als Du, weil ich mich ja mit Goethe nur als Genießer auseinandersetze, nicht als Gelehrter.

Und jetzt bedarf ich geradezu einer Doppelportion jenes »äußersten Taktgefühls«, das Du für jedwede Kritik an Goethe forderst. Im folgenden geht es nämlich um eine doppelte, zugleich an Goethe und an Karl Kraus geübte Kritik, deren ich mich vor vielen Jahren einmal unterfangen habe. Überflüssig zu sagen, daß sie keinen Anspruch auf wissenschaftliche Haltbarkeit erhebt. Auch richtet sie sich im Grunde weder gegen Goethe noch gegen Karl Kraus, sondern gegen die von Dir gerügten »Exzesse der Verehrung«, gegen die bedingungslosen Jasager, die es zumal unter den Kraus-Verehrern in so leidiger Vielzahl gegeben hat. Sie waren es, die ich in der Gestalt eines ihrer namhaften Repräsentanten ad absurdum führen wollte. Es ist mir geglückt. Aber das ging, wenngleich nur indirekt, auf Kosten des von ihnen Verehrten und des noch Größeren, den er selbst verehrt hat, auf Kosten des Goethe-Verehrers Karl Kraus.

Im 5. Akt von »Faust II« spricht Lynkeus der Türmer (»durchs Sprachrohr«) die beiden berühmten Zeilen

Ein großer Kahn ist im Begriffe,
Auf dem Kanale hier zu sein.

Karl Kraus, wir wissen es, hat sie besonders hoch geschätzt – mir, ich komme um dieses Geständnis nicht länger herum, verursachen sie ein dumpfes, unabweisliches Mißbehagen, vor allem deshalb, weil nach meinem Empfinden ein Kahn, also ein lebloser Gegenstand, nicht »im Begriffe« sein kann, etwas zu tun. Dazu gehört ein denkfähiges, ein des Begreifens fähiges Wesen. Was hier ausgedrückt werden soll, wäre am besten aus dem Französischen zu erborgen: »être en train«. Aber genau das ist mit einem Kahn auch wieder nicht zu machen. Ein »bateau« kann nicht »en train« sein. Er hat sich, wie immer man's nimmt, verfahren.

Nun ließ Karl Kraus keinen Zweifel daran, daß er in diesen

zwei Zeilen den grandiosen Ausdruck einer umfassenden, geistig und stimmungsmäßig restlos erfüllten Gelassenheit erblickte. Er war gerade noch bereit, das, was ich als holprig empfand, für einen mit Absicht schwerfälligen Sprachduktus zu nehmen, schwerfällig im Sinne von behäbig oder bedachtsam und somit, nun eben: gelassen. Gegen diese festgefügte Überzeugung wagte ich keinen weiteren Widerspruch.

Um so lustvoller war mir eine Gelegenheit willkommen, die der vorhin erwähnte Repräsentant eines bedingungslosen Jasagens herbeiführte, er ruhe in Frieden und sei in alle Ewigkeit bedankt für seine lebenslange Hingabe an Karl Kraus, für die Aufopferung, mit der er die große Werk-Edition bei Kösel betreut hat – ich spreche von Heinrich Fischer. Der also brachte einmal in guter nächtlicher Kaffeehaus-Stunde die Rede auf jene beiden Lynkeus-Zeilen, und ihm gegenüber hatte ich keine Hemmungen, meine Einwände zu äußern. Natürlich reagierte er ganz genau so, wie's ihn der Meister gelehrt hatte, mit den gleichen Argumenten, fast mit den gleichen Worten:

»Sie müssen doch die ungeheure Ruhe spüren, die von diesem Bild ausgeht und die den ›Begriff‹ einschließt. Er ist ja gar nicht abstrakt, er wird zu einem konkreten Teil der Bildhaftigkeit. Und dazu die beiden Dativ-E: im Begriffe ... auf dem Kanale ... wie herrlich hingedehnt ist das alles, wie überwältigend ruhig. Können Sie mir die beiden vorangehenden Zeilen zitieren?«

»Ja«, sagte ich und zitierte:

Die Sonne sinkt, die letzten Schiffe,
Sie ziehen langsam hafenein.

»Da haben Sie's!« jauchzte Fischer. »Allein dieses ›langsam‹, ›langsam hafenein‹ – merken Sie denn nicht, wie die beiden langgezogenen *a* von ›langsam‹ sich ins ›hafenein‹ veratmen und schließlich im ›Kahn‹ und im ›Kanale‹ münden? Es ist die vollendete Abendstimmung, die mit diesem ›langsam‹ anhebt, es ist die souveräne Altersweisheit, es ist großartig.«

Ich ließ ihn ruhig zu Ende schwärmen, genüßlich, der bübischen Tücke voll. Dann gab ich sie preis:

»Alles schön und gut, Herr Fischer. Nur heißt es leider nicht ›langsam‹, sondern ›munter‹. Sie ziehen munter hafenein, die letzten Schiffe. Munter. Wo bleibt da Ihre veratmend hingedehnte Abendstimmung?«

Sie blieb unauffindbar. Zumindest machte Heinrich Fischer keinen Versuch, sie aus dem alles eher als langgezogenen ›munter‹ abzuleiten.

By the way, Erich: Was hältst eigentlich Du vom Kahn, der im Begriffe ist? Wir haben nie darüber gesprochen ... Aber wie immer Du darüber denkst – es wird nichts an den vielfachen Einverständnissen ändern, die uns seit Jahrzehnten miteinander verbinden.

Daß es noch lange bei dieser Verbindung bleiben möge, ist mein höchst egoistischer Wunsch zu Deinem 65. Geburtstag.

Die Geschichte vom Manne, der den Sprachschatz hob

(1954)

In einer großen, wunderschönen Stadt, die von grünen Wäldern umgeben und von einem blauen Strom durchflossen war, lebte vor vielen, vielen Jahren ein Kaffeehaus. Es hieß »Café Central«, und sein Ruhm beruhte nicht etwa auf dem Kaffee, der dort serviert wurde, nicht auf den verschiedenen Stärkegraden des Mokka und des Türkischen, nicht auf der sorgsam beobachteten Farbdifferenz zwischen einer Melange und einem Kapuziner, zwischen einer Nußschale Gold und einer Teeschale braun mehr licht. Der Ruhm des »Café Central« gründete sich vielmehr auf die Insassen des einen seiner drei Säle. Denn dort, im gotisch hochgewölbten, von schrägem Oberlicht nur matt erhellten Arkadensaal – einer Art Kapuzinergruft mehr dunkel – thronten um mächtige runde Marmortische die Könige und Fürsten der Wiener Literatur. Sie aufzuzählen hätte wenig Sinn und würde das Bild nur verwirren: nicht weil viele von ihnen schon gestorben sind und manche obendrein verdorben, so daß man kaum noch ihren Namen kennt; sondern weil sie alle, mitsamt den noch Lebenden, für dieses Bild keine größere Bedeutung haben als die zahl- und namenlosen Schranzen, die sich um sie scharten und die im allgemeinen wohl gelitten waren.

Es gab indessen auch Ausnahmen. Es gab Botmäßige, die so demonstrativ ihren Tribut zollten, daß er zur Last wurde statt zur Lust, es gab Trabanten, deren Gefolgschaft in Verfolgung ausartete und die, statt in den Spuren des Meisters zu gehen, ihm auf die Nerven gingen.

Ein solcher war es, der sein unablässiges, von keiner Ermunterung genährtes Bemühen um die Gunst und Gesellschaft Alfred Polgars so weit trieb, daß er ihm eines Nachmittags aus dem Kaffeehaus auf die Straße folgte und sich wie zufällig neben den zögernd Stehngebliebenen gesellte.

»In welche Richtung gehen Sie, Herr Polgar?« fragte er.

Und bekam zur Antwort:

»In die entgegengesetzte.«

Man kann diese kleine Anekdote – und deshalb wird sie hier wiedergegeben – sehr wohl zum Ausgangspunkt nehmen, um Alfred Polgar zu deuten und zu definieren. Man kann den insgesamt drei Worten, aus denen Polgars Antwort bestand, die ganze Treffsicherheit seiner Formulierungskunst entnehmen; die Präzision seines gedanklichen Zugriffs; nicht nur die Schärfe seines sprachlichen Ausdrucks, sondern auch dessen Sparsamkeit (die schon an planwirtschaftliche Ökonomie grenzt); nicht nur die Schärfe seines Blicks, sondern auch dessen Umfassungsvermögen; nicht nur das überraschende Aufblitzen seiner Pointierung, sondern auch des Blitzes Eigentümlichkeit, die Gegend, in die er hineinblitzt, jählings aufzuhellen –: all dies und noch einiges mehr läßt sich aus Polgars Antwort herausdeuten und herausdefinieren.

Es ist nichts besonders Neues, daß jeder künstlerische Schöpfungsakt einen Mikrokosmos darstellt, eine Wiederholung der Weltschöpfung im kleinen, und daß er sich anderseits in bedrohlicher Kongruenz zu jenem Vorgang entwikkelt, der uns schlechthin als »Zeugungsakt« geläufig ist. Und zwar tut er das mit allem Drum und Dran, mit allen Phasen und Begleiterscheinungen vom Anfang bis zum Ende: an welchem das fertige Ergebnis steht. Hugo von Hofmannsthal, in seinen »Gesprächen über literarische Gegenstände«, mahnte den Künstler, Erlebnisse und Erregungen nicht außerhalb seiner Arbeit zu suchen, denn in ihr habe er alles: »die namenlose Wollust der Empfängnis und die unerschöpfliche Qual der Ausführung«. Die Parallele liegt so nah wie das Gute, sieh; und wenn man sie ergreift, wird man alsbald entdecken, daß der Künstler sich von bestimmten Komponenten oder Eigenheiten der von ihm geübten und geliebten Kunst noch eigens angezogen fühlt – genau wie das eben auch in einer Beziehung zwischen Mann und Frau geschehen kann. Die Rede ist hier nicht vom Geld (denn wenn's zum Geld kommt, wird die Parallele zur Identität, zur sogenannten »Einheit von Mensch und Künstler«). Die Rede ist beispielsweise davon, daß die besondere Neigung eines Lyrikers dem Rhythmus gilt und nicht dem Reim, daß es einem Dramatiker mehr um die aufregend geschürzte Handlung zu tun ist als um den Dialog, einem Romancier mehr um die Plastik seiner Figuren als um die Atmosphäre – ganz ähnlich wie ein Liebender etwa in die Hände, die Augen oder die Stimme der Geliebten besonders verliebt sein mag.

Alfred Polgar ist in die Sprache verliebt. Zum Unterschied jedoch vom hohen Pathos der Beziehung, die etwa Karl Kraus zur Sprache unterhielt, von der schwergewichtigen, leichtentzündlichen Kampf- und Lebensgemeinschaft, die zwischen ihm und ihr bestand, ist es bei Polgar wirkliche Verliebtheit, ein immer vorhandenes und niemals aufdringliches Da-Sein für die Geliebte, nicht leichtfertig oder gar oberflächlich verspielt, aber auch manisch nicht und nicht besessen, des Verständnisses voll und des Einverständnisses gewiß, selbst dort noch werbend, wo ihm längst Gewährung ward, selbst dort noch wachsam, wo ihm von weither keine Gefahr droht, ohne Krampf und Exklusiv-Anspruch: eine Beziehung von zarter Intensität, die Rücksicht zu nehmen versteht, die um die Wohltat der Pause weiß – und die eben darum noch heute so lebendig, so anmutig und so echt ist wie am ersten Tag. Wahrlich, man kann die Sprache nur darum beneiden, wie gut sie es bei Alfred Polgar hat, und man darf sich nicht wundern, daß sie bei solcher Behandlung ganz weich und schmiegsam wird und nichts von dem spröden Widerstand merken läßt, den sie so vielen andern gegenüber, die mit ihr anbandeln möchten, ihr Leben lang an den Tag legt (und die Patzer merken es nicht einmal).

Mit jener bereitwillig erteilten Antwort, daß er in die entgegengesetzte Richtung gehe, trifft Polgar mitten ins Schwarze der an ihn gerichteten Frage, mitten in ihre dreiste Zielstrebigkeit, die es nicht am bloßen »wohin« genug sein läßt, sondern sich ganz genau nach der Richtung erkundigt, auf die sie den Befragten festlegen will. Denn für einen Frager dieser Art ist es von vornherein ausgemacht, daß man immer in eine bestimmte Richtung zu gehen hat und nicht vielleicht im Walde so für sich hin. Und die gefühl- und gedankenlose Sturheit seiner Annahme verweist ihn folgerichtig ins Klischee, in die phrasenhafte Formulierung, die ihm dann mit Recht so übel bekommmt, wie er es ist. Schon hat Polgar sie erfaßt, schon hält er sie mit zwei Fingern vor sich hin, und wenn er sie jenem ins Gesicht zurückschnellen läßt – wobei, o Weisheit der Geliebten, im »Schnellen« auch die Geschwindigkeit beschlossen liegt –, bedient er sich zugleich der Vorarbeit, die ihm die Phrase geleistet hat. Denn die »entgegengesetzte Richtung« ist als solche genau so klischiert und festgefügt wie die Erkundigung, »in welche Richtung« man gehe. Polgar läßt die eine Phrase auf die andre dergestalt einwirken, daß das Gefüge auseinanderfällt, daß die Antwort gewissermaßen als Zersetzungsprodukt der Frage auftritt, und daß wir staunend des Inhalts einer Phrasenhülse gewahr werden, die wir längst schon abgedroschen glaubten. Hülsenfrüchte solcher Art zum Keimen zu bringen, verdorrte Sprachlandschaft zu roden und wieder urbar zu machen: es gibt im weiten Bereich der deutschen Literatur keinen zweiten, der das mit annähernd ähnlicher Meisterschaft vermöchte. Und es gibt dafür kein besseres, kein stilvolleres Bild als jenes, mit dem Polgar selbst einmal der rührend warmherzigen Hilfsbereitschaft eines Freundes gerecht wurde: »Wo er hintritt, wächst Gras.« Auch hier das gleiche, auch hier nur eine kleine, unscheinbare Verschiebung der Sprach-Schablone – und wenn sie abgehoben wird, liegt ein neues Muster vor uns.

Es muß nicht immer das Gegenmuster sein. Es ist nicht immer so, daß Polgar auf die Phrase repliziert, daß er, wie ein Tennisspieler bei manchen Stopp- oder Volleybällen, gewissermaßen mit der Kraft des gegnerischen Schlags zurückschlägt – also zum Beispiel von einer regungslos routinierten Schauspielerin nach einer Szene mit ihrem jugendlich heiß bemühten Partner feststellt: »Sie spielt im Schweiße seines Angesichtes«; oder daß er einem schon etwas betagten und obendrein humorlosen Charakterdarsteller, der sich an Nestroys bösem Buben Willibald versucht, mit kritischer Nachsicht konzediert, er sei für die Rolle vielleicht noch ein wenig zu jung, würde aber zweifellos, wie der Nagel ins Fleisch, in sie hineinwachsen; daß er, kurzum, eine schon angegebene Richtung nur dazu wahrnimmt, um in die entgegengesetzte zu gehen. Ebenso oft spürt er in unerforschte Gegend vor, und es ergibt sich ihm köstliche Beute. Oder ließe sich für die Aussichtslosigkeit einer Polemik mit Karl Kraus ein bildhafteres Gleichnis finden als »der Kampf um ein Messer, wobei Kraus den Griff in der Hand hat und der andere die Klinge«? Für das Farbenspektrum des Literatencafés eine bessere Mischung als die von »aschgrau und ultrastagelgrün«?

Niemals aber, wo immer er sich auf die Sprach-Pirsch begibt, wird Polgar eine überflüssige Bemerkung machen, niemals wird er seine Verliebtheit in die Sprache zur Schau stellen und sie zu jenem Geschnäbel und Getändel entarten lassen, das sich in der Öffentlichkeit immer ein bißchen peinlich ausnimmt. Weil er ein wirklicher und legitimer Kritiker ist, bleibt seine Kritik in ihrer Tendenz immer auch selbstkritisch und in ihrer Form immer so prägnant, daß es wieder etwas mit dem ursprünglichen Sinn dieses Wortes zu tun bekommt, und der bedeutet: schwanger, trächtig, gehaltvoll. Die Geschichte vom Delinquenten, der auf die angebotene Henkersmahlzeit (»Sie dürfen essen, was und wieviel sie wollen«) mit dem Seufzer reagiert: »Schade! Wenn Sie mir das zwei Monate früher gesagt hätten, wäre der ganze Raubmord nicht passiert«, ersetzt Bände von kriminalistischem Quellenstudium, und die Geschichte vom armen, traurigen Kinderfräulein, dessen Trauer den Kindern gar nicht guttut und dem darum von der Herrschaft »aufgetragen« wird, in Hinkunft »sonniger« zu sein, ist konzentrierte Sozialkritik. Polgar weiß mit den sparsamsten Mitteln menschliche und gesellschaftliche Situationen auszuleuchten, und mit dem denkbar geringsten Aufwand die geistigen Räume freizulegen, in denen sich hart die Sachen stoßen. Er weiß sie zu finden, die Ritzen, durch die man Abgründe sieht, er weiß unsern Blick auf sie zu und durch sie hindurchzulenken – und siehe: auch hier ist die Richtung, in die er uns zu schauen zwingt, der uns erwünschten oft genug entgegengesetzt.

Denn Alfred Polgar – und damit entdeckt sich auch das Geheimnis seiner Sprachkunst – ist ein Moralist. Kein mißvergnügter, mieselsüchtiger Querulant, kein blindwütiger Draufgänger, sondern einer, der aus klarem Antrieb klarem Ziele zustrebt, der inmitten einer allgemeinen geistigen Verarmung justament geist-reich bleibt, inmitten der alles überwuchernden Sprachverlotterung ringsum sich justament an die Sprache hält – einer, der in die entgegengesetzte Richtung geht, der keinen Kompaß braucht, um sie zu finden, und keine Wünschelrute, um den deutschen Sprachschatz zu heben, von dem er längst schon selbst ein Teil geworden ist.

Chansontexter Heine

(1976)

Mein Interesse an Hitparaden und den dazugehörigen Text- und Musikproduktionen ist gering und in keiner Weise fachmännisch. Es geschieht nur selten, daß eine aus diesen Gegenden stammende Schallplatte, sei sie long oder single, mich anspricht oder gar aufregt. Mit einem solchen Fall bekam ich's vor kurzem zu tun, und darüber möchte ich berichten.

Der in München lebende Komponist Christian Bruhn ist nämlich dem Chansonelement im lyrischen Oeuvre Heinrich Heines auf die Spur gekommen und hat aus achtzehn Stücken dieses Oeuvres Chansons gemacht. Nicht Lieder, sondern Chansons. Er hat, sozusagen, den Chansontexter Heine entdeckt. Das ist schon aus sachlichen Gründen aufregend genug. Aber bei mir kommt noch ein persönliches Motiv hinzu, das ich redlicherweise nicht verschweigen darf.

1932, als Vierundzwanzigjähriger und ermuntert von meinem älteren Freund Robert Neumann, dem Meister des parodistischen Genres, habe ich eine Parodienreihe veröffentlicht, die »Angewandte Lyrik« hieß, von Klopstock bis Brecht reichte und den Versuch unternahm, mit vier-, sechs- oder maximal achtzeiligen Epigrammen einzelne Dichter und ganze Dichterschulen parodistisch zu charakterisieren. Das Epigramm über Heinrich Heine lautete wie folgt:

Das war eine große Verwirrung,
Das war des Neuen zu viel:
Satire, Chansons *und Polemik*
Und heimliche Tränen und Stil.

Heut weiß man, daß du der Dichter
Des »Buchs der Lieder« bist . . .
Im Zweifelsfalle entscheiden
Die Deutschen sich stets für den Mist.

Die zweite Strophe führe ich vor allem als Beleg dafür an, daß ich dem Phänomen Heine, zweifellos einer der reizvollsten Erscheinungen der Weltliteratur, durchaus nicht kritiklos gegenüberstehe. Und zwar gelten meine kritischen Vorbehalte gerade jenen seiner Gedichte, durch die er berühmt geworden ist und die bis heute seine Popularität ausmachen. Ich halte diese Gedichte nicht wirklich für »Mist« (wie ich's um der parodistischen Übersteigerung willen und im Hinblick auf die deutsche Geschmacksunsicherheit ausgedrückt habe). Wohl aber halte ich sie für billig, für erkünstelt, für unecht. Bei manchen von ihnen beschleicht mich der Verdacht, daß sie auf Grund einer Wette zustande gekommen sind. »Paß auf«, mag der unartige Liebling der Grazien zu einem seiner Kumpane gesagt haben, »ich schreib jetzt ein sentimentales, kitschiges Gedicht über die Lorelei – und du wirst sehen: auf Ja und Nein ist es ein deutsches Volkslied. Wetten?« Er hat die Wette gewonnen.

Was ich an Heine bewundere und wovon seine einzigartige Faszination ausgeht, steht in der ersten der beiden zitierten Strophen. Ich bewundere ihn als Satiriker und Polemiker, ich bewundere seinen Stil und seine romantische Ironie (die »heimliche Träne«), und ich bewundere in ihm den ersten deutschen Dichter, der Chansons schreiben konnte. Natürlich wußte er nicht, daß es Chansons waren, die er schrieb – schon weil seiner Zeit diese Bezeichnung in unserm heutigen Sinn noch nicht geläufig war, sonst hätte er sie vielleicht verwendet. Jedenfalls habe ich einen großen Teil seiner Gedichte (darunter, wie ich glaube, einige seiner besten) seit jeher als Chansons empfunden, und es bläht meinen Stolz nicht wenig, daß mir das heute, mehr als vierzig Jahre nachdem ich's zu Protokoll gegeben habe, durch Christian Bruhns Vertonungen bestätigt wird.

»Aus meinen großen Schmerzen mach' ich die kleinen Lieder«, dichtete Heinrich Heine. Arglose Genies wie Schubert und Schumann sind ihm darauf hereingefallen und haben aus

Heines »Liedern« echte Lieder gemacht, herrliche Lieder, die an künstlerischem Wert und Feingehalt weit über dem Text stehen. Sie sind – wie das ja bei Vertonungen von Gedichten überhaupt geht – um so besser, je schlechter das Gedicht ist. Die Vertonung etwa eines Goethe-Gedichts wird dem Text bestenfalls adäquat sein. Die klassischen Vertonungen der Heine-Gedichte adeln den Text.

Christian Bruhn – und daher die frappante Gültigkeit seiner Vertonungen – hat sich fast ausschließlich an Heine-Gedichte gehalten, die schon von sich aus Chansons waren. »Es ist eine alte Geschichte«, »Das Fräulein stand am Meere«, »Du hast Diamanten und Perlen« sind Musterbeispiele dafür (das »Lied der Marketenderin« sowieso). Da und dort wagt er sich auch an eher Zweifelhaftes heran, an »Es fällt ein Stern herunter« oder »Auf die Berge will ich steigen« (was Heine nun ganz gewiß nicht wollte) und sogar an die »Lorelei«. Aber da glaubt man immer ein listiges, lustiges Zwinkern aus der Musik herauszuhören. Kein liebliches Geläute zieht leise durchs Gemüt, um den Loreleifelsen wogt es von beinahe Rheintöchtern, Melodie und Instrumentation lassen auch nicht den kleinsten Tropfen Schmalz einsickern. Und wenn sich's vollends der Popmusik anverwandelt, darf man sicher sein, daß der Textdichter insgeheim damit einverstanden wäre.

Eine einzige der achtzehn Vertonungen fällt aus dem Rahmen, vom Text und folgerichtig von der Musik her: »Die schlesischen Weber«, wahrscheinlich das am ehrlichsten rebellische unter Heines zeitkritischen Gedichten, und daß es ihm ernst damit war, weiß auch der Protestsong, den Bruhn daraus gemacht hat. Hätte er ihn schon damals komponiert – er wäre allein für die Musik verhaftet worden, ganz ohne Text.

Ich bin, wie schon eingangs angedeutet, zu keinem fachmännischen Urteil befugt. Aber es will mir scheinen, als hätte zugleich mit dem Komponisten auch seine Interpretin sich eine neue Dimension ihrer Kunst erschlossen. Was Katja

Ebsteins Stimme hier an Nuancenreichtum entfaltet, Leierkasten und Nachdenklichkeit, Resignation und herausfordernd Plakatives, heiterste Laune und bissigste Aggressivität – es schmiegt sich mit dem Gesagten und Vertonten zu einem nahezu perfekten Dreiklang zusammen, es zeigt sich dem anspruchsvollen Anlaß nahezu restlos gewachsen.

Die Kunst des Chansons, im Deutschen niemals sonderlich gepflegt, kann sich nach geraumer Zeit wieder mit einer Repräsentanz ausweisen.

Schlag nach beim Schlager

(1978)

».. . Krieg, den der Kaiser längst plante: den Angriffskrieg gegen Frankreich. Im Herbst 1904 hatte ihm auch sein Generalfeldmarschall Alfred von Schlieffen dazu geraten. Nach seinem Plan sollte Frankreich sozusagen mit einer ›Blitzaktion‹ überwältigt werden. Es ging nicht hauptsächlich um eine neue Demütigung des nachbarlichen Konkurrenten, sondern um die Stärkung der eigenen Position: in den Kolonien, im Welthandel, auf dem Weltmarkt.«

Goldene Worte. Und woher stammen sie? Aus einem wissenschaftlich angelegten Werk über Leben, Sinnen und Trachten Wilhelms II.? Aus einer Analyse der Zusammenhänge zwischen hochkapitalistischer Wirtschaft und imperialistischer Außenpolitik? Weit gefehlt. Die obige Information – und eine rauhe Menge ihresgleichen – erteilt uns »Das große Schlager-Buch«, herausgegeben von Monika Sperr, das sich laut Klappentext anheischig macht, »nicht nur die Geschichte des Schlagers« zu vermitteln, »sondern gleichzeitig die Geschichte der Zeit, in der die Schlager entstanden sind.

Denn Schlager spiegeln auch die Verhältnisse und das herrschende Denken und oft das Denken der jeweiligen Herrscher wider.«

Ach, daß sie doch spiegelten! Und daß Monika Sperr ihren Einblick in die zeitgeschichtlichen Hintergründe mit solchen Spiegelungen hätte belegen können, etwa mit einem um 1904 entstandenen Schlager: »Da woll'n wir mal, sprach Schlieffen, den Franzmann überprüfen«, oder: »Puppe, gefällt's dir nicht mehr in Berlin, na dann laß uns ziehn in die Kolonien!« Leider ist damals nichts derartiges entstanden. Die Texte, die das »Große Schlager-Buch« aus dem Jahr 1904 anführt, lauten: »Schenk mir doch ein kleines bißchen Liebe, Liebe«, oder: »Bis früh um fünfe, kleine Maus, da gehn wir sicher nicht nach Haus«. Und obwohl ich das Denkvermögen der damaligen Herrscher nicht übermäßig hoch einschätze – daß es sich in diesen Texten spiegelt, mag ich nicht glauben. Auch hege ich Zweifel, ob der Walzer ursprünglich als »Protest gegen die feudale Ordnung« gedacht war. Frau Sperr neigt ja überhaupt dazu, bei jeder Gelegenheit – und sie findet ihrer viele – den feudalen Charakter der für die leichte Muse empfänglichen Gesellschaft aufs Korn zu nehmen (»Nach einer Premiere traf sich das feudale Publikum . . .«) und weist uns immer wieder darauf hin, daß die Genüsse, denen sich diese Gesellschaft hingab, »genüßlich« genossen wurden, daß anderseits Komponisten und Textdichter der »Jagd nach Profit« oblagen, daß man »Jupons und raschelnde Dessous« lieber sah als »plump fallende Unterröcke«, und was halt der Kapitalismus sonst noch an Defekten aufzuweisen hat.

Aber das alles soll mir die Freude an dem von Frau Sperr gesammelten Material nicht vergällen, nicht mir und nicht den zahlreichen Lesern, die ihm zu wünschen sind. Denn es ist ein höchst vergnügliches, ein stets aufs neue erheiterndes Material, und zwar greift die Heiterkeit besonders dort um sich, wo der betreffende Textdichter sie gar nicht beabsichtigt hat. Absicht, meistens sogar geglückte Absicht, war den Berliner Gassenhauern des Fin de siècle anzumerken (»Denkste denn, denkste denn«, »Bolle«, »Unsre Katz hat Junge«), aber sie versandete sehr bald und fand erst wieder im Wien der Zwischenkriegszeit gelegentliche Nachfolge. Sonst wurde der Schlagertext im ganzen deutschen Sprachraum von unbeabsichtigter Komik beherrscht und wird es auch heute noch. Manchmal ist es der schiere Schwachsinn, der uns da entgegenblökt. Im »Großen Schlager-Buch« tut er das obendrein ohne die dazugehörige Vertonung, die ihn – summt alles nur in allem – doch etwas erträglicher macht (und damit die Schopenhauersche These von der verblödenden Wirkung der Musik unverhofft untermauert). Frau Sperr hätte ein gutes Werk getan, ein noch besseres, als sie es ohnehin getan hat, wenn sie sich mit diesem, dem gewissermaßen autochthonen Aspekt des Schlagertextes befaßt hätte statt mit dem vermeintlich soziologischen; wenn sie seinem Zeitbezug gerade dort auf die Spur gekommen wäre, wo er gar nicht angestrebt wurde; wenn sie, kurzum, das Phänomen »Schlagertext« in *seinem* Sinn kommentiert hätte und nicht in ihrem. So aber haben wir den kuriosen Fall eines Kommentars vor uns, der neben seinem Gegenstand einherläuft wie ein herrenloser Hund neben dem falschen Besitzer.

Damit hier kein Irrtum entsteht: die Beschäftigung mit dem Schlagertext kann gar nicht ernsthaft genug betrieben werden. Komisch ist er schon selber, ob freiwilligermaßen oder im Gegenteil. Wer sich mit ihm beschäftigt, muß *ihn* ernst nehmen, nicht sich. Wäre das keine allzu abschreckende Überschrift gewesen – ich hätte nicht gezögert, die vorliegende Betrachtung als »Paralipomena zur Systematik des Schlagertextes« zu präsentieren.

Daß der Schlagertext seine zeitgeschichtlichen Reflexe weniger aus dem Denken der jeweils Herrschenden bezieht als vielmehr aus den jeweils auffälligen oder neuartigen Alltagserscheinungen, läßt sich schon um die Jahrhundertwende feststellen. »Schorschi, ach kauf mir doch ein Automobil« begann der Refrain eines genau 1900 erschienenen Schlagers und verhieß in der nächsten Zeile: »'s kost' ja nicht viel«, womit vielleicht die junge Autoindustrie in ihrer Jagd nach Profit unterstützt werden sollte. Jedenfalls wurde hier eine Zeiterscheinung signalisiert, nicht anders als ein Vierteljahrhundert später die anrollende Rundfunkwelle mit dem Refrain »Die schöne Adrienne hat eine Hochantenne«.

Und welche Unmenge zeitgeschichtlich bedingten Schicksals steckt doch in »Schöner Gigolo, armer Gigolo«, der wehmütigen Ballade vom Glanz und Niedergang jenes jungen Leutnants aus dem Ersten Weltkrieg, der einerseits »gekämpft hat in Frankreich drüben, an Weichsel, Piave, irgendwo«, also wahrlich an weit auseinanderliegenden Fronten, anderseits jedoch »als Husar, goldverschnürt sogar« durch die Straßen reiten durfte – und dem es trotz seiner vielfachen Verwendbarkeit nicht erspart blieb, als Eintänzer in klassischer »Bajazzo«-Tragik zu enden: »Wenn das Herz dir auch bricht, zeig ein lachendes Gesicht, man zahlt und du mußt tanzen«. Das heiße ich Zeitspiegelung!

Sie muß nicht immer so deutlich zutage treten. »Hallo, du süße Klingelfee!« rief 1919 ein Unternehmungslustiger ins Telephon oder träumte davon, es zu rufen, denn in Wirklichkeit hätte er die Beamtin nie zu duzen gewagt. »Ich komm zu keiner Nummer«, beklagte er einigermaßen schlüpfrig das Ausbleiben der gewünschten Verbindung und fuhr fort: »Hallo, du machst mich desperat, hallo, bei mir da streikst du grad!« Heute, da das Wort »streiken« längst in unsere Alltagssprache eingegangen ist, hört man es ohne jeden gewerkschaftlichen Hintergedanken. Damals, unmittelbar nach dem Ersten Weltkrieg und nach dem jahrelangen Streikverbot, als tatsächlich bei jedem Anlaß gestreikt wurde, hatte das noch den Reiz der Neuheit und fand seinen Niederschlag selbst einer Klingelfee gegenüber.

Auch desperat war man damals mit Vorliebe, und die Konsequenz, die man daraus zog, bekundete desgleichen eine für jene Zeit typische Haltung: »Ich hab ein Rendezvous mit dem Schatz, mit dem Fratz, mit der Erika«, gab ein Verliebter hoffnungsfroh bekannt, erwog aber für den Fall einer negativen

Entwicklung bereits das Schlimmste: »Neigt sie sich nicht mir zu, geh ich glatt, desperat, nach Amerika«. Knappe zehn Jahre später war so mancher froh, ein Visum nach Amerika zu ergattern (und war aus gänzlich anderen Gründen desperat).

Kam eine neue Modefarbe auf – schon ging »die Lou lila, von Kopf bis Schuh lila, auch die Dessous lila«, und ebenso prompt wurde einer neuen Haartracht Tribut gezollt: »Jede Gnädige, jede Ledige trägt den Bubikopf so gern«. Nein, es mangelte dem Schlagertext keineswegs an Aufschlüssen über seine Entstehungszeit; man muß nur richtig hinhören.

Dann wird man noch einer andern und sehr wesentlichen seiner Komponenten gewahr werden: einer unbezähmbar verkitschten Sehnsucht nach der großen bzw. weiten Welt, innig gepaart mit der Vorstellung, die sich der kleine Moritz von ihr macht. Nicht ohne wohligen Schauer entsinne ich mich eines um 1920 in Wien entstandenen Schlagers: »Wenn die letzte Blaue geht, erst in die Bar der Gent, der schlaue, geht« (die »letzte Blaue« war der durch ein blaues Schlußlicht gekennzeichnete Straßenbahnzug, mit dem der Nachtbetrieb eingestellt wurde). Sogar das Umschlagbild des Klavierauszugs hat sich dem Gedächtnis des Halbwüchsigen, der ich damals war, tief eingeprägt. Es zeigte den schlauen Gent in Frack und Chapeau claque, mit eingeklemmtem Monokel und keck übers Cape geworfenem Shawl, sichtlich auf seinem Weg in die Bar, wo es sofort toll zuging: »Jonny, Sekt her, Whisky und Gin!« rief er schon beim Eintritt dem Barkeeper zu. »In meinen Arm ein blondes Engelein!« Und die Verruchtheit, die sich im gleichzeitigen Konsum von Sekt, Whisky und Gin äußerte, war nicht etwa eine Nachkriegserscheinung. Ihre standardisierten Wesenszüge – noch 1926 hieß es in Berlin: »Ein Flip, ein Gin, ein Mädel, ein Fox und blondes Haar« – erhielten sich ebenso hartnäckig wie das mangelhafte alkoholische Feingefühl der Lebemänner: »An kleinen Tischen soll sie uns mischen, die Mary, den Sherry bei leiser Musik« stellte ein anderer Draufgänger der von ihm umworbenen Dame, auf daß sie ihn in »die kleine Bar dort am

Boulevard« begleite, in greifbare Aussicht, unbekümmert darum, daß es an einem Sherry nichts zu mischen gibt.

Boulevard . . . wir sind, der Kenner wird es gemerkt haben, in Paris, dem beliebten, wenngleich keineswegs einzigen Objekt textdichterischen Fernwehs, zu dessen bevorzugten Zielen noch die Siedlungen San Remo, Santa Lucia, Monte Carlo und Barcelona gehören, wo sich der Dichter so gut auskennt, daß er ganz genau weiß, was dort das Schönste ist: »Zwei rote Lippen und ein roter Taragona, das ist das Schönste in Barcelona«. (Eine zusätzliche Infamie dieses Textes besteht darin, daß er einer besonders schönen – und im Original besonders schön textierten – spanischen Tangomelodie unterlegt ist: »Adiòs muchachos, compañeros de mi vida«.)

Jenseits solcher verhältnismäßig leicht zugänglichen Gegenden kann man sich auf die geographischen Kenntnisse der deutschen Texter nicht mehr verlassen. »Im Weißen Rößl am Wolfgangsee« oder bei der Aufforderung »Komm mit nach Varasdin« ist man ja noch halbwegs gesichert, aber sobald sich die Sehnsucht nach Übersee verzieht, geht's drunter und drüber. Schon die Frage: »Kennst du das kleine Haus am Michigansee?« läßt vermuten, daß der Fragesteller den Michigansee (58 000 km^2, Brockhaus läßt grüßen) für einen amerikanischen Ableger des Wolfgangsees hält. Und Südamerika oder gar Asien sind vollends jeglicher Kontrolle entzogen. »Komm mit mir nach Brasilien, komm mit mir in die Pampas«, lockt ein kunstvoll gereimter Refrain. »Dort gründen wir Familien, weil ich mit dir zusammpaß«. Als ob es in Argentinien keine Pinien gäbe! Und wenn der nach China geflüchtete Ehemann die von ihm verlassene Katharina um Wiederaufnahme der ehelichen Beziehungen anfleht – »Liebe Katharina, komm zu mir nach China« –, weiß er vor lauter Verzweiflung nicht mehr zwischen China und Japan zu unterscheiden: »Zieh dir an den seidenen Pyjama, ich erwart' dich hier in Yokohama!« Zuerst hat er's mit der Treue nicht genau genommen, jetzt nimmt er's mit der Geographie nicht genau. Das kann gut werden.

Hauptsache, daß es exotisch wird. (Frau Sperr besitzt genügend politischen Scharfblick, um diese exotischen Tendenzen auf den Verlust der deutschen Kolonien zurückzuführen.) Je exotischer, je rätselhafter, je unerforschter die Szenerie der Handlung, desto besser. Immerhin haben sich die Schöpfer der zuletzt zitierten Texte noch um eine Art ironisch zwinkernder Distanz bemüht. Aber wehe, wenn sie pathetisch werden, wenn sie, statt zu zwinkern, mit lyrischen Triefaugen das Ziel ihrer Sehnsüchte anvisieren, wenn aus den Pampas die Sahara wird und aus der lieben Katharina die »schönste Blume des Morgenlands«, ja noch mehr, nämlich eine »Göttin der Lust im Tanz«. Sie heißt »Salome«, entstand 1920, hat sich zu einem der beharrlichsten musikalischen Dauerbrenner entwickelt und ist ein textliches Juwel von einmaligem Glanz im Tanz des Morgenlands. Blieb doch der Dichter inmitten seines orientalischen Taumels der damaligen Maxime eingedenk, daß in einem erfolgreichen Schlager unbedingt »Wien« vorkommen mußte. Wie aber bringt man Wien und Wüste unter einen Hut? So:

Still durch den Sand der Sahara dahin
Die Karawane sich zieht,
Welche der Forscher, der junge, aus Wien,
Führt in ein neues Gebiet.

Das soll ihm einer nachmachen und das will Wort für Wort ausgekostet sein:

Plötzlich am Rand der Oas' er erspäht,
Was er geschaut nie zuvor.
Er sieht ein Weib, das jauchzend sich dreht
Zu der Araber Chor.

Daß einer, der sich in einem neuen Gebiet einer Oas' nähert, an ihrem Rand etwas erspäht, was er nie zuvor geschaut, leuchtet ein. Weniger einleuchtend verhält sich's mit dem Refrain:

Salome, schönste Blume des Morgenlands,

Salome, wirst zur Göttin der Lust im Tanz.
Salome, reich mir die Lippen, wie Blut so rot,
Salome, deine Küsse sind süßer Tod.

Ist es der Araber Chor, der das singt? Ist es der Forscher, der junge, aus Wien, den beim Anblick des jauchzend sich drehenden Weibs so unwienerische Gedanken überkommen? Ja, er ist's. Die zweite Vorstrophe verschafft uns darüber Gewißheit, denn »da schleicht zu ihr er ins Zelt« und »haucht, da er heiß sie hält« den Refrain wie oben, wobei immer noch unklar bleibt, was es mit dem süßen Tod auf sich hat und wieso schon jetzt. Dies zu klären, bedarf es der dritten Strophe, deren dramatische Wucht nicht mehr zu überbieten ist. Der Forscher, der, wenn schon nicht seinen Forschungsauftrag, so doch seinen Wunsch nach Salome erfüllt hat, erwacht »von gellendem Schreien«, und dieses rührt eindeutig vom Chor der Araber her:

»Steinigt das Weib, das vergessen die Pflicht,
Schenkte dem Fremdling ihr Herz!«
Und während jäh ihr Auge schon bricht,
Stöhnt er in tiefstem Schmerz

abermals den Refrain. Nicht er wird also gesteinigt, sondern sie, die schönste Blume. Das ist kein süßer Tod und keine befriedigende Lösung. Wäre der junge Forscher auch ein junger Ritter, er hätte, statt in seinem Zelt zu stöhnen, wenigstens den Versuch unternehmen müssen, sich an Salomes Seite den Steinigern anzubieten. Die beste, ja die einzig befriedigende Lösung wäre allerdings die Steinigung des Textdichters gewesen.

Ein anderes erschütterndes Exempel, wie hemmungslos Schwulst und Schwüle ausufern können, liefert eine dem europäischen Sündenpfuhl zugehörige Kollegin Salomes namens Manon. Sie verzichtet aus nicht näher präzisierten Gründen auf eine Fortsetzung der »trunkenen Nacht, die zum Weib dich gemacht« und zeigt, auf einer mondänen Riviera-Terrasse sitzend, dem von einem anderen Tisch vergebens zu ihr herüberstarrenden Weibmacher die kalte Schulter. Das hat grauenhafte Auswirkungen auf sein Innenleben:

Schöne Manon, dort auf der Terrasse
Lodert ein Herz in verzehrendem Hasse,
Weiten sich Blicke in heißem Verlangen,
Ballen sich Fäuste in würgendem Bangen.

Geballter geht's nicht mehr. Der Mann hat offenbar den Verstand verloren, darin der Heldin einer »Servus du« betitelten Ballade ähnelnd, der das unter umgekehrten Vorzeichen geschah: hier war es sie, die von ihrem flatterhaften Geliebten sitzen gelassen wurde, und das leichtlebige »Servus du« gedeiht mittels Revolverschusses zu einem tragischen Akzent, zum letalen Ende des Ungetreuen, das sich in der letzten Strophe schicksalhaft ankündigt:

Doch eines Tages, da war es aus,
Plötzlich, so wie es gekommen.
Da nannt' ein anderes Mädel er »Maus«.
Das hat den Verstand ihr genommen.

Wer könnte ihr das nicht nachfühlen, wenn auch mit Mühe. Es grenzt in der Tat an Irrsinn. Todesursache: Maus.

Beide Texte stammen vom selben Autor, dem längst vergessenen, deutsch assimilierten Franzosen Benno Vigny, der in seinem abenteuerlichen Leben auch bessere Tage gesehen hat: »Amie jolie«, sein halb autobiographischer Roman aus der Fremdenlegion, war die Grundlage für Marlene Dietrichs ersten Hollywoodfilm (»Marocco«, mit Gary Cooper).

Übrigens hat Benno Vigny (er starb Mitte der Fünfzigerjahre in Paris) mit dem bereits 1912 produzierten »Servus du« die sozusagen naturalistische Epoche des Schlagertextes eingeleitet. Bis dahin erschöpften sich die Refraindialoge in so wirklichkeitsfremden Wendungen wie »Brüderlein, Schwesterlein, sollst mir fein glücklich sein« oder: »Mädel, tanz und sei die meine«, was in Prosa keinem Menschen jemals über die Lippen gekommen wäre. Aber »Servus du« wurde wirklich gesagt, und das »Servus« behauptete sich noch 1936 in Willi Forsts »Burgtheater«-Film mit der Empfehlung: »Sag beim Abschied leise Servus«.

Schon vorher war durch Einführung der Anredeform »Sie« ein weiterer Schritt in Richtung natürlicher Ausdrucksweise getan worden. Mit »Ich küsse Ihre Hand, Madame« trat der Schlagertext in seine neoveristische Epoche. Ihr Initiator war Fritz Rotter, dem wir noch andere bahnbrechende Schöpfungen verdanken und der – außer er war gerade galant, Madame – sich auch aufs Zwinkern verstand. In Texten wie »Veronika, der Lenz ist da« oder »Was macht der Maier am Himalaya« hat er sich überdies als Meister jener dritten Strophe erwiesen, der es obliegt, einen an sich harmlosen Refrain unversehens ins Zweideutige zu manövrieren. Das »Veronika«-Lied läßt sich durchaus unverfänglich an, »der Lenz ist da, die Mädchen singen tralala, die ganze Welt ist wie verhext« – aber in der dritten Vorstrophe, in der Veronika als Stubenmädchen identifiziert wird und der Herr des Hauses, nachdem er die Gattin weggeschickt hat, in verführerischer Absicht an sie herantritt, gewinnt die scheinbare Lenzschwärmerei eine ganz andere, schwerenöterische Bedeutung, und dem auf »verhext« gereimten Hinweis »Veronika, der Spargel wächst« wohnt plötzlich ein anzüglicher Doppelsinn inne. Herr Maier wiederum, von seiner Himalaya-Tour glücklich zurückgekehrt, hat sich in der dritten Strophe eine Ehefrau mitgebracht, »ein Ungeheuer mit enormen Körperformen«, und die bis dahin einwandfrei hochtouristischen Besorgnisse seiner Freunde – »Wie kommt der Maier, der kleine Maier, auf den großen Himalaya« – gelten nunmehr seinen Schlafzimmerproblemen, die auf das schmunzelsatte Verständnis des Hörers rechnen dürfen.

Nicht immer obwaltet solch raffinierter Vorbau zwecks Herbeiführung der Pikanterie. Sie kann auch unverhohlen und direkt vom Refrain übernommen werden:

Heut war ich bei der Frieda,
Das tu ich morgen wieder,

Denn so was wie die Frieda war noch nie da

Und natürlich möchten wir gerne wissen, was die Frieda zu bieten hat:

Sie hat so eine kleine,
Entzückend süße feine

verrät uns der Textdichter und lenkt dank der sinnreich einsetzenden musikalischen Zäsur unsere Erwartungen in eine falsche Richtung, denn was die Frieda hat, ist eine kleine

Zweizimmerwohnung ganz für sich alleine.

Sie hat noch etwas anderes (oder vielleicht werden hier ihre sämtlichen Vorzüge zusammengefaßt):

In ihren Augen hat sie so was Gutes,
Wenn man von ihr was haben will, sie tut es.

Und die fast schon naive Direktheit dieses Textes soll uns nicht an dem Zugeständnis hindern, daß er in seinen Reimen wie in seinen Anspielungen jenes Zwinkern erkennen läßt, das die besseren Vertreter des Faches auszeichnet – neben Fritz Rotter etwa noch den im KZ umgekommenen Fritz Grünbaum und seinen Schicksalsgefährten Löhner-Beda, der seine Laufbahn vor dem Ersten Weltkrieg mit satirischen Gedichten von hohem, bisweilen an Karl Kraus grenzendem Rang begann und seinen Witz, wenn auch einigermaßen verwässert, in manchen Schlagertext gerettet hat: »Was machst du mit dem Knie, lieber Hans«, »Ausgerechnet Bananen«, »Wo sind deine Haare, August« und andere.

Indessen sind die soeben Genannten durchwegs Ausnahmserscheinungen, und textlich-musikalische Doppelbegabungen wie Ralph Benatzky und Friedrich Hollaender sind das erst recht. Am Gesamtbild des deutschen Schlagertextes vermögen sie nichts zu ändern. Er ist in der Regel von einer schwer zu unterbietenden Niveaulosigkeit und einer manchmal geradezu lähmenden Idiotie. Er kann sich weder neben dem französischen noch dem anglo-amerikanischen sehen lassen. Dort gibt es keine Spur von der schwulstigen Möchtegern-Pose, die ihm anhaftet, kein Gegenstück zu seinen verzweifelten, auch sprachlich völlig unzulänglichen Versuchen, lyrisch zu werden. »Boulevard of Broken Dreams«, ein amerikanischer Text aus den Zwanzigerjahren, hat schon in seinen Anfangszeilen

I walk along the street of sorrow,
the Boulevard of broken dreams

mehr Poesie als alles, was im Deutschen jemals auf solche Wirkung aspiriert hat, und den Mittelteil

Here is where you'll always find me,
always walking up and down.
But I left my soul behind me
in an old Cathedral town

könnte man sich auf deutsch ganz gut von Rilke vorstellen:

Hier begeh ich zu hunderten Malen
gleichen Wanderwegs gleiches Stück.
Aber unter den alten Portalen
der geborstenen Traumkathedralen
ließ ich Seele und Sehnsucht zurück.

Zugegeben: ich hab was gegen Rilke. Aber wenn ich ihn kränken wollte, würde ich ihn mit einem deutschen Textdichter vergleichen, nicht mit einem amerikanischen.

Der Ordnung halber sei vermerkt, daß nicht alle der hier zitierten Texte im »Großen Schlager-Buch« enthalten sind. Ein paar besonders ergiebige habe ich aus meinem eigenen, reich ausgestatteten Erinnerungsreservoir hervorgeholt. Dennoch hat das »Große Schlager-Buch« mein Wissen gewaltig vermehrt, und ich empfehle es der Aufmerksamkeit aller einschlägig Interessierten. Daß es seinen Bogen über 1933 und 1945 hinaus und bis in unsere Tage hineinspannt, macht die Lektüre erst richtig lehrreich. Denn was sich hier manifestiert – ohne und in Anbetracht ihrer historisch-soziologischen Ambitionen vielleicht gar gegen die Absicht der Herausgeberin –, ist das unveränderliche, von allen Wechselfällen und Miseren der Geschichte unabhängige Grundmodell des deutschen Schlagertextes. Natürlich haben sich in Kriegszeiten und zumal unterm Naziregime von oben verordnete Parolen in die erprobten Klischees eingeschmuggelt. Aber schon die bloße Tatsache, daß sie, um überhaupt eine Chance zu haben, am Klischee schmarotzen mußten, spricht für dessen elementare Haltbarkeit. Und die Schmuggelware fand immer nur mäßigen Zuspruch. Was in der Nazizeit an wirklichen Schlagern entstand – ob »Bel ami« oder »La Paloma«, ob »Heimat, deine Sterne« oder »Das kann doch einen Seemann nicht erschüttern« –, hätte auch zu jeder andern Zeit entstehen können. Gleiches gilt für die Produktion vor 1933 und nach 1945. »Wer soll das bezahlen, wer hat soviel Geld« bekundete 1949 eine ähnliche fatalistische Lebensfreude wie 1923 »Wir versaufen unsrer Oma ihr klein Häuschen«, und die 1926 angestellte Überlegung: »Wenn die Elisabeth nicht so schöne Beine hätt'« hieß 1952: »Das machen nur die Beine von Dolores«.

Es hilft nichts, ach, es hilft leider nichts: das Grundmodell des Schlagertextes ist von zeitloser Gültigkeit. Man könnte beinahe sagen: es hat Ewigkeitswert.

Aber nur beinahe.

»Denn eben, wo Begriffe fehlen ...«

(1979)

Ungefragt, jedoch in der besten Absicht, teilen mir freundliche Leser gelegentlich mit, daß sie meine Bücher oder meine sonstigen Veröffentlichungen besonders deshalb schätzen, weil ich »ein so gutes Deutsch« schreibe. Sie wollen mir damit zweifellos ein Kompliment machen und verstehen nicht, warum ich es beinahe als Beleidigung empfinde. Denn ich stamme noch aus einer Zeit, in der es als unerläßliche Voraussetzung für das Ergreifen des Schriftstellerberufes galt, gutes Deutsch zu schreiben. Die Sprache ist mein Handwerkszeug, und mit seinem Handwerkszeug muß man umzugehen wissen. Ich habe den Umgang mit der Sprache von ihrem großen Meister Karl Kraus gelernt, mit dem ich einige Jahre lang noch in persönlichem Kontakt stand, und ich möchte meinen Lehrer nicht enttäuschen. Ich möchte keine einzige Zeile geschrieben haben, an der er vielleicht Anstoß nehmen könnte.

Über den Wertverlust der Worte

Mephistopheles hat etwas anderes gemeint, als er der Forderung des Schülers: »Doch ein Begriff muß bei dem Worte sein!« mit jenem trostreichen Zitat begegnete: »Denn eben, wo Begriffe fehlen, da stellt ein Wort zur rechten Zeit sich ein.« Das Wort stellt sich also zur rechten Zeit ein, um das Fehlen des Begriffs zu verschleiern, um Inhalt und Gedankentiefe zu prätendieren, wo nichts dergleichen vorliegt. Im Grunde richtet sich das teuflische Plädoyer, das den wißbegierigen Schüler abspeisen soll, gegen die demagogische Schaumschlägerei der Politiker, gegen das unverständliche Brimborium der Philosophen: »Mit Worten läßt sich trefflich streiten, mit Worten ein System bereiten«, verdeutlicht Mephistopheles sogleich. Er meint die Aufhebung der Interrelation zwischen Wort und Begriff, die Verselbständigung des Wortes zu bestimmten und möglichst unlauteren Zwecken. Er zielt auf einen – wenngleich hämisch pervertierten – Denkprozeß ab. »Gewöhnlich glaubt der Mensch, wenn er nur Worte hört, es müsse sich dabei doch auch was denken lassen«, sagt er wenig später in der Hexenküche. Auf jeden Fall mußte damals noch gedacht werden.

Nicht so heute. Das Unglück mit den Worten, die sich heute zur rechten Zeit einstellen, liegt nicht im Fehlen des dazugehörigen Begriffs, sondern in dessen Sinnentleerung, in der von Phrasen und Klischees ruinierten Vorstellungskraft der Wortproduzenten und ihrer Kundschaft. Dieser nachgerade organische Defekt, in schönem Gleichmaß auf beide Gruppen verteilt, tritt selbst dort zutage, wo Sinn und Wort in Beziehung zueinander gebracht werden. Wenn es von einer infolge Regens abgesagten Freilichtveranstaltung heißt – und weiß Gott, das heißt es –, sie sei »im wahrsten Sinne des Wortes ins Wasser gefallen«, merkt niemand mehr, weder der Schreiber noch der Leser, daß die Veranstaltung nicht ins Wasser gefallen ist, sondern das Wasser auf sie, und daß es mangels Steigerungsfähigkeit der Wahrheit keinen wahrsten Sinn eines Wortes gibt, sondern allenfalls einen wahren, den man allerdings besser als »ursprünglichen« bezeichnen würde, schon um jegliches Forschen nach einem unwahren Sinn hintanzuhalten.

Vom freien Fuß und vom Laufen

In einer niederösterreichischen Provinzstadt wurde vor kurzem der Spenglermeister Josef Gschweidl (Name von der Redaktion geändert) wegen Mißhandlung seiner Ehefrau verhaftet. Nachbarn hatten ihn angezeigt und ihn unter anderem beschuldigt, der bereits zu Boden geschlagenen Frau mehrere Fußtritte versetzt zu haben. Es erwies sich jedoch, daß diese Angaben stark übertrieben waren und daß seine Verfehlungen für einen Haftbefehl nicht ausreichten. »Josef Gschweidl«, so formulierte es die diesbezügliche Zeitungsmeldung, »befindet sich wieder auf freiem Fuß.« Von dem er jetzt wieder Gebrauch machen kann.

Wenn sich einer anderen Formulierung zufolge die Nachricht von dem in einer Fabrik ausgebrochenen Großbrand »wie ein Lauffeuer« verbreitet hat, so ist daraus natürlich nicht auf eine Ausdehnung des Brandes zu schließen, sondern auf die Sprachstumpfheit des Formulierers, dem gar nicht bewußt wird, daß ein Lauffeuer etwas mit Brennen zu tun hat. Und wir haben sogar Kenntnis von einer Läuferin, von einer ganz vortrefflichen noch dazu, die mit ihrer eigenen Tätigkeit keine Vorstellung verbindet. Folgende Meldung (im

Wortlaut wiedergegeben) ging erst jüngst durch die bundesdeutsche Presse:

Annegret Richter, 27, in Montreal 1976 Olympiasiegerin über 100 Meter, denkt nach ihrem überraschenden Entschluß, doch noch weiter zu laufen, jetzt sogar an die Olympischen Spiele in Moskau. »Wenn alles gut läuft, kann ich noch 1980 dabeisein«, sagt sie.

Gerade dann nicht. Gerade wenn alles gut läuft, wird es mit größter Wahrscheinlichkeit einige geben, die noch besser laufen als Annegret Richter, und dann kann sie ihre Hoffnungen begraben.

Wie durch ein Wunder

Dieses »wie« ist ja überhaupt ein ärgerliches Partikelchen und zumal in der Lyrik oder in lyrisch verzückter Prosa ein zuverlässiger Beweis von Dilettantismus. Der Liebende, der uns mitteilt, er sei vom Anblick der Geliebten »wie verzaubert«, setzt sich eben dadurch dem dringenden Verdacht aus, daß er keiner Verzauberung anheimgefallen ist, weil ihm der Mut dazu fehlt. Er hat Angst. Vielleicht lähmt sie ihn sogar. In diesem Fall wäre er voraussichtlich »wie gelähmt«, weil es auch zur Lähmung bei ihm nicht reicht. Er hält sie für die medizinische Diagnose eines psychischen Zustands statt für die gleichnishafte eines psychischen; und erschlägt das Gleichnis, indem er es durch das »wie« ausdrücklich als solches deklariert.

Am ärgerlichsten wird die Sache mit dem »wie«, wenn ein drei Jahre altes Kleinkind aufs Fensterbrett steigt, das Gleichgewicht verliert, in die Tiefe stürzt und »wie durch ein Wunder« unverletzt bleibt. Wieso »wie«? Entweder glaubt der Berichterstatter an ein Wunder, dann ist das Kind durch ein Wunder gerettet worden, Punkt. Oder er hält es für unzulässig, an Wunder zu glauben, dann darf er auch keine Anleihen bei ihnen machen.

Übrigens sei ihm bei dieser Gelegenheit empfohlen, seine Humorigkeit zu zügeln und einer hoffnungsvollen Schauspielelevin, die soeben ihre erste Hauptrolle bekommen hat, nicht etwa nachzurühmen, sie sei 19 Jahre »jung«. Altersangaben haben weder Jugend noch Greisenhaftigkeit anzudeuten und dienen keinem Wert- oder Geschmacksurteil, sondern der nüchternen Feststellung eines amtlich kontrollierbaren Tatbestands. Wäre dem anders, wäre »alt« in diesem Kontext das Gegenteil von »jung«, dann hätte das eingangs wie durch ein Wunder gerettete Kleinkind weit eher einen entsprechenden Hinweis verdient als die mit einer Hauptrolle bedachte Schauspielerin. Indessen würde ganz gewiß niemand, nicht einmal der keineswegs fiktive Berichterstatter, von jenem Kinde sagen wollen, es sei drei Jahre jung. Auch in der Beschreibung eines polizeilich Gesuchten kann ja die Angabe, er sei 1,56 Meter groß, nicht dahingehend modifiziert werden, daß er 1,56 Meter klein sei.

Hermetisch geröntgt

Die Primitivität solcher Schnörkel steht in engem Zusammenhang mit einem primitiven Bildungsmangel, der sich an vermeintlichen Bildungsmerkmalen hochzuranken versucht. Der geniale Dramatiker Ödön von Horváth hat dieses Möchtegern-Niveau mit unheimlicher Meisterschaft dialogisch getroffen und entlarvt. Einen Irrtum begangen zu haben, ist seinen Figuren zu wenig – es muß ein »krasser« Irrtum sein; und wenn sie zu einer einmal gefaßten Meinung stehen, dann immer »voll und ganz«, anders tun sie's nicht.

Das Bestreben, Abgedroschenes durch eine anspruchsvolle Verpackung aufzuwerten, wirkt sich besonders verheerend bei Fremdwörtern aus, die ja überhaupt – man weiß es – Glückssache sind. Daß der Schauplatz eines Banküberfalls von der Polizei abgesperrt wird, genügt nicht. Er wird unter allen Umständen »hermetisch« abgesperrt, und manchmal muß dieses vornehme Fremdwort auch für einen Flughafen herhalten. Bekanntlich – oder genauer: nicht bekanntlich – heißt »hermetisch« soviel wie »luftdicht«. Seien wir froh, daß die luftdichte Absperrung eines Flughafens sich bisher nur auf dem Papier vollzogen hat.

Anderseits treibt auch die von einer mißverstandenen Deutschtümelei geschürte Abneigung gegen Fremdwörter oder fremdwortartige Endungen sonderbare Blüten und macht nicht einmal vor Eigennamen halt. Der Physiker Wilhelm Conrad Röntgen weiß davon ein bitteres Lied zu singen. In der Schweiz, deren Bevölkerung sich dank ihrer Mehrsprachigkeit ein gewisses Gefühl für linguistische Formen und Manieren bewahrt hat, werden die Autos – im Hinblick auf den französischen Ursprung des Wortes – »parkiert«. Bei uns werden sie »geparkt«, was in weiterer Folge zur Groteske des »Autoparks« führt, eines Parks ohne die mindeste Spur von Grün und Ozon. Nun, das alles mag noch hingehen. Aber wie kommt der Entdecker der Röntgenstrahlen dazu, daß man seinen Namen, nur um ja nicht »röntgenisieren« sagen zu müssen, als Verbum behandelt und daß, wer sich von seinen Strahlen behandeln läßt, »geröntgt« wird – ein Wortmonstrum, das schon infolge zungenbrecherischer Unaussprechbarkeit abgeschafft werden müßte; oder man müßte jedem, der es verwendet, nahelegen, sich statt röntgen lieber galvanen zu lassen.

Trauen Sie, schauen Sie, wem

Denn über kurz oder lang wird der heutige Mensch von Sprichwörtern nicht mehr geduzt werden wollen, und zwar deshalb nicht, weil er keine Beziehung zu ihnen hat, weil er von ihrer Bildkraft und ihrer Herkunft nichts mehr weiß. Wie sollte er auch. Da er den Schuster nur noch aus Erzählungen seines Großvaters kennt und den Begriff des Leistens nur im Zusammenhang mit Leistungsdruck, weiß er mit dem an den Schuster gerichteten Ratschlag, bei seinem Leisten zu bleiben, nichts anzufangen, und was es bedeuten soll, daß neue Besen gut kehren, wird man ihm bestenfalls gelegentlich der Anschaffung eines neuen Staubsaugers erklären können, welcher gut saugt. Ihn sticht kein Hafer, ihm sondert sich keine Spreu vom Weizen, ihm gilt es mangels dörflichen Lebens völlig gleich, ob sich's um böhmische, spanische oder potemkinsche Dörfer handelt. Und wenn er sich einmal wie durch ein Wunder auf einem hermetisch abgesperrten Flughafen davon überzeugen kann, daß im wahrsten Sinne des Wortes ein roter Teppich gerollt wird, weht ihn von fernher noch ein Hauch vermodernder Sprachsubstanz an.

Sprache – pflegeleicht

(1968)

Die Sprache ändert sich, die Sprache entwickelt sich, die Sprache hat ihr eigenes Leben, ja, schon gut, ich weiß es. Aber sie ändert sich nicht immer zu ihrem Vorteil, und niemand ist gehalten, ihre Entwicklung kritiklos hinzunehmen oder sich ihrem Eigenleben ohne Gegenwehr zu unterwerfen. Was mich betrifft, so betone ich den seit einigen Jahren gekoppelten »Aufgrund« noch immer auf der ersten Silbe, weil ich ihn unwillkürlich für ein Gegenstück zum »Abgrund« halte, und vermute anhand jeder »Infragestellung« von neuem, daß sie aufderbasis eines »Infratestes« gestellt wurde (der mir sowieso gestohlen bleiben kann).

Das Malheur begann mit »preisgünstig«. Nein, eigentlich begann es schon viel früher, und zwar mit »nichtsdestotrotz«, mit dieser bierhumorigen Zuammenziehung von »nichtsdestoweniger« und »trotzdem«, die vermutlich an irgendeinem Stammtisch erstmals in die Welt gerülpst wurde, von einem Witzbold, zu dessen heiteren Gewohnheiten es wohl auch gehört hat, etwa »beileipzig« statt »beiläufig« zu sagen oder »zum Bleistift« statt »zum Beispiel«. Der sagte also eines Tags »nichtsdestotrotz«, und die anderen lachten und sagten es weiter und jetzt haben wir's. Wir haben es sogar im Duden, tatsächlich und allen druckschwarzen Ernstes. Es ist ein amtlich zugelassenes Wort. Niemand lacht mehr. Nichtsdestotrotz. Man muß sich das einmal ganz langsam auf der Zunge zergehen lassen. Wem daraufhin speiübel wird, der ist für die Menschheit noch nicht verloren.

Nun kann man sich ja unter »preisgünstig« immerhin etwas vorstellen, und darauf bauen natürlich jene Feilbieter günstiger Preise, denen es zu lange dauert, »günstige Preise« zu sagen. Ähnliches gilt für andere Schöpfungen der Verkürzungsmanie (die dem Psychiater auch als »Kontraktionszwang« geläufig ist), wie »pflegeleicht« oder »gleitsicher«. Bei »ribbelfest«, »windschlüpfrig« und »schaumgebremst« wird es schon komplizierter. Da weiß man nicht recht, wer wen ribbelt und ob Schlüpfrigkeit nebst Bremsung dem zu erwerbenden Gegenstand innewohnen sollen oder dem Erwerber, dem Ding an sich oder dem Ding am Menschen, sei's eine Sportjacke, ein Teppich oder was immer.

Manchmal jedoch, und das ist ein leiser Trost, manchmal geschieht es, daß die Grenzen zwischen Ding und Mensch verfließen, daß unversehens ein Ding etwas Menschliches abbekommt, für eine kurze Weile nur, gleich wie im Märchen der häßliche Frosch mit einem Mal den verzauberten Prinzen hervorkehrt, aber man muß das richtige, das erlösende Wort kennen. Auch dieser Humanisierungsprozeß datiert schon länger zurück. Ich entsinne mich einer Zeit, da es in besseren Modegeschäften, mein Herr, immer einen besonders eleganten Kommis gab, der von bestimmten Farben behauptete, daß sie »dankbar« wären.

»Dieses Grau ist sehr dankbar«, sagte er und deutete auf die soeben aus England eingetroffenen Halbstrümpfe, wobei er sie zärtlich emporhob und manchmal – allerdings nur vertrauenswürdigen Kundschaften gegenüber – noch hinzufügte: »Ich trage dieses Grau mit Vorliebe selbst, weil es so dankbar ist.« Und wahrhaftig, ein paar Augenblicke lang sahen die Strümpfe drein, als wollten sie dem Käufer die Versicherung geben, ihn nicht zu enttäuschen. Mochte er sie zu schwarzen oder braunen Schuhen anziehen, zum doppelreihigen Abendsakko oder zum flotten Sportgewand – sie wären in jedem Fall dankbar.

Den Gipfel der Menschlichkeit aber erklomm das Salz, das ich unlängst erstand, in einem preisgünstigen, ribbelfesten, hygienisch verschlossenen Papiersäckchen, das neben allerlei Herkunftsangaben noch eine weitere trug, in großen, stolzen Lettern: »Rieselfreudig«.

Ungeachtet ihrer Neuartigkeit fühlte ich mich von dieser Charakteristik sofort angeheimelt. Mir wurde ganz warm ums Herz. Ich glaubte das Salz, als ich zu Hause die Verpakkung löste, in seiner Hülle unternehmungslustig knistern zu hören, glaubte ihm ordentlich anzumerken, wie sehr es sich darauf freute, nun bald in das ihm vorbestimmte Salzfaß rieseln zu dürfen oder vielleicht direkt in den Kochtopf, gleichviel, es wird keine Schwierigkeiten machen, es wird munter drauflosrieseln, es ist rieselfreudig, und nicht nur cum grano, sondern in toto. Und im gleichen klassisch gebildeten Tonfall, in dem man sonst »Ecce homo!« auszurufen pflegt, wollte ich »Ecce sal!« ausrufen, hier ist ein Salz wie es sein soll, hilfsbereit, kooperativ, des guten Willens voll, mit einem Wort: rieselfreudig. Ein ganz und gar vermenschlichtes Ding.

Um so schmerzlicher, wenn anderseits Menschen verdinglicht werden. Am rabiatesten geschieht das in jener entwürdigenden Floskel, mit der alle Welt ihre Telephongespräche abschließt: »Auf Wiederhören«. Man kann eine Oper wiederhören wollen oder deren phonographische Aufzeichnung. Aber ein Mensch, mit dem man fernmündliche Fühlung nicht nur zu unterhalten, sondern zu erneuern wünscht, muß einem wenigstens soviel wert sein, daß man ihm auch dann »Auf Wiedersehen« sagt, wenn man seine Stimme nicht von Angesicht zu Angesicht vernommen hat, sondern nur von Mund zu Ohr. Es war doch ein lebendiges Gespräch, das da abgeschlossen wurde, keine Bandaufnahme. Man darf einen Menschen doch nicht zur Schallplatte degradieren. Was soll das rieselfreudige Salz von uns denken, wenn es so etwas hört?

Vielleicht vergeht ihm dann die Lust, rieselfreudig zu sein, und es wird rieselmürrisch. Ich könnte es ihm nicht verübeln.

Orthographisches

(1954)

haltn si di papn!

Seit einiger Zeit hört man allerlei Dumpfes und Drohendes von einer »Arbeitsgemeinschaft für Sprachpflege«, die der deutschen Sprache eine umfassende, ja geradezu umwerfende Rechtschreibreform zuzufügen plant. Und zwar handelt es sich um eine Vereinheitlichung der Orthographie nach phonetischen Richtlinien, um eine weitgehende Angleichung des Schriftbilds der Sprache an ihr Klangbild – also um die Verwirklichung des Grundsatzes »Schreibe wie du sprichst« oder »Leisten, bleib bei deinem Schuster«.

Dergleichen fundamentale Neuerungspläne, die infolgedessen aller Fundamente entbehren, machen in gemessenen Zeitabständen immer wieder von sich reden. Sie gehen gewöhnlich von Konventikeln schrulliger Professoren aus, stiften weder Verwirrung noch Schaden und erregen sogar eine gelinde Heiterkeit, die freilich von Mal zu Mal säuerlicher wird: weil sie gar so abgestanden ist und gar so billig auf der Hand liegt. Diesmal jedoch scheint uns die Situation bedrohlicher als je zuvor. Nicht etwa deshalb, weil die »Sprachpfleger« – so nennen sie sich in der Tat und unbekümmert um die naheliegende Gedankenassoziation, die den Sprachpfleger sogleich an den Irrenwärter weitergeben möchte – nicht deshalb also, weil sie vermittels Denkschrift bereits mit den zuständigen Ministerien aller deutschsprachigen Staaten in

Kontakt stehen (auch das ist schon mehr als einmal dagewesen und vorbeigegangen). Sondern weil ihr Unternehmen von einer noch nicht dagewesenen Sprachverlotterung begünstigt wird; weil es zu einer Zeit erfolgt, in der mit allen andern Werten und Maßen auch die der Sprache in hämischer Auflösung begriffen sind, guter Stil so tief im Kurs steht wie gute Manieren, und »wegen« mit dem Genitiv so anstößig wirkt wie Gähnen mit vorgehaltener Hand. In einer solchen Zeit und unter solchen Umständen konnten die Sprachpfleger ihre barbarischen Pläne umso leichter durchsetzen, als sie ja nicht nur dem Schwinden jeglichen Traditionsbewußtseins entgegenkommen und nicht nur einer allgemeinen Gefühl- und Nuancenlosigkeit, sondern obendrein »unsern Kindern das Lernen erleichtern wollen«. Damit haben sie auf jeden Fall die Jugend für sich. Und die Erwachsenen – jene zumal, die es bereits für eine Schmockerei halten, anständig deutsch zu schreiben – werden sich's von den lieben Kleinchen gerne beibringen lassen.

Dem Text der offiziellen Denkschrift, abgefaßt und approbiert auf der letzten, in Stuttgart stattgehabten Sprachpflegertagung, ist u. a. zu entnehmen, daß den Sprachpflegern außer Doppelkonsonanten und großen Anfangsbuchstaben vor allem die unterschiedliche Schreibweise gedehnter Vokale – wie etwa das i in »mir, Tier, Vieh, ihnen« – wenn schon nicht unfro fürs or, so doch überflüsig fürs auge vorkomt, inen vileicht, uns nicht, uns komt vilmer dise sprachreform tirisch vor, oder heist es viisch? wi imer dem sei: wir hofen, das di reformer mitsamt irer einheizortografi zur höle faren werden, und wir wolen nicht erst auf gotes mülen warten, um inen etwas zu malen (oder zu malen?). Es geht in unsern Lehrsälen ohnedies schon ziemlich seelenleer zu – aber das es in den lerselen selenler zuginge, were zuvil.

Wir glauben unsere Leser darüber informieren zu sollen, daß wir in der letzten Zeit eine Anzahl von Zuschriften, Zirkularen und Flugblättern erhalten haben, versehen mit Absenderadressen wie *proponentengemeinschaft des »bundes österreichischer rechtschreibreformer«* (Wien), *universelle gemeinschaft »aktion kleinschreibung«* (Wien), *Arbeitsgemeinschaft für Sprachpflege* (Stuttgart) und mit Anreden wie *An die schriftleitung des forums, An die redaktion »forum«, Sehr geehrter herr chefredakteur.* Außerstande, diese Zuschriften einzeln wiederzugeben oder gar zu beantworten, sprechen wir den Absendern auf diesem Weg unsern Dank für ihre Anteilnahme aus, verweisen sie auf die in Heft 6 des FORVM erschienene Glosse *»haltn si die papn«* und bitten, uns mit der folgenden Pauschalantwort abschmalzen zu dürfen:

An die
PROPONENTEN-
BZW. ARBEITS-
BZW. UNIVERSELLE GEMEINSCHAFT
DOITSCHER SPRACH- UND RECHTSCHREIB-
REFORMER

Ihren Zuschriften entnehmen wir, daß die *»Rechtschreibreform das Gebot der Stunde«* sei. Da wir bereits von einer Menge andrer Gebote bedrängt sind, denen wir kaum noch nachzukommen vermögen, bitten wir Sie um genauere Angabe, um welche Stunde es sich handelt. Oder um das wievielte Gebot.

Sie schreiben:

»Und noch eines bitten wir zu bedenken: auch Ihrem unternehmen erspart die kleinschreibung zeit und geld. Es liegt daher auch in Ihrem interesse, unsere aktion zu fördern.«

Dieses »daher« ist ohne Beispiel in der deutschen Literatur und übertrifft an Wucht und Bedeutungsfülle sogar jenes, das auf den Warnungstafeln der städtischen Verkehrsmittel in einsamer Größe emporragt: »Das Auf- und Abspringen während der Fahrt ist lebensgefährlich und daher verboten« – ein Postulat, das wir auf Ihre ganze »aktion« ausdehnen möchten. Im übrigen verwahren wir uns gegen die Insinuation, daß wir ein auf Gewinn berechnetes »Unternehmen« sind, dem zum Zweck des Geldersparens, also des Geldverdienens, auch so fragwürdige Mittel wie die von Ihnen vorgeschlagenen willkommen wären. Und was die angebliche Zeitersparnis betrifft, so dementieren Sie Ihre eigene Behauptung. Sie haben uns mit Ihrer vermaledeiten kleinschreibung schon so viel Zeit gekostet, daß es an Sachschaden grenzt.

Sie schreiben:

»Ohne Wiederherstellung dieser einfachen, von jedermann leicht erfaßbaren klein geschriebenen Lautungsschrift werden große Teile unseres Volkes wohl immer der Wohltaten der Schrift beraubt bleiben.«

Das Tröstliche ist, daß Sie sich für diese Mitteilung nicht der klein geschriebenen Lautungsschrift bedient haben, so daß für große Teile unseres Volkes Aussicht besteht, Ihrer Wohltaten beraubt zu bleiben.

Sie schreiben:

»Die Zeit drängt auf eine Entscheidung – es könnten sonst Teile der deutschen Sprachgemeinschaft eigene Wege gehen müssen und dadurch, ohne es zu wollen, ihre Einheit sprengen.«

Wir bitten Sie, diesen Satz für uns zu zerlegen und uns mitzuteilen, was da eigentlich los ist. Es mag immerhin Sprachgemeinschaften geben, die ihre eigenen Wege können gehen müssen. Aber wir drängen auf eine Entscheidung, *wessen* Einheit sie dabei würden sprengen müssen wollen (denn daß sie solches täten, *ohne* es zu wollen, glauben wir nicht): die Einheit der Zeit, die Einheit der Teile, die Einheit der Gemeinschaft oder die Einheit der Wege? Ehe Sie diesen Satz nicht reformiert haben, halten wir Ihre Sprachreform bestenfalls für so legitim wie die berühmte Frage des kleinen

Moritz an seinen Papa: »Haben müssen gehen lernen schwimmen, Tateleben, die Hausierer bei die Pfahlbauern?«

Sie schreiben:

»Außerdem erbitten wir von Ihnen ein bis drei stück der folge, in welcher die kleinschreibung behandelt wird.«

Wir sind leider nicht in der Lage, Ihren Wunsch zu erfüllen. Folgen, die auch nur das mindeste mit Kleinschreibung zu tun haben – und es dürften ihrer weit mehr sein als ein bis drei Stück –, werden von uns nicht zugeschickt, sondern bedauert und nach Möglichkeit bekämpft.

Offener Brief an einen preussischen Grammatiker

Betr. »ö.« und »r. d.«

(1948)

Sehr geehrter Herr!

In einer kürzlich an ein hiesiges Wochenblatt* gerichteten Zuschrift beschäftigen Sie sich mit einem vom österreichischen Unterrichtsministerium geplanten Wörterbuch, das an Stelle des Duden eingeführt werden soll und das bestimmte preußische Sprachgebräuche, laut Duden die einzig richtigen, nicht länger gelten lassen will; vielmehr wird es sie durch ein eingeklammertes »r. d.« als reichsdeutsche Abweichungen kenntlich machen und sie damit auf jene bedingte Zulässigkeit reduzieren, die der Duden vermittels eines eingeklammerten »ö.« den in Österreich üblichen Formen bewilligt.

Über diesen Akt, der die Eigenwüchsigkeit Österreichs nun auch im Sprachlichen zu legitimieren plant, läßt sich ganz

* »Aufbau«, New York

gewiß diskutieren – aber ganz gewiß nicht mit Ihnen. Denn Ihnen, sehr geehrter Herr, geht dieser Akt dergestalt wider die preußische Natur, daß Sie ihn glattweg als »unverschämt« bezeichnen, wobei zu vermuten ist, daß Sie das nicht ö., sondern r. d. aussprechen, also nicht »*un*verschämt« sagen, sondern »unver*schämt*«.

Auch sonst ist man bei der Lektüre Ihres »Offenen Briefes« vielfach auf Vermutungen angewiesen. Man merkt zum Beispiel nicht sogleich, daß die »tiefe Genugtuung«, mit der Sie die Schaffung eines österreichischen Wörterbuchs eingangs begrüßen, von Ihnen als Witz respektive Scherz gemeint ist, ja wohl gar als Ironie. Erst wenn Sie im weiteren Verlauf Ihres Briefes von einer »schmählichen Bevormundung des österreichischen Schrifttums durch Lessing« sprechen oder wenn Sie »gehört« haben wollen, daß das Österreichische Unterrichtsministerium »bereits eine amtliche Übersetzung der Werke Hölderlins, Kants und Thomas Manns ins Österreichische« beschlossen hätte, wird der Leser allmählich des sonnigen preußischen Humors gewahr, der Ihre gesamten Ausführungen überglänzt wie ein Hosenboden das Gesäß. Ob hingegen Ihre »Hoffnung«, daß künftig »die österreichischen Staatsmänner sich nicht wie bisher im Jodeln« ausdrükken würden, noch eine Ironie darstellt oder schon eine Unverschämtheit, ist nicht mehr ganz klar. Es ist beinahe so unklar wie der folgende Satz aus Ihrem Brief:

Als Berliner und Preuße, der seine Emigration immer vor allem als Refugium der deutschen Sprache aufgefaßt hat, nun in Verteidigung der Vorzüge des Deutschen die erwarteten »sachlichen und scharfen Argumente« zu liefern, muß ich mir, übermannt von der Freude des Aufatmens über eine klare linguistische Separation, freilich versagen.

Ich meinerseits, übermannt von der Freude des Aufatmens, daß dieser Satz zu Ende gegangen ist, muß mir freilich versagen, ihm auf den Grund zu kommen. Mit Sicherheit entnehme ich ihm nur, daß Sie Berliner und Preuße sind – ein Einbekenntnis, dessen bewundernswerter Freimut an jenen

Zugpassagier gemahnt, dem sein Coupégefährte am Schluß einer angeregt verlaufenen Reise das Geständnis macht, daß er Jude sei, und der darauf mit den Worten reagiert: »Vertrauen gegen Vertrauen – *ich* hab' einen Buckel.«

Sie also, sehr geehrter Herr, sind Berliner und Preuße, und sind infolgedessen unbedingt und unter allen Umständen, ja geradezu immer vor allem, für das preußische Partizip, in welchem man nicht gestanden, gesessen oder gelegen *ist,* sondern gestanden, gesessen oder gelegen *hat.* Ich weiß sehr wohl, daß diese Formen in Berlin üblich sind, denn ich war seinerzeit oft genug dort – nicht, wie Sie sagen würden, »da«, denn wenn ein Österreicher »da« sagt, meint er »hier«, nicht »dort«; und ich möchte auch ganz gern wieder einmal hinkommen – nicht, wie Sie sagen würden, »vorbei«, denn wenn ein Österreicher »vorbeikommen« sagt, meint er »vorübergehen«, und das mit Recht, besonders im Falle Berlins. Indessen, und wie immer dem sei, würde weder ich noch sonst ein vom Duden-Haß Besessener Ihnen, sehr geehrter Herr, verwehren, irgendwo gelegen, gesessen oder gestanden zu haben, und wenn Ihnen das einen sprachlichen Vorsprung vor mir einräumt, so werde ich schon deshalb nicht versuchen, Sie einzuholen, weil »einholen« bei Ihnen doch etwas ganz andres bedeutet, und weil Sie dann vielleicht glauben würden, daß ich Sie einkaufen will, und das will ich nicht.

Wir könnten uns also getrost voneinander verabschieden und könnten einander laufen lassen (wobei Sie unter »laufen« abermals etwas anderes verstünden als ich, nämlich »gehen«), wären Sie nur nicht so unvorsichtig gewesen, zur Festigung eines Standpunktes, auf dem Sie ja schließlich seit jeher gestanden haben, einige Autoren heranzuziehen, an deren Zeugenschaft Ihnen, als Berliner und Preußen, selbst dann nichts gelegen haben sollte, wenn diese Autoren mit Ihnen auf einer Sprachschulbank gesessen *hätten* und nicht, als Wiener und Österreicher, auf ihrer eigenen gesessen *wären.*

Sie berufen sich – und das, sehr geehrter Herr, hätten Sie nicht tun sollen – auf Daniel Spitzer, Karl Kraus und Alfred

Polgar; auf Daniel Spitzer, der in den siebziger Jahren des vorigen Jahrhunderts ein Feuilleton über Ihre Geburtsstadt mit dem Satz begann: »Außer ihren 800000 Einwohnern verfügt die Stadt Berlin über keinerlei Merkwürdigkeiten«; auf Karl Kraus, der sich in der Alternative zwischen Spree und Donau immer noch – um nicht zu sagen: allemal – für die Donau entschieden hat; und auf Alfred Polgar, bei dem selbst Sie sich genötigt finden, von »mehr ironischen Austriazismen« ausdrücklich und nachsichtig »abzusehen«.

Sie berufen sich da, sehr geehrter Herr, auf drei Autoren, in deren gesamtem Werk die Form »gestanden hat«, niemals gestanden ist, und ich fürchte, daß kein noch so ironischer Prussianismus Sie davor bewahren wird, gerade in dieser Berufungsinstanz Ihren Prozeß gründlich und endgültig zu verlieren.

Und dann wird hoffentlich Ruh' sein: wenn Sie und die übrigen angriffslustigen Verfechter der preußischen Grammatik vor einem Sprachgerichtshof gestanden sind – und gestanden haben, daß sie nicht Deutsch können.

Apropos Österreich, dieses selbst, und die lieben Nachbarn

Gibt es eine österreichische Literatur?

(1954)

Das literarische Referat, mit dessen Abhaltung ich zu meiner großen Freude und Ehre betraut wurde, will *»Das Österreichische in der Literatur«* untersuchen und damit die Frage, ob von einer eigentlich »österreichischen« Literatur gesprochen werden kann – ob *noch* oder *wieder* von ihr gesprochen werden kann – oder ob niemals von ihr gesprochen werden konnte, so daß »noch« und »wieder« sich von selbst erübrigen würden. Es ist, wie man sieht, eine polemische Frage, deren bloße Formulierung bereits zum Widerspruch herausfordert – sogar von seiten dessen, der sie so formuliert hat.

Die Bezeichnung »österreichisch« ist nämlich neuerdings in einen Schwang geraten, den man nur mit Besorgnis verfolgen kann. Die Älteren unter uns erinnern sich noch des freigebigen Unfugs, der seinerzeit – bis in die frühen Zwanzigerjahre – mit dem Barock getrieben wurde, genauer: mit dem Barocken als Modewort, als Eigenschaftswort ohne jede Eigenschaft. Auch eine Feststellung wie diese hätte man damals zweifellos als barocken Protest bezeichnet und hätte ihn mit barock gewölbten Brauen oder mit barockem Kopfschütteln zur Kenntnis genommen. Was damals nicht alles barock war, ging auf keine Kuppel. Ähnlich droht heute das »Österreichische« durch ständige Unterstreichung und Hervorkehrung zu einem Cliché zu erstarren, das auf seine Weise ebenso aufdringlich wirken müßte, wie wir es gerne dem deutschen Cliché nachsagen. Nun ist das möglicherweise eine Auswirkung der noch nicht allzu lang vergangenen Zeitphase, in der jenes deutsche Cliché seine gewaltsame Aufdringlichkeit an Österreich erprobt hat, kurzlebig zwar, aber erfolgreich erprobt: denn nichts, was österreichisch war, durfte damals so heißen, nicht einmal Österreich selbst. Wenn also heute alles, was irgend die Möglichkeit dazu bietet, »österreichisch« genannt wird, wenn das Pendel, wie es ja zur Gewohnheit dieses metaphorischen Instruments gehört, jetzt wieder ins entgegengesetzte Extrem ausschlägt, so mag das immerhin verständlich sein und sogar verzeihlich. Dennoch geziemt sich die Klarstellung, daß es sich hier um einen nicht ganz ungefährlichen Ausschlag handelt, dessen Keime – Nationalismus und Provinzialismus – ebenso ungeistig wie unösterreichisch sind; und es geziemt sich, daß diese Klarstellung vorsorglich von Österreich aus erfolge, ehe wir der Umwelt mit der Betonung unseres Österreichertums auf die Nerven gehen.

Das ist aber auch schon alles, was über diese Art des Österreichischen hier zu sagen wäre. Denn nicht sie ist gemeint. Denn es soll hier keinem österreichischen Nationalismus das Wort geredet werden – freilich auch keinem Anationalismus, keiner allzu bereitwilligen Preisgabe dessen, was wir mit Fug als österreichisch bezeichnen und empfinden dürfen und was wir tatsächlich ein wenig akzentuierter so bezeichnen, ein wenig trotziger so empfinden, seit es uns von außen her nicht nur streitig gemacht, sondern schlechthin – sehr zum Schlechten hin – verboten war. Streitig gemacht nämlich wurde es uns seit je und seit wir denken können; und dagegen zu streiten ist ein durchaus geistiges Vorhaben. Gerade um seiner geistigen Sauberkeit willen bedarf es aber von vornherein der Entfernung aller nationalistischen Schlacken, die ihm etwa anhaften, bedarf es der ausdrücklichen Distanzierung von jeglichem Provinzialismus. Denn dieses Vorhaben kann, wie man noch sehen wird, überhaupt nur auf einer Basis glükken, die dem Provinziell-Nationalistischen entgegengesetzt und überhoben ist. Ich möchte hier, der Einfachheit halber und zur persönlichen Ausrundung dieser Basis, ein kurzes Zitat aus einem »Imaginären Dialog« heranziehen, den ich unter dem Titel »Innere und äußere Emigration« in einem der ersten nach Kriegsschluß wiedererschienenen Hefte der »Neuen Rundschau« veröffentlicht habe. Es diskutieren da die Personifikationen zweier um jene Zeit scharf ausgeprägter Antagonismen, der Innere und der Äußere Emigrant, und es kommt gleich am Beginn der Diskussion zu folgendem Wortwechsel:

DER INNERE: *Einen Augenblick – Sie sind doch Deutscher?*

DER ÄUSSERE: *Nein.*

DER INNERE: *Nein? Sie sprechen aber sehr gut deutsch. Was sind Sie?*

DER ÄUSSERE: *Amerikaner.*

DER INNERE: *Na ja. Und was waren Sie vorher?*

DER ÄUSSERE: *Mein Fall liegt ein wenig kompliziert. Ich war vorher Tschechoslowake.*

DER INNERE: *Auch das sind Sie erst geworden. Weichen Sie mir nicht aus. Sie gehören ursprünglich einer Nation an. Welcher?*

DER ÄUSSERE: *Ursprünglich bin ich Österreicher.*

DER INNERE: *Das ist keine Nation.*

DER ÄUSSERE: *Aber ein Begriff.*

DER INNERE: *Ich habe Sie nicht gefragt, welchem Begriff Sie angehören.*

DER ÄUSSERE: *Schade.*

Es ist also *der Begriff des Österreichischen,* von dem hier die Rede sein soll, und zwar der Begriff des Österreichischen in der Literatur; und es ist immer noch schade (wenn auch immer noch natürlich), daß solche Begriffsklärung vorangeschickt werden muß, damit wir uns ohne Furcht vor Mißverständnissen über das Österreichische in der Literatur unterhalten können.

Den unmittelbaren Anstoß zur Wahl dieses Themas gab eine österreichische »Jugend-Kulturwoche«, die 1953 zu Innsbruck in Tirol abgehalten wurde und in deren Rahmen auch eine literarische Preis-Konkurrenz stattfand. Die teilnehmenden Dichter mußten Österreicher und jünger als 30 Jahre sein, so daß eigentlich mit keinem übermäßigen Andrang zu rechnen war. Ohnehin und im allgemeinen ist es ja schon rätselhaft genug, wie und warum jemand gerade Dichter werden will, und das Zustandekommen eines solchen Entschlusses läßt sich an Unergründlichkeit nur noch jenem seelischen Vorgang vergleichen, an dessen Ende man entschlossen ist, Zahnarzt zu werden. Dabei ist zu bedenken, daß der werdende Zahnarzt immerhin von gewinnsüchtigen, also praktischen Motiven geleitet sein mag, wohl gar von der Aussicht auf deren Befriedigung – auf die der werdende Dichter (und häufig auch der gewordene) kaum zu hoffen hat. Daß es angesichts all dessen junge Menschen gibt, die nicht nur Dichter, sondern obendrein österreichische Dichter werden wollen, ist bewundernswert und ermutigend. Und wie sich in Innsbruck gezeigt hat, sind nahezu hundert junge Österreicher dazu entschlossen. Es befanden sich unter ihnen, den statistischen Angaben der Veranstalter zufolge, 1 Bauer und 3 Bauerstöchter, je 1 Metalldreher, Spektralanalytiker und Holzmesser – alle übrigen Teilnehmer jedoch wiesen sich mit Beschäftigungen aus, bei denen sie in irgendeiner Form mit dem Schreiben zu tun haben: Lehrer und Studenten, oder, noch unmittelbarer, Redakteure und Journalisten (wobei der Redakteur offenbar die höher organisierte, fix angestellte Spielart des Journalisten darstellt).

Trotz der hohen Zahl der Teilnehmer und trotz dem hohen Prozentsatz derer, welche die Tätigkeit des Schreibens mehr oder weniger berufshalber ausübten, waren weder die Preisrichter noch die literarisch geschulten Beobachter der Tagung mit den Ergebnissen des Preisausschreibens sonderlich zufrieden. Es wurden einige Feststellungen gemacht, die man positiv zu werten geneigt ist (und die hoffentlich so gemeint waren): das völlige Verschwinden der »poetischen Uniformität der Hitlerzeit« gehört hieher, oder – falls es eine Abkehr vom alten Blubo-Dampf bedeutet – »die radikale Abkehr von heimatlichen und bodenständigen Vorlagen«. Auch daß »Volk und Nation nur am Rande erwähnt« werden, ist nicht das Schlimmste, wessen sich junge Adepten der Dichtkunst schuldig machen können; schlimmer schon ist es, daß sie auch die Frau, die Liebe, ja die Beziehung zum Nebenmenschen überhaupt an die Peripherie ihrer Werke verbannen; daß – wie die Jury es formulierte – »ein Sinn für die Gemeinschaft nicht zu spüren« ist und »als Grundthema immer wieder der vereinsamte Mensch auftaucht«. Doch darf man diesen Wesenszug nicht nur der jungen österreichischen Literatur ankreiden; er zeigt sich überall dort, wo während der letzten zehn oder zwanzig Jahre die entscheidenden Eindrücke vom Krieg und von Kafka ausgingen – also überall. Aber das eigentlich und spezifisch österreichische Problem, das auf dieser Tagung zutage trat, bestand darin, daß es – ich zitiere das Gutachten der Jury – »niemandem gelungen ist, das spezifisch Österreichische in der Dichtung neu und lebendig zu gestalten«.

Eine klare und glatte Aussage, sollte man meinen. Betrachtet man sie allerdings näher, dann zeigt sie, wie ein scheinbar unbeschriebenes Blatt unterm Mikroskop, eine verwirrende Vielfalt von Verästelungen. Was ist denn »das spezifisch Österreichische in der Dichtung«? Hat es jemals existiert? Ist seine Existenz wünschenswert? Seine Gestaltung möglich?

All diese Probleme kennzeichnen nicht nur ein literarisches Dilemma. Das österreichische Schrifttum befindet sich insoferne in einer ganz ähnlichen Lage wie Österreich selbst, als seine Existenzberechtigung, seine selbständigen Lebensmöglichkeiten, seine ganze raison d'être immer wieder angezweifelt, in Frage gestellt, ja glattweg geleugnet werden; und der österreichische Schriftsteller, wenn er sich den Luxus existentialistischen Theoretisierens überhaupt leisten kann, mag sehr wohl zu dem Ergebnis gelangen, daß es ihn nicht gibt. Dieser dubiose Zustand datiert sowohl in seinen historischen wie in seinen geistigen und sozialen Aspekten bis tief in die Zeiten der Donaumonarchie zurück. Selbst damals, als die Bezeichnung »Österreich« zumindest nach außen hin eine ziemlich unzweifelhafte Realität beinhaltete und etwas ziemlich Feststehendes zu umreißen schien, konnte die »österreichische Literatur« dergleichen nicht von sich behaupten. Selbst damals war innerhalb ihrer eigenen Grenzen eine pangermanistische Fünfte Kolonne am Werk und wollte die österreichische Literatur, weil in deutscher Sprache geschrieben, kurzerhand als deutsche Literatur angesehen wissen. Diese Unterordnungstendenz, diese Hintanstellung des Vaterlandes hinter die Muttersprache macht sich nicht nur auf literarischem Gebiet geltend, tritt nicht nur als eine Art kultureller Ödipuskomplex in Erscheinung, sondern hat noch eine Reihe andrer Minderwertigkeits- und Abhängigkeitsgefühle hervorgerufen, die wir hier nicht einmal streifen können. Hier können wir nur eilends und mit Nachdruck erklären, daß auch die soeben vorgebrachte Unabhängigkeitserklärung keinen feindseligen Akt der österreichischen Literatur gegen die deutsche bedeutet; im Gegenteil dient diese Erklärung der Herstellung freundschaftlichster Beziehungen auf gleicher Basis, auf der natürlichen Basis der gemeinsamen Sprache. Denn natürlich sind Grillparzer und Raimund auch deutsche Dichter, genau wie Mozart und Schubert deutsche Komponisten sind. Aber kein halbwegs empfänglicher und empfindsamer Betrachter wird sich der Erkenntnis verschließen, daß ihren Schöpfungen – ganz zu schweigen von denen eines Nestroy oder eines Johann Strauß – etwas entschieden Nichtdeutsches innewohnt, etwas, das keinem andern deutsch sprechenden Stamm zu eigen ist. Grillparzer selbst hat zu diesem Problem mehr als einmal klare Stellung bezogen. So begegnete er dem Vorwurf sprachlicher Austriazismen, die seinem Rang als deutscher Klassiker angeblich unwürdig wären, mit der Feststellung, daß er »ein dorischer Dichter« sei – also nicht gesonnen, sich nach ionischen Maßstäben zu richten. Noch deutlicher wurde er in einem Briefwechsel mit einem seiner preußischen Zeitgenossen, einem außerordentlich national gesinnten Aristokraten des teutonischen Namens de la Motte-Fouqué, der es höchst unpatriotisch fand, daß Grillparzer die Themen seiner Schauspiele aus der griechischen, der spanischen, ja sogar der tschechischen und polnischen Geschichte nahm, und der ihn mahnte, »endlich ein deutsches Heldenlied zu singen«. »Ich verachte euer deutsches Wesen nicht«, schrieb Grillparzer in seiner Antwort, »aber ich kann es nicht brauchen.« Und vielleicht am ergiebigsten ist eine Stelle in seiner Selbstbiographie über die Geschichte der »Sappho«, für deren Drucklegung er einige sehr vorteilhafte Angebote von deutschen Verlegern bekommen hatte; dennoch übergab er das Werk dem Wiener Drucker und Verleger Wallishauser: ». . . weil es mich verdroß, daß ein österreichischer Dichter durchaus eine fremde, wenn auch deutsche Protektion nötig haben sollte.«

»Fremd, wenn auch deutsch«, nicht »deutsch, wenn auch fremd«: in der Tat eine aufschlußreiche und präzise Formulierung, derzufolge ganz offenbar nicht die Gleichartigkeit der Sprache als das Übergeordnete gelten soll, sondern die Verschiedenartigkeit in so vielen andern Hinsichten. Denn wie grundlegend wichtig der gemeinsame Sprach-Faktor auch ist – es gibt andere Faktoren, auf deren Grund die österreichische Literatur eben nicht bloß als Provinzfiliale der deutschen Hauptfirma anzusehen ist, sondern eher als ein im Ausland gelegenes Schwesterunternehmen. Es gibt Unterschiede in den beiderseitigen Nationalcharakteren, die den Unterschieden etwa zwischen Deutschen und Schweizern um nichts nachstehen (und der Schweizer muß erst geboren werden, der sich in eine Diskussion über das Vorhandensein einer schweizerischen Literatur überhaupt einließe). Es gibt sogar in sprachlicher Hinsicht Unterschiede zwischen deutsch und österreichisch, die nicht weniger markant sind als etwa die zwischen dem Englischen und dem Amerikanischen. Und es gibt, vor allem, den aus kulturgeschichtlicher Entwicklung entstandenen Unterschied im geistigen, künstlerischen und literarischen Habitus, der das »spezifisch Österreichische« ausmacht: eine Essenz aus der Mischung deutscher, slawischer, mediterraner, jüdischer und magyarischer Ingredienzen – die Quint-Essenz jenes historischen Gebildes, welches Österreich hieß.

1918 fiel dieses Gebilde auseinander. Sonderbarerweise jedoch zerbrach es nicht. Die amputierten Glieder des Habsburger-Reiches begannen als selbständige politische, nationale und geographische Eigengebilde ein neues Leben, aber ihre kulturelle Existenz zehrte weiterhin von ihrer früheren Substanz. Vor allem die deutschsprechenden Minderheiten der Nachfolgestaaten hielten ihren österreichischen Charakter aufrecht und hielten nicht nur untereinander Fühlung, sondern ihre geistigen Kreise überschnitten sich noch immer mit Österreich. Noch immer erschien eine der besten deutschsprachigen Tageszeitungen, das »Prager Tagblatt«, in Prag (jetzt Tschechoslowakei), der »Pester Lloyd« in Budapest, das »Agramer Morgenblatt« in Agram (jetzt Zagreb, Jugoslawien), die »Bielitzer Presse« in Bielitz (jetzt Bielsko, Polen), die »Czernowitzer Morgenzeitung« in Czernowitz (jetzt Cernauti, Rumänien). Deutsche Literatur, deutsche Theater, deutsche Erziehungs- und Bildungs-Institutionen spielten noch immer eine aktive Rolle im öffentlichen Leben, und mochten diese Aktivitäten auch durch die neu geschaffenen Umstände einigermaßen reduziert sein, so waren sie doch stark genug, um ihren einstigen Stützpunkt zu stützen und als sein Hinterland zu fungieren. Das wirkliche Ende jenes Österreich und alles dessen, was es bedeutet hat, kam nicht 1918. Es kam – in schmerzhaft klarer Rückschau aus dem Heute erkennen wir's – erst zwanzig Jahre später, als Österreichs intakt gebliebene Teilbestände entösterreichert und in Gaue und Marken eingedeutscht wurden oder zu Protektoraten und Satelliten eingeebnet. Nicht 1918, sondern 1938 ist Wien – auch damals noch das geistige Zentrum des ehedem habsburgischen Kulturkreises – wirklich und mörderisch zur Ader gelassen worden (die bis dahin von allen einstigen Arterien her gespeist und durchpulst war). Nicht 1918, sondern 1939 wurde den deutschen Kultur-Organismen, die bis dahin in Böhmen und Ungarn, in Polen und Rumänien noch funktioniert hatten, der Todesstoß zuteil (den nur die Hybris des Augenblicks für eine Neubelebung halten konnte). Und es wird für alle Zeiten zu den trübseligsten Treppenwitzen der Weltgeschichte gehören, daß es ein Österreicher war, der diese einmalige und unersetzliche Ausprägung deutscher Kultur, der ihr spezifisch Österreichisches im Namen deutschen Ruhms und deutscher Ehre zugrunde gerichtet hat.

Indem wir nun dem »spezifisch Österreichischen« auf den Grund zu kommen versuchen und es womöglich definieren wollen, sind wir uns klar darüber, daß Definitionen, um dieser Bezeichnung gerecht zu werden, sehr nüchtern und gegenständlich sein müssen – und das verträgt sich schlecht mit künstlerischen Schattierungen und Unwägbarkeiten, mit Harmonien und Motiven, für die der Feinhörige keine Erklärung braucht und der Schwerhörige keine Erklärung akzeptiert. Die Gefahr, daß da statt einer Definition nur eine feuilletonistische Schaumschlägerei zustande käme, ist nicht gering (und ist, nebenbei, eine eminent österreichische Gefahr). Ihr entgegenzuwirken, gibt es keine andere Möglichkeit, als den Feingehalt des vorliegenden Definitionsmaterials zu vergröbern – was weder dem Material besonders zuträglich noch dem mit der Vergröberung Betrauten besonders willkommen ist: weil er befürchtet, gerade die Halbtöne, die er hörbar machen will, so plump ergänzen zu müssen, daß ihr eigentlicher Klangwert ruiniert wird statt etabliert zu werden. Diese Befürchtung – die ihr Vergleichsbild nicht zufällig aus dem Musikalischen herholt – ist ihrerseits nur die Kehrseite jener als »österreichisch« bezeichneten Gefahr, ist eine österreichische Befürchtung durchaus; und daß sie gehegt wird, mit solcher Sorgfalt gehegt, deutet bereits auf einen Grundzug des zu Definierenden hin: auf die profunde Abneigung des Österreichers gegen die allzu hurtige und handliche Formulierung, gegen Pomp und Pathos der allzu dezidierten Aussage. Es ist die gleiche Befürchtung und die gleiche Abneigung, aus der Grillparzer dort nicht hingehen will,

Wo laute Reden lärmen,
Wo Falsch und Wahr, und Schlecht und Gut,
Sie längst auf Formeln brachten,
Rasch wechselnd die erlogne Glut
Gleich bunten Kleidertrachten.

Vor solchem Lärmen, vor solch fix bereitgehaltenen und je nach Wunsch auswechselbaren Formeln scheint er sogar dem »Capua der Geister« den Vorzug zu geben: »Man spricht nicht, denkt wohl etwa kaum – Und fühlt das Halb-Gedachte ...« Bei Hofmannsthal heißt das (im »Schwierigen«): »Schon die bloße Tatsache, daß man etwas ausspricht, ist indezent.« Und bei Rilke: »Ich fürcht mich so vor der Menschen Wort – Sie sprechen alles so deutlich aus.«

Es wäre gar zu oberflächlich, diese Hemmungen etwa für Koketterie oder Zimperlichkeit zu halten, in dieser Umgehung des Deutlichen und Eindeutigen etwa die vulgären Züge des »Küß-die-Hand«-Sagers zu erblicken. Was hier vorliegt, ist gleichermaßen entfernt vom selbstgefälligen Kraftmeiertum, das sich weiß Gott wieviel darauf zugute tut, so zu reden, wie ihm der Schnabel gewachsen ist – und von der servilen Selbstentäußerung, die jedermann nach dem Munde redet. Zwischen diesen beiden wohlfeilen Extremen hält das Halb-Gesagte eine prekär ausbalancierte Mitte, in zweiflerischer Selbstbehauptung, in einer höchst respektvollen Scheu vor der Doppelbodigkeit jeglicher Aussage, in lust- und schmerzvoller Ahnung der Tiefe, die sich unter dem doppelten Boden auftun mag. Und hier entdeckt sich ein weiterer Wesenszug der österreichischen Literatur: ihre geschärften Sinne für die Ambivalenz des Worts und ihr Hang, sich aus jener lust- und schmerzvollen Ahnung ins Wort-Spiel zu erlösen – dem ja hierzulande immer ein glückliches Gedeihen beschieden war, von Abraham a Sancta Clara über Nestroy bis zu Karl Kraus und Alfred Polgar. Daß es kein leeres Spiel ist, sondern voll von Bedeutung; daß es die Abgründe, indem es über sie hinwegjongliert, zugleich aufreißt und bloßlegt, legitimiert ja nur seinen Ursprung aus jenem Zurückzaudern vor der geahnten Tiefe – ein Zaudern, das dem Geheimnis des Worts und damit dem Geheimnis des Daseins ungleich näher ist als der forsche Zugriff, welcher der Tiefe dadurch habhaft zu werden sucht, daß er sie vernebelt. Die Abneigung, dem Wort gegenüber eindeutige Verbindlichkeiten einzugehen, bekundet in jedem Fall ein größeres Verantwortungsbewußtsein als der unverbindliche Wortschwall, der sich über alles ergießt und sich auf nichts festlegt. Tut er das obendrein (wie es bisweilen geschieht) unter dem herrischen Motto »Alles oder nichts«, dann ist jene Verabsolutierung eingetreten, die dem österreichischen Wesen unüberbrückbar fremd ist (und die auf gar nicht so weitem Umweg die Trennung Hofmannsthals von Stefan George herbeigeführt hat).

Woher aber diese Abneigung gegen das Unwiderrufliche, diese Scheu vor dem Eindeutigen, dieses Tasten und Vor-Fühlen? Und ist es nicht von Aufschluß, daß die Summierung all dieser Eigenheiten einen perfekten Diplomaten macht? Tatsächlich: für den Österreicher, inmitten der Vielfalt von Völkern, Sprachen und Kulturen, aus denen Österreich bestand; inmitten der Reibungen, die sich da ständig ergaben und die im literarischen Bezirk so phosphoreszierende Leuchtkraft hervorbrachten wie die Lyrik des aus Ungarn stammenden Nikolaus Lenau, so konzentrierte Strahlung wie die Prosa des aus Böhmen stammenden Adalbert Stifter; inmitten all der bunt und heiß gemischten Eigenarten, die da auf den österreichischen Nenner gebracht sein wollten (oder nicht gebracht sein wollten), war Diplomatie für den Österreicher so sehr eine Lebensnotwendigkeit, daß er sie beinahe instinktiv entwickelte. Erwägungen, die der große Nachbar im Norden erst gar nicht anzustellen brauchte (und deren Absenz ihm die Rolle des »Tat- und Herrenmenschen« gewaltig erleichterte), gehörten für den Österreicher zum Um und Auf seiner Existenz, verhielten ihn zu ständiger Bedachtnahme und Vergewisserung. Sein Differenzierungsvermögen – das er zwischen Slowaken und Slowenen zuverlässiger zu betätigen wußte als etwa zwischen Brandenburgern und Holsteinern – und die Bereitschaft, ja die Nötigung, sich in die Lage eines anderen zu versetzen, machten ihn über das Diplomatische hinaus zum Psychologen, steigerten seine Eignung fürs Raisonnieren und Analysieren: nicht jedoch um einer systematischen Einteilung willen, nicht um zu einer schablonisierten Ordnung der Dinge zu gelangen, auf die man sich nun aber ein für allemal verlassen könnte – sondern er analysierte von Fall zu Fall und jeden dieser Fälle bis in die peripheren Nuancen hinein, wo das alles für ihn erst wirklich reizvoll wurde und wo die scheinbare Verspieltheit plötzlich zu praktischeren Ergebnissen führte als die bestausgeklügelte Systematik.

Verzicht auf präzise Planung zugunsten der Improvisation, Verzicht auf das Dezidierte zugunsten der Ambivalenz, Verzicht auf die Zielstrebigkeit zugunsten einer produktiven Hemmung, Offenlassen statt Abschließen –: man könnte diese Wesenszüge der österreichischen Literatur als *Neigung zum Fragmentarischen* zusammenfassen. Und man muß da nicht gleich an die erkennbaren Titanen des Fragments denken, an Kafka und Musil. Es ist etwas immanent Fragmentarisches, eine innere Brüchigkeit (die ihren durchaus eigenen und leicht mißdeutbaren Charme besitzt – denn das Dezidierte ist niemals charmant), es ist eine gewisse Prädisposition, sich mit dem Fragment zufriedenzugeben, und sie ist keineswegs zu verwechseln mit dem Kompromiß, das ja ein Nachlassen von der ursprünglichen Forderung, ein Zurückstecken des ursprünglich ins Auge gefaßten Ziels bedeutet – nicht, wie das Fragmentarische, die vorweggenommene Erkenntnis einer Unerreichbarkeit, nicht das Bekenntnis zum eigenen Zweifel. Da menschliches Werk immer nur Stückwerk sein kann, ist ihm das Bruch-Stück als literarische Ausdrucksform gemäß und akzeptabel, ohne daß daraus ein Gefühl der Vergeblichkeit entstünde. Wann wäre ein Kunstwerk denn überhaupt je vollendet? »Man beendet ein Werk nicht, man gibt es auf«, sagt Flaubert und sagt es mit spürbarer Wehmut über eine schöpferische Unzulänglichkeit, die ihm immer erst nachträglich bewußt zu werden scheint. »Wir spielen alle – wer es weiß, ist klug«, sagt Arthur Schnitzler und hat damit die gleiche Erkenntnis nicht nur ins Grundsätzliche und Allgemeingültige ausgeweitet, sondern zur literarischen Anwendbarkeit bereitgestellt: als Erkenntnis des

Gleichnishaften aller Kunst – eine Erkenntnis, die dem verabsolutierenden Zugriff der deutschen Literatur oft genug entgeht.

Von hier aus, von dieser ins Spielerische entpathetisierten Erkenntnis und von der Melodie ihrer Aussage, haben wir's nicht mehr weit zu einem andern, der österreichischen Literatur desgleichen inhärenten Wesenszug: zu ihrer schon eingangs angetönten *Musikalität*, die ihr desgleichen kein Selbstzweck ist, sondern – gewissermaßen in kontrapunktischer Ergänzung zum Wort-Spiel – Ausweg und Erlösung. Und wie sie mit dem Wortspiel über Abgründe und Tiefen hinwegsetzt, die ihr abgrundtief bewußt sind, so sind es gerade die dunkelsten Ahnungen, die sie durch ihre Musikalität aus dem Unsäglichen heraufholt und hörbar macht. Die »drei Zigeuner«, die Nikolaus Lenau in einem seiner liedhaftesten Gedichte erstehen läßt, schlafend unterm Baum den einen, aus seiner Pfeife schmauchend den andern und fiedelnd daneben den dritten – sie gedeihen ihm keinen Augenblick lang zu einer Allegorie des Leichtsinns und der Lebenslust; sondern:

Dreifach haben sie mir gezeigt,
Wenn das Leben uns nachtet,
Wie man's verraucht, verschläft, vergeigt,
Und es dreimal verachtet.

Die Helligkeiten des Lebens haben sich immer von selbst gesungen, waren immer ihre eigene Musik. Dem nachtenden Leben von der Musik her beizukommen, es in Musik zu setzen – das scheint uns, wenn an solcher Grenze noch Grenzziehungen gestattet sind, ein Grund-Ton österreichischer Dichtung zu sein:

Der du bleibst, und sonder Wanken,
Tod, du bist der Orgelpunkt
In dem Hin- und Widerschwanken,
In den Ketten, in den Ranken,
Meiner krausen Traumgedanken.

So beginnt ein Gedicht von Ilka Maria Unger, einer heute wohl völlig – und wohl zu Unrecht – vergessenen Dichterin, die 1911, knapp 30 Jahre alt, gestorben ist und die wie Lenau aus Ungarn stammte. (Das Gedicht, in dem der Tod als Orgelpunkt auftritt, heißt »Fuge«.) Aber auch über das Ver-Dichtete hinaus ließen sich aus Österreichs Literatur viele Beispiele für ihre innere Beziehung zum Musikalischen beibringen – zu nennen wäre Grillparzer, den Hofmannsthal als »Halbbruder Mozarts« bezeichnet hat und von dem er schrieb: »Auf dem Klavier der Sinne empfing er die Akkorde des Tragischen um eins dumpfer, um eins orphischer als seine Brüder«; zu nennen wäre Hofmannsthal selbst, der schon unsterblich bliebe, wenn er nichts als seine Opernlibretti geschrieben hätte; zu nennen wären so divergente Erscheinungen wie Karl Kraus, der an Offenbach wahrhaftig musikalisch wurde, und Franz Werfel, dem die Erneuerung Verdischer Operntexte zu danken ist und in dessen literarischem Werk Titelbezeichnungen wie »Lied« und »Gesang« am häufigsten wiederkehren; zu nennen wäre der Dichter-Philosoph und Kafka-Betreuer Max Brod, dessen Kompositionen in der hochangesehenen Universal-Edition erschienen sind; zu nennen wären so viele, daß sie namentlich gar nicht genannt werden können und sich mit einem Sammelnamen begnügen müssen, der ihre Musikalität schon in sich schließt: mit der Bezeichnung »österreichische Dichter«.

Vielleicht sind wir jetzt weit genug, um mit aller gebotenen Reserve und mit der gewohnten Scheu vor allzu eindeutiger Aussage drei Grundzüge dessen festhalten zu können, was wir als das spezifisch Österreichische in der Literatur empfinden: ihre Musikalität, ihre psychologische Differenziertheit und ihre Neigung zum Fragmentarischen.

Wir müssen sogleich hinzufügen, daß die österreichische Literatur dies alles keineswegs gepachtet hat, daß mancher, der ihr zugehört, eins oder das andre dieser Elemente vermissen läßt, und viele, die ihr nicht zugehören, eins oder das andre aufweisen; ein literarisches Oeuvre jedoch, das alle drei Elemente in sich vereinigt, wird außerhalb Österreichs tatsächlich schwer zu entdecken sein.

Wir müssen ferner hinzufügen, daß diese drei Elemente untereinander fluktuieren, daß eines das andre bedingen, hervorrufen oder ergänzen kann; daß der Hang zum Psychologisieren für Verspieltheit ebenso anfällig ist wie die Neigung zur Musikalität; und daß er anderseits das Fragmentarische, nämlich das innere Abstandnehmen von der Vollendung, in hohem Maß begünstigt. Es versteht sich nachgerade von selbst, daß dieses Fragmentarische nicht etwa äußerlich als Abbruch sichtbar werden muß, die Musikalität nicht unbedingt im Aufgreifen musikalischer Themen besteht und das Österreichische nicht unbedingt im Lokalkolorit. Doch soll nicht übersehen werden, daß jene Einfühlung in die Lage und den Zustand des Andern, zu der sich der Österreicher aus historischer und politischer Nötigung verhalten sah, daß jene Bereitschaft zum Bedachtnehmen und Analysieren nicht nur literarisch produktiv geworden ist und daß es die Österreicher Freud und Adler waren, auf die sich die moderne Seelenforschung gründet. Es soll die Brücke nicht übersehen werden, die sich von hier aus – und jenseits der literarisch aktiv gewordenen Musikalität so vieler österreichischer Dichter – in unvermutetem Bogen zur modernen Musik hinüberschlägt, zur »Wiener Schule« Arnold Schönbergs, der die Musik gewissermaßen psychoanalysiert und ihre Seele bloßgelegt hat wie kein zweiter vor ihm. Es soll, kurzum, nicht übersehen werden, daß in diesem Österreich aus Zwiespalt und Hemmung, aus Raisonnement und Analytik auch sehr revolutionäre Bewegungen entstanden sind, von denen das Gesicht unsrer Zeit nicht unerheblich mitgeformt wurde; und daß, nebstbei, auch seine Literatur der kämpferischen Komponente keineswegs entriet, ob man nun an das tapfere soziale Gewissen der Ebner-Eschenbach denken will, an Bertha von Suttners leidenschaftlichen Pazifismus oder an Karl Kraus und seine unermüdlich streitbare Auseinandersetzung mit den Mißständen der Zeit.

Freilich waren diese Kampfhaltungen nicht so sehr künstlerisch bestimmt wie geistig und moralisch. Der Anteil der österreichischen Literatur an der Schaffung neuer Stile, an der Erschließung neuer Territorien war – vom Sonderfall Kafka abgesehen – nicht viel erheblicher als der Anteil ihres eigenen Lokalkolorits. Franz Werfels und Georg Trakls Beiträge zum lyrischen Expressionismus trugen den Stempel ihrer heimatlichen Landschaften (Prag und Salzburg) ebenso unverkennbar, wie Arthur Schnitzlers Charaktere und Kulissen wienerisch waren. Auch war Robert Musil ein Österreicher durchaus und organisch – es ließe sich schwer vorstellen, daß der »Mann ohne Eigenschaften« von einem Nichtösterreicher geschrieben oder anderswo als in Österreich angesiedelt wäre. Geringer sind die österreichischen Motive im Werk Hermann Brochs, kaum vorhanden sind sie bei Rilke (seine frühesten Gedichte ausgenommen), und sie im Werk Franz Kafkas zu entdecken, ist so zulässig oder willkürlich wie jede andre Entdeckung, die man in diesem Werk machen will. Bemerkenswert bleibt in jedem Fall, daß gerade diese drei aus Österreich stammten: der Epiker, der James Joyce für den deutschen Literaturgebrauch sozusagen amalgamiert hat; der weitaus melodischeste Lyriker unsres Jahrhunderts; und der Geheimnisvollste von allen, die jemals geschrieben und im geschriebenen Wort sich jemals preisgegeben und verhüllt haben.

Auf eine paradoxe Weise – und alles Österreichische hat seit jeher etwas Paradoxes an sich – waren sie österreichisch gerade darin, daß sie kein Wesens daraus machten. Der sanfte, herbstliche Skeptizismus, der das Klima der österreichischen Literaturlandschaft während der letzten Jahrzehnte der franzisko-josephinischen Ära charakterisiert hatte, rettete sich nach 1918 in eine aufgeschlossene Weltläufigkeit, und so oder so schien ihr Österreichertum den österreichischen Dichtern keines programmatischen Aufhebens wert. Sie waren eher Vermittler als Kämpfer, eher Katalysatoren als Urheber. Sie waren, alle ausnahmslos, und mit all den neuen Stilen, an deren Schaffung sie mitwirkten, der Tradition eines übernationalen Humanismus verpflichtet, und ihre Weltanschauung war, wenn nicht geradewegs liberal, so doch von einer Katholizität, zu der die Juden unter ihnen ebenso selbstverständlichen Zutritt fanden wie die Katholiken. Sie waren »weltmännisch«, ohne ihren Charakter aufzugeben, sie waren Übersetzer im ursprünglichen, eklektischen Sinn, Verpflanzer und Erwecker lange vergessener oder noch gänzlich unentdeckter Werte: sei es der hellenische Klassizismus Hofmannsthals oder der biblische Beer-Hofmanns; sei es die Wechselbeziehung, die Hermann Broch zwischen der logistischen Philosophie und der formalen Auflösung des modernen Romans herstellte; sei es Robert Musils didaktische Hartnäckigkeit oder Stefan Zweigs umfassende Bildungstendenz; sei es die legitime Hingabe eines Karl Kraus an Shakespeare, eines K. L. Ammer an Villon und Rimbaud, eines Rilke oder Richard von Schaukal an die französischen Impressionisten (was im Fall Rilkes und seiner eigenen französischen Gedichte das bemerkenswerte Phänomen klarer deutscher Reime auf französisch hervorbrachte, und im Fall Schaukals die kompetentesten Übersetzungen moderner französischer Lyrik überhaupt, vergleichbar wieder nur der Rilkeschen Übersetzung der »Sonette der Louise Labbé«).

Der Gutwillige, der sich durch das bisher Gesagte davon überzeugen ließ, daß es in der Literatur etwas »spezifisch Österreichisches« gibt und somit eine österreichische Literatur, wird bemerkt haben, daß die Träger nahezu aller Namen, die zu ihrer Repräsentanz angeführt wurden und die mindestens noch durch Hermann Bahr und Anton Wildgans zu ergänzen wären – daß sie alle nicht mehr am Leben sind. Er schließe daraus nicht vorschnell, daß sie darum schon der Vergangenheit angehören und daß mit ihnen auch das Spezifikum dahingegangen ist, das sie zu ihren Lebzeiten repräsentiert haben. Eines Dichters lebendige Wirksamkeit erlischt nicht mit seinem Tod, und ihrer nicht wenige, die da über ihren Tod hinaus noch wirken und repräsentieren, sind vorzeitig gestorben, im Exil, am Exil, und haben Exil oder Tod und manchmal auch beides freiwillig auf sich genommen: Stefan Zweig beging als 60jähriger in Brasilien Selbstmord, Robert Musil starb ungefähr gleichaltrig in der Schweiz, Franz Werfel war 54 Jahre alt, als er in Kalifornien buchstäblich an gebrochenem Herzen zugrunde ging, Joseph Roth hat sich mit 45 Jahren vorsätzlich zu Tode getrunken, im gleichen Pariser Exil, in dem Ödön von Horváth von einem stürzenden Baum erschlagen wurde. Sicherlich stünde die österreichische Literatur – die so ungleich grausamer heimgesucht wurde als die deutsche – heute ganz anders und gewichtiger da, wenn der und jener noch am Leben wäre. Aber das ändert wenig an der Tatsache, daß es die Zeit zwischen den beiden Kriegen war, die zwei Jahrzehnte von 1918 bis 1938, die dereinst als das goldene Zeitalter der österreichischen Literatur gelten werden, und daß sich das heutige literarische Österreich an Geltung und Format mit dem damaligen nicht gut vergleichen kann. Wie sollte es. Von denen, die noch im einstigen Humus wurzeln und die aus ihm zu kraftvoller und bedeutender Statur emporwuchsen, sind nur noch drei oder vier am Leben und am Werk; und was ihnen nachgekommen ist, steht entweder wurzellos zwischen den Zeiten, die jenen Humus erbarmungslos umgeackert haben – oder es ist noch zu jung, als daß es aus dem neuen Humus, der sich inzwischen gebildet hat (und der ja seinerseits erst des Wachstums und der Verfestigung bedarf) bereits gültige Substanz hätte beziehen können.

Und damit rundet sich's zum trüben Befund der Innsbrukker Preisrichter zurück: daß die jungen österreichischen Dichter eine Gestaltung des »spezifisch Österreichischen« in der Literatur nicht vollbracht haben. Wie sollten sie.

In einem Punkt allerdings sind diese Jungen besser dran als ihre Vorfahren: wenn sie »Österreich« sagen, so wissen sie, was sie meinen, und wenn sie sich zu diesem Österreich bekennen, so wissen sie, warum. Sie wissen wohl auch, warum in den österreichischen Literaturgeschichten und Nachschlagebüchern, die sie zur Hand nehmen, sämtliche im einstmals schwarz-gelben Kulturbereich geborenen Dichter als Österreicher verbucht sind, und warum solche Buchung im heutigen Nachkriegsösterreich, nach 1945, wieder genau so üblich ist, wie sie es im Nachkriegsösterreich nach 1918 war. Es wird noch ein paar Jahrzehnte dauern, ehe eine österreichische Literaturgeschichte sich ausschließlich oder überwiegend auf die seit 1918 in Österreich Geborenen stützen kann, ehe die Jungen, die jetzt doch erst mit diesem Österreich und aus ihm wachsen, vollgültig für seine Literatur stehen werden.

Wie immer diese Literatur und das »spezifisch Österreichische«, das sie zu gestalten hat, dann auch beschaffen sein mag – es wird eine andre Literatur sein als vor 1938, weil es ein andres Wien und ein andres Österreich ist, ohne Zustrom und Einflüsse von jenseits der Grenzen, ohne die buntfarbige Mischung, die sich einstmals in seiner Hauptstadt zusammenstaute. Und wenn eines Tages die Grenzen sich wieder öffnen und die Verbindungen mit Prag und Budapest wieder hergestellt sind, wird es auch ein andres Prag und ein andres Budapest sein, aus ganz ähnlichen Gründen, aus denen Wien und Österreich anders geworden sind. Eine so gründlich und so lange unterbrochene Kontinuität läßt sich niemals wieder aufnehmen und fortsetzen. Es käme auch nichts Gutes dabei heraus, am allerwenigsten für die österreichische Literatur, deren Hoffnungen von heute und Repräsentanten von morgen gar nicht mehr wissen, daß noch gestern der »Pester Lloyd« ihre ersten Gedichte veröffentlicht hätte und das »Prager Tagblatt« die ersten Kritiken über ihre Romane.

Aber es muß hier mit allem Nachdruck vor einer Verwechslung gewarnt werden, der unsre nuancen- und empfindungslose Zeit mit Vorliebe aufzusitzen pflegt: vor der Verwechslung von Kontinuität mit Tradition. Denn diese, anders als die Kontinuität, läßt sich weder unterbrechen noch fortsetzen. Sie besteht, ob sie nun wahrgenommen wird oder nicht. Man wandelt nicht ungestraft unter Palmen und nicht ungesegnet durch dieselben kleinen Winkelgassen wie Grillparzer und Raimund und Nestroy, vorbei an denselben Bauten und Palästen und hinaus zu denselben Weinbergen und Wäldern wie Hofmannsthal und Schnitzler und Musil. Irgend etwas von alledem bleibt. Vielleicht, wenn in 50 oder 100 Jahren eine Spur davon sich im Werk eines jungen Österreichers zeigen sollte – vielleicht wird ihm dann jemand erklären müssen, woher sie kommt. Und vielleicht wird er gar nicht wissen, was man ihm da erklären will. Vielleicht aber wird er gar keiner Erklärung bedürfen, weil es ihm selbstverständlich ist, weil jenes »spezifisch Österreichische« in der Literatur ihm ganz genau so unabdingbar innewohnt wie seinen Vorfahren, obschon auch er es nicht besser zu definieren vermöchte als sie, nicht besser als Hofmannsthal es in seinem Aufsatz über Grillparzers »Des Meeres und der Liebe Wellen« zu definieren vermocht hat:

»Spreche es zu Fremden die deutsche Sprache mit geliebtem Mund; zu uns spricht es eine wortlose Sprache, die noch darüber ist.«

Ein österreichischer Dichter

Ernst Freiherr von Feuchtersleben, 1806–1849

(1975)

Man kennt ihn vor allem als Verfasser des zum Volkslied gewordenen Gedichts »Es ist bestimmt in Gottes Rat«. Das heißt: man kennt ihn eigentlich nicht, weil man die Verfasser von Volksliedern nicht kennt. Und selbst die mehr von ihm wissen, assoziieren den Namen dieses höchst merkwürdigen Österreichers weniger mit einem literarischen als mit einem medizinischen Werk, das »Zur Diätetik der Seele« heißt und wesentliche Erkenntnisse moderner Tiefseelenforschung vorwegnimmt: die Wichtigkeit des Kontaktes zwischen Arzt und Patienten, die Wechselbeziehung zwischen körperlichem und seelischem Zustand, die therapeutische Rolle des Gesundungswillens. Übrigens haben auch Feuchterslebens berühmtere Zeitgenossen Grillparzer und Raimund in dichterischer Form so manches ausgesagt, was dann von ihrem später geborenen Landsmann Sigmund Freud wissenschaftlich fundiert wurde. »Die Seele ist ein weites Land«, heißt es bei Arthur Schnitzler, dem Arzt und Dichter, der seinerseits ein Zeitgenosse Sigmund Freuds war; und in diesem weiten Land haben sich die Dichter Österreichs seit jeher besonders gerne umgetan.

Ernst von Feuchtersleben war nicht nur Arzt und Dichter, er war auch ein beachtenswerter, an Kant geschulter Philosoph und war dies alles als Staatsbeamter (was in Österreich desgleichen häufig vorkommt). Als solcher brachte er es bis zum Vizedirektor der medizinischen Fakultät der Universität Wien und wäre, einem Ausspruch Grillparzers zufolge, »Österreichs bester Unterrichtsminister« gewesen – wenn er's geworden wäre. Übermäßiges Verantwortungsgefühl, gepaart mit einer latenten Verzichtbereitschaft, ließen ihn die im Juli 1848 erfolgte Ernennung ablehnen, Intrigen und Mißverständnisse taten ein übriges, um dem leicht verletzlichen, in keiner Weise kämpferisch veranlagten Humanisten das Leben zu vergällen und wohl auch zu verkürzen. Er starb 1849, mit 43 Jahren, im gleichen Alter wie fast ein Jahrhundert später der Dichter Joseph Roth (mit dem er noch andere tragische Aspekte eines »österreichischen Schicksals« teilt). Zu seinen persönlichen Freunden zählten Franz Grillparzer, Friedrich Hebbel (sein erster Biograph), Adalbert Stifter und Franz Schubert – nicht eben leichtlebige Erscheinungen, sie alle. Mit der Revolution von 1848, deren Freiheitsmotive ihm sehr am Herzen lagen, kam er in der Praxis nicht ganz zu Rande. »Die konstitutionelle Monarchie ist die republikanischeste Regierungsform«, schreibt er in jenem Jahr und deklariert sich damit als Reformator, nicht als Revolutionär.

Hier, und noch vielfach andernorts, bekundet sich Feuchterslebens tiefe Beziehung zu Goethe, die in seiner jüngsten, 1956 erschienenen Biographie von Eltz-Hoffmann gebührlich hervorgehoben und gründlich belegt wird. Durchaus im Geist des Goetheschen Diktums, es komme darauf an, daß jeder sich eingebettet wisse in den großen Lebenskreislauf, entwickelt er seine vom Augenblickserfolg distanzierte, zugleich resignative und ihres Fortwirkens dennoch sichere Lebenshaltung, wie sie etwa in seinem Gedicht über »Das Große« zum Ausdruck kommt:

Es erscheint: und niemand sieht es,
Niemand hört es im Geschrei.
Mit bescheidner Trauer zieht es
Still vorbei.

Diese Haltung äußert sich auch in meinem nun folgenden Lieblingsgedicht, dessen Titel nach allem bisher Gesagten niemanden überraschen wird und das ich in seiner Hinneigung zum »lächelnden Untergang« als eminent österreichisch empfinde. Auf die Gefahr hin, des Abgleitens in einen müßigen Feuilletonismus geziehen zu werden, riskiere ich die Behauptung, daß dieses Gedicht, wäre er Österreicher gewesen, von Goethe stammen könnte.

Resignation

Wend' ich aufs Vergang'ne
Prüfend mich zurück:
Trifft auf schwarz behang'ne
Särge nur mein Blick.

Schau' ich in das Heute,
Was gewahr' ich drin?
Alles Leben deute
Auf Verwandlung hin.

Unerforschter Weiten
Dämmerung verschließt,
Was in fernen Zeiten
Mir bereitet ist.

Und so schiff' und lenk' ich
Durch die Nacht dahin;
Wohlgemut bedenk' ich,
Welch ein Nichts ich bin.

Peter Altenberg

Zur 100. Wiederkehr seines Geburtstags

(1959)

Peter Altenberg, dessen Geburtstag sich am 9. März zum hundertsten Male jährt, ging schon ins Obergymnasium, als Rilke und Hofmannsthal, Karl Kraus und Alfred Polgar geboren wurden. Dennoch gehört er ganz und gar zu ihrer Generation, und nicht sie waren es, die zu ihm, dem immerhin um 15 Jahre Älteren, aufblickten, sondern *er* wurde von *ihnen* geradezu väterlich betreut, von Karl Kraus zumal und von Alfred Polgar, denen sich auch noch der um volle 20 Jahre nach Altenberg geborene Egon Friedell beigesellte. Das ist kein bloßes Spiel mit Daten und Generationen. Das kam, weil Peter Altenberg Zeit seines Lebens ein Kind geblieben ist, ein störrisches, unbändiges, allen Eindrücken weit und weich aufgeschlossenes, unendlich liebebedürftiges Kind. Zu Kindern hat er sich denn auch am innigsten hingezogen gefühlt, und die »heiligen Geliebten« seiner schönsten Skizzen und Liebesbriefe waren Dreizehn- und Vierzehnjährige. Keiner vor ihm und keiner nach ihm hat ihre kleinen Seelen so groß verstanden wie er. Und so zart er sich ihnen zu nähern verstand, so behutsam er mit ihnen umging: so zornig konnte er werden, wenn da von außen her auch nur der geringste Mißton einbrechen wollte oder wenn Unverstand und billiger Bürgerwitz zu schmunzeln begannen. »Der einzige stadtbekannte Zorn, der um seiner selbst willen wertvoll ist«, hat Karl Kraus ihm nachgerühmt – ihm, »der noch in den schmutzigsten Winkeln des Lebens Literatur geschaffen hat, gleich unbekümmert um die Regeln der Literatur und des Lebens.«

Solche Unbekümmertheit ist freilich keine gute Voraussetzung für das literarische Überleben, für den Bestand eines Werks, für den »Nachruhm«. Tatsächlich sind Werk und Name Peter Altenbergs, zum Unterschied von den bisher Genannten, fast völlig in Vergessenheit geraten. Selbst die heute Sechzigjährigen, die ihn noch zur Zeit seines höchsten Ruhms gekannt haben, denken, wenn überhaupt, mit nachsichtigem Achselzucken oder wehmütigem Lächeln an ihn zurück, etwa so, wie man an eine Jugendsünde zurückdenkt. Sie ahnen nicht, und niemand ahnt, wie viele Alterssünden es heute nicht mehr gibt, weil es diese Jugendsünde gab, von wie viel Verlogenheiten und Verhohlenheiten unser Leben befreit wurde, weil Peter Altenberg sie als verlogen und verhohlen entlarvt hat, weil er mit der unbekümmerten, provokanten Wahrhaftigkeit seines Lebensgefühls wider sie anrannte. Denn Peter Altenberg war – und hierin ist er seinem Zeitgenossen Wedekind vergleichbar – ein Revolutionär, wenngleich auf eine liebenswürdigere, minder programmatische Art als jener. Und er hat, wie Wedekind, das Schicksal erlitten, das den Urhebern aller erfolgreichen Revolutionen zuteil wird: man genießt die Früchte ihres Eifers, aber den Eifer selbst findet man nur noch komisch oder bestenfalls rührend und versteht nicht mehr, worüber die sich damals eigentlich aufgeregt haben.

Peter Altenberg – »der einzige vollkommen konsequente Impressionist innerhalb der deutschen Literatur«, wie Egon Friedell in seiner »Kulturgeschichte der Neuzeit« ihn nannte–, Peter Altenberg konnte sich über alles Mögliche und Unmögliche aufregen, über das Geringste und das Gewaltigste, über die »Gnädige«, die von einer »Tristan«-Aufführung nach Hause kommt und »trotzdem mit dem Dienstmädchen schreit«, über einen Sonnenuntergang, der die Wolken rötet und über die Stimme einer Elfjährigen, die ihm plötzlich ans Ohr weht – ganz so als hätte noch nie eine Gnädige mit einem Dienstmädchen geschrien, als wäre noch nie die Sonne untergegangen, als hätte eine Elfjährige noch nie gesprochen:

Hilde, Elfjährige, ich wußte nichts bis dahin über dich – – –. Nun aber habe ich deine Stimme vernommen, deine wunderbar klare tönende Stimme, wie Seelenglocken so hinaustönend in die dumpfe stumpfe Welt!

Wie wird diese Stimme einst sagen: »Bleibe bei mir!?«

Wie wird sie sagen: »Du liebst mich nicht mehr!?«

Diese Stimme ist so klar und rein wie Gottes Träume über das Leben der Menschen!

Aber . . . sie wird verklingen, übertönt werden und ausgelöscht – sie wird ihren tönenden Glockenklang verlieren und dumpf werden wie die Umwelt – – –.

Aber ein alter Dichter auf dem Sterbebett hat sie noch vernommen und nimmt den Klang mit aus einer dumpfen stumpfen Welt, tief gerührt und ergriffen –.

Stimme der elfjährigen Hilde, klare tönende Seelenglocke, läute, töne solange, solange es irgendwie geht – – –.

Und wenn sie dumpf wird im Brausen des Lebensgetriebes, dann gedenke, Hilde, des unglückseligen Dichters, der noch die Seelenglocke deines edlen elfjährigen Herzens im Ohre mit hinübernahm – – –.

Gottes Träume über das Leben der Menschen: Peter Altenberg hat sie ihm nachgeträumt, aber weil er nur ein Mensch war, ist er beim Träumen immer wieder an die Ecken und Kanten einer mangelhaft eingerichteten Welt geraten und hat sich blutige Beulen geschlagen. Dennoch blieb er dem Leben zugewandt und blieb ihm treu, bis in die kleinsten Verästelungen und gerade dort. »Märchen des Lebens« hieß einer seiner ersten Skizzenbände, und andere hießen »Bilderbogen des kleinen Lebens«, »Vita ipsa«, »Mein Lebensabend«. Immer war es das Leben, dem er sich und das sich ihm ergab, in einer Promiskuität, die von Alfred Polgar auf die denkbar schlüssigste Formel gebracht wurde: »Zwei Zeilen Peter Altenbergs über eine Wiese – das sind ebenso zwei Zeilen der Wiese über Peter Altenberg.«

Die Wiese gibt es noch. Es gibt nur niemanden mehr, der sie so betrachtet. Auch Elfjährige gibt es noch. Es gibt nur niemanden mehr, der ihnen so zuhört. Aber die Gnädige, die aus einer »Tristan«-Aufführung nach Hause kommt und trotzdem mit dem Dienstmädchen schreit – die gibt es nicht mehr. Und wenn es sie gibt, ist die Tatsache, daß sie zu »Tristan« geht, längst nicht mehr das Ereignis, das es zu Peter Altenbergs Zeiten noch war. Und wenn sie nach Hause kommt, hat sie kein Dienstmädchen mehr. Und wenn sie eines hat, wird sie sich hüten, mit ihm zu schreien. Und wenn heute irgendwo Geschrei ertönt, dann ist es nicht geeignet, von lebensverträumten Dichtern in zornig-zarte Aphorismen gebannt zu werden.

Somit fehlen heute nicht nur die Voraussetzungen für einen großen Teil des Altenbergschen Oeuvres – es fehlen auch die Voraussetzungen, die zu seinem Verständnis nötig wären, ja es fehlt bereits die Vorstellungskraft für eine Existenz wie die seine, für die Welt, in der er existiert hat, für eine Gesellschaft, die oberflächlich genug war, solche Existenzen in die periphere Gegend eines Boheme-Daseins zu verweisen – und schuldbewußt genug, um ihnen wenigstens dieses Boheme-Dasein zu sichern. Weder gibt es Dichter, wie Peter Altenberg einer war, noch gibt es Mäzene, die für einen Dichter wie Peter Altenberg sorgen würden. Überflüssig zu sagen, daß er diese Sorge als etwas Selbstverständliches hingenommen und denen, die ihn umsorgten, weder Konzessionen noch Komplimente gemacht hat. »Ich teile die Menschheit in zwei Kategorien ein«, sagte er einmal. »In solche, die mich fragen: ›Herr Altenberg, warum tragen Sie eigentlich Holzsandalen?‹ und in solche, die mich das nicht fragen. Bis jetzt hat mich noch jeder gefragt.« Seine ganze selbstbewußte Resignation liegt in dieser kleinen Anekdote. Und seine ganze selbstgenügsame Phantasie in jener andern, die davon berichtet, wie er einmal beim Delikatessenhändler angesichts einer Veroneser Wurst ins Schwärmen geriet: »Welch eine Fülle in diesem edlen Gebilde ... Was für einen Reichtum von Bildern beschwört diese Wurst herauf ... Was für Veroneser Visionen ... Ich sehe die italienische Landschaft, aus der sie kommt ... Ich sehe blauen Himmel ... Ich sehe Verona ... Seine Kuppeln und Paläste ... Sein Amphitheater ... Ich sehe den schiefen Turm ...!«

An dieser Stelle unterbrach ihn sein Begleiter mit dem zaghaften Hinweis, daß der schiefe Turm sich eigentlich mehr in Pisa befände. »Macht nichts«, herrschte Peter Altenberg ihn an. »Ich sehe Pisa!«

Ohne Zweifel gehörte sein Begleiter zur Gruppe derer, die nach der Ursache der Holzsandalen fragten, zu den ordentlichen Menschen und Bürgern, zu den trostlos Erwachsenen.

Von den anderen, den Zauberwesen, denen Peter Altenbergs Liebe galt und seine schönsten Prosagedichte, sei nun zum Abschluß nochmals die Rede, Peter Altenbergs Rede – eine kleine Skizze aus dem Nachlaß, betitelt »Die Seidenfetzerln«:

Ich schrieb an das Modewarenhaus G.: »Seit einigen Tagen breitet meine heilige 13jährige Freundin mit den aschblonden Haaren, den hellgrauen Augen und den schwarzen Wimpern auf der automobilbestaubten Wiese acht bis zehn kleine, unscheinbare Seidenfleckchen vor mir aus und sagte: ›Welches ist das schönste?! Nicht wahr, das graue mit den lila Fäden – – –.‹ Ich fragte sie, was diese Fleckchen zu bedeuten hätten, worauf sie erwiderte: ›Die sind schwer zu bekommen. Eine Freundin von mir hat eine Schwester, die ist in Wien in einem Schneidergeschäft bedienstet. Und da hat mir meine Freundin, weil sie mich gern hat, zehn Stück davon überlassen. Aber den andern Mädeln sagen wir nur, daß es Fetzerln sind, um die Tintenfeder abzutrocknen. Denn wenn sie wüßten, daß es für gar nichts ist und wir uns nur so damit freuen, möchten sie sich zu sehr kränken, daß sie nicht auch welche haben – – –.‹« Das Modewarenhaus

G. schickte mir infolge dieser Bemerkung für meine 13jährige Freundin einen großen Karton mit den herrlichsten Seidenrestchen, Seidenfleckerln, besonders schöne japanische, indische. Abends auf der Wiese kamen zehn Schulmädchen zusammen, kauerten sich in einem Kreise, in dessen Mitte meine kleine, fanatisch verehrte Freundin, Schuhmachermeisterstochter, mit dem Karton gleichsam thronte und ›Cercle‹ hielt. Sie hob ein jedes Seidenfleckerl hoch und zeigte es im Kreise herum den erstaunten, stummen, in Bewunderung versunkenen Mäderln. Das älteste Mäderl sagte: »Kriegt man von jedem Fetzerl so viel Stoff zu kaufen, daß man sich ein ganzes Kleiderl machen kann?« – »Was brauchst dös, dumme Gans, san die Fetzerln nit viel schöner?!?« erwiderte meine 13jährige Heilige. Der Automobilstaub der Reichen hüllte Wiese und Ortsstraße in dikke, weiße Nebel ein, während die Wolken blutrote Zickzacklinien hatten von der untergehenden Sonne. Da schloß meine Freundin den Karton, sagte: »Schluß der Seidenfetzerlvorstellung für heute, meine Herrschaften – – –,« nahm den Karton auf ihr geliebtes aschblondes Haupt und sagte zu mir: »Heute werde ich gut schlafen und süß, süß träumen, aber net von Ihnen, sondern von Ihren wunderschönen Seidenfleckerln – – –!«

Daß wir doch alle mit ihr träumen könnten. Daß doch die Träume des Dichters Peter Altenberg, der vor hundert Jahren auf die Welt kam und vor vierzig Jahren gestorben ist, ein wenig noch die unseren wären. Daß sie doch durch die dikken, weißen Nebel und durch die blutroten Zickzacklinien ein wenig wieder in unsern Tag eindringen und ihn aufhellen könnten. Wir warten auf eine Altenberg-Renaissance, und nicht nur aus literarischen Gründen. Denn es wäre dann, weil Literatur und Leben bei ihm eines war, nicht nur um unsere Literatur um einiges besser bestellt, sondern um das Leben.

Schwierigkeiten beim Verehren Hugo von Hofmannsthals

(1974)

Man hat's nicht leicht, wenn man unter dem Einfluß von Karl Kraus aufgewachsen ist, eine Zeitlang sogar im engeren Bannkreis seiner Persönlichkeit stand und just in den Jahren der Entwicklung sich nur nach den von Karl Kraus festgesetzten Maßstäben literarische Urteile zu bilden vermochte. Man wird's dann vor allem mit Hugo von Hofmannsthal nicht leicht haben, wird ihn erst mühsam erwerben müssen, um ihn zu besitzen. Ich bin auch heute noch nicht sicher, ob mir das geglückt ist. Auch heute noch muß ich bei jedem neuen Band Hofmannsthalschen Briefwechsels, den der nimmermüde Verlag S. Fischer auf den Markt wirft, an eine Stelle aus der »Demolierten Literatur« denken, 1896 von Karl Kraus veröffentlicht (und damals noch »Demolirte Litteratur« geschrieben): »Seine Bewegungen nahmen bald den Charakter des Ewigen, seine Korrespondenzen den des Briefwechsels an.« Auch heute noch, bei jeder Dithyrambe, die ich über Hofmannsthal zu lesen bekomme, bei jeder Zeitungsnotiz über das Fortschreiten der kritisch-historischen Gesamtausgabe, bei jedem Zuwachs an Sekundärliteratur, fällt mir die Vereinsgründung meines witzigen Kollegen Hans Weigel ein, die »Gesellschaft zur Linderung der Überschätzung Hugo von Hofmannsthals«. Und mit bübischer Lust erinnere ich mich jener Gymnasiastentage, da einer von uns dem preziös umnebelten Tiefsinn des »Lebenslieds« durch die glorreiche Entdeckung beikam, daß der Text (»Den Erben laß verschwenden an Adler, Lamm und Pfau . . .«) genau in die Melodie des keineswegs tiefsinnigen »Fiakerlieds« paßt: »Ich führ zwei harbe Rappen, mein Zeugerl steht am Grab'n . . .« (Sangesversuch empfohlen).

So weit, so unseriös. Aber ist dies alles, in all seiner Unseriosität, nicht zugleich ein Beweis dafür, wie sehr uns Hofmannsthal seit je beschäftigt, wie unwiderstehlich wir uns zur Auseinandersetzung mit ihm gedrängt fühlen? Unter wechselnden Vorzeichen, gewiß, unter veränderlichen Richtungen des Winds, der ja nicht nur im Frühling durch kahle Alleen läuft, sondern zu jeglicher Jahreszeit eine sich wandelnde geistige Landschaft durchweht? War jene Gymnasiastenzeit nicht die gleiche, da wir den »Rosenkavalier« Wort für Wort auswendig kannten und auf mancherlei Anlaß lieber mit einem Zitat aus dem Libretto reagierten als mit eigenen Formulierungen? Sein schon aso, die jungen Leut ... Ach nein, nicht nur die jungen. Bei mir wird's nun bald ein halbes Jahrhundert her sein, daß ich ohne Hofmannsthal nicht auskommen könnte, daß ich – bleiben wir beim »Rosenkavalier« – über Liebe und Leben, über Gott und die Welt noch kaum etwas Schöneres ausgedrückt fand, als was die Marschallin im ersten Akt zu singen weiß:

Leicht muß man sein:
mit leichtem Herzen und leichten Händen,
halten und nehmen, halten und lassen ...
Die nicht so sind, die straft das Leben
und Gott erbarmt sich ihrer nicht.

Wenn es jemals so etwas wie graziöse Weisheit gegeben hat, dann hier; oder so etwas wie einen aus klassischer Wortkaskade sprudelnden Humor, dann im Auftritt des »Jungen« in der »Elektra«:

Und kurz und gut: der junge Bursch Orest,
der Sohn vom Haus, der immer außer Haus war
und drum so gut wie tot: kurz dieser, der
schon eh und immer sozusagen tot war,
der ist nun sozusagen wirklich tot!
(Springt ab)

Welch eine Spannweite zwischen den beiden Zitaten. Welch grandioser Bogen reicht vom einen zum andern, und über welchen Reichtum an Lebenshaltung, an Atmosphäre, an geistiger und künstlerischer Souveränität hinweg. Am

Ende war es gerade dieser Reichtum, diese Reichhaltigkeit, diese schier grenzenlose Vielfalt seiner Ausdrucksmöglichkeiten (von der er sich bis ins kunstgewerbliche Archaisieren des »Jedermann« hineinlocken ließ) – am Ende war es, knapp und unzulänglich gesagt, gerade das Übermaß seines Talents, daran er zu schleppen hatte und das ihn am Weg zur höchsten Höhe hinderte. Er besaß zuviel davon. Sein Pfund hat mit ihm gewuchert. Und er besaß noch obendrein, nämlich in der Tat als Aufsatz über seinem Zuviel an Talent, ein Zuviel an Intellekt. Er war, abermals mit unzulänglicher Knappheit gesagt, zu gescheit.

Vielleicht liegt hier eine tragischere Ursache seines Produktionskonflikts, als sie im »Brief des Lord Chandos« zutage tritt. Wer um die schöpferischen Bewandtnisse seiner Existenz so genau Bescheid weiß wie der Autor der »Gespräche über literarische Gegenstände«; wessen politische Hellsichtigkeit sich in den stets erneuerten Fassungen des »Turm« ebenso klar dokumentiert wie im Verkehr mit manchen seiner Korrespondenzpartner (mit Josef Redlich etwa oder mit Carl Jacob Burckhardt); wem es nahezu ständig obliegt, seine Musikalität mit seiner Auffassung von »Sprache als geistigem Raum« in Einklang zu bringen; wer seine innere Noblesse lieber dem Verdacht aristokratischer Allure aussetzt als einer vulgären Selbstbehauptung –: wer es mit sich selbst so schwer hat, wird es auch jenen nicht leicht machen, die ihn vorbehaltlos verehren möchten.

Aber das darf sie nicht davon abhalten, sich vor ihm als vor einer ganz und gar einmaligen Erscheinung, als vor dem Inbegriff dessen, was Österreich noch in unsrer Zeit zum Kulturbestand der abendländischen Welt beigetragen hat, in tiefem Respekt zu verneigen.

Arthur Schnitzler

Nachwort zu »Jugend in Wien«

(1968)

Arthur Schnitzler, 1862 in Wien geboren und nicht ganze 70 Jahre später in Wien gestorben, teilt in einer entscheidenden Hinsicht das Schicksal der Stadt, mit der er durch Leben und Werk verbunden ist: Immer wieder muß er sich auf allerlei klischierte Formeln bringen lassen, die um eines gefälligen Vordergrundes willen das Vorhandensein einer höchst ungefälligen Hintergründigkeit übersehen oder gar leugnen. Was Wien betrifft, so reicht dieses Klischee vom Dulliöh des Heurigen über Walzer- und Operettenseligkeit bis zur Melancholie und Untergangsstimmung – nun eben: der Werke Arthur Schnitzlers. Er ist selbst miteinbezogen ins vordergründige Klischee, obschon ihn weitaus mehr mit den Hintergründen verbindet, mit jenem Wien, das so ungemütliche Erscheinungen hervorgebracht hat wie Karl Kraus und Robert Musil in der Literatur, Gustav Mahler und Arnold Schönberg in der Musik, Oskar Kokoschka in der Malerei, Adolf Loos in der Architektur, Sigmund Freud in der Psychologie.

Von ihnen allen hat Schnitzler sich freilich dadurch unterschieden, daß er kein Rebell war. Um so viel stand er ihnen nach, so viel hatte er ihnen voraus. Und folgerichtig ist Sigmund Freud von ihnen allen der einzige, der sich mit Schnitzler in Vergleich setzen läßt: weil auch er den Beruf des Arztes ins Weltanschaulich-Humanistische ausgeweitet hat. Denn mit den seelenforscherischen Affinitäten, die zwischen beiden bestanden und die von Freud ausdrücklich festgestellt wurden, ist der Vergleich noch nicht erschöpft. »Die Seele ist ein weites Land«, heißt es in Schnitzlers wahrscheinlich bedeutendstem Schauspiel, das von eben dieser Sentenz seinen Titel bezieht: »Das weite Land«; und im Land der Seele hat man sich als Dichter auch ohne jede ärztliche Schulung auszukennen. (Übrigens gibt es gerade in der österreichischen Literatur markante Beispiele für solche Kennerschaft: Raimund etwa und Grillparzer, desgleichen keine gemütlichen Typen, waren über die psychologischen Erkenntnisse ihrer Zeit weit hinausgedrungen.) Wo der Arzt bei Schnitzler richtig – und im ursprünglichen Sinn dieser Wendung – »ins Spiel kommt«, geschieht das also nicht nur im psychologischen Bereich, sondern mehr noch in einem latenten Todesbewußtsein, einem nahezu freundnachbarlichen Gefühl für den Tod, in einer milden Skepsis, die sich mit der Fragwürdigkeit des solcherart überschatteten Daseins abzufinden versucht und die in den berühmten Schlußworten des »Paracelsus« ihren schönsten Ausdruck gefunden hat:

Es fließen ineinander Traum und Wachen,
Wahrheit und Lüge. Sicherheit ist nirgends.
Wir wissen nichts von andern, nichts von uns.
Wir spielen immer; wer es weiß, ist klug.

Unklug hingegen wäre, wer das »Spiel«, von dem hier gesprochen wird, zur Verspieltheit degradierte – in der Tat eines der beliebtesten Mißverständnisse, denen Schnitzler sich ausgesetzt findet. Ein anderes besteht darin, das erotische Element in seinem Oeuvre lediglich als gesellschaftlichen Zeitvertreib zu begreifen – und nicht zu merken, daß Eros hier weniger die Zeit als den Tod vertreiben will. Und ein weiteres: ihn von der tiefen Toleranz seines Menschenverständnisses her auf einen großbürgerlichen, areligiösen Liberalismus festzulegen – der sich indessen nur schwer mit Maximen wie der folgenden (aus dem »Buch der Sprüche und Bedenken«) vereinbaren ließe: »Daß wir einen Gott ahnen, ist nur ein unzulänglicher Beweis für sein Dasein. Ein stärkerer ist, daß wir fähig sind, an ihm zu zweifeln.«

Tiefgang und Reichweite Schnitzlers auf diese Weise wenigstens anzudeuten, dürfte im jetzigen Zeitpunkt immer noch wichtiger sein, als ihn literarhistorisch zu würdigen. Sicherlich hat Alfred Kerr, als er ihn vor einem halben Jahrhundert den »österreichischen Maupassant« nannte, ihm ein artiges Kompliment machen wollen. Er konnte damals nicht wissen, daß Schnitzler mit der 1900 erschienenen Novelle »Leutnant Gustl« den späterhin von James Joyce zu höchster Entfaltung gebrachten »inneren Monolog« vorweggenommen hatte, daß in Theaterstücken wie dem erwähnten »Paracelsus« oder im »Grünen Kakadu« schon der ganze Pirandello enthalten war. Und für einen Vergleich mit Tschechow – der mir persönlich als der haltbarste von allen Vergleichen erscheinen will – bestand damals noch keine Basis. Damals begann man ja erst zu überlegen, was Tschechow bedeuten und sagen wollte und ob er damit wohl recht hätte. Daß und wie sehr und in wie bezwingender Parallele auch Arthur Schnitzler recht hatte, wissen wir erst heute.

Aber da erhebt sich die Frage: wissen wir's wirklich? Verhält sich's nicht vielmehr so, daß selbst hier in Österreich, wo die Schnitzler-Renaissance seit Jahren im Gange ist und wo neben der längst zum klassischen Volksstück avancierten »Liebelei« nun auch »Das weite Land«, der »Anatol«-Zyklus, »Professor Bernhardi« und eine ganze Reihe seiner meisterhaften Einakter zum ständigen Bühnenrepertoire gehören – daß selbst hier sich immer wieder Zweifel melden, ob Schnitzler nicht vielleicht »überholt« sei?

Natürlich ist er das. Er ist es nur noch nicht weit genug. Er befindet sich in jenem (mutmaßlich letzten) Wellental, in jener unvermeidbaren Zwischenphase zwischen »nicht mehr« und »noch nicht«, die er erst dann überwunden haben wird, wenn niemand mehr lebt, der die Charaktere und Konflikte seiner Dramen und Novellen noch in natura gekannt hat. Es wird noch einige Zeit brauchen, ehe Schnitzler uns auf dem Umweg über die Zeitlosigkeit wieder erreicht und ehe uns die gesellschaftlichen Voraussetzungen seiner Probleme so gleichgültig werden, daß wir die Gültigkeit der Probleme selbst erkennen. Und dann wird auch Arthur Schnitzler erkannt sein, in seiner ganzen Größe und Weisheit, im kunstvollen con sordino seiner dichterischen Instrumentation, ein

Diagnostiker der Seele und ein Therapeutiker des Lebens, der bescheidenste im erlauchten Kreis der Meister, einer der bedeutendsten Untertreiber der Weltliteratur.

Es wäre zu untersuchen, inwieweit das vorliegende autobiographische Fragment dazu beitragen kann. Und das macht einen kleinen Umweg erforderlich.

In der Erstausgabe des Romans »Paludes« von André Gide findet sich zum Abschluß ein Blatt mit der Überschrift: »Verzeichnis der bemerkenswertesten Sätze aus den ›Paludes‹«. Das Blatt ist leer, bis auf eine Fußnote, die den Leser auffordert, die seiner Meinung nach bemerkenswertesten Sätze selbst einzutragen (und bis auf den Satz, den Gide seinerseits für den bemerkenswertesten hält: »Sieh da, du arbeitest!«). Ich weiß noch ganz genau, welche Sätze ich nach der ersten Lektüre des Buches, als Zwanzigjähriger, auf das leere Blatt geschrieben habe (sie tun hier nichts zur Sache) und daß ich's mir von da an zur Gewohnheit machte, jede Buchlektüre mit einem solchen »Verzeichnis der bemerkenswertesten Sätze« abzuschließen. Für die Jugenderinnerungen Arthur Schnitzlers hat ein einziges Blatt nicht ausgereicht. Ich benötigte ihrer drei.

Das alles ließe sich gewiß auch ohne Bezug auf André Gide sagen. Ich hatte ja auch schon längst nicht mehr daran gedacht, daß er der eigentliche Urheber dieser Gewohnheit war. Warum fällt es mir gerade nach der Lektüre eines Schnitzler wieder ein? Was wäre der gemeinsame Nenner, auf den sich diese beiden bringen ließen? Was, außer daß ich sie beide schon als sehr junger Mensch verehrt habe und daß ich damals, als ich Romane zu schreiben begann, in jugendlich hochgemuter Ambition »unter ihrem Einfluß« zu stehen glaubte oder wünschte – was verbände diese beiden durchaus gegensätzlichen Erscheinungen, die meines Wissens noch nie in einem Atem genannt wurden?

Nun, am Ende ist es nicht gar so abwegig, das zu tun, und nicht gar so unbegründet, wenn der Anstoß gerade aus Autobiographischem erfolgt – einer Form der literarischen Mitteilung, die Gide mit großer Vorliebe gebraucht hat und Schnitzler überhaupt nicht. Der erstmals möglich gewordene Vergleich ergibt tatsächlich eine gemeinsame Basis: die völlig rückhaltlose Ehrlichkeit, mit der so Gide wie Schnitzler in ihrer Selbstdarstellung zu Werke gehen.

Aber diese Ehrlichkeit – und das habe ich erst bei Schnitzler unweigerlich zu merken bekommen, bis dahin hatte ich's trotz manchem Verdacht nicht wahrhaben wollen – ist bei Gide eine besonders raffinierte Abart der Koketterie. Gide entscheidet sich unter den vielen Möglichkeiten der Selbstbespiegelung für die Ehrlichkeit. Schnitzler *kann* gar nicht anders, als ehrlich sein. Gides »Voilà comme je suis« hat immer etwas Demonstratives an sich. Schnitzler ist von jeglichem »So bin ich nun einmal« denkbar weit entfernt, es scheint ihn immer ein wenig Überwindung zu kosten, von sich selbst zu reden, und wenn's ihm nicht länger glücken will, hinter den Menschen und Dingen, mit denen er's zu tun bekommt, zurückzutreten, wenn er selbst hervortreten muß, dann tut er's mit einer nüchternen Bescheidenheit, die keiner getarnten Arroganz entspringt, sondern einer echten Demut (ein viel zu pompöser Begriff, den Schnitzler nie für sich mobilisieren würde). Diese Aufzeichnungen wurden ja nicht zu jener Zeit niedergeschrieben, von der sie handeln, sondern Jahrzehnte hernach, als ihr Schreiber schon wußte, was aus dem seiner selbst so unsicheren jungen Mann von damals geworden war. Das muß man sich vor Augen halten, um die Souveränität zu ermessen, die hier sowohl in psychologischer wie in literarischer Hinsicht wirksam geworden ist. Ein Mann um die Mitte der Fünfzig, auf der Höhe seines Lebens, auf der Höhe seines Ruhms, hält Rückschau auf seine Anfänge. Aber er tut es nicht mit jener billigen Ironie, mit der sich das Alter der Jugend gegenüber (zumal der eigenen) so gerne behilft. Es ist eine im doppelten Sinn reflektierte Ironie, fast als wäre der Fünfundzwanzigjährige ironisch gegen den Fünfundfünfzigjährigen, fast als wollte der unfertig Tastende dem großartig

Gereiften zu verstehen geben, daß es mit einer Reife, die auf solchen Ursprung zurückgeht, vielleicht nicht gar so weit her sei. Fast scheinen sie einander über die Jahrzehnte hinweg zuzuzwinkern, die beiden Schnitzler, die eben darum so ganz und gar eins sind.

Zwei Sätze von den vielen »bemerkenswerten« scheinen mir besonders illustrativ und aufschlußreich. Der eine beschließt den Bericht über eine Liebesbeziehung, in dem ausführlich von den Schwierigkeiten die Rede ist, die sich aus dem Vorhandensein eines andern Liebhabers ergeben, von den seelischen Komplikationen, die dem geliebten Mädchen daraus erwachsen, und von dem unentschiedenen Schwanken aller drei Beteiligten. Und dann also heißt es: »Zu viel Psychologie übrigens! Sagen wir einfach: er war ein Narr, sie war ein kleines Luder und ich war ungeschickt.« An einer andern Stelle aber steht folgendes: »Wir müssen immer einen Dolch blitzen sehen, um zu begreifen, daß ein Mord geschehen sei.«

Zwischen diesen beiden Sätzen liegt die ganze Bewußtseins-Spanne, die das Werk – und wahrscheinlich auch das Leben – Arthur Schnitzlers bestimmt hat: einerseits die Abneigung gegen große Worte, gegen allzu wichtigtuerische Deutungen, das Bestreben, nur ja nicht pathetisch zu werden – anderseits die nicht minder wache Besorgnis, aus Leichtfertigkeit und Phantasielosigkeit die tragischen Keime zu übersehen, die dem Humus jeder menschlichen Beziehung eingepflanzt sind und die, wenn sie erst einmal hervorbrechen, sich unversehens zur Katastrophe auswachsen können. Es ist keine einfache Aufgabe, zwischen den Extrempositionen solcher Erkenntnisse die Balance zu halten, sich von den Verlogenheiten der Pathetik nicht den Blick für die Wahrhaftigkeiten der Tragik verstellen zu lassen und umgekehrt. Arthur Schnitzler hat in dieser Balance gelebt und aus dieser Balance gewirkt. Daß er aus ihr gewirkt hat, bekundet sein Oeuvre. Daß er in ihr gelebt hat, bekunden seine autobiographischen Aufzeichnungen.

Ihre Überzeugungskraft ist desto erstaunlicher, als es sich ja um deutlich und eindeutig fragmentarische Aufzeichnungen handelt, die nur bis zum ungefähr 27. Lebensjahr des Verfassers reichen, also bis vor den eigentlichen Beginn seiner literarischen Laufbahn. Man darf getrost behaupten, daß die Entwicklung des Dichters Arthur Schnitzler begann, als die Entwicklung des Menschen Arthur Schnitzler beendet war, und man darf vermuten, daß er das so gewollt hat, daß er sich zuerst seiner menschlichen Substanz vergewissert haben wollte, ehe er es für zulässig hielt, mit ihrer literarischen Manifestation die öffentliche Aufmerksamkeit in Anspruch zu nehmen. Da sickert nichts von der selbstüberschätzerischen Egozentrizität früher Eindrücke und früher Eindrucksfähigkeit durch, nichts von der sei's wehleidigen, sei's überschwenglichen Hingabe an die Intimsphäre pubertärer Erfahrung. Nie stellt der ungute Verdacht sich ein, daß Schnitzler ein Erlebnis um der literarischen »Verwertung« willen gesucht hätte, nie läßt er den eigenen Gefühlsanteil zum Antrieb künstlerischen Schaffens werden. Seine Produktion vollzieht sich jenseits des späterhin so beliebt gewordenen »Abreagierens« – obwohl und weil er um die Bewandtnisse, die es damit hat, besser Bescheid wußte als die meisten seiner Zeitgenossen. Wie sich's im großen Ganzen mit der Wechselbeziehung zwischen dem Menschen und dem Dichter Arthur Schnitzler verhielt, verhielt sich's im besonderen mit seinem dichterischen Produktionsprozeß: er setzte erst ein, wenn das, woraus er bei manchen anderen überhaupt bestand, nämlich die »Erlebnis-Verarbeitung«, sauber und in sich selbst abgeschlossen war.

Eben daraus mag sich die unbekümmerte, fast schon naive Direktheit ergeben, mit der er die Anregungen, die er von der Wirklichkeit empfing, einbekennt und verbucht, mit der er Schlüsselfiguren namhaft macht und Schlüsselgeschehnisse als solche kennzeichnet. Er darf sich das ruhig erlauben. Er war, wenn er zu dichten begann, der Wirklichkeit nichts mehr schuldig. Und in der andern Waagschale lag immer und jederzeit die Bereitschaft zur Selbstkritik, lag die Fähigkeit, zu sich selbst eine nahezu klinische Distanz zu halten. Geschieht es schon einmal, daß er an seinen eigenen Bemühungen ein gutes Haar läßt, gesteht er einem frühen Dramenentwurf »bei aller Unreifheit stellenweise Zeichen dichterischer und theatralischer Begabung« zu, so folgt wenige Zeilen später die Einschränkung, man könne »in diesem Jugendwerk geradezu gewisse Schwächen meiner Begabung vorgebildet finden, die auch in matteren Produkten aus meiner späteren Zeit an den Tag treten«.

Daß er auch sonst, im Persönlichsten und Privatesten, nicht eben zimperlich mit sich umging, wird der Leser der vorliegenden Aufzeichnungen gemerkt haben. Auch braucht es keinen ausdrücklichen Hinweis auf des jungen Arthur Schnitzler zeitkritischen Scharfblick, auf seine außergewöhnliche Beobachtungsgabe und auf den unbeirrbaren Spürsinn, der ihn in die Lage setzt, aus peripheren Wahrnehmungen zentrale Schlüsse zu ziehen, und der somit weniger den künftigen Schriftsteller als den künftigen Mediziner vorwegnimmt. Wie er da aus scheinbar nebensächlichen Symptomen das Hochkommen eines politischen Antisemitismus diagnostiziert (dessen fürchterlichste Erscheinungsformen ihm dann noch ganz knapp erspart blieben); wie er aus der Schilderung eines Theaterbesuchs, eines Rennens in der Freudenau, einer Auslandsreise oder eines Ferienaufenthalts beinahe selbsttätig das Panorama der dazugehörigen Gesellschaft erstehen läßt (jener gehobenen, manchmal bis in aristokratische Bezirke hineingehobenen Mittelschicht, deren sozialer und kultureller Aufstieg sehr wesentlich vom emanzipationsfreudigen Tatendrang ihres jüdischen Teils mitbestimmt wurde); wie in die wein- und tanzseligen Vergnügungen und Abenteuer, an denen der junge Student im Kreis der gleichgestimmten Freunde teilnimmt, immer wieder die Furcht vor »galanten Erkrankungen« hineinspielt; wie eine junge Generation, deren Blickfeld von Klavierunterricht und Hausbällen, von eifrigem Liebesgetändel und minder eifrigem Studium abgegrenzt ist, über diese Grenzen nicht hinauszusehen vermag –: in alledem ist mehr über die letzte Epoche bürgerlicher Sorglosigkeit ausgesagt als in manch einem dickleibigen Werk, das eigens auf solche Aussage abzielt. Und welche Noblesse in der Beurteilung seiner engeren Umgebung, welch untadeliges Einverständnis mit seiner jüdischen Herkunft, welch nachsichtige und dennoch niemals korrupte Erkenntnis der kleinen Defekte und Anfechtbarkeiten, die ihm von hier aus begegnen. Eine längst anachronistisch gewordene Redlichkeit atmet aus diesen autobiographischen Blättern und steht in stilvollem Einklang mit allerlei altmodischen Schreibweisen und Wendungen ihrer ersten Niederschrift: da heißt es noch »allmälig« und »gescheidt«, noch »Numero« und »Coulisse«, da erwähnt man »einiger Bücher«, genießt »des Rufs« und pflegt »der Geselligkeit«. Zwischendurch jedoch bestaunt der ganz und gar heutige Leser den Zugriff ironisch verknappter Formulierungen, nimmt vergnügte Kenntnis von den »absichtsvoll glühenden Augen« einer »dämonischen Gans«, von »schnödem Protoplasma« und von einer »langen, gelben Arztenstochter«, vom kosenden Rufnamen »Moni«, den man seinem Träger statt des »saftigeren Salomon« gewährt, und von manch einer andern zugespitzten Köstlichkeit, für die manch ein andrer einen ganzen Absatz gebraucht hätte.

Kein Zweifel: dieses autobiographische Fragment wird erheblich zum besseren Verständnis des Schnitzlerschen Wesens und des Schnitzlerschen Werks beitragen. Man wird nun besser wissen, wo er sich den »Professor Bernhardi« hergeholt hat, wer ihn zum »Anatol« und zum Friedrich Hofreiter im »Weiten Land« Modell gestanden ist, was ihm den Anlaß gab, das »süße Mädel« in die Literatur einzuführen und die Christine, die Schlager Mizi und die lediglich durch das zz von ihr unterschiedene Komtesse. Aber die Anlässe zählen nicht gar so viel. Es zählt, was Arthur Schnitzler aus ihnen gemacht, zu welcher Gültigkeit er sie umgestaltet hat. Und das wüßte man heute auch ohne sie zu kennen. Schnitzler selbst, der Bescheidene und Behutsame, der gläubige Skeptiker und weise Zweifler, hat es noch nicht gewußt. Ich nannte ihn eingangs einen der bedeutendsten Untertreiber der Weltliteratur. In diesen Aufzeichnungen zeigt sich, wie und warum er's geworden ist.

Er war genau so und er war ganz anders

Persönliche Erinnerungen an Karl Kraus

(1974)

Meine erste Begegnung mit seinem Werk erfolgte um 1921, als ich ungefähr dreizehn Jahre alt war, also in einem Alter, in dem man das Universum als Privatgeheimnis entdeckt, in dem man auf jede neue Seligkeit, auf Liebe, Sternenhimmel und Musik mit der vehementen Gewißheit reagiert, als erster dahintergekommen zu sein, und jetzt muß man es doch rasch den Anderen sagen, den Ahnungslosen. So ähnlich verhielt es sich mit meiner Reaktion auf ein Heft der »Fackel«, das mir beim Kramen im Bücherschrank meines Vaters zufällig in die Hand fiel – ein nicht mehr ganz neues Heft, noch aus der Kriegszeit stammend und von Themen handelnd, zu denen ich keinen sachlichen Zutritt hatte. Trotzdem »verstand« ich sofort, was da gemeint war und worum es da ging, wie man ein großes Schauspiel oder einen großen Schauspieler auch in einer fremden Sprache versteht. Alles, was ich in dieser »Fackel« las, leuchtete mir ein und bezwang mich: die Empörung, das Pathos, die Aggressivität, der Witz, die Überlegenheit, alles. Nicht nur »verstand« ich's, sondern ich war sicher, daß niemand außer mir es verstünde. Ich hatte Karl Kraus entdeckt. Und ich war von meiner Entdeckung so hingerissen, war ihr so völlig verfallen, daß ich von Stund an alle jene, die Karl Kraus nicht gelten lassen wollten, entweder für Dummköpfe oder für Lügner hielt. Erst viele Jahre später merkte ich, daß sie es wirklich waren.

Was dem Gymnasiasten da zustieß, trug – ohne daß ich's wußte – den Teufelskeim der Rechenschaftslosigkeit in sich und den Ansatz zu einer Persönlichkeitsberaubung, gegen die sich die Ansätze der eigenen Kreativität nur durch völlige Unterordnung behaupten konnten. Ich dachte und urteilte, aber meine Gedanken und Urteile waren von Karl Kraus vorgeprägt. Und als ich dann selbst zu schreiben begann, noch im Gymnasium, konnte ich nur so schreiben, wie meiner Vorstellung nach *er* über das betreffende Thema schreiben würde, ob es sich nun um ein Schulproblem handelte, um einen Theaterbesuch, um einen Justizirrtum oder um eine Vorlesung von Karl Kraus. Die Hoffnung, eines Tags seine Aufmerksamkeit zu erregen oder ihn vielleicht gar persönlich kennenzulernen, schien mir so vermessen, daß ich sie nur den intimsten Freunden gegenüber zu äußern wagte.

Im Frühjahr 1930 ist sie dem Einundzwanzigjährigen in Erfüllung gegangen. Ich war, glaube ich, der letzte junge Schriftsteller, den Karl Kraus noch an sich herangelassen hat. Wie ich hinterher erfuhr, tat er das erst nach langen, gründlichen Erkundigungen bei gemeinsamen Wiener und Prager Freunden. Offenbar wollte er sich keiner jener Enttäuschungen mehr aussetzen, die ihm zumal von jugendlichen Verehrern so oft im Leben bereitet worden waren, und offenbar hatte ihn das Ergebnis der Ballotage befriedigt. Auch an einigen meiner literaturkritischen Versuche hatte er Gefallen gefunden, und über meinen kurz zuvor erschienenen Erstlingsroman, den »Schüler Gerber«, wollte er gleich zur Begrüßung »sehr viel Gutes« gehört haben. All das erleichterte es mir, meine Befangenheit halbwegs zu überwinden. Daß ich damals auch schon mit anderen »Prominenten« in persönlichem Umgang stand, fiel bei der Begegnung mit Karl Kraus, meinem Abgott von Jugendtagen her, kaum ins Gewicht.

Hätte ich meinen ersten Eindruck auf eine Formel zu bringen, dann wäre es die einigermaßen widersprüchliche, daß er persönlich genau so war, wie ich ihn mir auf Grund seiner öffentlichen Erscheinung vorgestellt hatte – und zugleich ganz anders. Erst nach und nach erwies sich, daß der scheinbare Widerspruch nicht in ihm beschlossen lag, sondern in mir, in meinen unzulänglichen und naiven Vorstellungen, die nun von ihm richtiggestellt wurden. Das ergab sich keineswegs lehrhaft oder vorsätzlich, sondern von selbst und selbstverständlich. Da war nichts von jenem stelzbeinigen Präzeptorentum, das seiner in Eigenerzeugung geschaffenen Gloriole zu entsprechen strebt. Da wurde keine Bedeutungspose angenommen und keine Druckreife verausgabt. Und gerade darum (nicht trotzdem) blieb es in jeder Phase des Beisammenseins, blieb es in jeder Sekunde außer Zweifel, daß da ein Bedeutender saß und eine geistige Instanz, in jeder Sekunde.

Natürlich hatte er seine Tabus, hatte Vorlieben und besonders Abneigungen, über die er keine Diskussion zuließ, Ansichten von solcher Unbedingtheit, daß Widerspruch schlimmer als sinnlos gewesen wäre, nämlich unhöflich. Aber in vielen anderen Fragen, auf deren Beantwortung man ihn ebenso festgelegt glaubte, forderte er zum Widerspruch heraus, und mochte die Diskussion dann noch so einseitig werden, mochte schließlich nur er selbst noch sprechen: es war immerhin er, und das war immerhin etwas. Wenn Karl Kraus auf sich einsprach, wies das mehr Elemente einer echten Diskussion auf, als wenn zwei andere aneinander vorbeiredeten.

Aber es gab auch wirkliche Diskussionen, wirkliche Wechselreden zum Zweck des Meinungsaustausches. Es gab sie – denn für ihn, den ins Theater Verliebten, den heimlichen Schauspieler, waren zwei Zuhörer bereits Publikum –, es gab sie im Alleinsein mit ihm. Unter vier Augen durfte man ihm alles sagen, durfte alles in Frage stellen und in Zweifel ziehen, und durfte sicher sein, daß er's gut und richtig aufnehmen würde, mit einer fast schon beschämenden Nachsicht und Konzessionsbereitschaft. Wenn's allerdings zum Wesentlichen kam, ließ er sich nichts abhandeln.

Einmal, auf sein dringliches Befragen, ob mir etwas am Herzen läge (was tatsächlich der Fall war und was er sofort gespürt hatte), verfiel ich in heftiges Wehklagen über die Nutzlosigkeit meiner literarischen Bemühungen, über die Wirkungslosigkeit jeglicher Belletristik, und wie sehr mich das deprimierte, und ob ich's nicht besser bleibenlassen sollte. Karl Kraus hörte sich mein Lamento geduldig an, versuchte mich zu überzeugen, daß es doch immer auf die »Erfüllung des eigenen Auftrags« ankäme, argumentierte – als hätte ich nie eine Zeile von ihm gelesen – mit der Verantwortung des Schriftstellers vor der Sprache, mit der Wechselbeziehung zwischen sprachlicher und geistiger Sauberkeit, mit allem was gut und teuer war. Ich beharrte auf meiner Verzweiflung:

»Aber verstehen Sie doch, Herr Kraus – ich möchte ein *nützliches* Buch schreiben!«

Kraus, nach einigen Sekunden vorgetäuschten Sinnierens: »Wissen Sie was? Schreiben Sie ein Telephonbuch!«

»Wie alt sind Sie eigentlich?« fragte er mich einmal.

»Dreiundzwanzig«, antwortete ich, der damaligen Wahrheit gemäß.

»Dreiundzwanzig«, wiederholte er ungläubig. »So jung war ich nicht einmal mit vierzehn.«

Begreiflicherweise erinnere ich mich besonders gern an die Anlässe, die mir sein ausdrückliches Lob eintrugen. Eine dieser Erinnerungen bedarf einer Vorgeschichte.

Ein aus Budapest zugewanderter Revolverjournalist, im Vergleich zu seinen kümmerlichen Nachfahren ein Edelbrigant von nahezu Offenbachscher Prägung, hatte in Wien jahrelang sein erpresserisches Unwesen getrieben, ehe er von Karl Kraus nach nimmermüdem Kampf (»Hinaus aus Wien mit dem Schuft!«) verjagt wurde. Kraus hatte diesen Kampf allein geführt und gewonnen, ohne die mindeste Unterstützung von Seiten der Behörden oder gar der Presse, die in feigem, komplizenhaftem Schweigen verharrte. Aber kaum war der Mann draußen, stellten die Wiener Zeitungen in triumphierenden Leitartikeln den von Karl Kraus errungenen Erfolg als den ihren dar.

»Ich habe gewußt, daß sie mir den Sieg davontragen werden«, hieß es daraufhin in der nächsten »Fackel«.

Das war eine jener Sprachfinessen, die Karl Kraus mit unvergleichlicher Meisterschaft handhabte und die dem gelehrigen Leser zu jährlings beglückenden Einsichten in das Geheimnis der Sprache verhalfen, in die Doppelbodigkeit der Worte und in dieses doppelten Bodens Tragfähigkeit. Der zweifach gültige Sinn war seit je im Wort beschlossen gelegen; aber er mußte erst von einer schöpferischen Hand herausgeschöpft werden. Und in der oben angeführten Wendung erblickte ich (nicht ohne Neid) das Musterbeispiel eines sprachlichen Verfahrens, mit dem sich ausgeleierte, abgestorbene Phrasen von ihrem Ursprung her neu beleben ließen.

Als wir einmal auf dieses Thema zu sprechen kamen, bagatellisierte Karl Kraus, wie es seine Gewohnheit war, die eigene Leistung und schrieb sie durchaus der Sprache zu (die er ja nicht »beherrschen«, sondern der er dienen wollte).

Bald danach hatte ich eine »Macbeth«-Aufführung zu besprechen, deren Bühnenbild, einem gerade in Schwang gekommenen Modernismus huldigend, mit einer einzigen Dekoration auszukommen meinte, so daß beispielsweise der Wald von Dunsinan auf keinem Schlachtfeld, sondern mitten im Schloßhof des schottischen Thans auftauchte. Ich brachte das mit dem sprichwörtlichen Geiz seines Volkes in Zusammenhang und bezeichnete es als »doch wohl allzu schottische Sparmaßnahme, daß die Schlacht direkt ins Haus geliefert wurde«, war also dem »liefern« auf eine ähnliche Doppelspur gekommen wie Karl Kraus dem »davontragen«.

So sehr ich mich sonst hütete, ihm Proben meiner Produktion vorzulegen – diesmal, ein wenig ängstlich und ein wenig stolz, riskierte ich's.

Karl Kraus las und lächelte:

»Sehen Sie. Wenn man brav ist, bekommt man's von der Sprache geschenkt.«

Mitunter waren es Geschenke von zweifelhaftem Wert: ein gedankenlos verwendetes Klischee, eine leerlaufende Floskel, eine unbemerkte Fehlkonstruktion. Nicht etwa, als hätte man im Gespräch mit Karl Kraus besonders »aufpassen« müssen, um sich nur ja bei keinem Fehler erwischen zu lassen. Er besaß ein sehr feines Ohr dafür, ob es sich um eine natürliche Lässigkeit handelte oder um einen Verstoß gegen den Geist der Sprache (den man vielleicht gar nicht als solchen wahrnahm).

Einmal – es geschah noch zur Zeit meiner Aktivität als Sportschwimmer, und ich hatte das abendliche Klubtraining mitgemacht – kam ich verspätet ins »Café Parsifal«, obwohl ich damals die Vergünstigung genoß, daß ich als erster erscheinen und eine gute Stunde mit ihm allein verbringen durfte, ehe der eigentliche »Kreis« sich zusammenfand.

»Wo waren Sie denn?« fragte er mich nach der Begrüßung.

Da ich ihn mit Details des (ihm fremden) Sportbetriebs nicht behelligen wollte, beschränkte ich mich auf die Antwort:

»Ich war schwimmen.«

Karl Kraus zuckte kaum merklich zusammen:

»So? Werden Sie auch morgen schwimmen sein?«

Und jetzt war das Zusammenzucken an mir.

Die rechtens gerügte Schlamperei konnte ich dann wieder dadurch gutmachen, daß ich ihm den (nicht von mir erfundenen) »Satz mit fünf Infinitiven hintereinander« auftischte, die Frage des jüdischen Hausierersohns an seinen Vater:

»Haben müssen gehen lernen schwimmen, Tateleben, die Hausierer bei die Pfahlbauern?«

Es war rührend, wie leicht er sich durch solcherlei erheitern ließ. Überhaupt gab er für sprachliche Spielereien, sofern sie wirklich mit der Sprache zu tun hatten, einen bereitwilligen Zuhörer ab, bereit zum Schmunzeln wie zur Anerkennung.

Er selbst war kein sehr guter Anekdotenerzähler – sie kamen, wenn er's versuchte, immer ein wenig steif heraus, sie »lagen« ihm nicht, sie waren nicht sein Fach. Improvisieren konnte er erst dort, wo er sich fachlich beheimatet wußte, auf seinem eigenen Gebiet. Wenn die Nachtkolporteure gegen zwei Uhr früh mit den ersten Ausgaben der Tageszeitungen im Kaffeehaus erschienen, geschah es nicht selten, daß Karl Kraus einen Leitartikel – am liebsten den der »Neuen Freien Presse« – vorlas und ihn gleich während des Lesens so glossierte, wie man's sonst nur in der »Fackel« zu lesen bekam. Es war ein Hochgenuß.

Professor Ludwig Steiner, den liebenswert verkauzten Leitartikler des »Prager Tagblatt«, schätzte er hingegen ganz besonders, und wohl um seinetwillen behandelte er diese allerdings sorgfältig redigierte und im besten Sinn liberale Zeitung mit einer gewissen Nachsicht. Sogar den Inseraten, die ihm sonst als ein Urgrund journalistischen Übels galten, wußte er heitere Seiten abzugewinnen.

Damals tobte ein heftiger Konkurrenzkampf zwischen den beiden Präservativfirmen »Olla« und »Primeros«, die für ihre Werbung je einen ins Auge springenden Platz auf zwei gegenüberliegenden Seiten des »Prager Tagblatt« belegt hatten: »Olla« inserierte auf Seite 4 oben links, »Primeros« auf Seite 5 oben rechts.

»Die beiden Inserate ersticken einander im Keim«, bemerkte Karl Kraus.

In jenen Jahren pendelte ich zwischen Wien und Prag, wobei ich's mir immer so einzurichten suchte, daß ich zu seinen

Vorlesungen in Prag war. Einmal begleitete ich ihn nachher in sein Hotel und noch ins Hotel hinein, bis zur Portiersloge. Bei der Übergabe des Zimmerschlüssels sprudelte der Nachtportier, unter schärfstem »Böhmakeln« und sichtlich erschüttert, eine imposante Neuigkeit hervor:

»Herr von Kraus, Herr von Kraus – wissen S', wer Suite neben Ihnen bezogen hat? Keenig von Spanien!!«

»Wenn er keinen Lärm macht, habe ich nichts dagegen«, lautete die keineswegs erschütterte Antwort.

Die Kenntnis der folgenden Anekdote verdanke ich meiner unvergessenen Freundin Eva Röder, die 1965 in Zürich (wo sie mit ihrem Gatten Hans jahrzehntelang gelebt und ein anachronistisch kultiviertes Haus geführt hatte) viel zu früh verstorben ist. Ich kannte sie schon als »Evchen«, als die jungenhaft temperamentvolle, im Ruf eines enfant terrible stehende Tochter Helene Kanns, der Gefährtin und Betreuerin des auch von ihr, Evchen, verehrten Karl Kraus. Sie besaß aus dem Nachlaß ihrer Mutter eine Postkarte, die Karl Kraus von einem Ferienaufenthalt auf der Insel Bornholm an Frau Kann geschickt hatte. Es war eine der damals üblichen Strandphotos und zeigte den im Sand hingeräkelten Karl Kraus mit der Unterschrift:

»Ich bin etwas faul im Staate Dänemark ...«

Auch ein mich betreffendes Schriftstück hat sich im Kannschen Nachlaß gefunden, genauer: ein kleines Blatt, das mir von Eva Röder übergeben wurde. Sein Inhalt hing mit einem Gespräch zusammen, das ich viele Jahre zuvor mit Karl Kraus über seine Offenbach-Bearbeitungen geführt hatte, im besonderen über die Schwierigkeiten der Couplettexte und über die Leichtfertigkeit der französischen Reimtechnik, die jeden beliebigen Gleichklang als Reim akzeptiert. (Auch bei dieser Gelegenheit heimste ich von Karl Kraus ein anerkennendes Schmunzeln ein, und zwar mit der Bemerkung, daß sogar die Affichen in den französischen Eisenbahnzügen sich rhythmisch gereimt deklamieren ließen, wie etwa die an der Notbremse angebrachte Warnung: »Ne tirer – La poignée – Qu'en cas – De danger«.) Die Rede kam dann auf die französischen Gedichte Rainer Maria Rilkes, deren synthetischer Charakter für Kraus eben daraus hervorging, daß ihre sämtlichen Reime »korrekt« waren, nämlich dem deutschen Sprachgefühl Genüge taten, indessen – so Kraus – manche Gedichte auch der berühmtesten französischen Autoren aus lauter für unser Ohr »unkorrekten« Reimen bestünden. Zum Beweis brachte er beim nächsten Mal ein Gedicht von Victor Hugo mit, in dem sich »terre« auf »mystère« reimte, »sonne« auf »personne«, »Dieu« auf »adieu« und dergleichen mehr. Dieses Gedicht sollte ich, gewissermaßen als Hausaufgabe, übersetzen.

Tags darauf legte ich ihm die Übersetzung vor. Er las sie und steckte das Blatt wortlos zu sich. Ob es von Frau Kann in seinem Nachlaß gefunden wurde oder ob er's ihr noch selbst zu lesen gegeben hatte, weiß ich nicht. Jedenfalls schien es ihm der Aufbewahrung wert. Das genügt mir.

Heute, bald vierzig Jahre, nachdem ich Karl Kraus zuletzt gesehen habe, erfüllt mich diese Erinnerung mit einer Wehmut, für die es in meinem von wehmütigen Erinnerungen allmählich überfrachteten Gedächtnis kein Gegenstück gibt. Ich möchte sie um keinen Preis missen. Zwar ist manch eine der Beziehungen, die ich seither zu anderen Großen meiner Zeit anknüpfen durfte, zu so inniger Freundschaft gediehen, daß der respektvolle Kontakt, den Karl Kraus mir einige Jahre lang gestattet hat, sich daneben wie eine wohlwollende Duldung ausnimmt. Aber keine einzige von ihnen hat meine Entwicklung nachhaltiger bereichert und beeinflußt als die Beziehung zu Karl Kraus. Er ist (mit allen Abstrichen, die sich aus dieser Entwicklung und aus dem unweigerlichen Ablauf der Zeit ergeben) für mich auch heute noch die Instanz, die er von Anfang an war – und die er so gar nicht hervorkehren mochte. Er war von einer oft und mühelos bestrickenden

Liebenswürdigkeit, von einem sonderbar unglatten, fast schon unbeholfenen Charme, und seine ureigene Reaktion auf alle Unbill, die ihn umdrängte, war das Kopfschütteln. Er konnte, weil Zynismus ihm meilenferne lag, nicht eben zwinkern. Aber er konnte schmunzeln. Und er lebte und schuf aus der enormen Spannung zwischen diesem Schmunzeln und einem Höllengelächter, das er schon längst über die Welt hereinbrechen hörte, als wir alle noch glaubten, daß wir Grund zum Lachen hätten.

Geistreich aus Liebhaberei

Über eine Egon-Friedell-Auswahl

(1965)

Das ausgestorbene Wiener Literatencafé – nicht zu verwechseln mit dem nach wie vor lebendigen Wiener Kaffeehaus – bezog seine unverwechselbare Eigenart zum Großteil daher, daß seine Insassen nichts andres zu sein begehrten als eben dies: Insassen eines Literatencafés. Das war ihr Adel, ihre Arriviertheit und ihre Arroganz. Was an den einzelnen Tischen des »Central« und später des »Herrenhof« von Mittag bis Mitternacht an kritischen Wertungen, hitzigen Wechselreden und witzigen Formulierungen produziert wurde, brächte den Produzenten heutzutage die fettesten Honorare von Zeitschriften, Rundfunksendern, Diskussionsveranstaltern und anderen geistigen Vertriebsstellen ein. Damals taten sie's um Gottes oder eines Mäzenatenmokkas Lohn, und nichts lag ihnen ferner, als Geist in Geld umzusetzen oder solchen Umsatz gar zu organisieren. Honorare förderten das Ansehen des Empfängers in keiner Weise; ihr eigentlicher Wert lag im Bewußtsein, für etwas, was man sowieso gemacht hätte, auch noch bezahlt zu werden, lag in der nahezu absichtslosen Synthese von Liebhaberei und Verdienst.

Kaum ein zweiter hat diese Haltung (die mehr als eine bloße Attitüde war) so bezwingend und in jeder Hinsicht massiv verkörpert wie Egon Friedell, und kaum ein zweites seiner Bücher demonstriert sie so deutlich wie das jetzt von Peter Haage herausgegebene*: gerade weil es so ungewichtig und desorganisiert ist, gerade weil diese Essays, Satiren und Humoresken (eine Bezeichnung, vor der es dem Autor allerdings gegraust hätte) sich weder qualitativ noch inhaltlich auf einen gemeinsamen Nenner bringen lassen. Aber was sich im Zähler versammelt, ist von betörender Vielfalt und Spannweite: Kritisches über Literatur und Theater und über Literatur- und Theaterkritik, monographische Skizzen und ausgerundete Parodien, philosophisch Angelegtes, das im Journalistischen verflacht, journalistische Gelegenheitsarbeiten, die unversehens zu den profundesten, weisesten Einsichten gedeihen, kabarettistische Szenen (wie der berühmte, unter Mitautorschaft Alfred Polgars entstandene »Goethe«-Sketch) – und dazwischen immer wieder selbstironische Betrachtungen über eine Existenz, die so vielfältiger Betätigung obliegt, über diesen Egon Friedell, der nicht recht weiß, ob er lieber Theater spielen oder Theater leiten, ob er sich für einen Schauspieler oder Kritiker, einen Religions- oder Kulturphilosophen, einen Schriftsteller oder Kabarettisten halten soll; und der sich zum Schluß getrost damit zufriedengeben darf, der Egon Friedell zu sein.

Den Schlüssel zu seiner Persönlichkeit – und den Schlüssel dazu, warum es solche Persönlichkeiten nicht mehr gibt – mag man in einer Wendung seines Wedekind-Essays finden, und zwar in einem Negativabdruck dieser Wendung (ähnlich wie er seinerseits Wedekinds antiphiliströse Weltanschauung als »Negativabdruck der landesüblichen Sexualmoral« definiert): »Er ist ein steckengebliebenes Genie«, heißt es da.

* Egon Friedell: Wozu das Theater? Essays, Satiren, Humoresken.

»Seiner Phantasie und Gestaltungsgabe steht keine genügende Gehirnkraft und Bildung gegenüber, sofern man unter einem gebildeten Künstler einen solchen versteht, der seine eigene Persönlichkeit vollkommen überschaut und beherrscht.«

Genau das hat Egon Friedell vermocht. Er war, im tiefsten Grund und an der seichtesten Oberfläche, er war vor allem und hinter allem und im umfänglichsten Begriff dieses Wortes *gebildet*. Er war ein Dilettant aus Selbstbeherrschung. Er war geistreich aus Liebhaberei. Und der Geist hat seine Liebe erwidert.

Die österreichische Spirale

Einleitung zu »Tarockanische Miniaturen«, einer von Friedrich Torberg besorgten Auswahl aus Fritz von Herzmanovsky-Orlando

(1964)

Das Geniale, und vollends das genial Abseitige, paßt niemals in seine Zeit. Entweder eilt es ihr voraus, oder es stellt sich neben sie. Entweder werden seine Schöpfungen, nachdem sie »bahnbrechend« gewirkt haben, eines Tages als selbstverständlich akzeptiert und ihr Schöpfer wird als einer der Ersten gelten, die am Beginn der betreffenden Entwicklung standen. Oder sie werden eine zeitlose Wertbeständigkeit erweisen und ihr Schöpfer wird am Ende einer bestimmten historischen Entwicklungsphase gestanden sein, die in ihm eine letzte, unwiederbringlich originäre Ausprägung gefunden hat. In Zeiten wie den unseren, da in jeweils zwanzigjährigen Intervallen die Welt aus den Fugen gerät, merkt man es besonders deutlich, wenn solch ein »Letzter« uns verläßt, einer, der dies und jenes noch erlebt und überlebt hat, ein Zeitgenosse vergangener Abläufe und unterbrochener Kontinuitäten, ein Wanderer auf lang verwehten Spuren, ein lebender Anachronismus.

Der 1954 verstorbene Fritz von Herzmanovsky-Orlando war alles das und war um vieles mehr und war's – dies hat sogar etwas Tröstliches an sich – von allem Anfang an. Es gab keine Zeit seines nahezu 80jährigen Lebens, in die er »gepaßt« hätte. Es gab keinen Weg seines vielfältigen künstlerischen Schaffens, auf dem er nicht »abseits« geraten wäre. Nur um ihn für die Uneingeweihten irgendwo zu fixieren, verglichen die Eingeweihten den schnurrigen, schwatzhaft obstinaten Humor seiner Erzählungen mit Jaroslav Hašek, die Situationskomik seiner Theaterstücke und den Witz seiner Dialoge mit Nestroy, das hintergründig Österreichische all seiner Themen und Anlässe mit Musil, ja mit Kafka, und das graziös Unheimliche seiner verschrobenen Graphiken mit Kubin oder Ensor. Aber das waren nur Notbehelfe, die gleicherweise ihm wie den zum Vergleich Herangezogenen unrecht taten. Dieser wahrscheinlich genialste Amateur, der jemals den professionellen Kunstgesetzen widerstrebte, läßt sich eben darum weder einordnen noch vergleichen.

Es ist kein Zufall, daß Fritz von Herzmanovsky-Orlando in Meran gelebt hat, in jener verträumten, fast schon verwunschenen Gegend, die vielleicht am besten damit zu charakterisieren wäre, daß sie nicht mehr zu Österreich gehört, wohl aber Österreich zu ihr. Wie es ja auch kein Zufall ist, daß schon in seinem Namen drei Elemente der einstigen Monarchie sich mischen, das deutsche, das slawische, das italienische – sozusagen eine schwarzgelbe Mustermischung. Und die geistige Landschaft des ehemals schwarzgelben Kulturbereichs ist es auch, in der Herzmanovsky tief und unlöslich wurzelt, die er in seinen barocken Geschichten, in seinen lokker verspielten Bühnenstücken immer wieder erstehen läßt, mit liebevoll-wehmütiger Ironie und unter merkwürdig schrägem Blickwinkel, aus dem sich bisweilen so kauzige Verzerrungen ergeben, daß die Spiegelbilder eines Lachkabinetts vergleichsweise wie Paßphotographien wirken würden. Dahinter aber, in ungewissem »déjà vu«, bleibt eine Wirklichkeit spürbar, die schon von sich aus verkauzt genug war: eben jenes Österreich, dessen jahrhundertelange Existenz sich künftigen und hoffentlich sorgenfreieren Geschichtsforschern als Beweis für die Möglichkeit des Unmöglichen darstellen wird, und dessen Untergang sogar uns Heutigen schon, sogar uns Betroffenen, als die katastrophalste Humorlosigkeit der Weltgeschichte erscheinen will.

Herzmanovsky ist in den Zellkern dieses unwahrscheinlichen Gebildes tiefer eingedrungen als irgendein anderer, beinahe frevelhaft tief und auf nie zuvor begangenen Wegen, die sich in seinen Romanen nicht minder skurril verschlingen als in seinen Theaterstücken. Hier wie dort blitzt es von Einfällen und Pointen, deren abwegige Folgerichtigkeit etwas entwaffnend Selbstherrliches an sich hat, so daß die Frage nach ihrem Wachstum aus dem jeweiligen Zusammenhang sich gar nicht erst stellt. Sie »passen« fast überall hinein. Die präzise Zuordnung bestimmter Äußerungen zu bestimmten Charakteren oder Situationen ist ebensowenig Herzmanovskys Sache und Ehrgeiz wie die psychologische Gestaltung der Charaktere selbst, die eindeutige Struktur ihrer Konflikte, und, kurzum, die Beobachtung der handwerklichen Disziplinarvorschriften für den Aufbau epischer und dramatischer Werke. Sehr vieles von dem, was Herzmanovskys Figuren an bestimmten Stellen sagen, könnte er auch von anderen Figuren an anderen Stellen sagen lassen, sehr vieles von dem, was in bestimmten Augenblicken des Ablaufs geschieht, könnte auch früher oder später geschehen, oder gar nicht. Für die »Handlung«, soweit sie vorliegt, wäre das kein Verlust. Es wäre nur ein Verlust für die Literatur. Denn noch in Herzmanovskys überflüssigsten und zusammenhanglosesten Szenen und Figuren steckt mehr Einfall und Eigenwuchs und Originalität als im Gesamtwerk manch eines seiner routinierten Zunftgenossen.

Das weiterhin Verwirrende ist, daß man sich nicht einmal auf Herzmanovskys Amateurismus verlassen kann; daß ihm – keineswegs dank einem spezifischen Talent, sondern aus einem umfassend künstlerischen Instinkt – plötzlich ein Wurf von beneidenswerter Zielsicherheit gelingt; daß er in seiner erzählenden Prosa mit ein paar Sätzen eine Gestalt von unglaublicher Plastik zu schaffen vermag, eine Atmosphäre von beklemmender Überzeugungskraft, eine Situation von unheimlich ausgeleuchteter Abgründigkeit. Auch auf der Bühne glückt ihm dergleichen oft genug. Nur eines glückt ihm nie: eine noch so leise Andeutung dessen, was man landläufig unter »Spannung« versteht. Mit keinem kleinsten Handlungsbrocken versucht er »Neugier« zu erregen oder gar zu stillen. Denn seine eigene Neugier, anders geartet und anderswohin gerichtet, wird auf Schritt und Tritt von einer nimmersatten Entdeckerfreude abgelenkt und weggelockt – in Gegenden, die sonst ganz gewiß unentdeckt blieben, und mit einer Konsequenz, wie sie sonst höchstens bei den großen Clowns zu finden ist, bei Grock etwa oder bei den Rivels. Vielleicht erinnert man sich: die drei Rivels bauten einmal aus ihren Körpern »eine Brücke, eine Brücke, eine Brücke«, und es fügte sich unvermeidlich so, daß der Kopf des einen dicht an das Gesäß des andern geriet. Sofort war's mit dem Brückenbau vorbei. Der Benachteiligte hielt sich in jähem Auftaumeln die Nase zu, stürzte davon und kam mit einer vorgebundenen Gasmaske zurück. Der andere, angesichts solch kriegerischen Instruments zu entsprechender Gegenwehr gestachelt, verschwand gleichfalls, und als er wiederkam, hatte er einen Stahlhelm auf dem Kopf und ein Maschinengewehr in der Hand. Selbstverständlich ging sein Partner, nicht ohne sich raschest mit den nötigen Schußwaffen versehen zu haben, unverzüglich in Deckung und wenige Minuten später lagen sämtliche Rivels hinter improvisierten Barrikaden, umgeben von Sandsäcken, Handgranaten und leichter Feldartillerie, und weit jenseits jeglicher Erinnerung, daß sie doch eigentlich »eine Brücke, eine Brücke, eine Brücke« hatten bauen wollen. Auch die Zuschauer dachten längst nicht mehr daran, sondern krümmten sich und wimmerten vor Lachen ... Wer »Zirkus« für eine abschätzige Bezeichnung hält, mag einwenden, daß dies eben Zirkus gewesen sei. Nun: dann hätte also Herzmanovsky – und das bezöge sich nur auf seine Technik, keineswegs auf seine Aussage – die unauslotbaren Hintergründe der Zirkusclownerie in die Literatur, auf das Theater transponiert und ließe aus ihnen mit der ganzen Selbstverständlichkeit clownischer Logik die bizarren Blüten seiner Phantasie emporwuchern, unbekümmert um Planung und Konzeption, gelangweilt schon vom bloßen Gedanken an die Nötigung, sie etwa ausführen zu müssen, und hingerissen von jeder neuen Entdeckung, die sich beim nächsten Quersprung um die nächste Ecke anbietet. Akrobat – schöön!

Man lasse sich indessen von Herzmanovskys munter klingelnder Narrenkappe und von seinen grotesken Sprüngen und Verrenkungen nicht täuschen. Er camoufliert damit einen keineswegs harmlosen satirischen Zugriff, der mit dem gängigen Altgraf-Bobby-Humor ungefähr so viel zu tun hat wie die Musik Jacques Offenbachs mit einer Pariserwurst. Und wenn er zugreift, bekommt er nicht nur die auf der Hand liegenden Lächerlichkeiten und Schwächen seiner österreichischen Materie zu packen, sondern gleich auch jene lächerlich schwachen Schablonen, deren sentimentale Effekte ebenso billig sind wie ihre vorgeblich ironischen. An Österreich ironisch zu werden, ist nämlich keine Kunst. Das kann jeder zweite. Und aus heimlicher Wehmut Kapital schlagen, kann jede Schnulze. Bei Herzmanovsky ist es so, daß zugleich mit dem Anlaß auch dessen Ausnützer ausgenützt werden. Er überdreht das Volksstück und sein heutiges Exkrement, den Heimatfilm, genau um die eine Spirale, die das Original vom Klischee unterscheidet.

Herzmanovskys unbekümmerte, manchmal bis hart an die Herausforderung grenzende Eigenwilligkeit bekundet sich schon in den Titeln seiner Werke und war möglicherweise mitschuldig daran, daß der einzige noch zu seinen Lebzeiten erschienene Roman damals zu keinem breiteren Lesepublikum durchdrang. Offenbar vermochte sich der Normalleser unter einem »Gaulschreck im Rosennetz« nichts vorzustellen. Und diese verzweifelt komische Geschichte eines Hofbeamten aus dem vormärzlichen Wien ist ja auch wirklich voll von unvorstellbaren Gestalten und Geschehnissen. Da gibt es zum Beispiel – wir befinden uns in der Regierungszeit des guten Kaisers Franz – noch ein paar Hofzwerge im Ruhestand und sogar einen pensionierten Hofriesen. Da gibt es die würdige Witwe Schosulan, eine frühere Kammerfrau Maria Theresias, die von der verewigten Monarchin einen kostbaren Leibstuhl geerbt hat: wenn man sich auf ihn niederläßt, beginnt er, dank einem sinnreich eingebauten Mechanismus, verliebte Schäferweisen zu spielen. Da gibt es einen Komponisten namens François Poprdač, Verfasser einer »Jubelhymne anläßlich der geglückten 18. Entbindung Ihrer Hoheit der Durchl. Fürstin Clementine Aurora zu Luhatschowitz, gesetzt für zwei Clavecins«. Da gibt es einen Ahnenproben-Examinator des k. Gestüts zu Lipizza, der während eines Nachmittagsschläfchens im Sorgenstuhl seines Amtszimmers von einem Hufschlag hinweggerafft wird. Da gibt es den Reiseschriftsteller Peregrinus Klebel von Pratzentanz, der die Strecke Wien–Passau auf den Händen zurückgelegt hat und sich dadurch den Titel eines »Landesfürstlich befugten und beeideten bürgerlichen Handgängers« erwarb. Da gibt es eine »Kaiserlich privilegierte Ohrlöffelschmiede«, eine »Brüderschaft zur fortdauernden Beweinung der Greuel Sodoms«, und da gibt es, vor allem, den Sekretär des kaiserlichen Hoftrommeldepots Eynhuf, mit vollem Namen Jaromir Zdenko Maria Alois Johann von Nepomuk Franz von Assisi Edler von Eynhuf, dessen patriotisches Lebensvorhaben darin besteht, dem Kaiser Franz zum 25jährigen Regierungsjubiläum ein Sammet-Tableau zu überreichen, auf dem ein aus 25 Milchzähnen gebildeter Fünfundzwanziger prangen soll. 24 Milchzähne hat Eynhuf schon beisammen; die Jagd nach dem 25. ist sozusagen die Fabel des Buchs, und weil es natürlich nicht irgendein gewöhnlicher Milchzahn sein darf, hat Jaromir sich's in den Kopf gesetzt, ihn von der berühmten Sängerin Höllteufel zu bekommen.

Ebenso komplizierte Bewandtnisse hat es mit dem Titel eines Theaterstücks, das Herzmanovsky als »Gangster-Komödie aus dem Biedermeier« bezeichnet. Der Titel lautet: »Apoll von Nichts, oder: Exzellenzen ausstopfen – ein Unfug«. Und er beruht, wie so vieles bei Herzmanovsky (und manchmal gerade das Unglaubhafteste), auf einem historischen Begebnis aus Österreichs bunt bewegter Vergangenheit, in deren Dokumenten Herzmanovsky nimmermüd nach Inspirationen gestöbert hat. Tatsächlich wurde im 18. Jahrhundert vom Fürsten Georg Lobkowitz ein junger Mohrenprinz namens Soliman aus Sizilien nach Wien mitgebracht, wo ihn Maria Theresia späterhin zur Würde eines österreichischen Kammerherrn und damit in den Adelsstand erhob. Und tatsächlich wurde dieser geadelte Mohr, auf Grund einer irrtümlich stehengebliebenen testamentarischen Verfügung der Monarchin, nach seinem Tode ausgestopft und dem kaiserlichen Naturalienkabinett einverleibt. Eine Tochter der ausgestopften Exzellenz – die Kaiserin hatte Soliman mit einer ihrer Hofdamen verheiratet – führte einen jahrelangen Kampf gegen das unwürdige Schicksal, das man ihrem Vater bereiten wollte, scheiterte jedoch an der starren Buchstaben-Gläubigkeit der österreichischen Behörden und verfiel schließlich dem Trübsinn. Ein Sohn, der ihrer Ehe mit einem österreichischen Beamten entsprossen war, beging im Alter von 43 Jahren Selbstmord. Es war der Dichter Ernst von Feuchtersleben.

Als Herzmanovskys eigentliches Hauptwerk darf das »Maskenspiel der Genien« gelten, ein groß und mystisch angelegter Roman über Österreichs europäische Sendung, wie Herzmanovsky sie verstand. Ort der Handlung ist ein irgendwo zwischen Venedig, Krain und Kroatien gelegenes, von vier Königen regiertes Traumreich, das nach dem klassischen Kartenspiel der einstigen Monarchie »Tarockanien« heißt (und, nebenbei, beträchtlich vor Robert Musils »Kakanien« konzipiert wurde). In diesem »Pufferstaat« – in dem sich die Horchposten des österreichischen Außenamts installiert haben, um die historische Affinität zwischen Österreich und Byzanz zu wahren – feiern Polizei, Behörden, Ärar, kurzum die gesamte Bürokratie, wahre Orgien an Selbstbestätigung und Selbstentlarvung. Aber auch hier macht es sich Herzmanovsky nicht so einfach wie die dürftigen Oberflächen-Satiriker des Amtsschimmels. Für ihn, den gelernten Altösterreicher, ist das Amtswesen wirklich ein Wesen, eine geheimnisträchtige, nahezu okkulte Erscheinung innerhalb der Welt des Scheins, und er wird nicht müde, den unendlichen Abstufungen und Verästelungen dieses Wesens nachzuspüren: bis sie unter seiner Hand ein groteskes Eigenleben gewinnen und bis der Widersinn, ja der Unsinn einer allzu vordergründig eingerichteten Welt sich plötzlich im ernstgenommenen Nebensatz irgendeiner bürokratischen Verordnung spiegelt, bricht und zersetzt.

Die wirklich erfolgte Zersetzung Altösterreichs, jener »kleinen Welt, in der die große ihre Probe hält«, spiegelt sich symbolisch in einem Fragment gebliebenen Roman, welcher auf »Scoglio Pomo« spielt, einer legendären, als letzte österreichische Sommerfrische auftauchenden und wieder versinkenden Adria-Insel, in deren marmornem Hafen eines Nachts der Fliegende Holländer vor Anker geht und die daraufhin von einer Kanonade schwerer Schiffsgeschütze vernichtet wird, wobei es durchaus unklar bleibt, ob die k. u. k. Kriegsmarine damit dem Eingreifen der englischen Flotte zuvorkommen wollte oder ob sie die Insel irrtümlich für eine Manöverscheibe gehalten hat. Vor der Salzquelle, die aus dem verwüsteten Inselgestein entspringt, fassen aber jedenfalls zwei österreichische Zollwächter Posten, um allfälligen Übertretungen des Salzgefälles vorzubeugen ...

Dieser gewissermaßen amtlichen Fabulierfreude, dieser im Reich der Phantasie eingerichteten Kanzlei entstammt auch das parodistische Singspiel »Kaiser Joseph und die Bahnwärterstochter«. Die Eisenbahn zieht sich durch Herzmanovskys Werk ja überhaupt wie ein roter Faden, oder besser wie ein rotes Tuch: er ist ihr, gelinde gesagt, abgeneigt, und macht daraus so wenig ein Hehl wie aus seinen sonstigen Abneigungen. Auch im Lande Tarockanien muß ja die Eisenbahn unter der Erde verkehren, damit bestimmt kein Fremdenverkehr entstehen kann, und was ihr vollends in Österreich zustößt, besonders in der Gegend von Leoben, das ist nicht zu schildern – oder nur von Herzmanovsky.

Er hat mit seinem Pfund wahrhaftig nicht gewuchert. Er hat es unbekümmert um den offiziell notierten Kurs in die großen und kleinen Goldmünzen seiner Einfälle umgewechselt, und hat sie aus der Kalesche, in der er sein phantastisches Reich durchfuhr, mit vollen Händen ausgestreut, sich und uns zur Freude, wo immer sie hinfallen mochten, blinkend und glitzernd. Lang genug hat's gedauert, ehe sie aufgelesen und nach Gebühr gewürdigt wurden. Aber jetzt ist es soweit. Jenes österreichische Schicksal, das von irgendeinem wohlmeinenden Hof- oder Sektionsrat ohne weiters auf die Formel gebracht werden könnte: »Wann S' berühmt werden wollen, dann sterben S' gefälligst!« hat sich an Fritz von Herzmanovsky-Orlando exemplarisch bestätigt. Heute, zehn Jahre nach seinem Hinscheiden, zählt er zu den Großen unter Österreichs Schriftstellern, und es gibt keine neuere Literaturgeschichte, die nicht Notiz von ihm nähme, ausführliche und bewundernde Notiz. Die vierbändige Ausgabe seines Gesamtwerks wurde 1963 vom Verlag Langen-Müller abgeschlossen, seine beiden großen Romane – »Der Gaulschreck im Rosennetz« und »Maskenspiel der Genien« – liegen in italienischer und französischer Übersetzung vor, der »Gaulschreck« überdies als dtv-Taschenbuch. Von seinen Theaterstücken haben die Münchner Kammerspiele 1957 »Kaiser Joseph und die Bahnwärterstochter« uraufgeführt (und damit den eigentlichen Durchbruch Herzmanovskys eingeleitet). Der österreichischen Erstaufführung nahm sich bald darauf das Burgtheater an, ebenso der Uraufführung seiner venezianischen Maskenkomödie »Zerbinettas Befreiung«, von der inzwischen in Hannover eine Musical-Fassung zur Aufführung kam. Und mit der zweimaligen Ausstrahlung des »Kaiser Joseph« durch das deutsche Fernsehen eröffnete sich ihm der Bezirk einer populären Wirkung, von der weder er selbst noch seine kühnsten Anhänger zu träumen gewagt hätten.

Fritz von Herzmanovsky-Orlando – der »legitime Erbe Nestroys«, das »letzte Genie barocken altösterreichischen Humors«, der »ins Groteske umgekippte Kafka« (um nur einige der glanzvollsten Epitheta zu zitieren, die ihm von seiten der Kritik zuteil wurden) – hat endlich den Platz gefunden, der ihm innerhalb der deutschsprachigen Literatur gebührt, einen ganz besonderen und völlig unverwechselbaren Platz.

Austriae poeta austriacissimus

(1972)

Es bestehen Anhaltspunkte für die Vermutung, daß er nichts dagegen gehabt hätte, als österreichischester Dichter Österreichs bezeichnet zu werden, der Doctor Heimito von Doderer; und es bestehen nicht bloß Anhaltspunkte, sondern überhaupt keine Zweifel, daß ihm das nur unter der Voraussetzung eines richtig geschriebenen »Doctor« willkommen gewesen wäre, mit c, nicht etwa »Doktor«. In dieser Hinsicht war er heikel, und in mancher andern – orthographische, grammatikalische, interpunktionelle und sonstige Abweichungen vom Regulären betreffend – war er's nicht minder. Heikel bis zur Unerbittlichkeit. Wer jemals aus ähnlichen Anlässen mit Metteuren und Oberfaktoren zu tun hatte und consequenter Weise zum Dudenhasser geworden ist, wird es dem Doctor Doderer nachfühlen und nachrühmen.

Er war der eigensinnigste und – ich möchte die C-Bereitschaft der Setzerei nicht überfordern – kompromißloseste Autor, der mir begegnet ist. Er war zumal im Umgang mit der Sprache von einer Besessenheit wie keiner seit Karl Kraus (wenngleich sie bei ihm aus anderen Wurzeln entsprang und andere Funktionen hatte). Er arbeitete mit der strategischen Übersicht eines Dumas, mit dem Konstruktionsaufwand eines zum Bau der Hauptstadt des Universums herangezogenen Architekten und mit der Akribie eines Gerichtssachverständigen, von dessen Gutachten das Schicksal der Bewohner jener Hauptstadt abhinge. Um genau festzustellen, wie weit es in London von irgendwo irgendwohin sei, war er im Stande, nach London zu reisen und die betreffende Entfernung eigenfüßig abzuschreiten. Anschließend begab er sich vermutlich ins Bureau der Firma Hulesch & Quenzel, über deren segensreiche Tätigkeit man alle nötigen Informationen gefl. bei ihm selbst einholen wolle. Ich kann hier nur so viel sagen, daß ich einmal auf einer sommerlichen Autoreise, als ein Bahnschranken *nicht* knapp vor mir niederging, mich mit den Worten: »Hulesch und Quenzel scheinen auf Urlaub zu sein!« an meinen Mitfahrer wandte. Derselbe glotzte. Ich ließ ihn dabei.

Natürlich sind das nur Marginalien. Aber wie's halt so geht, und gerade bei einem Oeuvre von solchem Umfang, daß man sich vor dem Urheber schon um der imposanten Arbeitsleistung willen tief verneigen muß: was sich besonders einprägt und worauf die eigentliche Zuneigung beruht, sind die preziösen Kleinigkeiten, die elaborierten Nebendinge (wobei ich keineswegs sicher bin, ob Doderer selbst sie als nebensächlich gewertet wissen wollte). »Die Strudlhofstiege« und »Die Dämonen« für literarische Spitzenwerke zu halten, ist keine Kunst. Mir ist es lieber, »Die Merowinger« zu lieben, weil Doderers Verwandtschaft mit meinem Lieblingsösterreicher Herzmanovsky-Orlando sich hier am deutlichsten bekundet; oder »Die Peinigung der Lederbeutelchen«, weil er sich hier womöglich noch österreichischer gebärdet als sonst und sowieso, weil er hier mit satanischem Mutwillen auf seinem »herüben« und »herinnen« besteht, auf seinem »ohnedem« und »hintennach«, weil hier »moderate Unordnung« herrscht und jemand »am Rücken« liegt, nicht »auf dem Rücken« etwa, vielmehr liegt er »am Rücken auf dem Teppich«, und das vergönn ich jedem, der etwas daran auszusetzen fände.

Daß mich mit Doderer überdies persönliche und lokale Gemeinsamkeiten verbinden; daß ich, als ein Kind des Alsergrundes, unterhalb der Strudlhofstiege – die damals noch ganz anders und prachtvoll jugendstilistisch aussah – meine ersten Fußballschuhe zerwetzte und in jenem Haus in der Währingerstraße, das nebst Doderern auch das Schubert-Kino beherbergte, den ersten heimlichen Stummfilmerlebnissen oblag; daß Doderer einer der ersten war, die mich nach meiner Rückkehr aus der Emigration mit ihrer Freundschaft bedachten; daß er sie ungeachtet unsres Altersunterschieds alsbald zur Duzfreundschaft gedeihen ließ und daß ich von ihm ein paar wunderschöne, mit bunten Mönchs-Initialen anhebende Briefe bekommen habe (meistens im Zusammenhang mit den Beiträgen, die er mir fürs FORVM zur Verfügung stellte) –: dies alles nur nebenbei, *wirklich* nebenbei, nicht so wie Hulesch & Quenzel.

Aus der schlechterdings rabiaten Hervorkehrung seines Österreichertums ergab sich die unausbleibliche Folge, daß er bei uns erst berühmt wurde, als er's in Deutschland schon war. Er hat sich über beides mit einer beinahe rührenden Unverhohlenheit gefreut, hat seinen späten, schon ein wenig von Altersreife überglänzten Ruhm genossen und geschlürft wie ein alter Zecher (der er ja war), hat von seiner Bedeutung immer gewußt und nie gesprochen. Seit es ihn nicht mehr gibt, haben wir alle, die wir da weiterschreiben, auf eine höchst seltsame Art etwas von unserm spezifischen Gewicht eingebüßt. Es ist, als wäre einer nach wie vor dahinrollenden Garnitur von Waggons die Lokomotive abhanden gekommen.

Immerhin können wir uns darauf berufen, daß Heimito von Doderer unsre Lokomotive war. Und wenn wir Glück haben, können wir's sogar beweisen.

In memoriam Ludwig von Ficker

(1967)

Er war die letzte große Begegnung, die ich in meinem Leben hatte, die letzte große Bereicherung, die mir zuteil wurde. Er war der letzte Große, den ich noch kennenlernen und zu dem ich noch aufblicken durfte. Nach Martin Bubers Tod gab es keinen mehr außer ihm. Jetzt gibt es überhaupt keinen mehr.

Wie weit meine geistige Bekanntschaft mit ihm zurückliegt, weiß ich nicht genau anzugeben. Sie muß entstanden sein, als ich mich geistig zu regen begann. Daß sie im Zusammenhang mit Karl Kraus entstand, weiß ich genau. Auf diesem Zusammenhang beruhte dann auch die persönliche Bekanntschaft, die erst viel später zustande kam, nach meiner Rückkehr aus der Emigration. Er hatte damals die Siebzig schon überschritten, war also um mindestens acht Jahre älter, als Karl Kraus es im Zeitpunkt seines Todes, 1936, gewesen war. Aber es lag gewiß nicht nur daran, daß ich im Beisammensein mit Ludwig von Ficker das Gefühl hatte, er sei immer schon älter gewesen als der um sechs Jahre früher geborene Karl Kraus. Es lag an Ludwig von Fickers ganzem Wesen, an seiner ganzen Ausstrahlung, anders läßt sich's nicht sagen (und wer ihm je in die Augen gesehen hat, wird wissen, warum sich's nicht anders sagen läßt). Es lag an dieser überwältigenden Mischung von Demut und Souveränität, von Gelassenheit und Temperament, von Nachsicht und Unbedingtheit, an diesem niemals hervorgekehrten und jederzeit spürbaren Einklang von äußerer Noblesse und innerer Haltung, von Wort und Tat. Er hat, glaube ich, in seinem ganzen Leben nichts getan, wofür er an dieses Lebens Ende nicht hätte einstehen können, einstehen auf dem gleichen Grund, auf dem er's getan hatte, auf dem Grund einer unantastbaren Wahrhaftigkeit. Noch Irrtum und Wandlung fügten sich dieser Wahrhaftigkeit ein. Er brauchte nichts zurückzunehmen. Seine Rechnungen gingen auf, weil sie keiner Berechnung entsprangen. Seine Ergebnisse hatten Bestand, weil er sich ihnen ergab. Er war seiner selbst sicher, weil er nie zu zweifeln aufhörte. Er war uneitel und bescheiden, weil er Bescheid wußte um die Eitelkeit aller irdischen Bemühung. Er war, inmitten dieser unsrer unheiligen Zeit, ziemlich genau das, was ich mir unter einem Heiligen vorstelle.

Mit »Abgeklärtheit« und »Altersweisheit« hatte das nichts zu tun, in all den Jahren nicht, in denen ich – viel, viel zu selten – nach Innsbruck gepilgert kam, um ihn zu sehen. Meistens trafen wir in der Wohnung unsres Freundes Pfaundler zusammen und meistens in Gesellschaft noch erheblich Jüngerer, unter denen er sich besonders wohl zu fühlen schien. Er war lebendig wie nur irgendeiner. »Wissen Sie«, sagte er mir bei einem der letzten Male, als ich mich wieder in Reminiszenzen an Vergangenes und Geliebtes verlor, »wissen Sie – eigentlich interessiert mich nur noch die Zukunft.« Ich schämte mich in Grund und Boden vor diesen Worten eines

Fünfundachtzigjährigen (die obendrein schon den strengsten Tadel darstellten, zu dem er sich aufraffen mochte).

Nur ein einziges Mal habe ich mich noch heftiger geschämt: über eine Wendung in einem seiner Briefe, der sich auf ein von mir berichtetes Erlebnis mit Karl Kraus bezog. Dies, so schrieb er, hätte ihm »die Erinnerung an alles, was wir Karl Kraus verdanken, inniger denn je zu Bewußtsein gebracht«. Und schrieb weiter: »Wie gut ist es doch, daß Menschen wie Sie und ich, rückblickend auf Begegnungen, die wir mit ihm haben durften, sich im Einverständnis einer gemeinsamen Erkenntlichkeit finden können.« Ja, das schrieb er. »Menschen wie Sie und ich«, schrieb er. Und meinte es wohl auch, glaubte wohl wirklich den Abstand an Wert und Rang, um den er mir voraus war, durch ein »und« überbrücken zu können. Er wollte mich nicht beschämen. Er wußte nicht, daß seine bloße Existenz, sein bloßes Da-Sein und So-Sein, eine Beschämung für jeden war, der auch nur von fern daran teilhatte. Eine Beschämung gerade deshalb, *weil* er es nicht wußte. Weil ihm zwar nicht sein Da-Sein, wohl aber sein So-Sein eine Selbstverständlichkeit war.

Sein Da-Sein ist nun zurückerstattet: Jenem, von Dem er's empfangen hat. Sein So-Sein wird bleiben: jedem, der dessen ein Teilchen von ihm empfing.

Csokor

(1969)

Im Zeitraum um die Jahreswende hat Österreichs Literatur zwei ihrer großen alten Männer verloren: zuerst den 84jährigen Max Brod, jetzt den um ein Jahr jüngeren Franz Theodor Csokor. Am Neujahrsabend hatte man ihn in einem tiefen, von Herz- und Altersschwäche verursachten Koma ins

Krankenhaus gebracht, und dort ist er am Sonntag, immer noch in barmherziger Bewußtlosigkeit, entschlafen.

Es war eine der wenigen Barmherzigkeiten, die ihm das Schicksal zuteil werden ließ. Franz Theodor Csokor, ein im tiefsten Sinne des Wortes barmherziger Mensch, des Mitfühlens und Mitleidens fähig wie selten einer, hat es im Leben nicht leicht gehabt, und wenn das Leben es an Schwierigkeiten etwa fehlen ließ, hat er selbst für sie gesorgt.

Mit materiellen Gütern immer nur sehr sporadisch gesegnet (und niemals hinter ihnen her), war er einer der letzten Repräsentanten jener aussterbenden Poetengattung, die man damals noch »Bohemiens« nannte – damals, als Csokor mit expressionistisch-ekstatischen Gedichtbänden wie »Die Gewalten« (1912) oder »Dolch und Wunde« (1917), mit grellen, um Eros und Kunst, um Frieden und Gerechtigkeit kreisenden Dramen wie »Der große Kampf« (1915) oder »Die rote Straße« (1918) an die Öffentlichkeit trat.

Und ein Bohemien ist er bis ans Ende geblieben, auch als ihn Stadt und Staat mit Würden, Preisen und Ehrenzeichen bedachten. Der Preis der Stadt Wien für Literatur war darunter, der Grillparzer-Preis und der Große Österreichische Staatspreis, der Burgtheater-Ring und der Ehrenring der Stadt Wien und der Professortitel. Csokor hat alle diese Ehrungen reichlich verdient, gleichviel, zu welchem Teil sie dem Menschen und zu welchem Teil sie dem Dichter galten.

Müßig zu spekulieren, was von seinem dichterischen Oeuvre bleiben wird. Eine Handvoll Gedichte vielleicht (und eine Handvoll ist, wo man die bleibenden Werte allmählich an den Fingern abzählen kann, gar nicht so wenig) und zwei oder drei seiner Theaterstücke, am ehesten wohl das Büchner-Drama »Gesellschaft der Menschenrechte« und das schon heute zum klassischen Bestand des Burgtheater-Repertoires zählende Schauspiel vom Zerfall der Habsburg-Monarchie: »3. November 1918«.

Es müßten aber auch seine autobiographischen Schriften bleiben, Zeugnisse einer unbeugsamen Gesinnung, in denen die Ergebnisse seiner freiwilligen Emigration niedergelegt sind (»Als Zivilist im polnischen Krieg«, »Als Zivilist im Balkankrieg« und »Auf fremden Straßen«). Und bleiben müßte die in Tagebüchern und Briefwechseln festgehaltene Dokumentation seiner hingebungsvollen Freundschaften: mit Ödön von Horváth vor allem, mit Ferdinand Bruckner, mit Lina Loos und mit vielen anderen, denen er, auch wenn er selbst in Not und der Hilfe bedürftig war, manche Not gelindert und manche Hilfe geleistet hat.

In solcher Betätigung sah er auch seine vornehmste Aufgabe, als er 1947 Präsident des Österreichischen PEN-Clubs wurde, ein Amt, das er bis in die letzten Tage seines Lebens nimmermüd und mit erstaunlicher Vitalität ausfüllte. Was ihm da alles an wirksamen Aktionen zumal für die bedrängten und bedrohten Kollegen der Ostblockstaaten geglückt ist, läßt sich, weil er's in Stille und Bescheidenheit unternahm, noch gar nicht überblicken. Doch war er auch für die Förderung junger Begabungen im eigenen Bereich jederzeit zu haben, und Stützbedürftige mußten weder jung noch begabt sein, um von ihm gestützt zu werden.

Denn Franz Theodor Csokor verfügte über eine Qualität, die unter Menschen Seltenheitswert besitzt und unter Literaten geradezu den Rang eines Unikats: er war vollkommen neidlos. Er freute sich über die Erfolge anderer mit der gleichen rührenden Naivität wie über seine eigenen (um die es ja nicht allzu üppig bestellt war). Er hat in all den Jahrzehnten, die ihm Gelegenheit dazu geboten hätten, keinem Menschen etwas Böses getan und sehr vielen Menschen sehr viel Gutes. Er war immer da, wenn man ihn brauchte, und immer bereit, für sein humanistisches Postulat persönlich einzustehen, immer bereit, so zu handeln, wie es in den Schlußzeilen eines seiner schönsten Gedichte, der »Berufung des Matthäus«, geschrieben steht:

Du bist gemeint.
Nicht der neben dir.
Komm!

Ich verabschiede mich von Franz Theodor Csokor auch im Namen und im Auftrag der Deutschen Akademie für Sprache und Dichtung. Csokor war einer der ersten Österreicher, die in diese Akademie gewählt wurden, und unter den vielen Bestätigungen seines literarischen Rangs war das gewiß nicht die geringste. Die bedeutendste aber liegt in seinem Werk und, vielleicht noch gewichtiger, im Einklang zwischen dem Werk und dem Menschen. Was Csokor schuf, war Lebens-Werk im tiefsten Sinn dieses Wortes, war ein dem Leben tätig zugewandtes Werk, für dessen humanistische Forderungen er unbeugsam gutstand, unbeugsam sich selbst und den anderen gegenüber, niemals jedoch sich selbst und immer nur den anderen zur Stütze. In einem seiner schönsten Gedichte heißt es zum Schluß:

Sag, wofür war es dann wert zu leben?
Um zu leiden, um zu träumen, um zu geben!

Franz Theodor Csokor hat ausgelitten und ausgeträumt; und dürfte von sich sagen, daß er sich auch ausgegeben hat, nämlich: alles gegeben, was er geben konnte. Möge die Erde ihm leicht werden, leichter, als er sich's im Leben gemacht hat.

In Memoriam eines Aufrechten

(1976)

Schade, daß dem Wort »Kamerad« etwas unrettbar Militärisches anhaftet, etwas Forsches oder gar Martialisches. Schade, weil nämlich Reinhard Federmann für mich der Inbegriff eines Kameraden war – und ich wüßte mir im weiten literarischen Umkreis keinen zweiten, zu dem jene Charakteristika so wenig passen würden wie zu ihm. Anderseits jedoch wäre das, was er mir (und wohl noch manchem von uns) bedeutet hat, mit der Bezeichnung »Kollege« nur mangelhaft umschrieben, und selbst das eigentlich kostbare Kennwort »Freund« täte ihm keine Genüge. Nein, es hilft nichts: Federmann war der klassische Kamerad. Man konnte keinen bessern zur Seite haben, wenn die Trommel zum Streite schlug.

Sie tat es oft genug, und oft genug schlug er sie selbst. Nicht daß er streitsüchtig gewesen wäre – aber kampflustig war er, das schon. Und wenn er sich einmal entschlossen hatte, für oder gegen etwas zu kämpfen, konnte niemand und nichts ihn davon abbringen, am allerwenigsten der Gedanke an den eigenen Vor- oder Nachteil. Er hat sein Lebtag keine falsche Verbeugung gemacht, hat sich von keiner Gruppe, keiner Mode, keiner Tendenz in Dienst nehmen lassen, hat unbeirrbar getan, was er für seine Person als richtig erkannt hatte, was ihm anstand, was im höchsten Sinn des Wortes anständig war. Es mag ihm da und dort ein Fehlgriff unterlaufen sein, da und dort ein Ausrutscher, aber nirgends eine Unanständigkeit. Er war im kleinen Finger mehr wert als die armseligen Cliquenbolde, die neuerdings – sich zur Feier – über Österreichs Literatur befinden dürfen. Er hat sich niemals selbst gefeiert oder gefördert, obwohl sich ihm manche Chance dazu bot. Nicht einmal die Literaturzeitschrift, die er mit ungeheuerem Wagemut gegründet und herausgegeben hat, konnte ihn zur Wahrung seiner eigenen Interessen verlocken. Sie diente den Interessen einer im literarischen Bereich fast schon ausgestorbenen Integrität.

Was der österreichische PEN-Club an ihm verloren hat, wissen wir alle, die wir von seiner aufopferungsvollen, seiner selbstzerstörerischen Tätigkeit als Generalsekretär profitiert haben. Was die österreichische Literatur an ihm verloren hat, werden wir ihren Sachwaltern schon noch beibringen.

Die Deutschen – Österreichisch gesehen

Einige unpathetische Überlegungen

(1958)

Meine Damen und Herren! Die unpathetischen Überlegungen über das Verhältnis zwischen Deutschen und Österreichern, die ich Ihnen heute vortragen soll, haben eine kleine Vorgeschichte, mit der ich Sie einleitend bekanntmachen möchte. Vor einigen Jahren wurde ich von den Herausgebern eines seither unter dem Titel »Spectrum Austriae« erschienenen Sammelwerkes aufgefordert, einen Beitrag über das »österreichische Selbstgericht in der Literatur« beizusteuern, und als ich mich an die Arbeit machte – zunächst also an das Quellenstudium –, mußte ich feststellen, daß der Vorsitzende dieses österreichischen Selbstgerichtes ein Deutscher war. Nicht ein bestimmter Deutscher, sondern der Deutsche schlechthin. Er ist es, an dem sich der Österreicher sogar in seiner eigenen Literatur orientiert; nicht »ausrichtet«, nicht »nach ihm« sich richtet, vielmehr stellt er sich ihm gegenüber und häufig entgegen – aber er bedarf seiner, er kann zu sich selbst nur auf dem Umweg über den Deutschen finden. Was immer der Österreicher über sich aussagt, ist zugleich auch dem Deutschen gesagt, ausdrücklich oder verhohlen, in einer je nachdem bewußten oder unbewußten Synthese oder Antithese. Wenn also die nachfolgenden Betrachtungen ihrem Titel entsprechen sollen, werden sie nicht nur »die Deutschen, österreichisch gesehen« zum Gegenstand haben können, sondern in mindestens gleichem Ausmaß auch die Österreicher, die sich selbst zu sehen versuchen und dabei unweigerlich die Deutschen in ihre Sicht bekommen.

Slawen oder Romanen, Skandinavier oder Angelsachsen, die von sich selbst sprechen, wissen ziemlich genau, was sie meinen und wer sie sind. Identitätsgesegnete Kleinvölker wie die Magyaren oder die Finnen wissen es erst recht. Aber es wissen's auch die keineswegs einhelligen Schweizer. Und sogar die Deutschen, die doch zu ihrer Volkwerdung reichlich lange gebraucht haben, wissen es nun desto unzweifelhafter und mit desto preußischerer Präzision. (Wobei sogleich angemerkt werden soll, daß »Preußen« im folgenden vielfach für Deutschland schlechtweg zu stehen kommen wird, und daß dies zumal vom österreichischen Blickpunkt fast unvermeidlich ist, ebenso unvermeidlich wie die gleichfalls anfechtbare Präponderanz, die »Wien« innerhalb Österreichs einnimmt.)

Haben wir nunmehr unterstellt, daß der Österreicher nicht recht weiß, wer er ist, ja *ob* er überhaupt ist, so müssen wir ihm konzedieren, daß seine Versuche, sich selbst zum Bewußtsein zu kommen, von Anfang an unter keinem guten Stern standen. Schon das bloße Bekenntnis zu Österreich und zum Österreichertum hat die längste Zeit hindurch kaum geringeren Mut erfordert als etwa das Bekenntnis zu irgendeiner abseitigen religiösen Sekte, und es wurde die längste Zeit hindurch auch kaum anders quittiert als mit einem nachsichtigen Lächeln.

Ein Östreicher bin ich
Aus dem Östreicher Land,
Das ist zwar kein Unglück,
Aber doch is's a Schand

sang vor mehr als hundert Jahren der österreichische Heimatdichter Franz Stelzhamer. Gewiß hätte er's auch umgekehrt sagen können, aber wenn er's statt für eine Schand für ein Unglück gehalten hätte, wäre er ja wieder kein Österreicher gewesen. So, wie er's sagte, traf er die österreichische Sachlage, indem er sie entpathetisierte, und damit war ihr und der Umwelt ein Gefallen getan. Das Unglück hätte vielleicht ernstgenommen werden müssen, vielleicht sogar vom Österreicher selbst. Über die Schand kann man sich trösten.

Dennoch hieß es nicht wenig, sich über Lächeln und Geringschätzung hinweg- und mit dem Begriff »Österreich«

auseinanderzusetzen, ja ihm überhaupt erst Umriß und Gestalt zu geben. Es hieß nicht wenig, die geistige Abgrenzung eines geographischen Begriffs zu vollziehen: denn als solcher wurde Österreich nicht nur von Napoleon, sondern bis dahin und damals ganz allgemein aufgefaßt (und hernach noch sehr lange). Der Freiherr von Andrian-Werburg, ein Zeitgenosse Grillparzers, konnte in seinem 1841 zunächst anonym in Deutschland erschienenen Werk »Österreich und dessen Zukunft« von Österreich als von einem »rein imaginären Namen« sprechen, als von einer »konventionellen Benennung für einen Komplex«. Und beinahe ein Jahrhundert später sah Heinrich von Srbik (»Aus Österreichs Vergangenheit«) sich noch zu der Feststellung gehalten: »Geographische Momente sind tot ohne die lebendige Kraft der den Raum bewohnenden Menschen.« Sie war auch im ganzen ersten Drittel des 20. Jahrhunderts noch nicht vorhanden, diese Kraft. Planmäßig – und leider nach mißverständlichem Plan, nämlich nach dem eines »zweiten deutschen Staates« – begann sie sich eigentlich erst seit 1933 zu manifestieren, erst unter dem Druck des nebenan bereits zur Macht gekommenen Nationalsozialismus, erst gegen dessen Absorbtionsdrohung und ohne rechten Widerhall im Volk, dem die Drohung ja vielfach als Lockung erschien. Es bedurfte erst ihrer Realität, damit sich ihre Irrealität erweise, es mußten erst jene – nicht zufällig in Österreich aufgekeimten – alldeutschen Konzeptionen verwirklicht werden, damit der Österreicher seine eigene Wirklichkeit erkenne. Selten wurde dieses Mißverständnis klarer erspürt als in dem Werk »Österreich im Prisma der Idee« von Leopold von Andrian, einem Nachkommen des oben zitierten Freiherrn von Andrian-Werburg und einem Alters- und Geistesgefährten Hugo von Hofmannsthals. Der 1952 verstorbene Leopold von Andrian schrieb:

Die Formel vom »anderen deutschen Staate« kann gelten, wenn man damit besagen will, daß sich dank Natur und Geschichte zwei verschiedenartige Volksgebilde aus gemeinsamer Vergangenheit entwickelt haben, von denen jedes den Namen »deutsch« beanspruchen kann, die von »einem Volk in zwei Staaten« erweist sich als unwahr, wenn man den Nationenbegriff zuerst auf seine Bestandteile hin und dann in seiner Anwendbarkeit auf Deutsche und Österreicher untersucht. Er ist überdies politisch gefahrvoll, und die Feinde Österreichs wissen wohl, warum er ihnen willkommen ist. Sie wissen, daß es einen ausschließlich politischen Patriotismus nicht geben kann und daß trotz aller Zweckmäßigkeitsgründe, die man für das Bestehen eines selbständigen österreichischen Staates anführen mag, dieser nicht von seinen Angehörigen als Vaterland über alles geliebt werden und daher Dauer haben wird, wenn ihm keine österreichische Nation – keine zweite deutsche Nation, wenn man will – entspricht. Der Satz »Ein Volk in zwei Staaten« muß sich im Bewußtsein der Gesamtheit in den entgegengesetzten »Ein Volk, ein Reich« verkehren ...

Andrian schrieb das allerdings im Jahre 1937, und die prekären Umstände von damals haben sich seither gründlich verflüchtigt. Was weiter besteht, sind ihre Voraussetzungen, sind die immer noch um eine Lösung verlegenen Versuche, Begriff und Situation des Österreichischen eindeutig abzugrenzen, ohne all das, was deutsch daran ist, preiszugeben. Es ist aber gerade diese Ein-Deutigkeit und Ein-Wertigkeit, wovor der österreichische Hang zur Ambivalenz zurückscheut. Abgrenzungen haben es nun einmal in sich, mit Einbußen verbunden zu sein – werde auch nur das Niemandsland zwischen zwei Pfählen eingebüßt, nur das ungestörte Fluktuieren übers Grenzgebiet hinweg. Abgrenzung ist Abwehr, muß es sein, sonst brauchte sie nicht zu erfolgen. Auch Klarstellung ist sie, auch Gegenwirkung. Und die Abgrenzung des Begriffs »österreichisch« kann notwendigerweise nur im Antagonismus zum Begriff »deutsch« vorgenommen werden, denn von einem andern her kommt keine Gefährdung, und zu einem andern hin fluktuieren keine Grenzen. Daß der Österreicher, der für derlei klare Haltungen, wie sie ihm hier abgefordert werden, ohnehin nicht viel übrig hat, sie nun gerade gegen die Deutschen mobilisieren soll, deren Sprache er spricht und deren Geschichte jahrhundertelang auch die seine war, will ihm nicht einleuchten. Er hat sich ja schließlich niemals zur nationalen Eigenständigkeit gedrängt, und selbst in die staatliche ist er mehr hineingeschlittert als hineingewachsen, unversehens, beinahe hinterrücks, ohne daß sich ihm damit die Erinnerung an irgendein glorioses oder gar triumphales Datum verbände. Wozu, so fragt er sich wohl insgeheim (und wohl nicht ganz so artikuliert), wozu hat der gute Kaiser Franz eigentlich auf die deutsche Kaiserkrone verzichtet, und wozu haben wir uns dann auch noch bei Königgrätz schlagen lassen, wenn wir aus Verzicht und Niederlage dann doch die gleiche Konsequenz ziehen sollen, wie sie etwa die Amerikaner aus ihrem siegreichen Unabhängigkeitskrieg gegen die Engländer gezogen haben?

Der Österreicher wollte seine Ruh haben und bekam statt dessen seine Unabhängigkeit, also das genaue Gegenteil. Es kostete ihn große Mühe, diese Enttäuschung zu überwinden. Mehr als ein Jahrhundert lang war er vollauf mit dem Problem seiner eigenen Existenz beschäftigt – die ihm bis dahin ja niemals ein Problem gewesen war, von den Babenbergern bis zu Maria Theresia und Kaiser Joseph nicht: weil niemand seine Existenz in Gegensatz zur deutschen und damit in Frage gestellt hatte. Jetzt aber galt es für ihn, sich an diese seine Existenz zu gewöhnen, sich gewissermaßen mit sich selber abzufinden – etwa so, wie einem einzigen Kind nach Jahren der Verhätschelung erst begreiflich und schmackhaft gemacht werden muß, daß es ein neues Brüderchen bekommen hat, ehe man ihm den ersten Klaps geben kann, weil es das neue Brüderchen schlecht behandelt. Das neue Brüderchen des Österreichers war er selbst.

Angesichts dieses Durcheinanders in der historischen Kinderstube ist es nicht weiter verwunderlich, daß der Spiegel, vor den der junge Österreicher hintrat, ihm immer wieder deutsche Reflexe warf. Folgerichtig konnte er sich seiner

Konturen nur dort vergewissern, wo sie sich von denen des Deutschen unterschieden. Und wenn Grillparzer die vorteilhaftesten Angebote deutscher Verleger ausschlug, weil es ihn »verdroß, daß ein österreicher Dichter eine fremde, wenn auch deutsche Protektion nötig haben sollte«, so hat er mit dieser Wendung, mit diesem »fremd, wenn auch deutsch« (nicht etwa »deutsch, wenn auch fremd«) recht eigentlich das Fundament für alle späteren Bekundungen österreichischen Eigen-Willens gelegt, recht eigentlich das österreichische Grundgesetz erlassen, zu dem alle späteren Erlässe nur noch die Durchführungs-Verordnungen waren.

Aber die Durchführung stieß auf Schwierigkeiten. Immer wieder, wenn der Österreicher sich als solcher erproben wollte, führten ihn die Entdeckungsfahrten, die er ins Österreichische unternahm, in unbekannte und unwirtliche Gegenden, die sich jeglicher Absteckung widersetzten, politisch, geographisch, ethno- und psychologisch. Immer wieder, wenn er sich in diesen Gegenden nicht verlieren wollte, suchte er nach Wegweisern zu den Unwirtlichkeiten der andern und nach der anheimelnden Jausenstation »zum kleineren Übel«, wo sich behaglich verschnaufen und Ausschau halten ließ. Und sein Blick mochte wo immer hinschweifen, er traf unfehlbar auf Deutschland:

Deutschland ist weniger als es meint,
Östreich ist mehr als es scheint

heißt ein bekanntes Epigramm Grillparzers, und ein anderes, »Deutsche Muster« betitelt, lautet:

Ich sollte von euch lernen?
Da bin ich weit entfernt;
Geh' lieber zu den Fernen,
Von denen ihr gelernt.

Oder dieses:

Da die Deutschen noch bescheiden nach alter Weise,
Sagt' ich gern ein Wort zu ihrem Preise.
Nun aber, da sie sich selber loben,
Fühl' ich mich fürder der Mühe enthoben.

Und schließlich:

Laßt mich mit eurem Publikum
Und euren gebildeten Leuten;
Sonst üb'rall sind nur die Dummen dumm,
In Deutschland auch die Gescheiten.

Kein Zweifel: dies alles entstand mit der unausgesprochenen Präambel, daß zwar an Österreich gewiß manches zu tadeln sei, an Deutschland aber noch viel mehr, und daß man keinen Anlaß hätte, sich von Deutschland Beispiele geben oder gar Vorschriften machen zu lassen:

Ich bin ein dorischer Dichter. Ich kümmere mich den Henker um die Sprache der Leipziger Magister und des Dresdener Liederkreises. Ich rede die Sprache meines Vaterlandes.

Und noch deutlicher, mit einer erstaunlichen Aktualitätsverschiebung vom Literarischen zum Politischen hin, nämlich zur politischen Einstellung mancher intellektueller Schichten im heutigen Deutschland:

Die Deutschen haben bei der kritischen Beurteilung dichterischer Werke eine widerwärtige, weil völlig geistlose Gewohnheit. Erstens legen sie immer einen ungeheuren Maßstab an. Sie sagen nicht: dieser Mensch ist groß, denn er hat fünf Schuh, fünf Zoll, sondern er ist klein, denn er hat weniger als einen Klafter. Wer aber die Größe überall als Forderung anbringt, zeigt nur, daß er ihr Wesen und ihre Würde nicht erkannt hat, die beide durch die Seltenheit des Großen bedingt sind. Was dieses Verfahren aber außer dem Widerwärtigen auch völlig geistlos macht, ist, daß sie die Idee, die ihnen den Maßstab der Beurteilung abgeben muß, nicht aus sich selbst, nicht aus ihrem eigenen Denken und Empfinden nehmen, sondern anders woher, aus einem Buche, aus einem Mode gewordenen Zeitgeschwätz . . .

Nur ganz selten einmal geschieht es, daß Deutschland vergleichsweise besser wegkommt:

Österreich – Preußen

Wir baten dringend um Verstand

Den Herrn der Fürsten und Gemeinden.
Da dieser es aber zu schwierig fand,
So nahm er ihn wenigstens unsern Feinden.

Und noch seltener, daß tatsächlich »reine« österreichische Selbstkritik geübt wird:

Die Henne erhebt ein großes Geschrei
Bei jedem gelegten wirklichen Ei.
In Österreich aber lärmen die Schreier
Schon über ungelegte künftige Eier.

Oder, wohl verpackt in eine Huldigung ans Herrscherhaus:

Österreich hat sich dem materiellen Fortschritte angeschlossen, aber die vervollkommten Beförderungsmittel werden erst dann einen Sinn haben, wenn der Geist des Fortschritts nicht nur die Bahnen aussteckt, sondern auch im Wagen mitfährt.

Aber schon in einer der nächsten dieser Aufzeichnungen »Zur Zeitgeschichte (Österreichisches)« kommt das Folgende:

Ich war immer stolz, ein Österreicher zu sein. Wenn mir literarische Freunde über unser Zurückgebliebensein in der Bildung klagten, und wie das übrige Deutschland geringschätzig auf uns herabsähe, so dachte ich mit Georg in »Götz von Berlichingen«: Guckt ihr –! und so weiter. Gesunder Menschenverstand und Natürlichkeit der Empfindung sind unscheinbare Güter; wer sie aber durch nachgeplapperte Theorien und unfruchtbare Vielwisserei verloren hat, ist übler daran, als wer auf sie allein beschränkt ist. Ich war immer stolz, ein Österreicher zu sein. Ich habe nie im Auslande drucken lassen, nie stand ein Wort von mir in den deutschen Journalen. Selbst die Zensurgesetze habe ich geachtet, weil ich glaubte, es zieme dem rechtschaffenen Manne, sich den Gesetzen seines Vaterlandes zu fügen, gesetzt auch, sie wären absurd ...

Und das ist nun freilich erschütternd. Das klingt beinahe als wär's von jenem lammfrommen, harmlos geschwätzigen

Ignaz Franz Castelli, der sich einmal im Leben – als er durch ein patriotisches Kampfgedicht den Unmut des heranrückenden Napoleon erregt hatte – persönlich gefährdet glauben durfte und beim Kaiser Franz in Audienz erschien, um Hilfe für die Flucht aus Wien zu erbitten. Der gütige Landesvater jedoch verweigerte sie ihm nach Lektüre des Gedichtes mit den historischen Worten: »Ja wer hat's Ihm denn ang'schafft?«

Man sieht: Mannesmut vor Königsthronen stand in Österreich niemals sonderlich hoch im Kurs. Das läßt sich freilich auch aus des Österreichers tiefer Abneigung gegen Pathos und Ernstnehmerei erklären, auch daraus, daß er kein Einfaltspinsel sein und niemandem eine »Wurzen« abgeben will, daß er um die Fragwürdigkeit aller menschlichen Bemühung a priori Bescheid weiß und es geradezu für vermessen hielte, ihr mit endgültigen Antworten zu begegnen. Tatsächlich entspricht der Forschheit, die den Deutschen sprichwörtlich aufs Ganze gehen läßt, beim Österreicher eine Halbheits-Genüge, die zwar nichts mit Bescheidenheit zu tun hat, sehr viel jedoch mit der Bereitschaft, die andre Hälfte für etwas auszusparen, das außerhalb der eigenen Kompetenz liegt:

Sei gegrüßt, du Halber dort oben,
Wie du, bin ich einer, der halb

dichtet Grillparzer an den Halbmond, und im »Abschied von Wien« gibt die Halbheit geradezu den Ton an. Nicht nur lebt man hier »in halber Poesie, gefährlich für die ganze«, sondern:

Man spricht nicht, denkt wohl etwa kaum
Und fühlt das Halb-Gedachte

– eine Gepflogenheit, die sich durch die Zeiten hin erhalten hat, die bei Rilke als Furcht auftritt:

Ich fürchte mich so vor der Menschen Wort,
sie sprechen alles so deutlich aus

und bei Hofmannsthal (im »Schwierigen«) als Scheu:

Das simple Faktum, daß man etwas ausspricht, ist indezent.

Aber wie sollte einer, der Halb-Gedachtes fühlt und Ausgesprochenes als furchterregend oder mindestens als indezent empfindet – wie soll ein solcher zur Klarheit über sich selbst gelangen, ohne dabei den selbstgewissen Partner und Widerpart – eben den Deutschen – heranzuziehen, dem nichts ferner liegt als die Scheu, etwas auszusprechen.

»Ich mag meinen inneren Menschen nicht nackt zeigen«, schreibt Grillparzer 1826 an Kathi Fröhlich. »Es fehlte ihm die Courage zu sich selbst«, schreibt 46 Jahre später Ferdinand Kürnberger in seinem Nachruf auf Grillparzer – und schreibt es in Wahrheit über den Österreicher schlechthin. Er seinerseits, Kürnberger, besaß jene Courage sehr wohl. Ob sie ihm jedoch »zu sich selbst« getaugt hat oder auch: ob das Selbst, zu dem sie ihm taugte, dann noch ein österreichisches war, bleibt sehr die Frage. Fast scheint's, als sei »österreichisches Selbstverständnis« eine contradictio in adjecto: im gleichen Augenblick, da der Österreicher sich identifiziert hat, fühlt er sich nicht mehr als Österreicher, sondern als irgendetwas anderes, mit Vorliebe als Deutscher. Was Kürnberger an Grillparzer auszusetzen hat, ist nämlich dies: »Seine Poesie fängt an mit deutschem Verständnisse der Zeit und endet mit österreichischer Abwendung von der Zeit.« Und was Kürnberger von Österreich hält, sagt er an einer andern Stelle mit niederschmetternder, geradezu deutscher Deutlichkeit:

Feig ist es, schlaff, schlotterig, waschlappig, mattherzig, schwachmütig, kraftlos, nervlos, energielos, widerstandslos, Mangel an Mut, Männlichkeit, Wahrhaftigkeit, Mangel an Kern, Härte, Festigkeit, an Prall und Gegenprall, alles Fladen, nichts Stahl und Stein! Euer ewiges Bedürfnis, liebenswürdig zu sein und den Charmanten zu spielen und gute Gesichter zu zeigen und von Freundlichkeit, Nachgiebigkeit, Gefälligkeit, Wohldienerei und Lieb-Kindwesen zu überfließen, das ist der slawische Blutstropfen in euch, die Buhlerei, die wollüstelnde Sinnlichkeit, das Weibertemperament, die Weiberschwachheit und Weiberweichheit. Ein weibliches Volk seid ihr, kein männliches.

Nennt euch nicht Deutsche. Der Deutsche kann nein sagen, der Deutsche stellt seinen Mann ...

Soweit Kürnberger. Und man fühlt sich da unwillkürlich an ein – allerdings österreichisches – Militärlustspiel erinnert, in dem der Feldwebel dem jammervollen Häuflein von Rekruten, die er abrichten soll, verzweifelt zuruft: »Und ihr wollt Soldaten sein?«, worauf ihm prompt im Chor die Gegenfrage antwortet: »Wer *will* denn –?!« Ähnlich könnte es Kürnberger ergehen, wenn er die Österreicher dazu verdammt, sich nicht Deutsche nennen zu dürfen. Das ist es ja eben, warum die österreichische Selbstkritik vom Schlag der Kürnbergerischen so fragwürdig wird: weil sie den Österreichern nicht etwa vorwirft, daß sie schlechte Österreicher, sondern daß sie schlechte Deutsche sind. Noch im verklausuliertesten Vorbehalt, den Grillparzer oder Hofmannsthal sich abnötigten, steckt echtere Kritik und gewissenhafteres Selbstgericht. Bahr, obschon ein leidenschaftlicher Partisane Kürnbergers, ist dennoch ein anderer Fall und Musil wieder ein anderer. Bahr hat von deutscher Basis aus doch mindestens zeitweilig die österreichische Idee als das Übergeordnete akzeptiert, also gewissermaßen aus einer falschen Prämisse den richtigen Schluß gezogen, und Musil, umgekehrt verfahrend, hat aus einer Übersteigerung seines österreichischen Selbstverständnisses für Österreichs Selbstaufgabe an Deutschland plädiert. Die literarisch bedeutenden Österreicher, die sich mit allen Konsequenzen als Österreicher identifiziert und verstanden haben, lassen sich jedenfalls an den Fingern einer Hand abzählen, und zur Abzählung derer, die auf Grund dieser Identität dann auch noch mit Österreich ins Gericht gingen, genügt vollauf der Daumen; denn außer Karl Kraus hat das eigentlich keiner getan.

Der 1942 verstorbene Richard von Schaukal, wie Karl Kraus aus Mähren stammend, ist in seinen 1917 entstandenen »Beiträgen zur Kenntnis Österreichs« der glücklichen Balance aus Hingabe und Einschränkung in einleuchtende Nähe gekommen.

Wer »Österreicher« sagt, ohne selbst einer zu sein, drückt etwas andres aus, als wenn's der Österreicher von sich selbst sagt. Jener spricht von Österreichern und meint es geographisch; fast scheint's eine Rahmenbezeichnung ... Der Deutsche sagt »deutsch« und meint Eigenbrötelei so gut wie Gemeinschaftssinn, Individualismus und Staatsromantik, Vernunft und Phantastik, Herder und Lavater, Busch und Storm, Bismarck und Wagner, Jahn und Arndt, Menzel und Fichte, Böcklin und Uhland, Bach und Kant, Unverträglich-Vereinbares, Gegensätze, die gegeneinander gespreizt Stützen sind eines Verschiedenartig-Einen. Anders ist es, wenn der Österreicher »österreichisch« sagt. Er sagt's persönlich, trägt immer seine Kritik in die Masse hinein wie einen Sauerteig, eine Kritik, die Liebe ist, aber selbstquälerische, auch im Zustand der – vorübergehenden – Verliebtheit. Wenn der Österreicher »österreichisch« sagt, gibt er einer Stimmung, nicht einem Urteil Ausdruck, einer Stimmung, von der aus Urteile gar nicht möglich sind ... Der Deutsche hat's einfacher. Er schlägt gleichsam sein Deutschtum im Lexikon nach; dort hat er's auseinandergelegt, für den Verstand vergegenständlicht (was dazu kommt, ist bloß Supplement im Sinn des Ganzen). Der Österreicher aber wird vom Österreichischen stets wieder persönlich überfallen, hergenommen und umgetrieben ...

Und an einer andern Stelle definiert Schaukal, sehr zum Unterschied von Kürnberger, den Österreicher wie folgt:

Mehr Phantasie als Lebensklugheit, mehr Gewissen als Gewißheit, mehr Sehnsucht als Zuversicht, mehr Herz als Ziel, mehr Takt als Folgerichtigkeit, mehr Noblesse als Berechnung: Hamlet mit einem Wort, der kein Träumer, kein Entgleister, sondern ein zu fein empfindender, zu leicht angeekelter Mensch ist, ein Prinz von Geblüt, der sich »höchst königlich bewährt« hätte, wenn er – was dem Fortinbras in die Wiege gelegt ist – König geworden wäre ...

Hamlet ist nicht König geworden. Hamlet ist keine Herrschernatur. Und wo Fortinbras wohnt, läßt sich leicht erraten. Wenn Hamlets Eigenschaften ein- und abgeschätzt werden, ist immer er das tertium comparationis, ob's nun ausdrücklich gesagt wird oder nicht. Meistens wird es ausdrücklich gesagt, und nirgends ist es so ausführlich, so umsichtig, so weitschichtig gesagt worden wie in Hugo von Hofmannsthals preussisch-österreichischem »Schema«:

Preuße und Österreicher
Im Ganzen

Preußen:
Geschaffen, ein künstlicher Bau,
von Natur armes Land,
alles im Menschen
und von Menschen,
daher: Staatsgesinnung als
Zusammenhaltendes,
mehr Tugend,
mehr Tüchtigkeit.

Österreich:
Gewachsen, geschichtliches Gewebe,
von Natur reiches Land,
alles von außen her:
Natur und Gott,
Heimatliebe als Zusammenhaltendes,
mehr Frömmigkeit,
mehr Menschlichkeit.

Soziale Struktur:

Preußen:
Ein undichtes soziales Gewebe,
die Stände in der Kultur geschieden; aber präzise
Maschinerie.
Volk: Disziplinierbarste Masse,
grenzenlose Autorität (Armee;
wissenschaftliche Sozialdemokratie.
Höchste Autorität der Krone.

Österreich:
Ein dichtes soziales Gewebe, die
Stände in der Kultur verbunden;
die Mechanik des Ganzen
unpräzise.
Volk: Selbständigste Masse, unbegrenzter Individualismus.
Höchstes Zutrauen der Krone.

Der Einzelne:
Der Preuße:
Aktuelle Gesinnung (um 1800
kosmopolitisch, um 1848 liberal,
jetzt bismarckisch, fast ohne
Gedächtnis für vergangene Phasen).
Mangel an historischem Sinn.

Der Österreicher:
Traditionelle Gesinnung, stabil
fast durch Jahrhunderte.
Besitzt historischen Instinkt.
Geringe Begabung
für Abstraktion.

Stärke der Abstraktion.
Unvergleichlich in der geordneten Durchführung.
Handelt nach Vorschrift.
Stärke der Dialektik.
Größere Gewandtheit des Ausdrucks.
Mehr Konsequenz.
Selbstgefühl
Scheinbar männlich.
Behauptet und rechtfertigt sich selbst.
Selbstgerecht, anmaßend, schulmeisterlich.
Drängt zu Krisen.

Rascher in der Auffassung.
Handelt nach der Schicklichkeit.
Ablehnung der Dialektik.
Mehr Balance.
Mehr Fähigkeit, sich im Dasein zurechtzufinden.
Selbstironie.
Scheinbar unmündig.
Bleibt lieber im unklaren.
Verschämt, eitel, witzig.
Weicht den Krisen aus.

Der Preuße:
Kampf ums Recht.
Unfähigkeit, sich in andere hineinzudenken.
Gewollter Charakter.
Jeder einzelne Träger eines Teiles der Autorität.
Streberei.
Vorwiegen des Geschäftlichen.
Harte Übertreibung.

Der Österreicher:
Lässigkeit.
Hineindenken in andere bis zur Charakterlosigkeit.
Schauspielerei.
Jeder einzelne Träger einer ganzen Menschlichkeit.
Genußsucht.
Vorwiegen des Privaten.
Ironie bis zur Selbstauflösung.

Wenn Hofmannsthals Methodik und Ergebnisse weitgehend mit denen Schaukals übereinstimmen, so kommt uns das nicht überraschend. Bemerkenswert ist, daß er sich auch mit einem Draufgänger wie Robert Müller decken kann, dem sehr zu Unrecht vergessenen Wirr- und Feuerkopf der Wiener Expressionistenschule, in dessen frühvollendeten Essays – er starb mit 36 Jahren von eigener Hand – sich Einblicke von imposanter Schärfe finden: »Der Österreicher ist von Verhältnissen erzogen, nicht von der Idee.« Oder: »In Wien gibt es keine Autoritäten, bloß Günstlinge des Volkes, Stars in der Politik und beim Theater.« Oder:

Man könnte den Gegensatz zwischen Österreich und dem übrigen Deutschland auch einmal gerade in die These fassen, daß in Deutschland die Regel, in Österreich die Ausnahme gelte. Der Reichsdeutsche befolgt Vorschriften bewußt und peinlich; der Österreicher übertritt sie noch bewußter und peinlicher. Er sieht zu sehr das Menschliche eines Einzelfalles, um einer Allgemeinheit gerecht zu werden. Er ist gesättigt mit steter Psychologie, er erfaßt sofort die Situation des andern, die »Verhältnisse«. Dieser psychologische Tick, der an Grillparzer so außerordentlich entscheidend war und eigentlich auch die Seele Lenaus ausmachte, führt bei gleichwohl starker Vitalität und Tatfreude zu einem gewissen Indifferentismus des Handelns. Wenn schon gehandelt wird, dann paradox, in Ausnahmen; es wird nahezu dialektisch gehandelt. Man vertritt zwei Standpunkte, die Regel und die Ausnahme; die Regel aber in der Ausnahme.

Freilich: die Situation des andern sofort zu »erfassen«, immer auch die des andern, also die Ambivalenz jeder Situation zu erkennen – das bedeutet einiges mehr als einen bloßen »Tick«, das bedeutet für den von Deutschland emanzipierten Österreicher, der nun sein Österreichertum mit so vielen nichtdeutschen Landsleuten zu teilen und aus der Wechselwirkung mit ihnen es überhaupt erst zu formen hatte, einen fundamentalen Lebensbehelf, ohne den er seine tschechischen und ungarischen, seine italienischen und polnischen, seine rumänischen und jüdischen Herkunftsteile niemals zu etwas Lebendigem und Eigenständigem hätte verschmelzen können.

Die weitaus kritischeste Bestandsaufnahme dieser Eigenständigkeit erfolgte durch Karl Kraus, den einzigen, der sich mit Österreich an sich, ohne Zuhilfenahme und Dazwischentreten Deutschlands, auseinanderzusetzen vermochte. Er brauchte das Dortige nicht, um das Hiesige zu packen.

Das Hiesige

Du rufst es an, schon ist es fort;
verloren die Tat, verloren das Wort.
Es ist da und dort, und wo immer es sei,
ist es immer dabei und nie dabei.
Es ist ein Ding und du greifst Luft;
du schreitest: weit und breit ist Kluft.
Umgebend Nichts um lebendiges Sein,
und alles um dich, der du allein.
Und alles verbindet dich ohne Band
und widersteht ohne Widerstand.
Wenn du es stößt, bleibt's angeschmiegt,
und wie es weicht, bist du besiegt.
So ist es halt, so ohne Halt
und wo es steht, hat es Gewalt.
Von seiner Schwäche, nicht deiner Kraft
ist dieses Hiesige hingerafft.
Und was ich auch tat und wie ich sprach:
Es war zu weich, es gab nicht nach!

Aber was hilft's: auch er, Karl Kraus, kam in andern Harnisch und andre Wallung, wenn es galt, die Anklage des österreichischen Selbstgerichts trotz Deutschland aufrechtzuerhalten und sie so zu erheben, daß jener, der sich schon als Zeuge geladen meinte, es vorzog, Saal und Position zu räumen.

Ich kehrte aus Deutschland soeben
zurück nach Österreich.
Dort gibt's kein schönes Leben,
und hier eine schöne Leich'.

Das ginge ja noch an. »Preußen: Freizügigkeit mit Maulkorb, Österreich: Isolierzelle, in der man schreien darf.« Auch das noch. Und sogar das: »Wenn ich den Portier eines Berliner Speisehauses fragte, was die Reliefs und Friese im Stiegenraum bedeuten, so dürfte er mir antworten: ›Das dient dazu, um dem Schönheitssinne Rechnung zu tragen.‹ Wenn ich dort einen Lumpensammler fragte, wen ein Monument vorstellt, so dürfte er mir antworten: ›Der Mann hat sich um das Schulwesen verdient gemacht.‹ Das sind Greuel der Zivilisation. Aber ihre Vorteile, die man in Wien genießt, wenn man auf solche Fragen immer nur die Antwort bekommt: ›Sö dampfgscherter Pimpf, wer gibt denn Ihner an Fries ab!‹, kriegt man mit der Zeit auch über.«

Kein Entrinnen jedoch, für keinen der beiden Beteiligten, gibt es vor einem Plädoyer wie diesem, das unter dem Titel »Das österreichische Selbstgefühl« in der »Fackel« vom Oktober 1923 erschienen ist (und an manchen Stellen so unheimlich zeitlos und zugleich zeitbezogen wirkt, als wäre es nicht nach dem ersten Krieg geschrieben worden, sondern nach dem zweiten):

Alles, was sich je gegen die preußische Lebensrichtung in einem gewehrt hat, bäumt sich dennoch gegen die Zumutung auf, als »österreichisches Selbstgefühl« angesprochen zu werden ... Mag man im Querschnitt des Weltruins noch so deutlich die hassenswerte Visage jenes (deutschen) Macher- und Aufmachertums erkennen – das österreichische Antlitz der Wurstigkeit, die sich so lange an das fremde Rückgrat angehalten hat, drängt sich doch in seiner vollen Verächtlichkeit vor ..., die dem ruinierten großen Bruder die kalte Schulter zeigt. Nichts Schmählicheres und zugleich Groteskeres hätte sich in diesem unwahrscheinlichen Europa begeben können als diese österreichische Selbstbesinnung. Mich wenigstens könnte das Entzücken der Welt über ein Österreich, dem sie noch immer nicht die »Lustige Witwe« vergessen kann ... mich könnte die internationale Anerkennung, daß es nur ein Wien gibt, zwar mit dankbarer Befriedigung über diesen Ausnahmefall der Schöpfung erfüllen, aber keineswegs von dem Zwang befreien, beim Bekenntnis meiner Zuständigkeit schamrot zu werden. Und nun mehr denn je, wo diesem Deutschösterreich die Zurücksetzung des Deutschtums zustatten kommt und man in Gefahr ist, als Angehöriger eines Musterknaben-

pensionates von der Antipathie gegen jenes zu profitieren ... Man schämt sich zugleich für Österreich und für eine Welt, die nicht spürt, wie recht man hat. Kommt noch die Erniedrigung durch das Gefühl hinzu, gegen ein Deutschland ausgespielt zu werden, auf dessen Gnadenblick die Bundesbrüderschaft so lange angewiesen war, so ergibt sich eine Zwangslage, in der man es noch immer vorzieht, unter Hyänen und Schakalen zu leben als dort, wo man dergleichen für Schoßtiere hält. Ich ... möchte bei Gott nicht mit dem Verdacht auf die Nachwelt kommen, als ob ich die Erlösung vom preußischen Militarismus mit einer Renaissance des österreichischen Feschaks, dieses Brechmittels für die widerstandsfähigsten Bewohner der Hölle, bezahlt wünschte. Der Einheitsknödel, den der neudeutsche Mann als Gesicht führt, hat mir noch nie die Sehnsucht rege gemacht nach den Individualitäten, deren jede ihren Spezialknödel hat; im Gegenteil, ich finde das andere System praktischer. Daß mir das Leben unter numerierten Larven erstrebenswerter scheint als unter den fühlenden Brüsten der österreichischen Kultur, der vollkommenste Zusammenbruch Deutschlands mir wie der Inbegriff der Ordnung vorkommt neben einem sanierten Pallawatsch und die Intelligenz eines Berliner Liftjungen beträchtlicher als die eines österreichischen Verkehrsministers – daran lasse ich auch nicht den leisesten Zweifel tippen ... Wohl werde ich als der einzige Wiener ungemütlich, wenn ein Preuße es unternimmt, hier scherzhafte Beobachtungen anzustellen und die Beziehungslosigkeit zu den erlebten Dingen als Überlegenheit aufzumachen, also das tut, wodurch er sich, in seiner Sprache zu reden, »hier unnütz macht«. Aber damit will ich, der die Beschmutzung seines eigenen Nestes durch Fremde und Unbefugte perhorresziert, keineswegs der Meinung verdächtig sein, daß sich der Wiener hier nützlich mache ...

Wie sich zeigt, kann in der österreichischen Optik selbst der Scharfblick eines Karl Kraus der deutschen Linse nicht entbehren, läßt auch seine polemische Unerbittlichkeit sich immer wieder von der deutschen Lockung erbitten, um noch eine Kleinigkeit polemischer zu werden. Es ist etwas fundamental andres, ob ein Engländer die Franzosen, ein Franzose die Italiener oder ein Österreicher die Deutschen sieht. Er sieht sie nicht »von sich aus«, nicht vom eigenen, jenseits der Bildfläche fixierten Standort. Er sieht sich mit und sucht den Standort ins Bild einzubeziehen. Indem er sich anschickt, den Deutschen ins Bild zu bannen, postiert er sich vor die Kamera und knipst mit Selbstauslöser.

Meine Damen und Herren, damit nähern wir uns dem Ende unsrer Betrachtungen über die Betrachtung der Deutschen durch die Österreicher. Wenn wir uns dabei auf größtenteils literarische Zeugnisse gestützt haben, so rührt das einfach daher, daß sie (zum Unterschied von den Imponderabilien des »Volksmundes« oder der willkürlichen Anekdote) die einzigen zuverlässig verbuchten sind – verbucht obendrein auf dem einzigen zuverlässig gemeinsamen Nenner zwischen Deutschen und Österreichern: dem sprachlichen. Darum soll uns die Literatur auch noch zum Abschluß beistehen, allerdings nicht mit einem Zeugnis, sondern mit einem Gleichnis, mit einem recht vergnüglichen sogar, das den hier untersuchten Sachverhalt anschaulich zusammenfaßt. In Christian Morgensterns »Galgenliedern« geschieht es einmal, daß ein Stiefel mit seinem Knecht von Knickebühl gen Entenbrecht wandert, und

Urplötzlich auf dem Felde drauß
Begehrt der Stiefel: Zieh mich aus!
Darauf der Knecht: 's ist nicht an dem –
doch sagt mir, lieber Herre: wem?

Der Sinn des Gleichnisses für unser Thema ist klar. Österreich hat auf die Frage, wem es ausgezogen werden soll, immer nur die Antwort gehabt: Deutschland.

Aber erst in der jüngsten Vergangenheit, die den Schrecknissen der zweitjüngsten gefolgt ist, wurde dieser Auszug wirklich vorgenommen und vollendet. Erst 1945, am Ende des Tausendjährigen Reichs, hat der Österreicher endgültig sein Eigenheim bezogen und hat eine unzweifelhafte, auch von ihm nicht länger angezweifelte Eigenexistenz begonnen, die sich der historischen Rückschau eines Tags als der Prozeß der Nationswerdung darstellen wird. Wenn der Österreicher heute den Deutschen betrachtet und beurteilt, so tut er das zwar immer noch vergleichsweise – aber nicht mehr, um sich der eigenen Identität zu vergewissern, sondern um sie einzuschätzen. Und dabei kommt er gar nicht so schlecht weg. Er hat sogar die Genugtuung, daß auch er in den Augen des Deutschen anders und besser wegkommt als je zuvor. Das niemals ganz vollwertige, immer ein wenig von schmunzelnder Herablassung durchsetzte Wohlwollen, das ihm der große Bruder entgegenzubringen pflegte, weicht immer unverkennbarer einer durchaus respektvollen, ja manchmal beinahe neidvollen Anerkennung für die Geschicklichkeit, mit der der kleine Bruder seine Eigenexistenz behauptet und verwaltet, vor allem auf dem politischen Gebiet, wo ihm nun eben jene Flexibilität zugute kommt, die er in den Jahrhunderten seiner Existenzsuche entwickelt hat, eben jene von Karl Kraus gerügte »Weichheit, die nicht nachgibt«. Aber das gehört wohl nicht mehr in den vorliegenden Rahmen und wäre eher Gegenstand einer Untersuchung darüber, wie der Deutsche den Österreicher sieht.

Im hier gegebenen Rahmen bleibt nur noch festzuhalten, daß der Österreicher, je positiver und seriöser er sich vom Deutschen beurteilt merkt, seinerseits desto williger die kritische Haltung von einst aufgibt, deren Aggressivität niemals ganz frei von knurrender Bewunderung war – weil die Schulter, auf die der Deutsche ihm zu klopfen liebte, eben darum kalt wurde. Heute kann indessen kein Zweifel mehr bestehen, daß sich die österreichische Sicht auf Deutschland in einen andern und günstigeren Blickwinkel verschoben hat. »Die Deutschen, österreichisch gesehen« stellen sich heute anders dar als noch vor zehn und vollends vor zwanzig Jahren. Und mag das Bild auch noch ein wenig verwackelt sein von allzu nahen Erinnerungen, ein wenig verzeichnet von allzu lang, von jahrhundertelang geübten Einstellungen – es wandelt sich weiter, und wird sich in zehn und vollends in zwanzig Jahren noch weiter gewandelt haben, vielleicht zu endgültiger Gestalt, und jedenfalls vom einstigen Bild so gründlich verschieden wie ein Babyphoto von einer Hochzeitsaufnahme; oder wenigstens von einer Aufnahme nach der Reifeprüfung.

Apropos Witz, Satire, Parodie und tiefere Bedeutung, nebst einem Anhang mit eigenen fremden Federn

Fug und Unfug des politischen Witzes

Dargetan an Hand einer unerbittlichen Neuerscheinung

(1967)

Es war um 1930, zur Zeit der beginnenden Weltwirtschaftskrise. Franz Molnár, von einem Besuch im heimatlichen Budapest nach Wien zurückgekehrt, wurde gefragt, wie es denn um die Wirtschaftslage seiner Heimatstadt bestellt sei. »In ganz Budapest«, antwortete Molnár, »gibt es noch zweitausend Pengö, und die werden jede Nacht von jemandem andern ausgegeben.«

Diese Formulierung – die eine komplizierte Situation auf überraschend einfache Weise veranschaulicht und Kürze mit Würze paart, also den klassischen Erfordernissen eines Witzes gerecht wird – eignet sich vortrefflich zu einer Paraphrase über die Situation des Witzes im allgemeinen. Es gibt nämlich auf der ganzen Welt nur zehn oder zwölf Witze, und die werden immer wieder in einer andern Fassung erzählt. Auch der scheinbar neueste Witz läßt sich auf einen dieser zehn oder zwölf »Fundamentalwitze« zurückführen. Witze, die weder in ihrer *terminatio a quo* noch in ihrer *terminatio ad quem* vorgeprägt und somit wirklich »neu« wären, gibt es nicht. Sondern ein alter Witz war entweder lange genug außer Kurs, um neu in Umlauf gesetzt zu werden, oder er wird aus einem aktuellen Anlaß neu eingekleidet. Und man muß schon froh sein, wenn am neuen Kleid nicht sogleich die alte Masche hervortritt, unterm neuen Überbau nicht sogleich die alte Grundlage. Je besser die Masche sich versteckt, je mehr Schichten abgedeckt werden müssen, ehe man auf die Grundlage stößt, desto größer der Neuigkeitsgehalt des betreffenden Witzes, desto eher wird er als ein »neuer Witz« gelten dürfen.

Sowohl die Chance zu aktuellen Neubildungen wie die Gefahr von stereotypen Wiederholungen ist beim politischen Witz besonders groß. Auch der sehr wesentliche Unterschied zwischen Erzählen und Niederschreiben, zwischen mündlicher und gedruckter Wiedergabe eines Witzes tritt hier besonders kraß in Erscheinung, fast ebenso kraß (wenn auch nicht ganz so peinlich) wie bei jenen Witzen, die auf Dialektfärbungen oder sonstige nationale Charakteristika angewiesen sind. Und schließlich mangelt es den Witzbuchverfassern vielfach an einem Behelf, der sie zum Verfassen von Witzbüchern eigentlich erst legitimieren würde: es mangelt ihnen an Witz. Das ist allemal hinderlich. Im Falle des politischen Witzes kann es sogar gefährlich werden. Denn der politische Witz will ja seinerseits etwas Gefährliches sein, eine Waffe im politischen Kampf, ein Mittel zu politischem Zweck, und jedenfalls nichts Harmloses.

Wenn also der politische Witz einen Sinn hat, und den hat er, dann müßten auch die politischen Witzbücher einen Sinn haben, und den haben sie leider nicht. Von wenigen Ausnahmen abgesehen, sind sie weder ihrer zeitkritischen noch ihrer informativen Aufgabe gewachsen, weder ihrer archivarischen Ambition noch ihrer erzieherischen Möglichkeit.

Nehmen wir an, ein junger Bewohner der Bundesrepublik, der die Nazizeit nur noch vom Hörensagen kennt, gäbe sich mit solcher Kenntnis nicht zufrieden, mißtraute jedoch einerseits seinen Altvorderen und anderseits den offiziellen Lesearten, die ihm an den hierfür vorgesehenen Gedenktagen mit schöner Regelmäßigkeit aufgedrungen werden. Nehmen wir weiter an, dieser sympathische junge Mensch – dessen Seltenheitswert ihn erst recht unsrer pfleglichen Behandlung empfiehlt – besäße auch noch Sinn für Humor und wäre der durchaus verfechtbaren Ansicht, daß der politische Zustand einer Epoche sich nirgends so unverfälscht widerspiegle wie in ihren Witzen. Hoffnungsfroh greift er nach einer der vielen einschlägigen Witzsammlungen, am besten wohl nach der zuletzt erschienenen – schon deshalb am besten, weil sie sich auf ihre vielen Vorgänger stützen kann (was sie auch tut) und weil sie sich als handliches, preiswertes Taschenbuch anbietet: Max Vandrey, »Der politische Witz im Dritten Reich«. Obendrein ließ der Herausgeber sich's angelegen sein, den einzelnen Abschnitten des Buchs einleitende oder verbindende Texte mitzugeben, so recht geschaffen, einem mit den historischen Umständen nur lückenhaft vertrauten Leser – wie unser junger Bundesrepublikaner einer ist – ergänzende Aufschlüsse zu vermitteln. Und zwar, zum Beispiel:

Seinen Kritikern, die ihm vorwarfen, er »lebe« ja von seiner Partei, und zwar nicht schlecht, hat Hitler damals mit einigem Recht erwidert: »Wenn ich all die Energie, die ich im politischen Bereich eingesetzt habe, auf eine wirtschaftliche Betätigung übertragen hätte, dann würde ich heute (1932) eine Schuhfirma mit 30 Filialen besitzen!« (S. 13)

Hitler ... befürchtete, in einem der sowjetischen Diktatur geeignet erscheinenden Augenblick überfallen zu werden, eine Befürchtung, die angesichts der sowjetischen Rüstungen wohl nicht ganz unbegründet war. (S. 13)

Hitlers Antisemitismus wurde in jüdischen Kreisen natürlich entsprechend glossiert. (S. 21)

Wirklich fünf Minuten vor zwölf erkannte Hitler die ihm von Röhm und seinen Braunhemden drohende Gefahr. Er veranstaltete ein »Großreinemachen«, dem er den wohl nicht ganz zutreffenden Namen »Röhm-Putsch« gab, weil dieser ja noch gar nicht losgeschlagen hatte. (S. 63)

In Kreisen der NSDAP war später zu hören, daß Hitler sich in späteren Jahren am Jahrestage des »Röhm-Putsches« nach Berlin-Plötzensee fahren ließ und dort an den Gräbern der Erschossenen eine Zeitlang verweilte. (S. 64)

Jeder Arbeiter mußte Mitglied der DAF werden, die so mit zunehmender Abnahme der Arbeitslosigkeit zu einem Millionenbeitragsaufkommen gelangte. (S. 68)

Dr. Schacht ... veröffentlichte kurz nach dem zweiten Weltkrieg ein Buch mit dem Titel »Abrechnung mit Hit-

ler« ... Im Hinblick auf dieses Buch schrieb der Verfasser dieses Buches das Gedicht »Des Teufels Zahlmeister«. (S. 72)

Zahlreiche Juden wendeten sich dem Journalismus zu, zu nennen wären hier Ludwig Börne, Karl Marx, Heinrich Heine und in späterer Zeit Theodor Wolff, Maximilian Harden, Karl Kraus, Willy Haas und viele andere. Als Schriftsteller und Literaturgeschichtler wirkten unter anderem Franz Kafka, Max Brod, Eduard Engel, Franz Werfel, Erich Mühsam und Georg Hermann. (S. 121, Namenliste komplett)

Zahlreiche Juden setzten nun ihren Ehrgeiz daran, Reserveoffiziere zu werden ... (S. 122)

... wenn nicht in den Wirren der ersten Nachkriegsjahre zahlreiche Ostjuden aus Polen und Rußland nach Deutschland gekommen wären, wo sie die Handelsgebräuche des Ghettos in unschöner Weise praktizierten ... (S. 122)

Zahlreiche Juden waren auch Schauspieler geworden. Neben hervorragenden Künstlern riefen allerdings weniger Profilierte Mißbehagen hervor. (S. 122)

Beim Lesen solcher Stellen wird sich der junge Bundesdeutsche – und manch ein älterer mit ihm – nicht wenig wundern. Er wird sich über das zahlreiche Beitragsaufkommen des Wortes »zahlreich« wundern, über die zunehmende Abnahme, über den losschlagenden Röhm-Putsch, über das Gedicht, das der Verfasser dieses Buches im Hinblick auf dieses Buch, welches jedoch ein andres ist, geschrieben hat (und vollinhaltlich abdruckt). Er wird sich wundern, Börne, Marx und Heine als Journalisten eingestuft zu finden und in der nächsthöheren Kategorie, zwischen dem Literaturgeschichtler Kafka und dem offenbar gleichrangigen Schriftsteller Hermann, den deutschtümelnden Fremdwortvertilger Eduard Engel zu entdecken, der heute nur noch als Kuriosum durch die philologischen Archive geistert.

Das weitaus Verwunderlichste ist jedoch der Tonfall, in dem Vandrey seine teils falschen, teils oberflächlichen und bis zur Irreführung mißverständlichen Angaben vorbringt. Dabei hat er die Irreführung wohl gar nicht beabsichtigt. Sie ist ihm ganz einfach unterlaufen, aus der gleichen Inkompetenz, der auch seine stilistische Hilflosigkeit entspringt oder sein Ausfall gegen die »angeblichen« Flüsterwitze, die »von Emigranten am Schreibtisch erklügelt wurden« (S. 14). Wahrscheinlich will er nichts weniger, als nationalsozialistisches Gedankengut verbreiten und sich der dazugehörigen Terminologie bedienen. Er hat ja anderseits auch Negatives über die Nazi und Positives über die Juden geäußert, es liegt ihm fern, mit seinen Formulierungen Verständnis für Hitler und die übrigen Nazibonzen zu wecken, für Goebbels, der eine »warme, sympathische Baritonstimme« besaß (S. 39), für Göring, den »bekannten Kampfflieger des ersten Weltkrieges und letzten Kommandeur des berühmten Jagdgeschwaders Richthofen« (S. 29), und noch für etliche andere. Er hat's nicht so gemeint. Daß es trotzdem so wirkt, weiß er nicht, oder es interessiert ihn nicht, oder er fühlt sich dafür so wenig verantwortlich wie für die Richtigkeit seiner Informationen:

Goebbels ... ordnete die Verbrennung von Büchern unerwünschter Autoren an. Gemeint waren Schriftsteller, die sich kritisch zum Nationalsozialismus geäußert hatten, und kommunistische Autoren wie Ludwig Renn und Bertolt Brecht. (S. 48, Namensliste komplett)

»Gemeint« waren, unabhängig von ihrer etwaigen Betätigung als Kritiker oder als Kommunisten, in erster Linie die zersetzenden Juden; das hätte – wenn uns schon ihre Namen vorenthalten werden – doch wenigstens vermerkt werden müssen.

Der »böhmische Gefreite«, wie die Offiziere Hitler nannten, wenn sie unter sich waren ... (S. 17)

Hier wiederum hätte sich die Nennung des Namens Hindenburg empfohlen, auf den die zitierte Bezeichnung zurückgeht (der greise Feldmarschall hatte Braunau am Inn mit Braunau in Böhmen verwechselt).

Als Österreich nach 1945 mit Reparationsforderungen an

die Bundesrepublik herantrat, erklärte Bundeskanzler Dr. Adenauer sarkastisch: »Die Österreicher können von uns die Asche von Adolf Hitler als Reparation bekommen – aber sonst keinen Pfennig!« (S. 25/26)

Daß Dr. Adenauer, der erst 1949 Bundeskanzler wurde, bereits »nach 1945« die nicht erhobenen Reparationsforderungen Österreichs durch die nicht verfügbare Asche Adolf Hitlers abgelten wollte, ist gewiß ein bemerkenswerter Fall von Sarkasmus, trifft jedoch den historischen Sachverhalt nicht ganz. Überhaupt weiß der Verfasser immer wieder auf kleinstem Raum erstaunlich viel Unzutreffendes zusammenzudrängen, so etwa, wenn er den Vers

Ohne Juda – ohne Rom
Wird gebaut Germanias Dom

als »Leitspruch« des »antisemitischen Bürgermeisters von Wien, Georg von Schönerer« präsentiert (S. 21). Der Vers hätte richtig

Ohne Juda, ohne Rom
Bauen wir Alldeutschlands Dom

zu lauten, war nicht der Leitspruch einer bestimmten Person, sondern die Parole der Großdeutschen Partei Österreichs, und Georg von Schönerer war zwar ein Antisemit, aber niemals Bürgermeister von Wien. Der antisemitische Bürgermeister von Wien war Karl Lueger, dessen berühmter Ausspruch »Wer ein Jud' ist, bestimme ich« dafür gleich zweimal (S. 29 und S. 92) dem Kampfflieger Hermann Göring zugeschrieben wird.

Es spricht für die unbefangene Selbstsicherheit, ja für die Verwegenheit eines auf so anfechtbarer Basis operierenden Autors, daß er sich stark genug fühlt, seinerseits die Basis anderer Autoren anzufechten und beispielsweise eine in der Sammlung »Der politische Witz« von Dor und Federmann enthaltene Geschichte ausdrücklich zu mißbilligen. Sie handelt von einem Juden, der sich bei einer Wahlrede Hitlers an dessen historische Vorgänger erinnert fühlt, an Pharao und Haman, die ja gleichfalls den Untergang des Judentums herbeiführen wollten und statt dessen selbst untergegangen sind, und das feiern die Juden an eigenen Gedenktagen unter anderm durch den Genuß bestimmter Speisen – »und jetzt denk' ich immer daran: was für eine Mehlspeis' werden wir essen zur Erinnerung an Sie, Herr Hitler?« Diese sehr gut erfundene, wenn auch leider nicht sehr gut wiedergegebene Geschichte bewertet Vandrey tadelnd als »angeblichen Witz vom Wahlkampf 1932« und als typisch für eine Art von »Flüsterwitzen«, die »viel zu kompliziert zum Nacherzählen und auch sachlich oft unglaubwürdig sind« (S. 14). Nun herrscht aber, erstens, auch bei Vandrey selbst kein Mangel an Witzen, die viel zu kompliziert zum Nacherzählen sind, jedenfalls zum Nacherzählen durch Vandrey. Zweitens stammt die Geschichte nachweisbar aus der Anfangszeit Hitlers und wäre auch als »Witz vom Wahlkampf 1932« noch immer kein Flüsterwitz, weil Hitler damals noch nicht an der Macht war und Witze über ihn noch nicht geflüstert werden mußten. Drittens ist der Vorwurf sachlicher Unglaubwürdigkeit solchen Geschichten gegenüber sowieso fehl am Platz. Und viertens begibt sich Vandrey seinerseits jeder sachlichen Glaubwürdigkeit, wenn er als polemisches Gegenbeispiel das folgende anführt (S. 15):

Echt ist dagegen ein Flüsterwitz, der Hitlers Besuch in der Irrenanstalt Herzberge bei Berlin zum Gegenstand hat, und der bereits 1933 kolportiert wurde. Als Hitler den Hof der Anstalt betritt, sind die Irren im Geviert mit zum Gruß erhobenem Arm angetreten. Der Führer bemerkt einen Mann, der am rechten Flügel steht und nicht den »Deutschen Gruß«, wie man es damals nannte, erweist. »Warum grüßen Sie nicht?« fragt Hitler. »Ich bin doch nicht verrückt, ich bin der Wärter!« erwidert der Gefragte entrüstet.

Was es mit der »Echtheit« dieser Geschichte auf sich hat, kann ich in meiner Eigenschaft als Schreibtisch-Emigrant natürlich nicht beurteilen. Aber warum ein öffentlicher Angestellter, der 1933 dem schon an der Macht befindlichen Hitler eine derart herausfordernde Antwort gibt, sachlich glaubwürdiger sein sollte als ein jüdischer Wahlveranstaltungs-Besucher von 1932, will mir nicht einleuchten.

Überflüssig zu sagen, daß es in diesem Buch von eklatant sinnwidrig erzählten Witzen und jämmerlich verpatzten Pointen nur so wimmelt; daß alte Ladenhüter wie die Geschichte vom erkannten Glasauge (»weil es mich so menschlich angeschaut hat«), die Erklärung der Relativitätstheorie oder eine Naseweisheit des kleinen Moritz ohne jede Motivierung in die Nazizeit verlegt werden; und daß man trotz harter Schulung durch Salcia Landmann doch immer wieder zusammenzuckt, wenn man auf so abscheuliche Mauscheldialoge stößt wie diesen:

»Was machste für e mieses Gesicht?« fragt Mandelbaum.
»Soll ich nich machen e mieses Gesicht?« fragt Cohn. (S. 23)

Aber das alles ließe sich zur Not noch ertragen. Das alles sind sozusagen »normale« Defekte, auf die man bei der Lektüre von Witzbüchern gefaßt sein muß. Nur daß eben politische Witzbücher nicht mit »normalen« Maßstäben zu messen sind, weil sie anderen Zwecken dienen – oder dienen sollten – als einem gängigen Amüsement, weil sie mit höherem Anspruch auftreten und folglich erhöhten Verpflichtungen unterliegen, deren Erfüllung ihr Auftreten überhaupt erst rechtfertigt. Andernfalls müßte man sie ja unter jene üblen Konjunkturprodukte der Druck- und Zelluloidindustrie einreihen, denen jedes reißerische Mittel recht ist, um Kapital aus Katastrophen zu schlagen. Das Urteil über eine Sammlung politischer Witze wird also vor allem davon abhängen, ob sie ihrer Verantwortung – in informativer wie in pädagogischer Hinsicht – gerecht geworden ist.

Man darf füglich behaupten, daß die von Max Vandrey herausgegebene Sammlung das in keiner Weise getan hat. Sie ist in jeder Hinsicht unzulänglich und demonstriert das auf so beispielhafte Art, daß man sie selbst dann als Musterfall hätte herausgreifen müssen, wenn sie dazu nicht ohnehin – als die zuletzt erschienene – eingeladen hätte, wenn ihr nicht obendrein noch vorzuwerfen wäre, daß sie die Fehler ihrer vielen Vorgänger nicht nur nicht vermeidet, sondern unerbittlich wiederholt. Der wißbegierige junge Mann, der sich von dieser Sammlung politischer Witze eine teils politische, teils witzige Bereicherung seines Wissens versprochen hat, wird hernach im besten Fall so klug sein als wie zuvor.

Er wäre indessen nur um weniges klüger, wenn ihm irgendeine andre Sammlung in die Hand gefallen wäre, sei's eine der unmittelbar vorangegangenen, wie der schon erwähnte »Politische Witz« von Milo Dor und Reinhard Federmann, »Der ›braune‹ und der ›rote‹ Witz« von Kurt Hirche oder »Witz mit Gewehr« von Hans-Jürgen Brandt, sei's eine der früher erschienenen (und für diese Untersuchung nicht eigens herangezogenen), wie »Der Flüsterwitz im Dritten Reich« von Hans-Jochen Gamm, »Lach leiser, Genosse« von Jörg Petermann, »Witz contra Nazi« von Richard Hermes oder »Humor hinter dem Eisernen Vorhang« von Mischka Kukin. Allenfalls hätte er festgestellt, daß die meisten dieser Sammlungen sorgfältiger gesiebt, intelligenter geordnet und zuverlässiger in ihren Angaben sind, vom höheren literarischen Niveau ganz zu schweigen. Dor und Federmann, einzeln wie als Autorenpaar professionell erprobt, unterziehen sich der jedenfalls dankenswerten Bemühung um eine Systematik des politischen Witzes, die ihn zeitlich und geographisch aufgliedert. Kurt Hirche wiederum kann sich mit einer Sammlertätigkeit ausweisen, bei der ihm seine politische Schulung unverkennbar zugute gekommen ist. Hans-Jürgen Brandt, dessen Material fast ausschließlich die Sowjetzone betrifft, kann geltend machen, daß er bis 1962 dort gelebt hat. Und zweifellos sind auch die übrigen Autoren in der Lage, sich auf etwas jeweils Besonderes zu stützen oder zu berufen. Nur auf das eine nicht: auf eine besondere Eignung zum Erzählen von Witzen. Die mehr als 2000 Druckseiten, die als Gesamtresultat ihrer Anstrengungen vorliegen, sind ein deprimierender Beweis für die immanente Untauglichkeit politischer Witzbücher – zu der als weitere Verschärfung noch die ebenso immanente Wiederholungstendenz des politischen Witzes hinzutritt. Es zeigt sich nämlich, daß jene 2000 Seiten zu gut zwei Dritteln miteinander identisch sind, daß die meisten Stalin-Witze auch über Hitler und die meisten Hitler-Witze auch über Mussolini erzählt wurden und vice versa, daß viele von ihnen sich auch den Diktatoren zweiten Ranges anpassen ließen und daß man nur ganz selten einmal einer brauchbaren Geschichte begegnet, die auf keinen andern als auf Hitler *oder* Stalin *oder* Mussolini, auf keinen andern als auf Franco *oder* Ulbricht *oder* Kádár passen würde. (General de Gaulle ist von deutschen Sammlern noch nicht entsprechend ausgewertet, und etwaige Spezialinteressenten für Portugal oder Südafrika hätten erst recht ein weites Feld vor sich, das der siebenten oder achten Beackerung harrt.)

Nun läßt sich ja aus dem Phänomen des rotierenden Witzes ein ganz gewiß symptomatischer Schluß ziehen: die Witze, die unter Diktatursystemen entstehen, ähneln einander deshalb, weil auch die Diktatursysteme selbst einander ähneln. Aber zu dieser Erkenntnis hätte es keiner 2000 Seiten Witzbuch bedurft. Das wußte man vorher und das müßten zumal die Sammler und Herausgeber politischer Witze wissen und müßten sich danach richten, statt einfach draufloszusammeln und alles, was ihnen in die Hände kommt, unbedenklich herauszugeben. Jägerlatein, Ehekrüppel und Schwiegermütter mögen solcher Behandlung getrost ausgesetzt werden. Das hochempfindliche und hochbrisante Instrument des politischen Witzes bleibe von ihr verschont, wenn anders sein Daseinszweck – ein spezifisches Objekt auf spezifische Art zu treffen – nicht hinfällig werden soll.

In seinem klugen Vorwort zu Dors und Federmanns Witzbuch umgeht Werner Finck diese Hinfälligkeit eben dadurch, daß er sie verdeutlicht. Als Beispiel für eine bestimmte Kategorie politischer Witze führt er die Geschichte vom Lebensretter an, der einen Diktator im letzten Augenblick vor dem

Tod durch Ertrinken bewahrt und auf die Frage, welchen Wunsch er zum Lohn erfüllt haben möchte, den Diktator inständig bittet, nur ja niemandem zu sagen, wer ihn gerettet hat. Und diese Geschichte beginnt Finck mit dem Satz: »Der verhaßte Tyrann ist am Ertrinken.« Einen Namen nennt er nicht – eben weil sich's um jeden beliebigen Tyrannen handeln könnte, vom Altertum bis zur Neuzeit. (Leider läßt sich auf solche Art kein Witz erzählen, sondern nur ein Beispiel geben.)

Was aber die Sorgfalt betrifft, die bei der Zusammenstellung politischer Witzbücher waltet, so haben außer Hirche und Brandt und Gamm auch Dor und Federmann sich's nicht verdrießen lassen, die gleiche Geschichte *mit* Namensnennung wiederzugeben, wobei zweimal der Name Hitler und zweimal der Name Stalin genannt wird, denn sie sind austauschbar.

Diese Austauschbarkeit manifestiert sich bis zum Überdruß und wirkt von Mal zu Mal peinlicher (daher auch die kaum noch erträgliche Pein der jüngsten Neuerscheinung). Den Russen, der von einem Freund nach seiner Meinung über Stalin befragt wird und unter ängstlichen Absicherungsmanövern die flüsternde Antwort erteilt: »Ich habe nichts gegen ihn«, gibt es zugleich als Deutschen, der nichts gegen Hitler, und als Italiener, der nichts gegen Mussolini hat. Nationalsozialismus, Faschismus und Bolschewismus bekommen die gleiche Rolle der Unvereinbarkeit mit Intelligenz und Ehrlichkeit zugewiesen (ein Deutscher ist entweder ein ehrlicher Nazi, dann ist er nicht intelligent, oder er ist intelligent und ein Nazi, dann ist er nicht ehrlich, oder er ist ehrlich und intelligent, dann ist er kein Nazi; sinngemäß abzuwandeln für Italiener und Russen). Der Dialog: »Wie gefallen dir die Verhältnisse bei uns? – Genauso wie dir. – Dann muß ich dich leider verhaften lassen!« spielt in jedem gewünschten Diktaturstaat. Über jede gewünschte Reihe von Diktatoren, die im selben Flugzeug sitzen, kursiert die Scherzfrage, wer im Fall eines Absturzes gerettet wird (Antwort: die betreffenden

Staaten). An jeder Grenze zwischen einem totalitären und einem demokratischen Staat erscheint ein Hund, der emigrieren will, um einmal richtig bellen zu können. Und überall bekommt der Diktator, der die in Reih und Glied angetretenen Soldaten fragt, ob sie ihn auf seinen Befehl erschießen würden, von jedem einzelnen ein kadavergehorsames Ja zu hören, nur der letzte in der Reihe antwortet mit Nein und stellt auf des Diktators freudig überraschtes »Warum nicht?« die grämliche Gegenfrage: »Womit soll ich Sie erschießen? Mit der Trommel?« – denn es handelt sich um den (in manchen Fällen jüdischen) Regimentstambour. Dors und Federmanns »Politischer Witz« erzählt diese Geschichte sogar über den Zaren, gibt also ihr hohes und durchaus glaubhaftes Alter preis.

Andere Autoren sind weniger offenherzig oder verschmähen ein gründlicheres Quellenstudium. So wird bei Hirche ein Miesmacher verhaftet, der während des Kriegs in einer Berliner Kneipe unausgesetzt vor sich hinbrummt, daß »dieser Lump« an allem schuld sei; auf der Polizeistube gibt er an, mit dem Lumpen selbstverständlich Churchill gemeint zu haben, wird entlassen, wendet sich an der Türe nochmals um und fragt: »Wen haben *Sie* gemeint?« Dor und Federmann lassen die gleiche Geschichte in Bukarest spielen, wo ein Straßenbahnpassagier auf »diese Schweine« schimpft und hinterher die Amerikaner gemeint haben will. Allenthalben unverbucht bleibt jedoch die aus der Dollfuß-Ära des österreichischen Ständestaats stammende Urfassung, die sogar besser pointiert ist: Ein Kaffeehausgast stößt beim Zeitunglesen immer wieder das Wort »Scheißregierung« hervor und beteuert bei seiner Einvernahme, diese Bezeichnung hätte sich auf das Hitlerregime bezogen. »Erzählen S' uns nix«, wird ihm gesagt. »Eine Scheißregierung haben nur wir.«

Noch länger, nämlich in die Zeit unmittelbar nach dem Ersten Weltkrieg, reicht die Ankündigung des Radfahrers zurück, daß er am kommenden Sonntag eine Rundfahrt durch's ganze Heimatland unternehmen werde, worauf sein Gesprächspartner fragt: »Und was machst du am Nachmittag?« Ort der Handlung war damals, 1919, das nach dem Zerfall der Monarchie übriggebliebene Rest-Österreich. Hirche und andere lassen den Dialog nach 1945 in Deutschland stattfinden, wo er – trotz allen Gebietsverlusten – denn doch zu wenig reale Wurzeln hat, um noch witzig zu sein.

Die Realität und ihre Verzerrung durch den Witz müssen nämlich zueinander in einem richtig ausbalancierten Verhältnis stehen. Besonders wo er einer scharf umrissenen Persönlichkeit gilt, wo er sofortige Assoziationen an einen allgemein bekannten Tatbestand (oder dessen allgemein akzeptiertes Klischee) hervorruft, muß der politische Witz von einer halbwegs plausiblen, zumindest theoretisch möglichen Voraussetzung ausgehen. Damit ist keine äußerliche »Glaubwürdigkeit« gemeint, wie Vandrey sie in seiner Polemik gegen Dor und Federmann fordert (und durch sein eigenes Gegenbeispiel prompt desavouiert). Käme es auf diese Art von Glaubwürdigkeit, also auf eine *praktisch* mögliche oder gar de facto gegebene (»echte«) Voraussetzung an, dann wären die meisten politischen Witze, und gerade die besten unter ihnen, von vornherein disqualifiziert. Es blieben nur die mehr oder weniger nachweisbaren Anekdoten und Bonmots übrig, und die stehen auf einem andern Blatt. Daß Pius XII. bei der Nachricht von Stalins Tod auf die in Jalta zynisch gestellte Frage des Diktators: »Wie viele Divisionen hat der Papst?« angespielt hätte: »Jetzt wird er ja sehen, wie viele Divisionen wir haben!«, oder daß General de Gaulle die Nachricht von der Landung der Alliierten in Französisch-Nordafrika, über die er nicht unterrichtet worden war, mit dem Ausruf quittiert hätte: »Hoffentlich werden sie von den Vichy-Truppen ins Meer geworfen!«, ist praktisch ohneweiters möglich und sogar wahrscheinlich. Es ist nur kein Witz. Das, worauf es beim politischen Witz, beim aggressiv erfundenen Zusammenstoß der Wirklichkeit mit dem Wunschtraum ankommt, ist weniger die Glaubhaftigkeit als die *Vorstellbarkeit,* ist die *organische* Konstruktion im Unterschied zur gewaltsamen. Darum sind die an sich »unmöglichen« Geschichten, in denen ein Diktator an der Himmelstür oder im Himmel zum Opfer einer Pointe wird, grundsätzlich besser als jene, die dergleichen mit irdischen Partnern anstreben, also von einer nachprüfbar »möglichen« Voraussetzung ausgehen – deren Möglichkeit an eben ihrer Nachprüfbarkeit zuschanden wird. Von Petrus oder vom lieben Gott müssen sich Hitler und Stalin Dinge sagen lassen, die sie sich von einem Irrenwärter oder einem Regimentstrommler niemals sagen ließen. Sonst wären sie ja nicht die, die sie sind und als die der politische Witz sie bekämpft.

Es ziemt sich der einschränkende Hinweis, daß »Witz« im engsten wie im weitesten Sinn auch eine Frage des Geschmacks ist – den man einerseits hat und anderseits an etwas findet. Und es ziemt sich das Zugeständnis, daß der Geschmacklosigkeits-Quotient des politischen Witzes bemerkenswert gering ist, geringer als beim Kalauer, geringer als beim »schwarzen Humor«, geringer als bei der Zote. Aber wie selten man auch in die Lage kommen mag, dem politischen Witz Geschmacksverstöße anzukreiden: für seine Qualität, für den Geschmack, den man an ihm finden müßte, besagt das leider nichts. Und daß sich über Geschmacksfragen nicht streiten ließe, ist ein Aberglauben; in Wahrheit läßt sich nur über wenig andere Fragen so gut streiten.

Der hier vom Zaun gebrochene Streit zielt nicht auf eine rechthaberische Dogmatik ab und nicht auf den (fast überall leicht zu erbringenden) Nachweis, daß diese oder jene Geschichte »falsch« oder »schlecht« erzählt sei. Auch soll hier nicht Wert gegen Unwert in Schutz genommen, nicht Brauch vor Mißbrauch gerettet werden. Die Qualität des politischen Witzes entscheidet sich auf einer andern Ebene als die aller übrigen Kategorien. Er ist der wirklichkeitsnächste, wirklichkeitsbedingteste von allen. Ob und inwieweit er dieser Nähe und Bedingung gewachsen ist, zeigt sich allein an der Schlagkraft, mit der er den politischen Zustand, dem er entsprungen ist, anspringt. Wehe, wenn der Ansprung sein Ziel verfehlt! Dann bricht der politische Witz kläglich zusammen, kläglicher als irgendein andrer. Denn er hat ganz bestimmte Funktionen, zu deren Erreichung ihm alles das, was andere Witze sich schon als Zweck genügen lassen, lediglich als Mittel dient. Es geht ihm um ganz bestimmte Beweise, und bestimmte Beweise können nur von bestimmten Voraussetzungen aus erbracht werden. Erweist sich die Voraussetzung als veränderlich, als austauschbar, als unbestimmt, dann stimmt auch der Beweis nicht mehr. Dann ist der betreffende Witz nicht bloß »schlecht« oder »mißglückt«, sondern er stiftet Schaden statt Nutzen, Verwirrung statt Verdeutlichung. Einen alten »Serenissimus«-Witz plötzlich auf Hindenburg gemünzt zu finden, einen Witz aus der Zarenzeit auf Stalin, oder sogar einen Mussolini-Witz auf Hitler, ist mehr als ärgerlich. Denn Hindenburg steht für Schlimmeres als die harmlose Duodezfigur eines senilen Landesvaters, Stalin steht für Schlimmeres als der Zar, Hitler für Schlimmeres als Mussolini. Wenn aber sie alle zum Objekt der gleichen Witze taugen, sind sie auch als Objekte einander gleichgesetzt, sind sie um ihre typischen Merkmale gebracht, um die eigentlich »wunden Punkte«, die der politische Witz aufs Korn nimmt. Nivellierung und Verwässerung der Angriffsflächen nivellieren und verwässern zugleich die Angriffsmethoden. (Und das gilt wahrlich nicht nur für den Witz. Die kommunistische Sprachregelung – nimmer müde, selbst so strohdummen Gegenargumenten wie dem der »öden Gleichmacherei« Nahrung zu liefern – konnte den Nazis keinen größeren Gefallen tun, als alle Rechtsdiktaturen unterschiedslos »faschistisch« zu nennen, in sträflicher Mißachtung eines Sachverhalts, der den Unterschied zwischen Faschismus und Nationalsozialismus oft genug als Unterschied zwischen Leben und Tod evident machte, auch für manch einen Gefolgsmann eben jener Sprachregelung – die sich übrigens bis heute nicht dazu verstehen kann, zwischen »autoritären« und »totalitären« Systemen zu unterscheiden.)

Wer einen politischen Witz als »schädlich« agnosziert, ist wohl auch gehalten, etwas über den möglichen »Nutzen« politischer Witze auszusagen. In der Tat wird man's hier besser bei der bloßen Möglichkeit bewenden lassen. Man soll, heißt das, vom politischen Witz nicht zu viel erwarten. Ob jene, gegen die er sich richtet, ihn wirklich »fürchten«, darf bezweifelt werden – so altmodisch geht's bei den heutigen Tyrannen längst nicht mehr zu, und wofern ihre Eitelkeit den kleinen Abbruch, der ihr da widerfährt, überhaupt zur Kenntnis nimmt, finden sie am Fortbestand ihrer Tyrannis reiche Entschädigung. Der politische Witz dient ihnen sogar als Barometer der Volksstimmung, die sie mit seiner Hilfe vielleicht abfangen und umdirigieren können – freilich nur, solange es verhältnismäßig »gut« geht, solange das Barometer nicht auf Schlechtwetter zeigt, auf bedrohliche Unzufriedenheit oder gar auf Krise. In Krisenzeiten gewinnt der politische Witz an Virulenz und Wirksamkeit. Er kann zwar die Krise nicht herbeiführen, aber er kann sie schüren, verschärfen und beschleunigen. Das ist schon sehr viel. Bis dahin – und auch das ist nicht wenig – liegt er auf der Lauer, gewissermaßen zur atmosphärischen Unterstützung einer Opposition, die sich auf der realpolitischen Ebene freilich ganz anderer und massiverer Mittel bedienen muß. Man darf also seine Wirkungsmöglichkeiten – bloß weil er (geflüstert oder nicht) auffälliger in Erscheinung tritt als die anderen oppositionellen Aktivitäten – nicht überschätzen. Und keinesfalls wird man so weit gehen dürfen wie der von Vandrey zitierte Richard Hermes, der seiner Sammlung »Witz contra Nazi« das Credo voranstellt: »Ich halte die Sammlung aller dieser während der Nazizeit so überaus populären Witze und Anekdoten mit für eine der besten und treffendsten moralischen Entlastungen des deutschen Volkes!«

Dem steht die ungleich vernünftigere These Kurt Hirches gegenüber, daß der politische Witz nicht nur als Kampfmittel *gegen* die Unterdrücker, sondern »auch von den Herrschenden gegen die Beschwerden und Forderungen der Unterdrückten und Rechtlosen« benutzt werden kann. Damit hat Hirche – dem ja überhaupt von allen hier genannten Autoren das größte Gewicht zukommt – eine höchst dubiose Komponente des politischen Witzes angeleuchtet: seine obrigkeitlich bewilligte Ventil-Funktion. Das Ventil funktioniert nach beiden Seiten. Der Unterdrückte darf sich Luft machen, und die Erleichterung, die ihm das einbringt, kommt auch den Unterdrückern zugute. Denn um eine Unterdrückung, die noch zur Zielscheibe von Witzen und zum Anlaß von (womöglich »befreiendem«) Gelächter wird, kann's ja nicht gar so mörderisch bestellt sein. Man dürfte hier fast schon von einer Bumerang-Funktion des politischen Witzes sprechen, die weit über die bei Vandrey arglos aufscheinende Wahrnehmung hinausgeht, daß »von den Machthabern des Dritten Reiches der politische Witz, solange er ihrer Volkstümlichkeit dienlich war . . ., gar nicht einmal ungern gesehen« wurde. Er mußte gar nicht einmal ihrer Volkstümlichkeit dienlich sein, um gar nicht einmal ungern gesehen zu werden. Er wurde *per se* nicht ungern gesehen, weil er *per se* dazu neigt, den Zustand, den er bekämpfen will, zu verharmlosen.

Natürlich ist der politische Witz damit noch keineswegs restlos definiert, und natürlich wird eine Diktatur, die ihn zuläßt, dadurch noch keineswegs gemütlich. Aber er ist eine zweischneidige Waffe, und er wird diejenigen, die ihn als Kampfmittel einsetzen, nur allzu leicht in den verführerischen Irrglauben ablenken, etwas »geleistet« zu haben. Daß ihr kämpferischer Einsatz von obenher schmunzelnd toleriert wird, daß ihre Leistung tief unter dem geringfügigsten Sabotageakt liegt und daß das Risiko, das sie durch die Erzählung eines Flüsterwitzes auf sich nehmen, auch jeder witzlosen Oppositionsbekundung innewohnt, würden sie ganz gewiß nicht wahrhaben wollen. Dieses Toleranz-Dementi, dieses Bedürfnis, sich gefährdet zu fühlen, tritt heute – in einer durch die demokratischen Umstände entsprechend verdünnten, manchmal bis zur Groteske verkrampften Form – bei den politischen Kabaretts der Bundesrepublik auf: Sie betrachten ihre kämpferische Mission als gescheitert, wenn ein von ihnen attackierter Minister im Zuschauerraum sitzt und mitlacht, also einen Beweis für die intakte Existenz eben jener Demokratie liefert, zu deren Rettung sie ausgezogen sind und die ihnen eine ungefährdete Entfaltung eben jenes kämpferischen Muts sichert, den sie so verzweifelt gerne gefährdet sehen möchten, daß sie sich mangels eines wirklichen Risikos auch mit dessen erkünsteltem Anschein zufriedengeben und den Entgang eines Fernseh-Honorars als ähnliche Bedrohung empfinden, wie ihre flüsternden Vorgänger die Möglichkeit einer KZ-Haft. Bei aller ins Kalkül zu ziehenden und aus den damaligen Umständen zu verstehenden Selbstüberschätzung: jene Flüsterer waren immer noch Gesinnungsgiganten gegen diese Schreihälse.

Aber sie waren keine Widerstandskämpfer, da kann man dem von Vandrey gleichfalls (und freilich mit Vorbehalt) zitierten Hans-Jochen Gamm nur beipflichten. Wahrscheinlich wollten sie gar keine Widerstandskämpfer sein, und ganz gewiß ist das von ihnen nicht zu verlangen. Es ist auch von niemandem andern zu verlangen und es ist sehr die Frage, ob vom politischen Witz überhaupt etwas »verlangt« werden kann. Wohl aber kann man von jenen, die ihn zu ihrem Geschäft gemacht haben, ein schärferes Urteilsvermögen verlangen als von jenen, die ihn gemacht haben, eine gewissenhaftere Analyse der Rolle, die er zu seiner Zeit gespielt, eine kritischere Einschätzung der Wirkung, die er damals erzielt haben mag. Die Kritiklosigkeit, mit der die meisten dieser politischen Witzbücher zusammengestellt und immer wieder als »neu« feilgeboten werden, das Unvermögen (oder die mangelnde Bereitschaft) ihrer Herausgeber, zwischen Qualität und billiger Dutzendware, zwischen Substanz und Aufputz zu unterscheiden, bewirkt eine stetig sich steigernde Fragwürdigkeit des Ergebnisses und ist geeignet, den politischen Witz als solchen fragwürdig erscheinen zu lassen und seine Funktion noch rückwirkend abzuwerten.

Denn der politische Witz *hat* Funktionen und wird sie haben, solange es Gewalt und Unterdrückung gibt, also noch sehr lange. Aber er ist nicht nur mit Vorsicht zu genießen, er ist auch mit Vorsicht zu gebrauchen. Lächerlichkeit tötet nicht, damit müssen wir uns allmählich abfinden. Immerhin kann sie verwunden, immerhin ist es wichtig und nützlich, die Feinde der Freiheit lächerlich zu machen. In diesem Sinn ist der politische Witz nach wie vor eine wichtige und nützliche Waffe im Kampf gegen Despotie und Diktatur.

Es kann nur sehr leicht geschehen, daß Waffen durch falschen Gebrauch stumpf werden. Und stumpfe Waffen machen nicht lächerlich. Sie sind es.

»Der Mond schlug grad halb acht«

Einleitung zu Peter Hammerschlags Grotesk-Gedichten

(1972)

Peter Hammerschlag, 1905 im Wien Kaiser Franz Josephs geboren, 1941 aus dem Wien Adolf Hitlers nach Polen verschleppt, gehörte zu den originellsten Begabungen, die im Wien der Ersten Republik, genauer: in den Jahren 1928–1938, zwischen Cabaret und Literatur hin und her pendelten. Wäre er zwei oder drei Jahrzehnte früher auf die Welt gekommen – er hätte sich in der Groteskdichtung des deutschen Sprachraums, irgendwo zwischen Christian Morgenstern und Joachim Ringelnatz, einen sicheren Platz erworben. So aber kennen ihn heute nur noch ein paar in alle Winde verwehte Gefährten seines einstigen Wirkens, ein paar literarische Feinschmekker, ein paar Eingeweihte von früher her. Sein Werk ist so gut wie verschollen, sein Name so gut wie vergessen.

Hiermit wird der Versuch unternommen, diesem in jeder Hinsicht unwürdigen Zustand ein Ende zu setzen.

Es ist ein Versuch mit keineswegs untauglichen, aber doch mit beschränkten Mitteln. Was ich soeben sein »Werk« genannt habe – und was er selbst, kodifiziertem Fortbestand und literaturhistorischen Ambitionen zutiefst abhold, niemals so genannt hätte –, ließ sich eben darum nur zu geringem Teil noch auftreiben, wurde erst in jahrelanger Mühe aus verschiedenen Himmelsrichtungen und verschütteten Quellen herbeigeschafft. Manches war einem glücklichen Zufall zu danken, manches einem Freund oder Liebhaber, dem unter wirren Umständen einige Texte in die Hand gefallen waren, manches einem vergilbten Programmheft, einem Mitautor von damals, einem Sammler alter Zeitungsausschnitte. Das meiste hatte ich selbst im Besitz oder bekam es von Peters überlebendem Bruder aus Argentinien zugeschickt, als wir nach Kriegsende wieder Kontakt fanden und er mich zum literarischen Nachlaßverwalter bestimmte.

Gleich an dieser Stelle ziemt sich ein dankbarer Hinweis auf die Hilfe unserer gemeinsamen Freundin Stella Kadmon, der heutigen Leiterin des erfolgreichen »Theaters der Courage«, die 1930 im Souterrain des Café Prückl die erste Wiener Kleinkunstbühne, den »Lieben Augustin«, eröffnete und damit sehr erheblichen Anteil an Peter Hammerschlags Laufbahn nahm: Er war der »Hausdichter« dieses literarischen Cabarets, schrieb oft das ganze Programm allein, trat als Conférencier auf, als Schauspieler in den von ihm verfaßten Szenen, als Rezitator, als »Blitzparodist«, der auf Zurufe aus dem Publikum ein bestimmtes Thema im Stil verschiedener Autoren paraphrasierte – und dem das alles nur als Nebenbeschäftigung galt. Was er, mit Recht, als Hauptbeschäftigung ansah, soll das vorliegende Bändchen bekunden.*

Auch möchte ich gleich an dieser Stelle noch einen weiteren Hinweis anbringen, der mir nach früheren Herausgeber-Erfahrungen, zumal mit den Werken Herzmanovsky-Orlan-

* Peter Hammerschlag: Der Mond schlug grad halb acht. Grotesk-Gedichte

dos, geboten scheint: Die Edition des literarischen Nachlasses von Peter Hammerschlag erforderte zugleich eine redaktionelle Einrichtung. Ähnlich wie bei Herzmanovsky, mußte oft genug aus vier oder fünf voneinander abweichenden Fassungen die bestmögliche herausdestilliert oder zusammengesetzt werden; und das war, anders als bei Herzmanovsky, noch mit der zusätzlichen Komplikation verbunden, daß es sich bei manchen der aufbewahrten Fassungen nicht um Originale handelte, sondern um Abschriften aus dem Gedächtnis, und zwar aus dem Gedächtnis der Aufbewahrer – dem ich im Zweifelsfall mein eigenes Gedächtnis vorzog. Im übrigen durfte ich mich für diese Einrichtungen und Rekonstruktionen in noch höherem Ausmaß als bei Herzmanovsky auf die vom Autor mir zugestandene Befugnis stützen.

Ich war mit Peter Hammerschlag viele Jahre lang engstens befreundet, so eng, wie man mit einem Gleichaltrigen und Gleichartigen irgend befreundet sein kann. Hätte die himmlische Planung jenes um zwei oder drei Jahrzehnte vorverlegte Geburtsdatum, das seinem Ruhm so förderlich gewesen wäre, gleichzeitig uns beiden vergönnt, dann wäre vermutlich eine der typischen »Dichterfreundschaften« entstanden, wie sie das 19. Jahrhundert hervorzubringen liebte, mit betulichem Briefwechsel und peniblem Meinungsaustausch über eine Neuformulierung der Zeile 7 von unten und dergleichen Wichtignehmereien mehr. In Wahrheit hat sich's zwischen uns nicht annähernd so pompös abgespielt. Von meiner Seite aus war's eine völlig klare Beziehung: Ich liebte ihn, ich liebte seine skurrile Begabung und seine kauzige Wesensart (deren weltfremde Versponnenheit späterhin zu so tragischen Folgen führen sollte), ich war ihm nach Kräften behilflich, seine Gedichte in Zeitungen und Zeitschriften unterzubringen, im »Querschnitt« und im »Simplicissimus«, in der »Vossischen« und im »Prager Tagblatt« – und mußte mich zwischendurch immer wieder über seine formalen Nachlässigkeiten ärgern, über seine Sprachschlampereien, über die oft dilettantische

Art, wie er mit Reim und Rhythmus umging. Er seinerseits behandelte mich mit einer Mischung aus lächelnder Nachsicht und grimmigem Respekt, hielt mich für einen pedantischen Literaturbeamten, dem er dennoch einen eher rebellischen als pedantischen Erstlingsroman gutzuschreiben hatte, verübelte mir wohl auch ein wenig meine sachlichen Hilfsleistungen (nämlich die Tatsache, daß der Erfolg jenes »Schüler Gerber« mich zu solcher Hilfe bereits instand setzte) – und ließ, wenn ich nicht dabei war, kein Stäubchen Tadel an mich heran, verhehlte auch nicht, daß ich in handwerklichen Fragen für ihn eine Instanz bedeutete, von der er gern Gebrauch machte.

Meistens vollzog sich das so, daß er mit Gedichten, an denen ihm wirklich etwas lag, unangesagt bei mir auftauchte, sei's im Kaffeehaus, sei's zu Hause in Wien oder in Prag – ich teilte damals meinen Aufenthalt zwischen diesen beiden Städten (und hatte meiner Prager Komponente den Spitznamen »Prokop« zu verdanken, mit dem er mich in Wort und Schrift bedachte). Da stand er also oder setzte sich vor mich hin, schob mir ein paar Manuskriptblätter zu und sagte in der Kinderzimmersprache, die zwischen uns üblich war: »Prokoperl bitte Gedichti schneuzen!«

Ich schneuzte. Manchmal ging es ganz leicht, manchmal bekam ich es mit so argen Verstopfungen zu tun, daß ich mir für die erforderliche Remedur mehrere Stunden oder gar Tage ausbedingen mußte – in jedem Fall akzeptierte er das Ergebnis und hat das betreffende Gedicht dann immer in der von mir geschneuzten Fassung vorgetragen oder veröffentlicht. Dank wurde weder erstattet noch erwartet. Nur einmal sah er mich nach Kenntnisnahme der Korrekturen beinahe zärtlich an und sagte: »Wenn du möchtest kriegen eine schöne, eitrige Mittelohrentzündung, könnt' sich wenigstens der Papa bei dir revanchieren.« (Sein Vater, Professor Viktor Hammerschlag, war ein bekannter Ohrenspezialist.)

Nicht ohne Absicht zitiere ich gerade diesen Ausspruch. Er

weist in eine Richtung, die Peter mit Vorliebe zu der seinen machte und die uns heute als »schwarzer Humor« geläufig ist. Markante Beispiele dafür liefern – von den »Privatpamphleten« abgesehen – etwa die »Schwergewichtsmaitresse« (mit den bedrohlichen Zeilen: »Wer nie mit Steinbruch Unzucht trieb / Der ahnt nicht, wie sie mich begrub«), oder »Die Ballade vom Lustmörder Alois Blawatschek« (der sich dem Kenner sogleich als partiell vorweggenommener »Herr Karl« offenbart), oder der »Krüppel-Fox« (dessen sich Helmut Qualtinger, der Schöpfer des »Herrn Karl«, schon zu einer Zeit angenommen hat, als der Text noch anonym kursierte). Und es ist gewiß kein Zufall, daß ihn gerade auf diesem Schaffensgebiet die wuchtigsten Einfälle beflügelten, daß er hier plötzlich die Sprache in den Griff bekam, ja geradezu sprachschöpferisch wurde, daß ihm Visionen von unheimlicher Bildkraft und surrealer Eindringlichkeit glückten – etwa wenn die »Five Goldbergs« in ihrem »Hexensabbath« den Himmel verfinstern:

Alle guten Menschen haben Panne,
Wenn die Goldbergs durch die Lüfte ziehn,
Und des Bauern Weib, die derbe Hanne,
Schlägt drei Kreuze um die Eisenpfanne,
Denn sie kacken schrill durch den Kamin.

Oder wenn aus dem Erinnerungsnebel einer verflossenen Liebschaft die mittlerweile zur Verruchtheit des Nachtlebens herabgesunkene Bartänzerin emportaucht:

Auf der Schulter saß ihr ein Zigeuner,
Äffig fiedelnd, strizzig und geleckt,
Und ein Bankdirektor namens Bräuner
Bot ihr kniend Knabenblutkonfekt.

Oder die »Weihnachtsdirne«, die – leider als einzig erhaltene Figur eines »Perfekten Kitsch-Zyklus« – am Heiligen Abend zeitgerecht vor der Tür steht:

Im Haar die grelle Masche,
Geschminkt und tränenblind,
Und in der Aktentasche

Ein mürrisch Sündenkind . . .

Daß solches aus der selben Feder stammt, die sich nicht genierte, Reime wie »Canada – da«, »Nase – zum Spaße«, »Mehl – Kamel« zu Papier zu bringen, deutet im nahen Nebeneinander von Dilettantismus und Genialität eine weitere Parallele zu Herzmanovsky-Orlando an. Es mag erwähnenswert sein, daß die beiden einander kannten und schätzten (im Grunde wohl *nur* einander).

Schwer zu entscheiden, ob es der schwarze Humor war, dem die originellsten Schöpfungen Peter Hammerschlags entsprangen – oder ob sein Eigentliches und Wesentliches sich nicht auf einem polar entgegengesetzten Gebiet zum Ausdruck brachte: in den zarten, behutsam verspielten Kinder- und Tiergedichten, die von einer unendlich liebevollen Einfühlsamkeit in die kindliche Seele zeugen, bis in die feinsten Verästelungen hinein, bis dorthin, wo Naivität und Raffinement des kleinen Menschenwesens mit dem instinktiven Weltbild seines Gegenstücks aus dem Tierreich zur Deckung gelangen, wo kaum noch ein Unterschied besteht zwischen dem jungen Hund, der nicht in seine Haut paßt, und dem trotzigen Eskimobaby, das immer nur nach Eis verlangt; zwischen Klein-Skunks, dem das Waschen schrecklich zuwider ist, und Klein-Trude, die von einem nervösen Kaninchen das Nasenzucken übernimmt; zwischen dem Affen Jodokus, der mit vier Händen schreiben kann, und der Siebenjährigen, die hingerissen auf den blauen, blauen Federstiel starrt. Und die drei klugen Entlein. Und die kurzsichtige Brillenschlange. Und die Herren Lipizzaner. Und, an den Rand der selbstherrlichen Märchenwelt verstoßen: die Erwachsenen, die Menschen, die bei Pekinesen dienen, der Tierfreund mit seinem unausstehlichen Geplapper.

Dazwischen, dem sanften Gegenpol ein wenig näher als dem aggressiven, liegt die manchmal freiwillige und manchmal notgedrungene und niemals wehleidige Selbstironie, mit der er seine Beziehung zum weiblichen Geschlecht umkreist. Er hatte es nicht leicht mit den Mädchen, und die Mädchen hatten es nicht leicht mit ihm. Und wenn er sich ans Abreagieren seiner Sehnsüchte und Enttäuschungen machte, konnte es geschehen, daß er aus einer Inspiration, die ihn gewissermaßen hinterrücks überkam, in ein echtes, unverhohlenes Gefühl ausglitt, daß in einer schamhaft eingeschmuggelten Wendung ein lyrischer Schimmer aufglitzerte, den man in einer anspruchsvoller präparierten Umgebung als Juwel der Dichtkunst bewertet hätte. Aber von derlei riß er sich hurtig wieder los, versteckte sich hinter dem Abschiedsbrief des poetisch veranlagten Stubenmädchens Lisi, schrumpfte vor einem unerreichbaren Proletariermädchen zum armen kleinen Juden, der kein scharfes Messer hat, und faßte seine Gesamtsituation in einem »Mir ins Stammbuch« betitelten Vers resigniert zusammen.

Übrigens war es auch ein Stammbuch, das im Café Herrenhof, dem damaligen Hochsitz der Wiener Literatur, erstmals die Aufmerksamkeit der Hochsitzenden auf ihn lenkte. Inhaberin des Stammbuchs war eine ebenso junge wie lebensfrohe Journalistin, die sich zwecks Betätigung ihrer Lebensfreude vorwiegend zu blonden Hünen hingezogen fühlte (ein Typ, der im Café Herrenhof nicht eben häufig anzutreffen war und dem auch Peter Hammerschlag in keiner Weise angehörte). Als nun diese junge Dame – der Leser wird sie im letzten Abschnitt des vorliegenden Bändchens als »Negerschönchen« wiederfinden – an einem der Literatentische einmal ihr Stammbuch von Hand zu Hand gehen ließ, fand sich darin der folgende Vierzeiler:

Aber wenn die Christenknaben
Ihnen nimmer mögen,
Werden Sie sehr viel Kummer haben,
Fürchte ich, deswegen.

Darunter stand der Name Peter Hammerschlag, und damit hatte sich sein Träger ein für allemal den Zutritt ins Café Herrenhof gesichert.

Um Politik, das sei der Vollständigkeit halber mitgeteilt,

kümmerte er sich nur wenig, um Zeitgeschehen und Zeiterscheinungen nur insoweit, als den Modellen seiner Spott- und Hohngedichte symptomatischer Charakter zukam. Von den Gedichten, mit denen er dann und wann einen politischen Anlaß glossierte, habe ich nur ein einziges auffinden können, »Abrüstung« geheißen (und immer noch gespenstisch aktuell). Ein andres ist mir bruchstückweise in Erinnerung – es handelt von einem wertvollen Schimpansen, den die Regierung Ecuadors dem italienischen Diktator Mussolini zum Geschenk gemacht hatte und der eines Tags unter aufsehenerregenden Begleitumständen entfloh, in Hammerschlags Darstellung zurück nach Ecuador und zurück in den Urwald, wo er den anderen Affen das »Eia eia allala« beibrachte, den Brüllgruß der Schwarzhemden, und ihnen mit lebhaften Berichten über faschistische Sitten und Gebräuche aufwartete; zum Schluß hieß es:

Die Affen im Urwald von Ecuador,
Die binden sich schwarze Hemdbrüste vor
Und heben zum Gruße die Hand.
Sie schrein »Eia eia allala«,
Man hört es bis Guatemalala,
So ein Aff hat halt keinen Verstand.

Überhaupt wimmelt es in meinem Gedächtnis von Hammerschlag-Bruchstücken, und ich wüßte sie nicht einmal immer einzuordnen. Eines seiner Angriffsobjekte, eine bleiche Intellektualtänzerin mit Filmambitionen, die ihre Müdigkeit und Melancholie unablässig zur Schau trug, entlockte ihm mehrere Pamphlete, deren eines wie folgt begann:

Ist schon recht, mein müdes Kind.
Tun Sie sich nur Garbo fühlen!
Nicht einmal der Abendwind
Will in Ihren Röcken wühlen . . .

Und ein andres schloß:

Schaun Sie, jetzt ist Herbst. Die Ebereschen
Stehen rot im raschelgelben Hag.
Jetzt wär so der Zeitpunkt zum Verlöschen.

Aber Sie verlöschen jeden Tag.

Bei dem Gedicht, dem die folgende Strophe entstammt, dürfte es sich um ein Gegenstück zum (erhalten gebliebenen) »Jüdischen Cowboy« handeln, nämlich um einen jüdischen Matrosen:

Hoiho sei die Devise,
Ein Schiff hat Lee und Luv
Und steif sind Grog und Brise
Und das ist mein Beruf.

Was es hingegen mit den Anfangszeilen

Jüngst war ein Wettlauf zwischen Nurmi
Und einem nackten Regenwurmi

auf sich hat und wie es weitergeht, weiß ich beim besten Willen nicht mehr, und weiß auch manches andre nicht.

Soweit seine Schöpfungen sich komplett zustande bringen oder zuverlässig rekonstruieren ließen, liegen sie nunmehr gesammelt vor, eingeteilt in vier annähernd homogene Themenkreise und bebildert von Bil Spira, dem trefflichen Kumpan unserer Jugendjahre, der sich damals in der Kleinkunstgegend als Bühnenbildner und Illustrator von Programmheften hervortat (heute lebt er als angesehener Graphiker in Paris).

Es ist ungefähr die Hälfte dessen, was unter sozusagen normalen Umständen als literarischer Nachlaß Peter Hammerschlags übriggeblieben wäre, es ist ganz gewiß die wichtigere Hälfte, und es sollte ausreichen, um denen, die ihn erst jetzt kennenlernen, ein Bild seiner Person und seiner Begabung zu vermitteln. Er wurde, daran besteht für mich kein Zweifel, wiederholt vom Genieblitz gestreift und nur deshalb nicht voll getroffen, weil er so zapplig war, weil er nicht stillsitzen und sich nicht konzentrieren konnte, weil er all diese Dinge – einschließlich seiner selbst – nicht ernst genug nahm.

Daß es ihm an jeglicher praktischen Fähigkeit gebrach, daß er seine Chancen und Gefährdungen, seine Umwelt und seine eigene Position niemals richtig einzuschätzen vermochte, gab ihm schon arg zu schaffen, als ihm die Umwelt noch verhältnismäßig freundlich gegenüberstand. Als sie unfreundlich wurde und immer unfreundlicher, mußte er seine Lebensfremdheit mit dem Leben bezahlen. Freunde hatten ihn aus dem nazibesetzten Österreich nach Jugoslawien gebracht, er war gerettet und man hätte ihm weitergeholfen. Aber er fand sich in der fremden Umgebung nicht zurecht, schon der erste fehlgeschlagene Versuch, ein Visum nach Übersee zu ergattern, deprimierte ihn so sehr, daß er für einen zweiten keine Geduld mehr aufbrachte, er wußte nicht, wohin mit sich – und ging nach Wien zurück. Noch immer hätte er überleben können: Der ihm befreundete Komponist Alexander Steinbrecher, nicht nur in musikalischer Hinsicht ein wahres Prachtexemplar, nahm ihn auf und versteckte ihn. Vielleicht wäre er als »U-Boot« durchgekommen. Aber eines Abends gingen ihm die Zigaretten aus, er wollte sich aus dem Gasthaus an der Ecke welche holen, wurde von einer SA-Streife geschnappt und kam nicht wieder.

In einem letzten Brief, der seinen Bruder noch erreicht hat, schildert er einen Straßenbau in Polen, zu dem man ihn – bevor er in einem Vernichtungslager unterging – als Zwangsarbeiter eingesetzt hatte. Aus diesem Brief atmet eine so heitere Gelassenheit, daß man sie fast schon als überirdisch bezeichnen darf. Sie ist nicht mehr von dieser Welt. Und bald darauf war's auch er selbst nicht mehr.

Vielleicht bleiben es ein paar von seinen Gedichten.

»Macht man denn aus Kalk die Terzen?«

Einleitung zu Franz Mittlers »Gesammelten Schüttelreimen«

(1969)

Anfang 1938 erschien in Wien, in einem jener kleinen Liebhaberverlage, die es damals noch gab (und bald darauf nicht mehr geben sollte), ein schmales Bändchen mit dem Titel: »Macht man denn aus Kalk die Terzen ...?« Auf den ersten Blick wirkte diese Frage schlechterdings unverständlich, auf den zweiten ging ein seltsamer Reiz von ihr aus, und auf den dritten stellte man fest, daß es sich um die Anfangszeile eines Schüttelreims handelte, genauer: eines schüttelgereimten Dialogs, der offenbar von einem Erwachsenen mit einem wißbegierigen Kinde geführt wurde und folgenden Wortlaut hatte:

»Macht man denn aus Kalk die Terzen?«
»Nein, man macht aus Talg die Kerzen!«
»Also heißt's: kerziärer Talg?«
»Nein, mein Kind: tertiärer Kalk!«

Es geschah nicht von ungefähr, daß das eigentliche Schüttelwort des Reimpaares aus der Musiksprache kam, daß Musik und Sprache sich hier auf ebenso verwirrende wie natürliche Art durchschlangen. Denn der Verfasser des Reims und des ganzen Büchleins war nicht nur Musiker, sondern durfte sich als solcher auf die Partnerschaft einer höchst sprachempfindlichen Instanz berufen: Franz Mittler, Komponist und Pianist, besorgte bei den Nestroy- und Offenbach-Abenden von Karl Kraus die Klavierbegleitung. Und wer zu Karl Kraus in Beziehung stand, mußte auch zur Sprache eine legitime Beziehung haben, sonst wäre er niemals so weit und dem Sprachmeister niemals so nahe gekommen.

In der Tat ist Franz Mittler für seinen spielerisch produktiven Umgang mit Wort und Reim gewissermaßen zweifach legitimiert, durch sein eminentes Sprachgefühl wie durch seine eminente Musikalität. Und als wäre es damit nicht genug, trägt diese Legitimation auch noch einen sehr wertvollen Stempel: seinen persönlichen Witz.

Was die musikalische Ausfertigung betrifft, hat Mittler selbst, im Vorwort zu der eingangs erwähnten (und längst verschollenen) Sammlung von Schüttelreimen, auf deren »vielfältige Analogie zum Gebiet der Kontrapunkte, Kanons und Fugen« hingewiesen und hat damit zumindest angedeutet, warum es gerade Musiker sind, die sich – bei aller sonstigen Literaturferne – so gern und erfolgreich als Schüttelreimer versuchen. Man denke nur an den »autobiographischen« Schüttelreim des Klaviervirtuosen Artur Schnabel: »Am Anfang war auch Schnabel nur – Das Ende einer Nabelschnur«; oder an jenen (namentlich leider nicht gesicherten) Konzertmeister, der dem Dirigenten Heinz Unger bei einer lang über die Mittagspause hinausgezogenen Orchesterprobe einen Zettel zuschob, auf dem geschrieben stand: »Bedenken Sie, mein lieber Heinz Unger – Die Leute kriegen gegen eins Hunger«; oder an die vermutlich nicht direkt an den Adressaten gelangte Schöpfung eines andern Orchestermitglieds, als der stets um sein Äußeres besorgte Dirigent Fritz Stiedry auf einer Probe immer wieder abklopfte und es immer wieder anders haben wollte: »Wie bist du heut, o Fritz, so schön – Nur leider etwas schizophren.« Die Reihe ließe sich fortsetzen, aber dazu ist hier weder Raum noch Anlaß gegeben. Wer sich über das Thema »Schüttelreim« genauer zu informieren wünscht, halte sich an »Die Schüttelreimer / Bericht über eine Reimschmiedezunft« von Manfred Hanke, eine hervorragend fundierte Geschichte und Analyse dieser Reimform. Hanke bringt das Kunststück fertig, bei aller wissenschaftlichen Akribie niemals den Humor seines Gegenstands aus den Augen zu verlieren, belegt die frühesten, im 13. Jahrhundert entstandenen Schüttelreime, weist den Minnesänger Konrad von Würzburg als ihren »Ahnherrn« aus und verfolgt ihre Entwicklung bis in die jüngste Gegenwart, in der auch Franz Mittler gebührlichen Rang zugewiesen bekommt. Den oben zitierten Schnabelschen Schüttelreim schreibt Hanke – wie ich glaube: irrig – dem Grafen Keyserling zu, als einen Revancheakt für den (laut Hanke) von Schnabel stammenden: »Als Gottes Atem leiser ging – Schuf er den Grafen Keyserling«. Im übrigen will ich mit Hanke nicht rechten, erstens weil ein zuverlässiger Quellennachweis heute wohl kaum zu erbringen wäre, und zweitens, weil Hanke im Zusammenhang mit Mittler und Karl Kraus auch mir eine lobesame Erwähnung zuteil werden läßt.

Hingegen möchte ich versuchen, dem besonderen Witz der von Mittler geschaffenen Schüttelreime auf den Grund zu kommen.

Er beruht – kurz gesagt und rasch vorweggenommen – darauf, daß er vom Schütteln und vom Reimen unabhängig ist. Mit anderen Worten: Franz Mittlers Schüttelreime, oder doch die meisten von ihnen, wären auch dann witzig, wenn sie keine Schüttelreime und sogar wenn sie keine Reime wären. Ähnlich wie der Wahrheitsgehalt des Sprichworts auch ohne Reimnis von »Eile« auf »Weile« bestehen könnte, würde den Mittlerschen Schüttelreimen auf jeden Fall und in jeder Form ein bestimmter Gehalt an Komik verbleiben, sei's ein komischer Gedanke, eine komische Vorstellung, eine komische Situation. Diese Qualität sollte jedem Schüttelreim innewohnen. Wohnt aber nicht.

Nehmen wir eines der ältesten und berühmtesten Beispiele aus dem Genre der sogenannten »Vierfachen«:

Ein Auto fuhr in Gossensaß
In eine solche Soßengass',
Daß sich die ganze Gassensoß'
Gleich über die Insassen goß.

Was, bitte vielmals, ist eine Soßengass'? Es hat sie nie gegeben, ehe sie aus dem Namen einer unschuldigen Südtiroler Ortschaft unter gräßlichen Geburtswehen in die Welt geschüttelt wurde. Sie wäre allenfalls ein geeigneter Aufenthalt für das von Christian Morgenstern erfundene Wiesel, das um des Reimes willen auf einem Kiesel saß. Sie existiert nur um des Schüttelreimes willen. Sie ist ein Krampf.

Und nun lassen wir Mittler das Wort ergreifen und es vierfach schütteln:

Schon war der uns von Gott verliehne Mai da,
Da sah ich Fräulein Wilhelmine, leider.
Sie hängt im Garten auf die Leine Mieder
Und trällert »Leise flehen meine Lieder . . .«

Welch ein Unterschied. Wie zwanglos und natürlich entfaltet sich da das Reimwort zu immer neuer Pracht und treibt beinahe selbsttätig seine vierfache Blüte. Wie da alles sitzt und stimmt, inhaltlich, formal, visuell, atmosphärisch. Welch bildkräftiger Kontrast zwischen dem uns von Gott verliehnen Mai und dem alles eher als göttlichen Akt des Miederaufhängens, den Fräulein Wilhelmine im Garten vollzieht. Da kann man wirklich nur »leider« sagen, wenn man das Pech hat, sie zu sehen. Und zu allem Überfluß trällert sie auch noch kokett vor sich hin. Wahrscheinlich will sie die Aufmerksamkeit des Betrachters – den sie nicht zu bemerken vorgibt – auf sich lenken. Dafür spricht ja auch der von ihr geträllerte Text.

Und was trällert sie, die Wilhelmine? Sie trällert ein Lied, das wir alle kennen und alle schon einmal geträllert haben – ohne zu ahnen, daß in den beiden Schlußworten seiner Titelzeile ein Schüttelreim sich birgt, noch dazu ein vierfacher. Um uns das zu entdecken, hat erst Franz Mittler kommen müssen.

Das tut er ja überhaupt mit Vorliebe: aus scheinbar taubem Gestein durch Berührung mit seinem Schüttelstab eine lustig sprudelnde Reimquelle hervorlocken. Auch der Erlkönig, beim Genitiv gepackt, mußte Reim beigeben. Und mit des Hausarztes Hilfe offenbart selbst eine so alltägliche Wendung wie »schwarz auf weiß«, an der wir bis jetzt hochmütig vorübergegangen sind, ihre Schüttelbarkeit.

Die Offenbarung – »Nehmts Aspirin und warts auf Schweiß!« – erfolgt mit leicht wienerisch-israelitischem Unterton, in den Mittler bisweilen verfällt und den er sich zu so spezifischen Effekten dienstbar macht, daß eine Zusammenfassung in eigenem Abschnitt geboten erschien. »Is das wohr, Irma – ihr habts Ohrwürmer?« lautet die bange Frage »Unter Sommerfrischlern«, und die Gattin verlangt nach einer Federboa, weil sie sinn-, reim- und herkunftsgemäß in die Bäder »fohrt«, nicht fährt. Hier tritt, nebenbei, auch ein soziologischer Aspekt in Erscheinung, der freilich an eine nicht mehr vorhandene Gesellschaftsschicht gebunden ist und somit fast schon historisches Interesse beanspruchen darf. Federboa und Angst vor Ohrwürmern, Ausblick vom Seehotel und eine Maid, die Sachsel hieß, Esplanade in Ischl und Sommerfrische überhaupt, vorzugsweise im Salzkammergut (»Was für ein Gejüdel in Kammer am See – Samer am Kai?«): es sind die Palimpseste einer vergangenen Zeit und einer verschollenen Kaste, die hier noch einmal zu beinahe wehmütig heiterem Dasein erwacht. Denn ach, am Kai wird nicht mehr gejüdelt, niemand »macht« mehr Schwammerl fürs schwache Mammerl, und auf der Ischler Esplanade begegnet man der einstmals Sachsel geheißenen Maid höchstens noch in Gestalt einer alten Dame, die von weither, von überseeischen Gestaden, zu Besuch gekommen ist, um sentimentale Erinnerungen aufzufrischen ... Wir wollen mit Mittlers Schüttelhilfe ein gleiches tun und flüchten aus der Sentimentalität in die romantische Ironie am Ufer der schäumenden Traun, wo ihm Fliegelach gewachsen sind ...

Nicht nur die Tonfälle, auch die Titel, die er über seine Reime setzt, bewirken zusätzliche Komik. Daß man im Kaukasus davon absehen soll, Säue zu küssen, wird erst als »Etikettefrage« so recht beherzigenswert, und Kains Brudermord an Abel überrascht uns als »Biblisches Sportereignis« ebensosehr wie die Erkenntnis, daß die vielen Hallstätter Kröpfe zur »Heimatkunde« gehören. »Man staunt« in der Tat. Nicht ganz so sicher ist, ob man sich tatsächlich fragt, was in Mitterweißenbach die Gelsen vor'm Gewitter beißen mach' – übrigens einer der imposantesten Belege für Mittlers formale

Meisterschaft, nur noch übertroffen von jener halsbrecherischen Bratislavaer Gojte, die eigens zum Vesuv ging, damit sie dort gratis Lava erbeute. (Ein Schüttelreim ist um so kunstvoller, je tiefer sein Beginn in die Zeile hineinreicht. Meistens begnügt er sich mit den letzten drei oder vier Silben. Die Souvenirjägerin aus Preßburg konsumiert ihrer sieben.)

Der Vollständigkeit halber sei noch darauf verwiesen, daß Mittler auch fünffach, sechsfach und sogar achtfach schütteln kann; daß nicht einmal in seiner umfänglichsten Schüttel-Ballade jener Krampf eintritt, dem die von Hanke mit Recht gerügten »Barbaren der Zunft« schon bei simplen Zweizeilern anheimfallen; daß auch englische, französische, lateinische und englisch-deutsch kombinierte Reime unter seinem Zugriff ins Schütteln geraten; und daß man angesichts dieser Vielfalt und Fülle zu verstehen beginnt, warum ein neidiger Anonymus sich nicht anders zu helfen wußte, als folgendermaßen gegen den Meister aufzubegehren:

Die Schüttelreime sch . . . der Mittler
Und glaubt, er sei ein Meisterschüttler.

Er glaubt es nicht. Er ist es.

»Bauz! Die Venus ist perdu . . .«

Ein Querschnitt durch die moderne literarische Parodie

(1957)

». . . Klickeradoms!« setzt Wilhelm Busch seinen Bericht über die von Fips, dem Affen, gestürzte Venus-Statue fort – »klickeradoms! von Medici«.

Bauz! die Venus ist perdu –
Klickeradoms! von Medici.

Wenn man will, stellen schon diese zwei Zeilen eine Parodie dar. Oder mindestens kann gesagt werden, daß ihre enorm komische Wirkung eine zum Teil parodistische ist: insofern nämlich, als hier etwas Ernstes und Würdevolles lächerlich gemacht und ein tragischer Vorgang komisch dargestellt wird. Denn unleugbar ist eine Venus-Statue, nebst mancherlei andrem, auch ernst und würdevoll. Unleugbar wirkt es komisch, wenn sie unter Zuhilfenahme so ausführlicher Lautmalerei wie »bauz« und »klickeradoms« in Scherben geht. Und wird der vollzogenen Katastrophe gar noch die unnachgiebig pedantische Angabe nachgeschickt, daß es sich bei der soeben in Scherben gegangenen Venus um die »von Medici« handelt, so ergibt das unleugbar eine zusätzliche parodistische Wirkung (die sich am ehesten gegen deutsche Gründlichkeit und Bildungsbeflissenheit richtet).

»Bauz! die Venus ist perdu – Klickeradoms! von Medici«: schon in diesen zwei Zeilen haben wir also eine Fülle komisch-parodistischer Elemente vor uns. Und das ist kein Wunder. Sie stammen ja schließlich von Wilhelm Busch, einem Genie der Komik, und wirkliche Komik muß immer auch etwas Par-Odisches an sich haben, etwas gegen die majestätische Erhabenheit der Ode Gerichtetes, das die erhabene Form nur vortäuscht, nur so tut, als ob es eine Ode wäre und in Wirklichkeit eben eine Para-Ode ist, eine Par-Odie.

Natürlich gilt das auch umgekehrt: nicht nur muß jede echte Komik parodistisch, sondern auch jede echte Parodie muß komisch sein. Und natürlich ist damit weder die Komik noch die Parodie restlos definiert.

Was die Komik betrifft, so kann solche Definition nicht der Zweck unsres heutigen Vorhabens sein. Was aber die Parodie betrifft, so haben wir mit jenem Busch-Zitat – und deshalb wurde es ja als Titel unsres Versuchs gewählt – eines ihrer wichtigsten Merkmale herausgestellt: den Angriff auf das Schönheitsideal, wie es sich in der Venus verkörpert – sei es nun, bauz, die Venus von Medici, oder, klickeradoms, irgendeine andre. Hauptsache, daß sie nachher perdu ist, oder doch nicht mehr die alte. Hauptsache, daß sie einen Schaden genommen hat, den nur die Parodie ihr zufügen kann; daß des Beschauers Auge kritisch geschärft wurde; und daß er fortan sehr genau aufpassen wird, ob die Venus-Statue, die ihm Bewunderung und Ehrerbietung abnötigen will, auch wirklich das Kunstwerk ist, für das sie sich ausgibt, oder bloß eine Nachahmung von Gips, die bei halbwegs heftiger Berührung durch Fips, den Affen, zu Scherben wird. Parodie ist Scherbengericht.

Mit dem Begriff der Parodie – wie übrigens auch mit dem des Witzes, der Komik, des Humors – ist unendlich viel Unfug getrieben worden, unendlich mehr Unfug als Fug. Neun Zehntel all dessen, was sich im Lauf der Zeit als Parodie bezeichnet hat, hatten auf diese Bezeichnung keinen Anspruch – wie ja auch neun Zehntel aller Witze keine Witze sind, neun Zehntel allen Humors zutiefst humorlos und neun Zehntel aller Komik zum Heulen traurig. Beim Witz und bei den Witzen ist das weitgehend eine Frage der Begabung. Bei der Parodie ist es außerdem noch eine Frage der Definition. Gewiß wären neun Zehntel aller vermeintlichen Parodien auch dann noch schlecht, wenn ihre Verfasser gewußt hätten, was eine Parodie eigentlich ist; aber vielleicht hätte sich dann die Hälfte dieser neun Zehntel erst gar nicht als Parodie bezeichnet. Und das wäre immerhin ein Fortschritt. Laßt uns ihn anstreben. Laßt uns dem leichtfertigen Mißbrauch dieser höchst anspruchsvollen Kunstgattung steuern. Laßt uns die Parodie mit möglichst abschreckender Eindeutigkeit definieren.

Zu diesem Behuf wird es sich vor allem empfehlen, sehr deutlich zu sagen, was *keine* Parodie ist und womit Parodie nicht verwechselt werden darf.

Zunächst eine rein literarische Unterscheidung, mehr der Ordnung halber und deshalb als erste, weil sie die einzige ist, für die uns das literarische Begriffswörterbuch gerade noch taugt: die Unterscheidung zwischen Parodie und Travestie. Parodie bleibt in jedem Fall an die Form des Originals gebunden und unterschiebt ihr einen andern, sozusagen minderwertigen Inhalt. Travestie verfährt umgekehrt, indem sie den Inhalt des Originals in eine minder-wertige Form kleidet. Wer den Hamlet-Monolog verböhmakelt oder ihn mit sächsischer Tonfärbung und Satzstruktur aufsagt, hat ihn travestiert. Wer Hamlet unter Beibehaltung (womöglich Übersteigerung) des original Shakespeareschen Pathos angesichts einer Speisenkarte darüber monologisieren läßt, ob er zu Mittag »Schwein oder nicht Schwein« essen soll, hat parodiert. Beides ist in der Tat geschehen, und daß man gegen die Urheber beider Untaten gerichtlich vorgehen müßte, hat hier nichts zur Sache. Hier ging es lediglich um die Unterscheidung zweier Kategorien, deren eine – die Travestie – hiemit aus unsren Betrachtungen ausscheidet. Ebenso versagen wir uns in Hinkunft die Zuhilfenahme literarischer Stichwörterbücher mit ihren teils oberflächlichen, teils längst überholten Deutungs- und Definitionsversuchen.

Eine weitere, nicht weniger häufige und nicht weniger naive Verwechslung erfolgt zwischen Parodie und Kopie. Robert Neumann, unter den heute lebenden Parodisten nicht nur der weitaus bedeutendste Praktiker, sondern auch der einzige, der sich auf zulängliche Weise mit der Theorie dieser Kunstform beschäftigt hat, belegt den Nonsens dieser Verwechslung mit einem geradezu kindisch einleuchtenden Beispiel. In seinen »Anmerkungen zu einer Ästhetik der Parodie« stellt er die simple Frage: »Wenn ich Kikeriki sage, habe ich damit den Hahn parodiert?« Und er beantwortet diese simple Frage mit dem simplen »Nein«, das ihr gebührt. Wir werden freilich noch merken, daß sich dem Unterschied zwischen Parodie und Nachahmung nicht immer auf so simple Weise beikommen läßt. Daß Einer, der Kikeriki sagt, den Hahn nicht parodiert, sondern bloß imitiert hat, ist klar, sogar ihm selbst. Hingegen kann Einer, der ein Gedicht »frei nach« Heine oder Morgenstern zustandegereimt oder sich ein Stück Prosa »im Stil« von Thomas Mann oder Karl Kraus abgequält hat, sehr wohl der Meinung sein, eine Parodie geliefert zu haben, obwohl er im Grunde nur Kikeriki gesagt hat.

Noch um einiges komplizierter verhält es sich mit einer irrigen Abart der Parodie, die trotz scheinbarer Zulänglichkeit im Technischen – Beibehaltung oder Übersteigerung der formalen Würde bei gleichzeitiger Ent-Würdigung des Inhalts – dennoch am Wesen der Parodie schmerzhaft und sträflich vorbeischießt. Abermals ist es Neumann, der in seinem schon erwähnten Essay ein besonders einleuchtendes Beispiel für das humorige Mißverständnis anführt, ein aktuelles Produkt aus der Kriegszeit:

Wer nie sein Brot mit Tränen aß,
Wer nie die kummervollen Nächte
Vor einem Bäckerladen saß,
Der kennt Euch nicht . . . usw. usw.

»Wem wird da zu Leibe gerückt?« fragt Neumann. »Doch sicherlich nicht Goethe, sondern dem Ernährungsminister? Aber genau das, diese Zusammenhanglosigkeit zwischen der zum Geschoß benützten Form und dem Anlaß, auf den geschossen wird, macht das Produkt zur Nichtparodie.« Das heißt: mit der Parodie auf ein Goethe-Gedicht könnte man (wenn man's könnte) allenfalls Goethe attackieren, nicht aber den für die Brotversorgung der Bevölkerung verantwortlichen Regierungsfunktionär, den man, wenn überhaupt parodistisch, doch nur durch die Parodie eines seiner Erlässe attackieren könnte. Das heißt weiter: man darf eine originale Form nur zu solchen Zwecken parodieren, die sich gegen sie selbst oder gegen ihren legitimen Eigentümer richten, nicht aber zu beliebig andren Zwecken, die weder mit jener Form noch mit ihrem Eigentümer das geringste zu tun haben. Und das heißt schließlich (nun wieder mit Robert Neumanns Worten): »Die Parodie schießt auf den Parodierten mit der Waffe seiner eigenen Form. Das ist ihr besonderes Mittel, das ist ihre spezifische Art der Aggression, das erst macht sie zur Parodie.«

Und damit haben wir erstmals eine klare, positive Definition der parodistischen Kunstform vor uns.

Es ist noch keine vollständige Definition (und sogar Robert Neumann selbst wird sie noch vervollständigen müssen). Aber sie kommt dem Kern der Sache ungleich näher als alles, was uns in der bisherigen Geschichte der Parodie an Definitionen offeriert wurde und was in Wahrheit keine Definitionen waren, sondern mehr oder weniger geglückte Versuche, bestimmte Wesenszüge der Parodie zu umschreiben.

Parodie im weitesten, im nachsichtigst gefaßten Sinne ist so alt wie die Dichtkunst selbst, und schon Horaz hat seine dilettantischen Zeitgenossen mit typisierenden Spottversen recht eigentlich parodiert. In der deutschen Literatur beginnt die Parodie als eine absichtsvolle, arteigene und ihrer eigenen Art bewußte Kunstgattung gegen Ende des 18. Jahrhunderts aufzutreten, nachdem schon Gottsched, Jacobi, Hölty, Voß u.a. bei ihren literarischen Fehden gelegentlich auch Waffen aus dem parodistischen Arsenal angewendet hatten. 1840 ist es so weit, daß der Bamberger Literarhistoriker Zacharias Funck ein »Buch deutscher Parodien und Travestien« herausgeben kann, in dessen Vorwort er mit den Verächtern dieser Kunstgattung sehr energisch polemisiert. Nicht ohne Hohn wendet er sich gegen die »etwas ängstliche, ja philiströse Frage, ob Parodien und Travestien, angewandt auf Erzeugnisse edler und großer Dichter, zu rechtfertigen seien«, und mit einer für die damalige Zeit (wie erst für einen damaligen Literarhistoriker!) geradezu bewundernswerten Kühnheit antwortet er: »Wahre Poesie hält ihren Probierstein aus wie das ächte Gold. Jene Gedichte aber, die durch parodistische Behandlung an ihrem Werthe verlieren, sind keine ... Wer im Stande ist, durch irgend ein parodistisches Gedicht sich zum Nachtheile des Originals bestechen zu lassen, gehört den Kreisen der Oberflächlichkeit und Schwäche an, die nie zu einer Regel oder Richtschnur werden können und dürfen ...« Funck fordert für den Parodisten völlige Freiheit in der Stoff- und Autorenwahl, rechtfertigt ganz ausdrücklich die Wahl gerade der bedeutenden Dichter als parodistischen Anlaß (»weil dem Parodiendichter, der Natur der Sache nach, nur das Hohe, Ernste und Würdige als das Zweckmäßige erscheint, darum greift er danach – und wer liefert dies anders, als die Heroen der Poesie?«) und gelangt schließlich zu der fundamental gültigen Feststellung: »Eine Sammlung von Parodien deutscher Dichter gehört mit zur Geschichte der deutschen Literatur.«

Dieses Vorwort ist freilich schon das weitaus Beste an dem ganzen Band, dem nach kurzer Zeit eine zweite Auswahl nachfolgte und der sodann in einer einbändigen Neuauflage von annähernd 700 Seiten Umfang erscheinen konnte. Was sich auf diesen 700 Seiten an Niveau- und Humorlosigkeit angesammelt hat, ist für unsern heutigen Geschmack kaum noch zu ertragen. Da wimmelt es von den flachsten, billigsten Textvariationen Goethescher und Schillerscher Gedichte: »Kennst Du das Land« muß nicht weniger als sechsmal herhalten, »Das Lied von der Glocke« viermal, »Der Taucher«, »Die Bürgschaft« und »Der Handschuh« je dreimal etc. Auch Bürger, Claudius und Johann Heinrich Voß sind häufige Zielscheiben vermeintlicher Parodien, die ihnen wenig anhaben, und selbst so dankbare Objekte wie Kotzebue oder die patriotische Kriegslyrik des jungen Theodor Körner werden bestenfalls am Rand geritzt.

Ehret die Schneider, sie nähen und schaffen
Himmlische Kleider für irdische Laffen,
Flechten der Mode beglückendes Band ...

ist schon der geglückteste Fall einer »Parodie« auf Schiller,

Es war einmal ein Bader
Redselig bis ans Grab,
Dem sterbend einst sein Vater
Ein'n großen Meerschaum gab ...

ist das Brillanteste, was dem zeitgenössischen Parodisten zu Goethes »König in Thule« einfällt. Besonderer Beliebtheit (offenbar zu Vortragszwecken) erfreuten sich Travestien populärer Balladen in Berliner, plattdeutscher und jüdischer Mundart. Unter den Autoren finden sich nur ganz wenige heute noch bekannte Namen, darunter Blumauer, Gaudy,

Holtei, Saphir (besonders häufig) und erstaunlicherweise Raimund, der mit einem sein eigenes »Aschenlied« parodierenden »Choleralied« vertreten ist (»zur Cholera-Zeit von Raimund selbst in München auf der Hofbühne gesungen«, vermerkt eine Fußnote). Bemerkenswert ein Beispiel für die damals nicht selten in Zusatzstrophen ausgefochtenen Polemiken:

Man liest an jedem Ort
Das abgeschmackte Wort (nämlich Cholera)
Und theurer als Juwel'n
Verkaufen's die Flanell'n
Ein'n Cholera-Mann hab'ns auch:
Da hält man sich den Bauch.
Der Witz, ich steh dafür,
Ist sicher vom Saphir.
Ein Aschen!

An solchen zeit- und literargeschichtlich interessanten Anspielungen herrscht in dem umfangreichen Band kein Mangel – aber nach einer halbwegs haltbaren Parodie wird man vergeblich suchen. Selbst der scheinbare Volltreffer der Sammlung, ihr einziger, erweist sich bei näherem Zusehen als Fehlschuß. Immerhin, man muß erst näher zusehen, um das zu entdecken. Es handelt sich um eine Heine-Parodie von Wilhelm Neumann (1781–1834), und sie unterscheidet sich von allen übrigen schon durch die Großzügigkeit, sich nicht gegen ein bestimmtes Gedicht zu wenden, das man im originalen Wortlaut kennen müßte, sondern gegen das »Buch der Lieder« schlechtweg:

Den Gärtner nährt sein Spaten;
Den Bettler sein lahmes Bein;
Den Wechsler seine Dukaten;
Mich meine Liebespein.

Drum bin ich dir sehr verbunden,
Mein Kind, für dein treulos Herz:

Viel Gold hab' ich gefunden
Und Ruhm in Liebesschmerz.

Nun sing' ich bei nächt'ger Lampe
Den Jammer, der mich traf;
Er kommt bei Hoffmann und Campe
Heraus in Kleinoktav.

Das klingt durchaus geglückt, in der Form wie in der Haltung. Sogar die berühmte »romantische Ironie« ist gut getroffen – fast so gut wie von Heine selbst. Und das, in der Tat, ist einer der geheimnisvollsten Kerne des parodistischen Pudels, mit dem er sich selbst ad absurdum führt.

Richard M. Meyer, der diese Parodie in seinen 1913 erschienenen Sammelband »Deutsche Parodien von Gottsched bis auf unsere Zeit« aufgenommen hat, gibt ihr die ausdrückliche bibliographische Angabe mit, daß sie »den verdienten Erfolg hatte, wiederholt als ein echtes Gedicht Heines angesprochen zu werden«. Er stellt das natürlich in rühmender Absicht fest – und es fällt ihm nicht auf, daß dieser »verdiente Erfolg« in Wahrheit der größte Mißerfolg ist, der einer Parodie zustoßen kann. Ein Erfolg wäre so etwas höchstens für eine Kopie, die nichts weiter bezweckt, als dem Original möglichst täuschend zu ähneln. Eine Parodie jedoch, von der wir nun schon wissen, daß sie eine Attacke darstellt (oder mindestens in sich schließt), hat ihren Zweck verfehlt und ihre Daseinsberechtigung verspielt, wenn man sie tatsächlich für ein Produkt des attackierten Autors halten kann.

Daß dieses außerordentlich lehrreiche Beispiel einer ahnungslosen Verwechslung von Parodie und Nachahmung sich gerade bei Heine ergibt, ist kein Zufall. Zunächst sind die inneren und die äußeren Eigenheiten, die Form und der Inhalt Heinescher Lyrik so typisch, so leicht als typisch erkennbar und so leicht nachzuahmen, daß mit der geglückten Nachahmung bereits alles erledigt zu sein scheint. Was aber die Heinesche Lyrik selbst für den, der ihre irreführend leichte Kopierbarkeit durchschaut, besonders schwer parodierbar macht, ist der Umstand, daß sie schon im Original ein sehr starkes parodistisches Element aufweist: eben jene Selbstironie, mit der sie sich zum Schluß gegen die eigene Sentimentalität absichert. Das Fräulein, das vom Sonnenuntergang am Meere hingerissen ist und dem zum Schluß mitgeteilt wird, daß die Sonne von hinten zurückkehrt, unterscheidet sich nicht wesentlich von dem bei Hoffmann und Campe erscheinenden Jammer. Beide könnten von Heine und beide könnten von einem Heine-Nachahmer sein, aber keines von einem Parodisten (außer von Heine selbst).

Gehört Heine zu jenen Autoren, die sich der Parodie sozusagen nach unten entziehen, so entziehen sich ihr andre wieder nach oben. Weder dieses noch jenes besagt etwas für oder gegen die Qualität des betreffenden Dichters. Immerhin wird sich eher ein Dichter finden, der – simpel ausgedrückt – »zu gut« ist, um parodiert zu werden, als einer, der » zu schlecht« ist. Bei den »zu Schlechten« ist es wohl eher eine Frage der Literaturfähigkeit als der Parodierbarkeit, das heißt: sie liegen zu tief unterhalb eines noch als literarisch zu bezeichnenden Niveaus, als daß sie sich für die Anwendung des literarischen Kunstmittels »Parodie« überhaupt noch eignen. (Auf die nächste, sozusagen vorletzte literarische Stufe, kämen jene zu stehen, die gerade gut genug sind, um mit einer Parodie abgetan zu werden, bei denen also die parodistische Erledigung schon das Höchstmaß der literarischen Kritik darstellt.) Anderseits sind die »zu Guten« nur in den seltensten Fällen deshalb unparodierbar, weil sie »zu gut« sind; sondern es muß da zur Qualität noch etwas hinzugekommen sein, was sich der Parodie aus andern, außer-literarischen Gründen widersetzt. Das kann an der Integrität ihres Weltbildes und ihrer Persönlichkeit liegen, der dichterischen wie der menschlichen, an der Bruchlosigkeit ihrer Gesamterscheinung, wie bei Claudius, oder an einem tragischen Bruch, wie bei Hölderlin, oder an einer von so »irdischen« Mitteln wie der Parodie nicht mehr faßbaren Dimension, wie bei Shakespeare oder Goethe.

Was immer sich bisher an Shakespeare- oder Goethe-Parodien auftat, hat – wofern es überhaupt in das Gebiet der Parodie fiel und nicht ganz einfach in das der plumpen Geschmacklosigkeit – im denkbar peinlichsten Fiasko geendet. Die einzige und darum doppelt bemerkenswerte Ausnahme ist Friedrich Theodor Vischers »Faust. Der Tragödie dritter Theil. Von Deutobold Symbolizetti Allegoriowitsch Mystifizinsky«, 1862 erstmals erschienen und in mehreren (insgesamt sieben) Neuauflagen erheblich erweitert. Zwar geht es hier in erster Linie nicht gegen Goethe, sondern gegen die betäubende Schar seiner Interpreten, deren jeder die allein seligmachende Deutung des Genius für sich in Anspruch nimmt. Aber es ist doch unvermeidlich, daß auch der Genius selbst, der diese vielfältige Deutbarkeit besitzt und diese vielfältigen Deutungen provoziert, dabei gelegentlich etwas abbekommt. Zumindest ist es unklar, ob nur die unerträglich tiefschürfende Goethe-Deutung gemeint ist, wenn Mephisto mit den Worten: »Da bin ich – faßt den Satz in seiner Tiefe« die Szene betritt oder wenn »die Mütter«, zu denen Faust noch einmal hinabsteigt, sich als ein Kaffeekränzchen von alten Klatschtanten präsentieren:

»*(Die Bühne zeigt einen Raum, der kein Raum ist, nichtsdestoweniger in einer großen Höhle mit großem Thor und einer seitlichen Spalte des Gesteins besteht. Um auszudrükken, daß man sich außerhalb der Zeit befindet, kann die Theater-Uhr gestellt werden. Drei Mütter sitzen an einem steinernen Tisch, trinken Kaffee und sind zugleich beschäftigt, Figuren aus allerhand Zeug zu verfertigen. Sie singen.)*

MUTTER A.:

Theils sind wir wesenhaft,
Theils jedoch nicht,
Hexenhaft, besenhaft,
Wahrheit, Gedicht.
Tief in der Erde Schoß,

Also im Raum,
Doch zugleich körperlos,
Geistiger Schaum,
Außerhalb aller Zeit
Doch zugleich einst und heut,
Thronen wir plauderbar,
Spaßhaft, doch schauderbar,
Trinken Kaffe,
Juchhe!

Oder es kommt EUPHORION »aus der Seitenhöhle gehüpft, zur Laute singend, in kurzen Pausen hochaufspringend«:

Bin die Begeisterung,
Bin der sublime Schwung,
Bin auch der wilde Sprung
Tief in die Niederung,
Hurre hopp hopp!

Bin Himmelsstürmerei,
Edelste Raserei
Neuester Poesei,
Ungezähmt göttlich frei!
Hurre hopp hopp!

(Springt stärker auf.)

HELENA:

Ach du lieb Knabenbild,
Springe doch nicht so wild,
Möglichen Falls
Brichst du den Hals!

Erst im Nachspiel verschiebt sich das Schwergewicht der parodistischen Attacke immer eindeutiger gegen die Goethe-Forscher hin, zumal in jener köstlichen Szene, da in Valentins am Weg zum Himmel gelegenen Einkehrgasthaus »die Gesellschaft der an Goethes Faust sich zu todt erklärt habenden Erklärer« erscheint, »bestehend aus Professor Denkerke, drei Stoffhubern mit Namen Scharrer, Karrer und Brösamle und drei Sinnhubern mit Namen Deuterke, Grübelwitz und Hascherl«. Hier finden sich dann auch Objekt und Subjekt der Parodie zu einer reinigenden Aussprache, in der von seiten des Autors jene Worte fallen, die ihn – wäre er das durch seinen literarischen und geistigen Rang nicht ohnedies gewesen – vollends zu seinem Versuch legitimieren:

Verstehen kannst Du meines Spottes Born:
Erkrankte Liebe ist mein ganzer Zorn.

Goethes Zeitgenossen waren da viel weniger zimperlich, und sogar den wackern Matthias Claudius schien rechtschaffen der Teufel geholt zu haben, als es damals »in Weimar und in Jena« mit den Distichen losging:

Im Hexameter zieht der ästhetische Dudelsack Wind ein;
Im Pentameter drauf läßt er ihn wieder heraus.

Übrigens hat die Parodie in der unmittelbaren Nachfolge der Klassiker eine erste Blütezeit erlebt, in der sie schon recht nahe an unsre heutigen Begriffe und Vorstellungen herankam. Besonders die Romantiker wandten ihren Spieltrieb und ihre Formenfreude mit Vorliebe diesem Gegenstand zu, und die Treffsicherheit, mit der etwa August Wilhelm Schlegel gegen die billigen Reimereien nach orientalischen Mustern zu Felde zog, also vor allem gegen Rückert und seine Nachahmer, darf sich getrost auch heute noch sehen lassen. Von Karl Immermann stammt folgendes:

Östliche Poeten

Groß mérite ist es jetzo, nach Saadis Art zu girren,
Doch mir scheint's egal gepudelt, ob wir östlich, westlich irren.

Aus Bequemlichkeit verehren sie die Kühe frommer Inden,
Daß sie den Olympus mögen nächst in jedem Kuhstall finden.

Von den Früchten, die sie aus dem Gartenhain von Schiras stehlen,
Essen sie zuviel, die Armen, und vomieren dann Ghaselen.

Überhaupt besaß man im vorigen Jahrhundert ein scharfes Ohr für die Oberflächlichkeit einer klangberauschten Exotik, die damals ins literarische Kraut zu schießen begann, und nicht nur Heine lag auf der Lauer, um den Platen und Freiligrath satirische Knüppel zwischen die wanderfrohen Versfüße zu werfen. In den »Musenklängen aus Deutschlands Leierkasten«, 1845 in Leipzig erschienen, finden sich die folgenden »Freiligrathiana« eines anonymen Parodisten:

Liebchen komm – vor dieser Zeit, der schweren,
Birg' mit mir Dich in den Kordilleren;
Von Konflikt und Militärpflicht frei
Atme hoch die Brust in Paraguay.

Alte Welt – Berlin, Paris, addio!
Riesenwelt von Santa Fé und Rio,
Welt von Mazatlan und Veracruz,
Gib uns Du vor Krach und Pleite Schutz!

Weg die Klänge Don Juans und Zampas!
Hufgestampfe lockt uns in die Pampas,
Wo das Rindvieh, chemisch maltraitiert,
Sich zum Fleischextrakte kondensiert.

Liebchen komm! den heimatlichen Bettel
Werfen wir vom Popocatepetel,
Und dem Kreischen nur des Kakadu
Hören wir vom Titikaka zu.

Erstmals werden um diese Zeit auch ganze literarische Schulen und Gattungen aufs Korn genommen, und das ist vielleicht der bemerkenswerteste Fortschritt in die Richtung zur modernen Parodie (denn bis dahin pflegten sich Parodien nahezu sklavischer Regelmäßigkeit an die Vorlage eines einzelnen, möglichst populären Werks zu halten). Adelbert von Chamisso, seinerseits den Wirkungen der Schauerballade nicht durchaus abhold, wurde eines Tags von gelinder Skepsis dieser Balladengattung gegenüber heimgesucht und dichtete 1832 das folgende »Fragment«:

Der arme Sünder

Zu Grüneberg in der längsten Nacht,
In später Geisterstunde,
Erbrauset mit Schneegestöber der Sturm,
Die Eule kreischet im alten Turm,
Und ängstlich winseln die Hunde.

Im untern Dorf in des Schulzen Haus
Vermehret ein Traum das Grauen;
Die Frau schreit auf: »Mein Kind! mein Kind!
Auf, Vater auf! Zum Förster geschwind,
Nach unserm Sohne zu schauen!« –

»Was sollte dem Burschen geschehen sein?
Verscheuche mit Beten die Träume!
Zum Förster ist's weit, der Pfad ist verschneit;
Schlaf ein! schlaf ein! 's ist Schlafenszeit,
Es sind ja Träume nur Schäume.« –

»Unsägliches muß ihm geschehen sein,
O Vater, bedenke das Ende!
Er saß im Bette, verstört und bleich,
Und rang, dem armen Sünder gleich,
Verzweiflungsvoll die Hände.«

Es grauset dem Vater bei solchem Wort;
Da will er den Gang doch wagen.
Er kleidet sich an, er eilet hinaus
Durch Nacht und Sturm nach dem Jägerhaus,
Nach seinem Kinde zu fragen.

Die Nacht ist schaurig und finster und kalt,
Von Angst das Herz ihm beklommen;
Am alten Turm, da kreischt es und pfeift,
Ihn höhnt der Sturm, der den Wald durchstreift,
Als heult' er: »Zu späte gekommen!«

Kaum atmend erreicht er das Haus und beginnt,
An Tür und Fenster zu schlagen:
»Wach' auf, du Förster! und öffne mir bald!
Ist hier mein Jürgen oder im Wald?
Was hat sich zugetragen?«

Der läßt ihn ein, er fragt ihn aus,
Es will ihn seltsam bedunken:
»Dein Jürgen schläft. Gesund und rot,
Hat gestern er noch zum Abendbrot
Gegessen wie zwei und getrunken.« –

»Ich will ihn sehn! ich muß ihn sehn!«
Den Förster rührt der Jammer.
Er treppenhinauf mit dem Alten steigt,
Er öffnet die Tür, die da sich zeigt,
Er leuchtet ihm in die Kammer.

Und was sie sehen –! Es sträubt sich ihr Haar
zu Berge, sie stehen versteinet.
Der sitzt im Bette verstört und bleich
Und ringt, dem armen Sünder gleich,
Die Hände verzweifelnd und weinet.

»Was ist geschehn?« – »Nichts! nichts! hinweg« –
»O sprich! was hast du begangen?«
»Ich kann's nicht sagen!« – »Entdeck' es uns nur!
Wir schwören dir hier den heiligsten Schwur,
Du sollst Vergebung erlangen.« –

»O, wie ihr doch zudringlich seid!
Und wollt ihr's und müßt ihr es wissen,
Ich hab' – ich weiß nicht, wie es kam,

Ich hab' – es überfällt mich die Scham,
Ich hab' ins – – – –

Hier fehlt etwas im Manuskript, vermerkt Chamisso mit treuherzigem – also parodistischem – Augenaufschlag. Desunt quaedam in manuscripto.

Die Zeit war reif, um der Parodie ihre endgültige, festumrissene Gestalt zu geben und ihr den unverwechselbaren literarischen Rang, die eindeutig kritische und polemische Position zu sichern, die sie heute innehat. 1878 erschien in der Union Deutschen Verlagsgesellschaft, einem der damals führenden deutschen Verlagshäuser, das erste Bändchen von Fritz Mauthners parodistischen Studien »Nach berühmten Mustern« (ein Titel, der jahrzehntelang den Wertungs- und Wertigkeitsgrad eines Zitats besaß). Das Bändchen erreichte innerhalb Jahresfrist 28 Auflagen, die bald darauf erschienene »Neue Folge« 16 Auflagen, die Gesamtausgabe wurde noch bis tief ins erste Jahrzehnt des 20. Jahrhunderts hinein immer wieder neu aufgelegt. Mauthner, in den höheren Bezirken der Philosophie und Philologie beheimatet – er schrieb unter anderm eine mehrbändige, bis heute als Standardwerk geltende »Kritik der Sprache« –, wußte sehr genau, wovon er sprach, wußte sehr genau, was er unter Parodie verstand und verstanden wissen wollte. Scharf und entschieden wandte er sich gegen die bis dahin geübte »harmlose Art von Parodie«. Er fand, daß »die alte Form für einen bloßen Ulk zu gut« sei, daß »die Parodie zur Kritik werden und die Manier ins Herz treffen« müsse. »Parodie muß Kritik sein, oder sie darf gar nicht sein« lautete der befreiend klare Kernsatz seiner Auffassung, und erstaunlich modern muten die Begründungen an, die er ihr mitgab: »Jedes Genie hat ein Recht auf seine eigentümlichen Fehler. Aber früher trugen die Herren ihre Narrenkappen unbewußt, und wenn sie sie doch einmal bemerkten, so schämten sie sich ihrer. Scham? Heutzutage weiß jedes ›Genie‹, daß es von der großen Masse nicht an seinen besonderen

Ideen, sondern nur an seiner besonderen Kappe erkannt wird. Ei, da muß man doch die Kappe recht sichtbar vor aller Augen tragen. Die Narrenkappe ist Firmatafel, ist Fabrikszeichen der großen Herren geworden. Sie übertreiben mit Absicht ihre eigene Manier.«

Und damit kamen sie bei Mauthner schlecht an. Was er gegen die Modeschriftsteller seiner Tage, die Auerbach und Bodenstedt, die Ebert und Marlitt an Breitseiten abfeuerte, war so vernichtend, daß die Folgen beinahe plastisch sichtbar wurden, und die von Mauthner Hingerichteten literarisch ernst zu nehmen, widersprach schon binnen kurzem dem akzeptierten Minimum an Geschmack (zu dessen Hebung Mauthner somit nicht wenig beigetragen hatte). Eben darum – weil die Anlässe so gründlich in Vergessenheit geraten sind – mag es dem heutigen Leser scheinen, als seien Mauthners Parodien »veraltet«. Sie sind es in Wahrheit so wenig wie etwa die Karikaturen Daumiers. Sie sind Musterbeispiele für eine angewandte Theorie literarischer Kritik, für die Entlarvung des Unechten durch die Konfrontation mit seinem eigenen Anspruch. Ähnlich wie Julius Stettenheim mit seinem »Wippchen« die erste, tödliche Bresche in die Verlogenheiten des Journalismus schlug, hat Mauthner den literarischen Verlogenheiten die erste wirklich tödliche Blamage zugefügt. Und wenn seine Parodien heute nur noch einem kleinen Kreis literarischer Feinschmecker bekannt und geläufig sind, so liegt das weniger an ihren überholten Anlässen als an dem für unsre raschlebige Zeit nur schwer verdaulichen Umfang, den Mauthner auf die Auseinandersetzung mit den literarischen Unarten einer ganzen Epoche aufwenden konnte. Aber das gründliche Behagen, mit dem er seine Opfer transchierte, wird auch im kürzesten Exzerpt volle Wirkung erzielen. Man braucht von seiner acht Seiten langen Parodie auf Felix Dahn eigentlich nicht mehr zu kennen als den Titel: »Adamrich und Evchen, eine patriotische Oper«, man braucht nicht mehr zu wissen, als daß ein altdeutsch sprechender Jehova den Sassen des Paradieses die Berührung des Reichsapfels untersagt hat und daß, als sie dem Verbot zuwiderhandelten, »mit Stabreimen bewaffnete Engel aufgeboten« wurden, um sie hinauszuwerfen ... Und die bodenständige Betulichkeit, mit der Berthold Auerbach sich überall dort, wo man von wahrer Bodenständigkeit keine Ahnung hatte, den Erfolg seiner »Schwarzwälder Dorfgeschichten« sicherte, wird restlos entlarvt, wenn man nur die ersten Sätze der Mauthnerschen Auerbach-Parodie liest:

Walpurga, die taufrische Amme

Der Bauer nieste.
Die Bäuerin blickte stolz auf ihre stattliche Tochter Walpurga, als wollte sie sagen: Welch ein weltkluger Mann.

Aus dem Tagebuche Walpurgas

Es gibt arme Leute und reiche Leute auf Gottes allfreier Welt. Wohl dem, der es nicht ist.

Wir sind alleins, ich und jedes. Selbst ein Floh hat teil an mir und wenn man ihn quält, so thut es mir weh, als geschähe mir selbst ein Leid. Freili nit so stark.

Über Emile du Bois-Reymond, den germanischen Historiker mit dem so gar nicht germanischen Namen, macht sich Mauthner mit einer »Festrede« her, die unter anderm folgende Stelle enthält:

Die Germanen sind nicht chauvinistisch. Wenn erst auf dem Nordpol eine feste Station deutscher Panzerschiffe den Handel der Nordvölker beherrscht und magnetische Untersuchungen deutscher Professoren vor störenden Eingriffen ausländischen Ehrgeizes schützt, wenn erst die Grenzen deutscher Macht hinweg über die schwarze Haut, die weißen Zähne und das rote Blut des Negers bis an den Südpol reichen, wenn erst deutsche Wissenschaft den Hering zwingen wird, nur in deutschen Gewässern zu laichen, den

Büffel, nur auf deutschen Prairien zu weiden, wenn erst der Regenbogen seine unlogisch und bunt schillernden Farben auf dem Altar der Vaterlandsliebe opfern und schwarz-weiß-rot auf seinen fabelhaften Schüsseln von deutschem Golde stehen wird, dann werde ich dem Germanen ein befriedigtes »Genug!« zurufen und der Germane wird mir antworten: »Es sei!« Denn der Germane ist nicht chauvinistisch.

Und die gute alte Marlitt hebt folgendermaßen an, »Das Geheimnis der ledernen Hose« preiszugeben:

»Der Schauplatz der folgenden Geschichte, meine geliebte kleine Leserin, ist ein reizendes Heim, in einem Städtchen, welches von lauter beschränkten aber unklugen Menschen bewohnt wird.
Der erste Strahl der Mutter Sonne trippelte eben durch das geöffnete Fensterlein in das trauliche Stübchen und setzte sich voll von der balsamischen Luft des grünen Maientags auf die Kinder des Frühlings, welche in einer köstlichen Vase aus Meißener Porzellan ihr ach! so frühes Grab fanden. Hinter den Lieblingen Floras saß die anmutige Jungfer Barbara. Tante Barbara wurde sie von aller Welt genannt, denn sie war fabelhaft alt. Sie lag eben ihrer süßen Pflicht ob, der blonden Portiuncula – Punkel wurde sie von der alten Mamsell geheißen – die bitteren Erfahrungen ihres mimosenhaften Lebens zu überliefern.
»So wahr Gott lebt, ich bin eine Atheistin! Ich gehe sogar so weit, den Jesuitenorden mit einer Giftpflanze zu vergleichen. Doch vergiß nie, liebes Punkelchen, daß ein Weib ohne Religion ein Epheu ist ohne eine Eiche für seine Ranken. Und überhaupt – das Weib soll nicht länger die Sklavin des barbarischen Mannes sein, sie soll selbständig fühlen lernen, auf eigenen Füßen stehen und den harten Mann beherrschen. Darum, meine teure Punkel, mehr Wirtschaftsgeld! Auch wir haben Logik, auch wir haben Poesie, nämlich unsere eigene! Weißt du, was Liebe ist, mein Kind?«

»Ein süßer Kuchen, mit dem man Störche in das Netz lockt«, antwortete Punkel. Sie war so fabelhaft unerfahren, das liebe Kind ...

Ungefähr in dieser Höhe hat Fritz Mauthner – übrigens ein gebürtiger Österreicher – vor achtzig Jahren den Pegel der modernen Parodie angebracht. Er ist von keinem seiner Nachfolger übertroffen und nur von einem einzigen erreicht worden.

Ein halbes Jahrhundert verging, ehe Parodien wieder solches Aufsehen machten und solchen Erfolg hatten wie Mauthners »Nach berühmten Mustern«. 1928 erschien bei Engelhorn in Stuttgart Robert Neumanns erster Parodienband unter dem (gleichfalls zum Zitat gewordenen) Titel »Mit fremden Federn«, und wenige Jahre später folgte als zweiter Band »Unter falscher Flagge«. Den Schluß dieses zweiten Bandes bildete eine Parodie auf den gefürchteten Parodisten selbst, mit der ein damals noch sehr junger Autor seine parodistische Visitkarte abgab. Der damals noch sehr junge Autor, den Robert Neumann bis heute als seinen einzigen Rivalen anerkennt, hieß Friedrich Torberg.*

Wenn wir geneigt sind, Robert Neumann noch um eine Kleinigkeit höher einzuschätzen als Fritz Mauthner, so liegt das wohl nicht nur daran, daß die Gegenstände und Opfer seiner Parodien unsre eigenen Zeitgenossen sind, daß wir ihre Werke kennen und ihre Schwächen im Zerrspiegel der Neumannschen Parodistik mit mühelosem Vergnügen wiedererkennen. Robert Neumann hat darüber hinaus die von Mauthner entwickelte Technik bis zu einer selbst von Mauthner kaum vorgeahnten Vollkommenheit verfeinert. Der Gipfel dieser Verfeinerung war erreicht, als Neumann die Wahrnehmung, daß manche Autoren fast schon wie eine Parodie ihrer selbst wirken, sozusagen beim Wort nahm: indem er tatsächlich die eigenen Worte der betroffenen Autoren

* Siehe Seite 230: Die Woche

zur Zeugenschaft wider sie aufrief und »Zitate statt einer Parodie« präsentierte. Seine eigene Leistung bestand dabei nur noch in der kunstvollen Auswahl besonders markanter Stellen, in ihrer bedeutungsvollen Aneinanderreihung, und im jähen Abbruch an einem bestimmten Punkt des Satzgefüges, das daraufhin in nacktester, hilflosester Entblößung in die Welt glotzte und nicht mehr wußte, wie ihm geschah. Die eitlen Selbstheroisierungen kriegsberauschter Literatur-Haudegen wie E. E. Dwinger wurden diesem Sterilisierungsverfahren genau so wirksam unterzogen wie die atemlosen Oberflächlichkeiten des »rasenden Reporters« Egon Erwin Kisch oder die allzu bereitwilligen Lobhudeleien, zu denen Thomas Mann sich herzugeben liebte.

Von einem weiteren Verdienst Robert Neumanns war schon früher die Rede: von seinen theoretischen Untersuchungen über die Parodie, die es ihm ermöglichten, die Grenzen dieser Kunstgattung zu erkennen und zugleich bis an die äußersten dieser Grenzen zu gehen. Die untrügliche Erkenntnis etwa, daß eine Rilke-Parodie, wenn sie den richtigen Ton treffen will, unbedingt und in jedem Fall schön klingen muß, womit sie einen Teil ihrer Aggressivität notwendig einbüßt, diese theoretisch unwiderlegliche Erkenntnis hätte einen minder perfekten Praktiker folgerichtig veranlassen müssen, Rilke nicht zu parodieren. Neumann bewies seine Meisterschaft, indem er diese seine Erkenntnis mit ihrem eigenen Dementi, indem er ein Rilkesches Original mit der Parodie auf solche Weise verschmolz, daß die beiden Teile kaum noch auseinanderzuhalten waren:

Aus der Weise von Liebe und Tod des Cornet Christoph Rilke

Rast! Einmal wieder ruhen. Träumen von den heimischen Truhen und sich ruhig im Grase dehnen und das Sehnen und Kühlewähnen der verrauschenden Lichtfontänen nicht mehr senden in alle Welt. Schreiten in weiten festlichen Schuhen vor dem aufgeschlagenen Zelt. Und wieder einmal die Hände fassen und wieder lernen, was Spiel und Tanz ist auf der allabendlich atmenden Au. Und daß in blendenden Himmelsfernen nicht so viel sonniger Seidenglanz ist wie in den zarten, silberblassen Zügen einer sanft schreitenden Frau.

Brand! Und es klirrt an der Glätte. Über die Kette der Minarette flackt schon Geknatter. Weiße Wände heben die Hand. Aber ein satter Nachtgevatter ist ohne Blende über die niederen Nelken geneigt. Schweigt. Lüsterne Flüsse ahnen allen Bestatter. Der von Langenau bricht – und das Licht ist das Tor – vom Gesicht aus der Nacht durch die Wacht in den Chor und sendet flatternder Fahnen Gewicht hell heiß aus den brechenden Brettern hervor. Verwirrt das Gehöft. Durchklirrt die Gefahr und schirrt seine Stute. Und der ganzen staunenden Mädchenschar – ihr girrt noch geblufft über Tag und Jahr der Rilkische Rhythmus im Blute.

Man muß schon ein sehr gründlicher Rilke-Kenner sein oder sehr genau hinschauen, um herauszubekommen, wo das Originalzitat aus dem »Cornet« in die Neumannsche Parodie übergeht.

Was hier das Schwelgen im Wort-Rausch, das ist in der nachfolgenden Parodie auf Hans Leip das Schwelgen im bärbeissigen Fachjargon des Seemanns:

Oihoi!
Peilte ich aus den Luken gegen den Dämmerwind;
auf den Sänden in Lee stand die Brandung. Schon
flogen Seil und Treil unter die Marsen, die krengten
wie blake Kerlsköpfe über dem Prielgischt, der
auf den Sänden bebte wie flandrische Hemdsäume.

Oder ich plikte die Kellung. Dann hechte der
weiße Kascht von den Rellingen – oihoi! ahu! –

bis in die plitschende Wohlung der Spunten und hinauf, zurück, hoho, weit über das leeke Tachtersegel bis an die höchste Pulkflagge am Spiek.

Die Grenze zwischen Original und Parodie verläuft genau entlang der flandrischen Hemdsäume. Bis zu denen ist es tatsächlich Leip, auch wenn es wie Neumann klingt. Von da an verhält sich's umgekehrt. Es ist, obwohl es wie Leip klingt, von Neumann.

Von solchen Anlässen ausgehend, hat Robert Neumann schließlich die endgültige Formulierung für seine Definition der Parodie gefunden. Daß Parodie unter allen Umständen Kritik zu sein hat, wußte schon Fritz Mauthner, der mit dem Unding der »harmlosen« oder »respektvollen« Parodie aufräumte. Daß die formalen Mittel, deren sich die Parodie in ihrer kritischen Funktion bedient, niemals bei der bloßen Nachahmung stehenbleiben dürfen, bildete die Grundlage des Neumannschen Postulats, daß die Parodie den Parodierten mit der Waffe seiner eigenen Form zu treffen hat. Als letztes kam nun noch die Erkenntnis hinzu, daß es mit der Verwendung der »Form« als solcher (die sich ja auch mit der Nachahmung zufriedengeben könnte) noch nicht getan sei, sondern daß sie einer gewissen Verzerrung bedürfe, um parodistisch wirksam zu werden. Damit war die Verwandtschaft zwischen Parodie und Karikatur gegeben – und zugleich der Unterschied zwischen beiden. Die Karikatur verzerrt ein Original – das heißt dessen Schwächen und Auffälligkeiten –, aber der Karikaturist bedient sich dabei durchaus seiner eigenen Mittel. Auch der Parodist übersteigert die Schwächen und Auffälligkeiten seines Modells, aber er tut das in einer vom Modell geborgten Form. Und damit dürfte die voll- und endgültige Definition der Parodie gegeben sein: Parodie ist Karikatur mit den Mitteln des Karikierten.

Eine einzige seiner Theorien hat Robert Neumann revidieren müssen. Vielleicht mußte er gar nicht, aber er war entweder ritterlich oder gescheit genug, es zu tun. Gestützt auf die unleugbare Tatsache, daß die zahllosen Morgenstern-Parodien, die im ersten Drittel unsres Jahrhunderts allenthalben feilgeboten wurden, in Wahrheit nichts andres waren als mehr oder weniger geglückte Morgenstern-Nachahmungen, hatte Neumann die These aufgestellt, daß Morgenstern sich überhaupt nicht parodieren läßt, und zwar deshalb nicht, weil er – hierin in einem gewissen Sinn dem gleichfalls kaum parodierbaren Heine ähnelnd – schon im Original ein zu starkes parodistisches Element enthält, als daß es noch parodiert werden könnte. Den von Neumann anerkannten Gegenbeweis demonstrierte ich selber an der Gegenüberstellung einer Morgenstern-Nachahmung mit einer Morgenstern-Parodie.*

Es ist übrigens nicht allgemein bekannt, daß Christian Morgenstern das oft zitierte »parodistische Element«, das in seinen »Galgenliedern« so genial absorbiert ist, auch zu eigener Gestalt gedeihen ließ. In seinem posthum erschienenen Groteskenband »Die Schallmühle« sind einige Parodien enthalten, die sich getrost neben den Meisterschöpfungen Mauthners und Neumanns sehen lassen können und die weit über die Produkte der dazwischenliegenden Garnitur von Gumppenberg bis Twardowski hinausragen. Am Ende bleibt es gar Geschmacksache, ob man etwa die nachfolgende George-Parodie von Morgenstern in ihrer blühend blödsinnigen Klangschwelgerei nicht nur neben, sondern über die George-Parodie Robert Neumanns stellen will.

AUS LAMETTA VOM CHRISTBAUM DER DRITTLETZTEN ERLEUCHTUNG

Ich wünschte daß ihr jene pfade trätet
Auf denen unsre antilopen-süchte

* In PPP

Dem myrrhenduft berauschenderer früchte
Genossen als um die ihr glücklich bätet

Daß weid und pappel ihres matten silbers
Entwohnten zierrat euch zu knieen schütte
Indes zum tempelhof des weltvergilbers
Die knaben wallen wein in buchner bütte

Dann würden eure wunden durch die gitter
Der allzustrengen schergen röter bluten
Und eure seelen auf dem hochgeschuhten
Kothurn des engels nahn dem kranz der ritter

Morgenstern hat auch die schon im vorigen Jahrhundert geübte und von Robert Neumann sonderbarerweise völlig vernachlässigte Technik, statt einzelner Dichter ganze Schulen zu parodieren, mit größter Meisterschaft beherrscht. Ein besonders geglücktes Beispiel dafür ist seine Parodie auf die »Romantische Schule«.

Am Kirchhof stehn drei Kreuze.
Des Posthorns Peitsche knallt.
Im Walde schrein drei Käuze.
O wie bald! O wie bald! O wie bald!

Verzeiht mir, wenn ich mich schneuze,
doch wird mir so wunderlich,
denk ich an die Käuze, die Kreuze,
und den Wald und das Posthorn und mich.

Schon um nicht immer und ausschließlich in den von meinem wohlwollenden Lehrer vorgezeichneten Pfaden zu wandeln, habe ich es mir angelegen sein lassen, die von Neumann verschont gebliebenen »Schulen« auf parodisierende Formeln zu bringen. Eine besonders fruchtbare Gelegenheit dazu bot sich in einem Zyklus von Kurzparodien, der unter dem Titel »Angewandte Lyrik von Klopstock bis Blubo« eine »Literaturgeschichte in Beispielen« zu geben versucht, wobei die einzelnen Dichter – oder die einzelnen Schulen – in ihrem eigenen Stil epigrammatisch charakterisiert werden.*

Damit sind wir am Ende unseres Spaziergangs durch die moderne deutsche Parodie. Und damit haben wir zum Schluß noch auf ein sehr wesentliches Merkmal der Parodie hingewiesen, das allerdings nicht nur für die Parodie, sondern für jede künstlerische Bemühung von Wichtigkeit ist: Beschränkung auf das Wesentliche, oder, um es noch kürzer zu sagen, die Kürze. Unter diesem Gesichtspunkt darf etwa die von Helmut Käutner stammende Parodie auf Erich Kästner als ein Muster- und Meisterstück ihrer Gattung gelten:

Am Bahnhof

Auf einem Bahnsteig steht ein Zug nach Leipzig.
Und auf dem andern steht ein Zug nach Kiel.
Dann nimmt man Abschied. Und man sagt, man schreibt sich.
Doch schreibt sich man nicht viel.

Hier, in diesen kurzen vier Zeilen, ist tatsächlich alles angetönt und eingefangen, was zum Wesen der Kästnerschen Lyrik gehört: die scheinbare Sachlichkeit, durch deren Ritzen recht unverhohlen die Sentimentalität hervorlugt; die Hast der Großstadtatmosphäre; die Liebe und ihre Resignation; und das sanfte Augenzwinkern im Hintergrund, das den ganzen Aufwand desavouiert. Ein wahres Konzentrat an parodistischer Treffsicherheit.

Aber es gibt ein noch kürzeres Beispiel, und es findet sich erstaunlicherweise bei eben jenem Fritz Mauthner, dessen einziger Defekt für uns Heutige in der weit ausschwärmenden Angriffsfront seiner Parodien besteht. Viktor Scheffel, das wein- und trinkselige Idol zweier Studentengenerationen, der Autor des seinerzeit unglaublich populären »Trompeter

* In PPP

von Säckingen« und andrer Vers-Epen, dem alles recht war, solange nur getrunken wurde und solange es sich nur in einen vierhebigen Trochäus keltern ließ, bekam von Mauthner eine Parodie ab, die eigentlich schon in ihrer ersten Zeile alles sagte, was gegen Scheffel zu sagen war:

'ktober war's und gutes Weinjahr

hieß diese erste Zeile.

Und bauz! damit war auch schon die ganze Venus perdu.

Die Mache

Nach Robert Neumann

(1932)

> Diese Parodie habe nicht ich geschrieben, sondern mein junger Freund Friedrich Torberg. Ich finde sie schlecht und höchst unfair.
> Alt-Aussee, 1932. Robert Neumann
>
> Mein junger Freund Friedrich Torberg ist mittlerweile um 18 Jahre älter geworden. Ich finde seine Parodie miserabel.
> Cranbrook, Kent, 1950. Robert Neumann

– so daß ein höherer Beschauer, dem wir alles das vorzulegen hätten, dies überzeugungskräftig wortreich Vorgebrachte, vertrackt ersonnen zu keinem andern Behuf als zu dem, eben jene Wirrnis in eben jenem Beschauer hervorzurufen – daß er also, sage ich, sich angesichts solchen in zu viel Leben Verstricktseins die Frage vorlegen würde (Zulässigkeit leicht israelitischen Tonfalls bei höheren Beschauern aus dem Pentateuch abgeleitet und als vorhanden unterstellt) – die Frage nämlich: wos will er?

Nun sehen wir ihn uns aber einmal etwas näher an, dem diese Frage gilt. Da geht er, blankzähnig und federnden Ganges (Ganges, mußt du wissen, ist gleichzeitig auch ein Fluß in Indien, Benares liegt an seinen Ufern, oder Kalkutta, wer könnte das auf der Stelle so genau sagen, Träumer sind wir allesamt, verläßlicheren Informationen Zugetane mögen bei Bonsels oder Hanns Heinz Ewers nachblättern, uns interessiert es weiter nicht) – da geht er also, mittenwegs der Straße, o diese flammenvoll lockende Gefahr, aber es fährt gerade kein Auto, weit nicht und breit nicht, er ist heute in schlechter Form – da geht er, geht: in ein Literatencafé, die Frau wird er dort treffen, die liebe Frau, die unlängst Vögeln gesagt hat, bums, da hast du es stehn. Brustwarzen sind ihr zu eigen – zwei Seiten oder gar zweieinhalb lassen sich über diese Brustwarzen schreiben, daß dir ordentlich übel wird vor dem bloßen Vorhandensein von Brustwarzen am weiblichen Körper, corpus feminae, wie der Lateiner sagen würde, wenn ers sagte, er sagts aber nicht.

Da geht er also, offenen Augs, er sieht, daß Häuser stehen und Wände, das Gelbgelbgelbe über ihnen, das sind Plakate, und dort die beiden Herren, ihre Väter haben sie gezeugt, dann sind sie gestorben, an Syphilis, beziehungsweise an Zuckerharnruhr und Knochentuberkulose – doch wollen wir das so genau gar nicht wissen, wir wissen viel interessantere Dinge, wir haben ja, wenn auch nicht gerade die Adelsschule zu Tiflis, so doch das Realgymnasium besucht, und vielleicht fallen dir dazu ein paar Sätze aus der Religionsstunde ein, uwewaldecho uwekochreschoh uwegasreschoh. Oh, manches ist uns kund, da, das Seidigseidene schau, Mädchenbeine sind es, huschhusch wuwu ich bin so sinnlich, und nun wieder die beiden Herren dort, da neigt der eine sich zu des andern Ohr, wäre uns näher hinzuhorchen verstattet, so hörten wir, wie er flüstert: »Sie haben einen Toilettefehler!« – wir aber entsinnen uns eines chiffrierten Telegramms und wissen, daß da jetzt mindestens eine Tscherwonzenfälschung ausgeknobelt wird, da kannst du Gift darauf nehmen, Gift, du bekommst es im Schleichhandel, Herr Louis de Gaspard, alias Mihail Garkasoff, alias Eisig Teitelbaum, derzeit, wir erinnern uns, wohnhaft im Hotel »Zum Goldenen Lamm«, Wien, zweiter Gemeindebezirk – er wird es dir verschaffen, Strychnin, Veronal, Morphium, Koks, Briketts, wieviel du willst, zwei Waggons, vier Waggons, da kannst du Gift darauf nehmen – aber das sagten wir schon. Dunkdunkle Zusammenhänge werden offenbar auf solche Art – und da soll eins nicht gebläht gebläht sein von so viel Wissen und Überlegenheit und soll nicht aufprotzen damit – aber siehst du dann genauer hin, so ist alles nur Bluffbluffbluff. Ihm freilich war es in die Hand gegeben, das große Geheimnis, om mane padmi hum, er gebot über DIE CHUZPE und wußte zu handeln mit ihr – und da ging er, offenen Augs, und merkte vielerlei, und dachte: was mir alles einfällt dazu, entsetzlich, ich bin ein geplagter Mensch.

Abblenden, Überschneidung. Ich bin ein geplagter Mensch, dachte zur selben Zeit in seiner Wohnung Herr Xavlinger, oder, wie wir ihn schon lange nicht genannt haben, der Leser X, ich bin ein geplagter Mensch, was ich da alles lesen muß, entsetzlich, dieser Robert Neumann, er weiß so viel. Seine allseitige Informiertheit ist eine seiner forensischen Stärken!

Auch ist er vielleicht Besitzer eines Lexikons.

»Und irgendeiner kam ...«

Nach
Hugo von Hofmannsthal

(vor 1958)

Und irgendeiner kam und brachte mir
Ein weiches Ei in einer weißen Schale,
Darein von fremder Hand gefärbte Male
Hineingezeichnet waren. Helles Bier,

Der weißen Tafel goldenes Gezier,
Ergoß sich schäumend meinem Prunkpokale,
Und bei dem sommermorgenfrohen Mahle
Verzehrte ich der Buttersemmeln vier.

Als so gesättigt war die wilde Gier,
Erhob ich mich zu zündendem Finale
Und schritt hinaus aus dem bedrückten Saale
Zu jener Pforte, die verkündet: HIER.

Paraphrase über ein Kinderlied

Nach Karl Kraus

(um 1953)

Häschen in der Grube
Saß und schlief, saß und schlief.
Armes Häschen, bist du krank,
Daß du nicht mehr hüpfen kannst?
Häschen hüpf, Häschen hüpf, Häschen hüpf.

Die Kinder sangen: »Häschen in der Grube ...«
Es klang zu mir empor durch Stock und Stube.

Und näher stets und drängender erklang
der holde Unreim mir von »kannst« und »krank«.

Schon war es so, daß ich den Hasen sah,
in seiner Grube, krank, dem Sterben nah,

zwar sitzend noch, doch schon voll Unvermögen,
nach jenem Hüpf-Geheiß sich zu bewegen.

In seinen Augen aber, in den roten,
glomm letzte Sehnsucht nach dem bessern Boten,

dem, der, wenn irgend, käm, bei ihm zu ruhn:
so that ich's, thätig um die That zu thun

als Thäter, thunlichst keines Thuns Verräther.
Da ward die Technik des Naturbilds Töter

und mir ward Weisheit: wach und weh verwundert,
als weitaus Witzigster in dem Jahrhundert

erkannte ICH des Hasensiechtums Gründe.
Er stirbt, eh er der Schmach sich unterwinde,

an operiertes Leben sich zu haften,
bedingt durch technische Errungenschaften.

Er stirbt, verschmähend des Chirurgen Messer.
Hüpf, Häschen, hüpf! Du wähltest wahrlich besser ...

So hat ein Hase hehr sich abgewendet
von einer Menschheit, die den Kosmos schändet.

Letzte Fahrt

Heinz Politzer nachgedichtet und gewidmet*)

(1975)

Der letzte Zug verließ zum letzten Mal
Die Halle, die ihn dunkel überwölbte,
Indes von draußen schon die Dämmrung gelbte.
Stumm senkte sich das grünliche Signal.

In den Stationen, welche er durchfuhr,
War nichts als Not und Notdurft nur zu schauen:
Ein Holzverschlag für »Männer« und für »Frauen« –
von Kindern und von Sternen keine Spur.

Ich stand am Fenster, das zum Himmel ging
Und ließ mich dieses Platzes nicht verweisen.
Die fremden Äcker sah ich mich umkreisen
Und war der Mittelpunkt und sehr gering.

Die Nacht fiel wie ein ausgefranstes Tuch
Auf Hügelketten, welche schwarz verblichen.
Ins hölzerne Coupé zurückgeschlichen
Bedacht ich meiner Wandrung Sinn und Fluch.

Ich träumte grad von meinem wehen Knie,
Da stand der Scherge zwischen schmaler Türe.
In seinen Händen raschelten Papiere:
»Herr Politzer? Man wartet schon auf Sie.«

*) Die Parodie bezieht sich auf das Gedicht »Grenzübertritt« von Heinz Politzer. Das »Fenster, das zum Himmel ging« ist eine Anspielung auf den Titel seines 1936 erschienenen Gedichtbandes »Fenster zum Firmament.«

Drei Dichter und der Wein

(vor 1940)

Rainer Maria Rilke

Stark ist der Wein, und wir sind die Seinen
lachenden Munds.
Wenn wir uns mitten im Nüchternsein meinen,
wird aus dem Nüchternsein Nüchternscheinen
und wir berauschen uns ohne uns.

So auch könnt einer den Wein mir vertauschen
mit den Gedichten, die mancher schreibt,
die Triviales zu Nebligem bauschen
und den Willigen also berauschen,
daß er noch lange im Dusel bleibt.

Kundiger schlürfte die Säfte der Reben,
wer die Wurzeln der Reben erfuhr:
kundiger läsen wir Rilke eben,
nüchterner ließe er uns entschweben,
wären der Wurzel wir wach auf der Spur . . .

Max Brod

»Das Wort Rausch besagt alles«, meditierte der Mann, der sich mit auf die Brust gesunkenem Kopfe Hals über Kopf auf der Bank in der Ecke im einzigen Halbcoupé II. Cl. installiert hatte. »Einen Rausch an sich – die platonische Idee des Rausches sozusagen – gibt es nicht. Ob man nun den Alkoholrausch schlechthin meinen will, oder den Rauschzustand überhaupt, der, um –«

Der Zug schüttelte heftig über eine Kurve und die Fahrgäste durcheinander. Doktor Johannes Baptist Rappaport konnte nicht zu Ende meditieren. Er war Jude. Immer wieder fiel es ihm ein (und oft in den ungeeignetsten Momenten, wo es doch bloß hemmend wirkte). Aber es war eben der Ausgangspunkt, da gab es keine Zazkes. Jude, und Fremdling auch auf diesem Gebiet. Auch diese Fröhlichkeit war ihm verwehrt, auch am Genuß infolge Weingenusses konnte, nein, durfte er nicht teilhaben. Höchstens einmal in der Zeit »irdischer Wein im himmlischen Becher« als Überschrift über ein Romankapitel, das war alles.

So auch heute. Wie waren sie doch alle laut und froh gewesen bei diesem »Traubenfest«, das Ferdinand Nächstwoch in seinem etwa eine halbe bis ungefähr eine dreiviertel Stunde von Prag mit der Bahn zu erreichenden Landhause gegeben hatte – wie waren sie es doch gewesen, alle, und Griseldis, die blonde Frau, am meisten. Das war es auch, was ihn gestört hatte: zu laut. »Taciet Griseldis in ecclesia!«, hatte da Professor Knaderkwausch gescherzt. Johann hatte ihn daraufhin eigentlich fragen wollen, ob er sich im klaren darüber sei, welche Stellung Thomas von Aquino zum Wein eingenommen hat, aber er ließ es bleiben und zitierte lieber Machiavelli, was keinen der anwesend Befindlichen interessierte. Nur Griseldis hatte ihn aus ihren großen, tiefen und blauen Augen groß, tief und blau angesehn und leichthin gefragt: »Machiavelli? Ist das der, der in dem Roman von Max Brod, ›Yorinde oder Ein Zauberreich zweiten Ranges‹ vorkommt und dort die faden Gespräche mit Kopernicus de Brahe führt?« Sie wußte, daß sie ihn damit verletzten mußte, denn das kam doch in »Rëubeni« vor und überhaupt war alles ganz verkehrt – aber dafür liebte er sie ja, weil sie mit ihrer atemberaubenden Schönheit über all diese Dinge, die ihm so wichtig schienen, so leicht hinwegkam, daß er davon ganz Hirsch wurde. O Griseldis, wie lieb ich dich mitsamt den Schweißblättern in deinen Achselhöhlen, denn wenn man eine Frau wahrhaft liebt, muß man auch ihre Schweißblätter lieben, wie es geschrieben steht im »Sefer Hajom Beschirim«: »Das Schnitzel ist geröstet.«

Dann kam es ihm aber endlich hoch und er verließ die Gesellschaft, setzte sich in den Zug. »Darf man«, nahm er seine vom auffallend beängstigend rüttelnden Zug nun schon mehrfach unterbrochenen Gedankengänge wieder auf, sofern man Gänge aufnehmen kann, – »darf man sich dem ›Diesseitswunder‹ eines Rausches überhaupt anvertrauen in einer Zeit, wo man doch andrerseits die Linderung des sozialen Elends betreiben müßte? Müßte man nicht vielmehr im Sinne des heiligen Augustinus auf einen Ausweg sinnen, der –«

Abermals kam Doktor Johann Baptist Rappaport nicht zu Ende. Der Zug blieb stehen, und zwar mit so heftigem Ruck, daß Johann wußte: es ist ein unedles Unglück geschehn. Der Zug kann nicht weiter. Wenn jetzt auf demselben Geleise ein anderer Zug dahergerattert kommt, so sind wir alle in Gottes Hand, falls es einen gibt, was Gott verhüten möge. Wenn.

Er blickte zum Fenster hinaus auf die Strecke. Gott sei Dank: sie war zweigeleisig!

Ich, meiner, mir, mich

(Ein Kuckucksei)

Wein oder nicht wein! Das ist hier die Frage.
So wein ich denn, mich überkommt das Elend,
wie der und jener meine Silben zählend,
da ich mich selbst zu parodieren wage.

Ich schwör's beim Weine, dem zulieb ich's schreibe:
Ein *eigner* wär der schönste aller Stile.
Der Weine gibt's, der Stile allzu viele.
Ich selbst fand noch in keinem eine Bleibe.

Ich bin's auch nicht, der dies Sonett gedichtet.
Hätt ich's geschrieben, wär es weniger schüchtern.
Man weiß, daß *meine* Weise nicht so stier ist.

Da hat man mir was Feines angerichtet!
Bin ich betrunken oder bin ich nüchtern?
Am Ende glaub ich selbst, daß es von mir ist.

Jetzt böllert's

Parodie anstelle einer Besprechung

(1974)

1.

Es ist Bericht zu erstatten über eine Berichterstattung, deren Inhalt, da sie sowohl in Buchform als auch in vier fortsetzungsweisen Veröffentlichungen eines wöchentlichen Nachrichtenblattes, in dem die Ereignisse der vorangegangenen bzw. abgelaufenen Woche sich spiegeln und das deshalb im folgenden als DAS MAGAZIN bezeichnet wird, erschienen ist, als bekannt vorausgesetzt werden darf, wobei der gegebene Sach- oder Rechtsverhalt, obwohl an sich eher simpel und spannungslos, in der vom Berichterstatter gewählten Form der Wiedergabe sich ebenso kompliziert und schwer durchschaubar ausnimmt wie dieser Satz, was natürlich sein, des Berichterstatters, gutes Recht ist, denn wo kämen wir sonst hin mit der ganzen Scheißbelletristik.

Im übrigen wäre zu bedenken, ob die deutsche Sprache, indem sie einerseits von einer voran*gegangenen* und andererseits von einer ab*gelaufenen* Woche spricht, nicht vielleicht eine den Deutschen innewohnende Tendenz aufdeckt, sich bei allem, was in die Richtung »voran« zielt, also bei allem Progressiven und Zukunftsweisenden, einer langsamen, zögernden, schleppenden, ja reaktionären Gangart zu befleißen und erst dann ins Laufen zu verfallen, wenn es gilt, sich dem Fortschritt zu entziehen. Dann laufen sie ab. Aber voran wird im besten Fall gegangen. Es sei schon jetzt darauf verwiesen, daß diese Wechselbeziehung zwischen Sprache und Tatbestand für den vorliegenden Bericht und für die Lösung seiner Kernfrage eine entscheidende Rolle spielen wird.

2.

Der Vollständigkeit halber ist noch einzufügen, daß der über den unter dem Titel »Die verlorene Ehre der Katharina Blum oder Wie Gewalt entstehen und wohin sie führen kann« erfolgte Berichterstattung Bericht Erstattende, das heißt der Schreiber dieses, dem eigentlichen Berichterstatter, das heißt dem Schreiber jenes, oder mit anderen Worten dem Schriftsteller Heinrich Böll, größten literarischen Respekt und womöglich noch größere persönliche Wertschätzung entgegenbringt, nicht zuletzt auf Grund der unprätentiösen, im besten Sinne kameradschaftlichen Art, die der Schriftsteller Heinrich Böll im Umgang mit seinen Kollegen, selbst wo sie anderer Meinung sind als er, an den Tag legt. Diese unter zeitgenössischen Literaten äußerst selten anzutreffende Haltung wird sich hoffentlich auch im vorliegenden Fall bestätigen. Es soll hier, wie Böll am Beginn seines Berichts sagt, kein Blut fließen.

Genau gesagt, sagt er: »Wenn hier etwas fließen soll, dann nicht Blut«, und das ist, um die Wahrheit zu sagen, nicht sehr schön gesagt. Wie denn überhaupt, falls es den Lesern des MAGAZINS und den seither hinzugekommenen Buchlesern entgangen wäre, mit aller Klarheit festgestellt werden muß, daß der Stil, in dem Heinrich Böll seinen ausdrücklich so bezeichneten Bericht erstattet, von einer für einen Autor seines Ranges bemerkenswerten Schwerfälligkeit ist, die ihrem vermutlich angestrebten Zweck, den Eindruck protokollarischer Trockenheit und damit den Anschein einer authentischen Dokumentation zu erwecken, umso weniger dienlich sein kann, als zwischendurch immer wieder, wenn auch nur sehr sporadisch, Formulierungen oder Passagen auftauchen, die den Autor im Vollbesitz seiner präzisen Ausdruckskraft und seiner ironischen Stilmittel zeigen. Sie vertragen sich schlecht mit so holprigen Konstruktionen wie: »Vergessen sein soll die Aufregung«, oder: »Schön gewesen war der Abendspaziergang«, oder: »Ganz vermieden werden können sie wahrscheinlich nicht« (und das ist schade), oder: »Bevor die letzten Um-, Ein-, Ablenkungsmanöver gestartet werden, muß hier eine sozusagen technische Zwischenbemerkung gestattet werden«, oder schließlich: ». . . traute er – wie man das so nennt – seinen Sinnen nicht (in diesem Fall nur einem Sinn: dem Gehör) – er ließ sich das noch einmal vorlesen, mußte es dann wohl glauben, und – so nennt man es wohl – es platzte ihm regelrecht der Kragen.« Dem Leser, der innerhalb eines einzigen und ohnehin nicht sehr eingängigen Satzes gleich zweimal auf die reichlich abgedroschene Phrase stößt, daß man etwas »so nennt« bzw. »wohl so nennt«, könnte es ganz ähnlich ergehen, besonders da schon wenige Zeilen später der Mann mit dem regelrecht geplatzten Kragen sich anschickt, »einen regelrechten Molotow-Cocktail zu basteln«. Es scheint, als würde es hier allzu vielen Regeln rechtgemacht, nur denen der deutschen Sprache nicht. Oder um Böll zu paraphrasieren: Wenn hier etwas rechtgemacht werden soll, dann nicht der deutschen Sprache.

Dem Verdacht einer – so nennt man es wohl – Beckmesserei wird bei derartigen Vorhaltungen schwer zu entgehen sein. Aber man wandelt nicht ungestraft unter Nobelpreisträgern.

3.

Keineswegs als Um-, Ein-, Ablenkungsmanöver, sondern als durchaus zum Kern der Sache gehörig erhebt sich – mühsam, ja fast widerstrebend – die Frage: Wem soll hier eigentlich, und was, rechtgemacht werden? Die vom Berichterstatter über den von Böll erstatteten Bericht angestellten Ermittlungen haben eine befriedigende Antwort auf diese Frage nicht erbracht. Gewisse Anhaltspunkte, von denen manche im Verlauf der Ermittlungen wieder fallengelassen wurden, ergaben sich aus einem offenen oder doch redaktions-offenen Brief, den der Herausgeber des MAGAZINS an dessen

Leserschaft gerichtet hat und der in der selben Nummer erschien, in der DAS MAGAZIN mit dem Abdruck des Böll-Berichts begann. Der Brief, gefolgt von einem dem Abdruck im Innern des Blattes vorangehenden Artikel von zwei Seiten Umfang mit Bild (im Sinne von Foto, nicht im Sinne von »Bild« im Sinne von ZEITUNG), enthielt verschiedentliche Überlegungen über die Motive und Absichten, von denen Böll inspiriert gewesen sein könnte, sowie die einigermaßen überraschende Eröffnung: »Er [Böll] besteht darauf, das Poetische habe seine eigene Sachlichkeit und seine eigene Vernunft.« Die hat es in der Tat, allerdings nur unter der Voraussetzung, daß es vorhanden ist. In dem erstatteten Bericht war jedoch – von wenigen, alsbald wieder verwischten Spuren abgesehen – nichts Poetisches zu entdecken.

Dessenungeachtet wäre es schon im Interesse einer objektiven Rechtsfindung fehl am Platze, den Autor des Berichts für eine Vermutung des MAGAZIN-Herausgebers haftbar zu machen. Offenbar ging es ihm nicht um Poesie und nicht einmal um die ihr eigene Vernunft, sondern um eine – wenngleich von poetischen Lizenzen beeinträchtigte – Sachlichkeit. Dafür spricht ja auch sein bereits hervorgehobenes Streben nach einer möglichst nüchternen, gerichts- und aktenüblichen Ausdrucksweise, die es ihm jederzeit ermöglicht, stilistische Unebenheiten damit zu begründen, daß es sich hier nicht um sein individuelles, sondern um das amtlich eingeebnete Deutsch eines fiktiven Berichterstatters handelt, vielleicht eines cand. jur.

Hätte Böll die Fiktion solcher Berichterstattung konsequent durchgehalten und den Versuchungen seines individuellen Stils widerstanden, so gäbe es dazu nichts weiter anzumerken, als daß sein Verfahren zahlreiche Vorgänger hat und selbst in den feinsten literarischen Kreisen nicht verschmäht wird. Warum sollte Böll es verschmähen, warum sollte er deshalb geschmäht werden.

4.

Damit sind die Ermittlungen zu einem Punkt vorgestoßen, an dem zu untersuchen wäre, auf welche Weise die von Böll gemeinte Sachlichkeit ins Epische oder doch Erzählerische umgesetzt wird, das heißt, inwieweit der Schriftsteller Heinrich Böll als solcher (nicht als fiktiver Berichterstatter) in Erscheinung tritt und von den herkömmlichen Behelfen der Erzählungskunst – wie etwa Handlungsaufbau, Psychologie, Charakterschilderung, Logik, Atmosphäre – Gebrauch macht. Er tut das, soweit festgestellt werden konnte, auf eine nicht immer zulängliche, bisweilen nachlässige Weise. Mit der Atmosphäre stimmt es noch am ehesten. Sie hat auf den hier Berichterstattenden, der mit den folkloristischen Eigenheiten der Ortschaften Gemmelsbroich, Hochsackel und Oftersbroich im Landkreis Kuir nicht vertraut ist, dennoch und schon dadurch glaubhaft gewirkt, daß auch dort von ficken und bumsen gesprochen wird. Glaubhaftigkeit dürfen weiter einige der mit dem Fall beschäftigten Personen – Rechtsanwalt Blorna samt Gattin Trude, Kriminalkommissar Beizmenne, Staatsanwalt Hach – in Anspruch nehmen. Demgegenüber ergeben sich bei näherer Betrachtung der Hauptfigur Katharina Blum oder Wie Gewalt entstehen und wohin sie führen kann einige Widersprüche.

5.

Katharina Blum ist proletarischer Abkunft und daher von denkbar redlichster Wesensart. Sie mußte schon als Kind harte Arbeit verrichten, trat als Vierzehnjährige, nach dürftigem, erst späterhin durch Absolvierung einer Hauswirtschaftsschule etwas aufgebessertem Schulbesuch ins Berufsleben ein, betätigte sich auf allmählich ansteigendem Niveau als Hausangestellte und Wirtschafterin, gewann dank ihrer Tüchtigkeit und Zuverlässigkeit nicht nur das Vertrauen, sondern die tatkräftige Zuneigung ihrer Arbeitgeber, vor allem des Ehepaars Blorna, und verfügt im Zeitpunkt der Handlung, 27 Jahre alt, über ein monatliches Einkommen von 1800 bis 2300 DM, eine Eigentumswohnung und einen Volkswagen. Von privaten Neigungen oder außerberuflichen Interessen ist in dem über sie erstatteten Bericht keine Rede. Man wird ihr also, so ungern man das tut, eine gewisse, aus ihrem Herkommen und Lebenslauf nur allzu erklärliche Primitivität unterstellen dürfen, nein, müssen – gebraucht sie doch Wendungen wie, daß ihr jemand »an die Kledage will«, und möchte sie doch »gerne dort sein, wo ihr lieber Ludwig sei«. Bei diesem Ludwig – der natürlich in einer völlig anderen Hinsicht lieb ist als der liebe Leser, an den der Offene Brief des MAGAZIN-Herausgebers gerichtet war – handelt es sich um den polizeilich gesuchten Ludwig Götten, der die ganze Geschichte ins Rollen gebracht hat und von dem noch die Rede sein wird. Zunächst sind lediglich Bedenken anzumelden, ob eine, sei's auch noch so arrivierte Hausgehilfin, der man an die Kledage will und die – obendrein im Verkehr mit Amtsorganen! – von »ihrem lieben Ludwig« spricht, andererseits in der Lage ist, sich über ein »abstraktes Gemälde« zu äußern oder die mit ihrer Einvernahme befaßten Kriminalbeamten in eine langwierige Debatte über den Unterschied zwischen Zudringlichkeiten und Zärtlichkeiten zu verwikkeln. Es kommt wohl bei solchen Gelegenheiten weniger Katharina Blum zu Wort als Heinrich Böll (der wirkliche, nicht der fiktive).

6.

Ein weiterer Widerspruch, noch bedenklicher als der hier angezeigte psychologische, ergibt sich im Hinblick auf das sachliche Vorhaben des Berichts. Katharina Blum wird als »eine kluge und fast kühle Person«, als »pedantisch«, als »fast prüde« geschildert und scheint außer einer lang zurückliegenden, völlig mißglückten Ehe keine einschlägigen Erfahrungen zu besitzen. Aus dem Umstand, daß sie den Ludwig Götten, kaum daß sie ihn bei einem Karnevalsvergnügen kennengelernt und ein paarmal (dem Bericht zufolge »innig«) mit ihm getanzt hatte, auch schon in ihre Wohnung mitnahm, und daß er dort, gleichgültig nun, ob er sie, wie Beizmenne sich auszudrücken beliebte, gefickt hat oder nicht, jedenfalls ihr lieber Ludwig wurde – aus diesem Umstand, der für sie möglicherweise noch andere Umstände zur Folge haben wird, geht klar hervor, daß sie sich in Ludwig Götten Hals über Kopf oder, so nennt man es wohl, Hals über Kopf verliebt hat. Wem das noch nie passiert ist, der werfe den ersten Stein auf sie, und die Sympathien des Lesers dürften ihr schon allein aus diesem Grund sicher sein. Wenn hier etwas geworfen werden soll, dann nicht Steine.

Überdies ist aus einer Reihe von Indizien zu schließen, daß zumindest auf ihrer Seite keine bloße Verliebtheit vorlag, kein leichtfertiges Abenteuer, wie es zur Karnevalszeit auch im Landkreis Kuir an der Tages- oder besser gesagt Nachtordnung sein mag, sondern ein echtes, tiefgreifendes Liebeserlebnis, dem sie sich in voller Kenntnis der Tatsache hingab, daß sie es einem polizeilich gesuchten Partner zu verdanken hatte. Und man darf mit an Sicherheit grenzender Wahrscheinlichkeit annehmen, daß ihr diese Kenntnis von ihrem Partner freiwillig vermittelt wurde, nicht erst auf die Frage: »Lieber Ludwig, wirst du vielleicht polizeilich gesucht?«

7.

Ob der liebe Ludwig, indem er sich von Katharina zuerst in ihre Wohnung mitnehmen und hernach zur Flucht verhelfen ließ, die ihm entgegengebrachten Gefühle vorsätzlich mißbraucht hat und ob dabei politische Erwägungen oder Verwicklungen mitgespielt haben, bleibt in dem von Böll erstellten Bericht offen; es bleibt auch belanglos für den resultierenden Sachverhalt, der folgendermaßen zu umreißen wäre:

1. Katharina Blum war sich klar darüber, daß der Mann, mit dem sie es zu tun hatte, unter dringendem Raub- und Mordverdacht stand.

2. Gegen die Berechtigung dieses Verdachtes werden in dem Bericht keine Einwände erhoben, er wird sogar als teilweise erwiesen dargestellt.

3. Katharina Blum hat dem Verdächtigen auf ihr bekannten, der Polizei jedoch unzugänglichen Geheimwegen zur Flucht verholfen.

4. Es kann ihr, klug und fast kühl wie sie war, unmöglich entgangen sein, daß sie sich damit der Vorschubleistung, der Beihilfe, der Irreführung der Behörden und anderer gesetzwidriger Handlungen schuldig gemacht hat.

5. Ihre an die einvernehmenden Amtspersonen gerichtete Frage, was sie denn verbrochen habe, ist unter den gegebenen Umständen nur als schablonenhafte Floskel aufzufassen und – wie ihr gesamtes Verhalten – nur damit zu erklären, daß die Liebe eine Himmelsmacht ist, die vor der Macht des Establishments Vorrang hat oder haben sollte.

Hätte Böll seinen Bericht auf einen Zusammenstoß dieser beiden Mächte angelegt, hätte er die Liebe, die in der Person eines Kriminellen über Katharina Blum elementar hereingebrochen war, mit der Staatsgewalt konfrontiert, deren Maßnahmen sich nicht nach Gefühlen, sondern nach den bestehenden Gesetzen zu richten haben, so wäre ein Drama zustande gekommen, dem man das Ausmaß einer griechischen Schicksalstragödie mit umso besserem Gewissen zuerkennen dürfte, als die Obristen-Junta in Athen mittlerweile gestürzt wurde, jedenfalls aber wäre ihm ein aufregendes, in Ansehung seiner literarischen Qualitäten sogar erschütterndes Werk gelungen. Die Untersuchung hat ergeben, daß dies nicht der Fall war. Vielmehr verlagert er die Akzente seines Berichts vom Haupt- zum Nebenthema, von der menschlichen Tragik des Falles zu einer seiner Begleiterscheinungen, und nicht einmal zu einer besonders relevanten, nicht zum Verhalten der das Establishment repräsentierenden Justiz, sondern zum Verhalten der Presse, genauer: zu ihrer als »Boulevardpresse« bekannten Nebenlinie und hier wiederum zur sogenannten HÜPFERJOURNAILLE, also gewissermaßen zum Auswuchs eines Auswuchses, und weiter daneben geht's schon nicht mehr.

8.

In diesem Zusammenhang muß gefragt werden, ob Heinrich Böll grundsätzlich dafür zu plädieren wünscht, daß die Presse einen Fall wie den von ihm berichteten – immerhin die Flucht eines polizeilich gesuchten Kriminellen und die ihm geleistete Fluchthilfe – entweder gänzlich verschweigen oder höchstens mit zwei-drei unauffälligen Zeilen vermerken sollte, etwa in einer gegebenenfalls zu schaffenden Rubrik »Gleichgültiges aus aller Welt« oder »Was viele nicht interessiert«. Die Frage ist nicht so abwegig, wie sie auf den ersten Blick aussieht. Manches in dem Bericht läßt nämlich erkennen, daß sein Verfasser den von der Presse wahrzunehmenden Funktionen und Möglichkeiten mit einem an Naivität grenzenden Unverständnis gegenübersteht. Anders könnte er sich wohl kaum darüber wundern, daß Zeitungen der Ermordung eines Journalisten und vollends die von ihm als ZEITUNG bezeichnete Zeitung der Ermordung eines ihrer Mitarbeiter intensivstes Augenmerk (er nennt es »Über-Aufmerksamkeit«) zuwenden, »als ob – wenn schon auf der Welt geschossen wird – der Mord an einem Journalisten etwas Besonderes wäre, wichtiger etwa als der Mord an einem Bankdirektor, -angestellten oder -räuber«. Selbst wenn man sich weiter keine Gedanken darüber macht, was hinter der wertfreien Gleichsetzung eines Bankdirektors mit einem Bankräuber steckt oder ob die leider unleugbare Tatsache, daß auf der Welt geschossen wird, den Mord an einem Journalisten zu glimpflicherer Beurteilung freigibt – selbst dann bekundet diese durch und durch fragwürdige Formulierung ein gestörtes Verhältnis ihres Autors zur Presse. Ursachen und Anlässe der Störung sind dem lesenden Publikum, soweit es mit Böll oder mit der Baader-Meinhof-Gruppe oder mit beiden sympathisiert, noch in Erinnerung und sollen hier schon aus Gründen der Fairness nicht abgehandelt werden. Hingegen ist angesichts der von Böll gerügten »Über-Aufmerksamkeit« der Presse für einen sie direkt betreffenden Mordfall die Frage zulässig, ob er in seiner Eigenschaft als

Präsident des Internationalen PEN-Clubs den Mord an einem PEN-Mitglied, begangen etwa von einem CIA-Agenten zwecks Verhinderung eines Protestes gegen die Unterdrükkung der Pressefreiheit in Chile, nicht gleichfalls für wichtiger gehalten hätte als den Mord an einem Bankdirektor oder -räuber.

9.

Auch die in seinem Bericht enthaltene Schilderung des letal beendeten Gesprächs zwischen Katharina Blum und dem ZEITUNGS-Reporter Werner Tötges verrät eine betrübliche Unkenntnis journalistischer Gepflogenheiten. Ein Reporter, dem die Heldin eines aufsehenerregenden, von seinem Blatt noch zusätzlich hochgespielten Justizfalls ein Interview in Aussicht stellt, wird, wenn er halbwegs bei Trost und Monatsfixum ist, das Gespräch ganz gewiß nicht mit dem Vorschlag beginnen, »daß wir jetzt erst einmal bumsen«, um sodann der deutlich Widerstrebenden auch noch »an die Kledage zu gehen«. Gerade je skrupelloser er ist, desto genauer weiß er, daß er damit nicht bloß die ihm und seinem Blatt gebotene Sensation eines Exklusiv-Interviews, sondern zugleich seinen Job aufs Spiel setzen würde, wovon er schon deshalb Abstand nähme, weil die HÜPFERPRESSE ihre Redakteure bekanntlich sehr gut zahlt, und zwar dafür, daß sie Sensationen bringen, nicht dafür, daß sie bumsen. Was immer man gegen das mangelnde Ethos der HÜPFERPRESSE vorbringen kann, und das ist wahrlich eine Menge (die sich indessen, ebenso wahrlich, nicht auf die HÜPFERPRESSE beschränkt) – es liegt ihr ferne, eine Reportage durch das Bumsbedürfnis des Reporters gefährden zu lassen, und Tötges hätte ganz einfach aus Berufsgründen nichts dergleichen riskiert. Es ist die Verkennung und Verzeichnung der beruflichen Gegebenheiten, die dem Autor eines gegen eben diesen Beruf gerichteten Berichts zum Vorwurf gemacht werden muß.

Daß es sich hierbei um einen in vieler Hinsicht anfechtbaren, von unerfreulichen, unverantwortlichen, im höchsten

Grade bekämpfenswerten Praktiken geradezu strotzenden Beruf handelt, soll weder bestritten werden, noch kann es als Neuigkeit gelten. Der Kampf gegen die Übelstände der Presse ist fast so alt wie die Institution der Presse selbst und wurde in unseren Breiten beispielsweise – und mit beispielgebenden Argumenten – von Karl Kraus durchgeführt, der schon vor sechzig und siebzig Jahren den Mißbrauch journalistischer Machtmittel angeprangert, den Ausdruck »Journaille« geprägt und die von ihr verschuldeten Tragödien aufgezeigt hat. Sie unterscheiden sich von der Tragödie der Katharina Blum im wesentlichen nur dadurch, daß sie sich wirklich ereignet haben. Es ist – um einen von Böll nicht ganz korrekt zitierten Autor zu zitieren – eine alte Geschichte, und wem sie just passieret, dem bricht das Herz entzwei.

10.

Nach gewissenhafter Durchleuchtung aller von Böll beigebrachten Fakten bleibt nur der Schluß übrig, daß im vorliegenden Fall er selbst es war, dem von der HÜPFERJOURNAILLE anläßlich seines Eintretens für Ulrike Meinhof, aber auch bei anderen Gelegenheiten, das Herz entzweigebrochen wurde und daß er diesen Bruch auf die Hauptfigur seines Berichts übertragen oder, wie die Psychoanalyse es nennt, »projiziert« hat. Mutmaßungen darüber anzustellen, ob er die Projektion zum Projektil werden und seine Hauptfigur tun läßt, was er, insgeheim oder unbewußt, am liebsten selbst getan hätte, nämlich die in der Person des Werner Tötges verkörperte HÜPFERJOURNAILLE totzuschießen, hieße die Analyse weiter treiben, als es der hier abgesteckte Rahmen gestattet. Beizmenne wäre vermutlich dafür, Hach dagegen, die Blornas würden neutral bleiben. Der hier Berichterstattende, dem Literarischen verhaftet, ansonsten jedoch auf freiem Fuß, möchte sich mit einem Hinweis begnügen, der vielleicht geeignet ist, auf die verlorene Ehre der Katharina Blum ein neues, von Böll unter den Scheffel gestelltes Licht zu werfen und der

Frage, wie Gewalt entstehen kann, eine ungeahnte Wendung zu geben:

Katharina Blum wurde zu ihrem Griff nach der Mordwaffe eindeutig und unmittelbar dadurch veranlaßt, daß Tötges ihr vorschlug, erst einmal mit ihm zu bumsen. »Ich dachte«, so gibt sie zu Protokoll, »bumsen, meinetwegen . . . und ich hab die Pistole rausgenommen und sofort auf ihn geschossen . . . und ich dachte: Gut, jetzt bumst's.« Hier liegt eine verbalassoziative Zwangshandlung vor, deren Zwanghaftigkeit noch dadurch erhärtet wird, daß die handelnde Person von dem Wort »bumsen« nicht loskommt und an einer späteren Stelle des Protokolls abermals aussagt: »Er wollte doch bumsen, und ich habe gebumst, oder?« Es kann somit an dem auslösenden Motiv der tödlichen Schüsse nicht der geringste Zweifel bestehen. Hätte Tötges nicht bumsen sondern ficken wollen, so wäre der ganze Mord, wie man das wohl nennt, im Eimer gewesen. Er ist eine Angelegenheit der Literatur. Heinrich Böll – was bei Literaten, zumal wenn sie darauf bestehen, daß das Poetische seine eigene Sachlichkeit habe, gelegentlich vorkommt – hat sich von den Möglichkeiten der Sprache und der Sprachspielerei, um nicht zu sagen des Kalauers, dazu verlocken lassen, die Wut, die er im Bauch hatte, durch eine kurze, heftige Detonation loszuwerden. »Gut«, dachte er, »jetzt böllert's«, was jedenfalls leichter auszusprechen ist als »jetzt bumst's«, und hat die Schreibmaschine rausgenommen.

Dann ging er zum Verlag Kiepenheuer & Witsch, der immer so nett zu ihm war.

Einsichten

(1969)

I
Seit ich
In einem literaturkritischen Aufsatz
Ein Zitat von Peter Weiss gelesen habe
Welches besagt
»... daß in einem zurückgebliebenen Kolonialland
das Proletariat eher die Macht ergreift
als in den entwickelten
westlichen Ländern«
Und seit ich
Demselben Aufsatz entnommen habe
Daß es sich hier um Verse handelt
Schreibe ich nur noch
Verse.

II
Seit ich
Durch den Dichter des Oratoriums »Die Ermittlung«
Aber auch
Durch Dichter wie Heinar Kipphardt oder Rolf Schneider
Darüber belehrt bin
Daß es
Um Tantiemen für Theaterstücke zu beziehen
Genügt
Aus den Protokollen politischer Prozesse
Geeignetes abzuschreiben
Schreibe ich nur noch
Theaterstücke.

III
Bekannt jedoch ist
Die Antwort des alten Max Liebermann
Auf die Erkundigung
Ob er bereit wäre
Ein Hindenburg-Porträt zu malen.
»Malen?« sagte er.
»Den piß ick in'n Schnee.«

Ich weiß nicht
Warum mir das in der letzten Zeit so oft einfällt.

Apropos Bretter, die die Welt bedeuten, und solche, die, vor dem Kopf getragen, Weltanschauung bedeuten

Nachträgliches zu Shakespeare

Magerer Shakespeare in Wien

(1971)

Zwei Shakespeare-Premieren an zwei Abenden hintereinander! Da werden sich die in Stratford aber freuen. Und werden womöglich glauben, daß Wien eine Theaterstadt ist, die sich des Schwans vom Avon besonders liebevoll annimmt ...

»If you have tears, prepare to shed them now!« (Um Mark Anton im Original zu zitieren.)

Denn es war kaum noch zu unterbieten, was an diesen beiden Abenden mit Shakespeare aufgeführt wurde. Mit ihm. Er selbst wurde nicht aufgeführt. Er wurde am ersten Abend, im Volkstheater, groggy geschlagen, und am zweiten, im Burgtheater, knock out.

Nun, daß Gerhard Klingenbergs Bearbeitung und Inszenierung des »Julius Cäsar« auf schwachen Beinen stünde, konnte man nach dem Doppel-Desaster seines »Sommernachtstraums« und nach der Ablehnung der Klingenbergschen »Cäsar«-Version durch Leonard Steckel – ein Ehrensalut über sein Grab! – mehr oder weniger voraussehen. Schmerzlich überrascht war man weit eher von der »Romeo und Julia«-Inszenierung Gustav Mankers, der ja am Volkstheater schon manch einem Klassiker neue und erregende Aspekte abgewonnen hat, ohne ihn modisch zu vergewaltigen, ohne ihn jener Wertbeständigkeiten zu berauben, die über Zeiten und Jahrhunderte hin gültig geblieben sind.

Vergewaltigung fand auch diesmal nicht statt; wohl aber Beraubung. Ihr Opfer: die Poesie einer Liebestragödie, die in Mankers durchaus tragfähigem Konzept gerade daran scheiterte, daß er sie aus dem Geflecht des Familienstreits herauslöste, sie als solche bestehen und abrollen lassen wollte, sie gewissermaßen verabsolutierte. Und gerade das ist nicht möglich, wenn der Poesie ihr voller Anteil verweigert wird. Wer an das Pathos, an den elementaren Überschwang, an den Totalitätsanspruch der Liebe nicht glaubt, mag darum zu »Romeo und Julia« immer noch Wege haben; der Weg einer geglückten Inszenierung bleibt ihm versperrt.

So kam – mit Michael Heltaus sprachlich und darstellerisch gleich diszipliniertem Romeo, mit Kitty Speisers ein wenig vorausgereifter und vernunftgehemmter Julia, mit Hilde Sochors kerniger Vorstadt-Amme und etlichen Gutpunkten im Ensemble (Herwig Seeböck als Mercutio, Eugen Stark als Benvolio, Herbert Propst als Lorenzo) – eine trotz flottem Szenenwechsel sonderbar schwerfällige Aufführung zustande, prosaisch nicht nur im Gegensatz zu »poetisch«, ohne jeden Hochflug und ohne das Herzklopfen, das diesem glorreichsten aller Liebesdramen innewohnt und sich dem Zuschauer mitteilen muß.

Daß dies nicht geschah, lag zu erheblichem Teil an der Übersetzung Loek Huismans, der sich nunmehr – betreut vom Zürcher Diogenes-Verlag, einem immerhin ernstzunehmenden Institut – den ganzen Shakespeare vorzunehmen plant. Warum? möchte man fragen. Aber seit es zum guten Fortschrittston gehört, das geniale Übersetzungswerk Schlegel-Tiecks für »überholt« zu halten; seit ein gemischter Analphabetenchor (gemischt aus Kritikern und Übersetzern) etwas von »Romantik« gackert, als ob das ein Schimpfwort wäre und »Zeitnähe« oder »heutiges Sprachgefühl« eine Qualität; seit der allseits geschätzte Dienst am Kunden darauf aus ist, den Schauspielern das Sprechen zu erleichtern und dem Publikum das Zuhören, statt daß die Herrschaften diesseits und jenseits der Rampe sich ein bißchen Mühe gäben (sie würde es lohnen) – seither ist die Frage nach dem Warum nicht mehr angebracht und durch »Warum nicht?« zu ersetzen.

Warum also sollte Loek Huisman nicht Phrasen dreschen wie »Rang und Namen«, noch dazu aus dem Mund eines Grafen Capulet, der seinem Diener ganz gewiß nicht vom

»Rang« der Einzuladenden spräche (und es bei Shakespeare auch keineswegs tut)? Warum nicht Fragen stellen, die jedem Kaffeehaustisch zur ungezwungenen Ehre gereichen würden, wie etwa »Wer ist schon Tybalt?«, nicht Ausdrücke gebrauchen wie »Haßliebe«, wenn er sich damit einem heutigen Sprachgefühl angleicht? Warum sollte er eine (blindlings aus Dutzenden herausgegriffene) Shakespeare-Zeile wie: »Talk not to me, for I'll not speak a word« nicht neu übersetzen mit: »Sprich nicht zu mir, ich geb dir keine Antwort«, was ja zweifellos besser ist als Schlegels romantisch überholte Lesart: »Sprich nicht zu mir, ich sage nicht ein Wort«? Oder mit einem substantielleren Beispiel: »Was ist ein Name? Duften Rosen nicht / Ebenso süß, auch wenn sie anders hießen?« wird dem zeitfernen Zauber des berühmten Shakespeare-Zitats schon durch den einseitig verhatschten Konjunktiv viel zeitnäher gerecht als Schlegels: »Was ist ein Name? Was uns Rose heißt, wie es auch hieße, würde lieblich duften.« Warum also nicht.

So besehen, läßt sich gegen Huismans Übersetzung ebensowenig vorbringen wie für sie. Das Beste, was man ihr nachsagen kann: daß sie überflüssig ist. Und das ist nicht das Schlechteste.

Das Schlechteste bekam man tags darauf im Burgtheater zu sehen. In der Alternative zwischen dem Übersetzer Klingenberg und dem Regisseur Klingenberg konnte man sich eine Zeitlang noch an den Bühnenbildner Klingenberg halten. Aber als vom Schnürboden immer wieder die gleichen phantasielosen Kupferplatten herabschwebten und immer wieder, um Unheilvolles zu versinnbildlichen, ein schwarzer Wolkenhimmel auf den Hintergrund projiziert wurde, kam man um Übersetzung und Regie nicht länger herum.

Was diese betrifft, hatte sich Klingenberg ein ähnliches »Reader's Digest«-Verfahren zurechtgelegt wie schon im »Sommernachtstraum«, ohne daß Kürzungen und Umstellungen einen besseren Überblick bewirkt hätten oder gar eine dramatische Steigerung, die ja dem »Julius Cäsar« einigermaßen bekömmlich wäre. Denn er gehört, man weiß es, nicht just zu Shakespeares bestgebauten Stücken und muß, nach dem fulminanten Anstieg des ersten Teils, im zweiten gegen allerlei Verschleppung abgesichert werden, etwa indem der Regisseur dahinterkommt, daß das Zerwürfnis zwischen Brutus und Cassius auch die Problematik der an die Macht gelangten Revolution beinhaltet.

Davon war freilich nichts zu spüren, und nur sehr wenig von der persönlichen Tragik des getäuschten (und selbstgetäuschten) Idealisten Brutus, der dennoch als einziger – durch Walther Reyer – zulängliche Gestaltung erfuhr. Den übrigen Verschworenen, mit Rudolf Melichars farblosem Cassius an der Spitze, glaubte man höchstens die Eigensucht, nicht die Kampfbegier und nicht den mordbereiten Tyrannenhaß – zu dem ihnen O. E. Hasses griesgrämiger, kaum jemals provokanter Cäsar auch keinen rechten Anlaß gab. An seinem Leichnam brach Sebastian Fischers Marcus Antonius laut kreischend nieder und hatte den hysterischen Schock auch bei der großen Leichenrede nicht überwunden. Von solchem Volkstribun lassen sich keine Mitbürger, Freunde, Römer aufwiegeln, ja nicht einmal die Statisten des Burgtheaters.

Daß Klingenberg an bloßer »Einrichtung« (wie man sie jedem Regisseur zubilligen wird) sich's nicht genügen ließ, daß er nicht bloß Szenen, sondern auch Figuren zusammenraffte und manche gänzlich verstieß, mag hingehen. Aber daß unter den Verstoßenen auch Brutus' Gemahlin Portia sich befand, ging ein wenig zu weit und brachte, da Cäsars Gemahlin Calpurnia fröstelnd vorhanden blieb, die ganze Architektur des Widerspiels Cäsar–Brutus ins Schlottern. Dessenungeachtet wird Portias Tod im zweiten Teil schicksalsschwer gemeldet und ausführlich beklagt, so daß wir gehalten sind, an der Trauer des Witwers Brutus Anteil zu nehmen, obwohl wir die Dame gar nicht kennengelernt haben. Kranzspenden wolle man in der Direktionskanzlei abgeben.

Aber all diese Defekte, all diese Mißgriffe der Regie verblassen gegen die der Übersetzung. Auch hier, schlimmer noch als bei Huisman, ein kleinkariertes Wortgefühl, das aus Schlegels »Begraben will ich Cäsarn, nicht ihn preisen« ein »nicht ihn rühmen« macht, das Cäsar nicht »voll Herrschsucht« sein läßt, sondern (damit man einen Unterschied merkt) »herrschsüchtig«, und das sich bis zu der Abstrusität versteigt, eine so unveräußerlich zum deutschen Sprachschatz gehörige Wendung wie »Laßt wohlbeleibte Männer um mich sein« zu desavouieren und sie einer vermeintlichen Originaltreue wegen zu verflachen in: »Laßt Männer um mich sein, die fett sind«. Denn bei Shakespeare steht: »Let me have men about me that are fat«, und als der Übersetzer im Wörterbuch nachschlug, siehe, da fand er, daß »fat« auf deutsch »fett« heißt. Aber nicht hier. Hier könnte es allenfalls »dick« heißen, nur war auch das bei Shakespeare – wie aus der von Klingenberg weiter verstümmelten Fortsetzung deutlich hervorgeht – nicht gemeint. Gemeint war ein epikuräischer, den leiblichen Genüssen zugewandter Lebenshumor. Gemeint war »wohlbeleibt«. Der Ausdruck »fett« hat hier nichts zu suchen. Er ist sinnwidrig. Er ist richtig, aber falsch.

Obendrein geht mit dem Sinn zugleich der Rhythmus flöten, für den Klingenberg, der Erfinder des vier-, sechs- und notfalls siebenhebigen Jambus, überhaupt nicht ansprechbar ist. Nun gibt es rhythmische Unebenheiten auch bei Shakespeare und sogar bei Schlegel (sogar: weil ihm ein dilettantischer Möchtegernismus auch »Glätte« vorzuwerfen liebt). Aber was sich hier als immer noch versgegliederte Übersetzung ausgibt, ist die pure Hilflosigkeit vor dem Zusammenklang von Gedankenwelt und Sprachwelt, ist die pure Empfindungslosigkeit gegenüber Duktus und Melodie, ist die pure Sprachbarbarei.

Cinna der Poet – bei Klingenberg natürlich »Cinna der Dichter« (denn »poet«, das sagt einem jeder Toussaint-Langenscheidt, heißt auf deutsch »Dichter«) – wird von den empörten Römern für den gleichnamigen Verschwörer gehalten, und sie lassen sich von ihrem Vorhaben, ihn in Stücke zu reißen, auch durch die Aufklärung des Irrtums nicht abbringen:

»Zerreißt ihn für seine schlechten Verse!« rufen sie, und so geschieht's. Das waren noch Zeiten. – Übrigens rufen sie bei Klingenberg: »Zerreißt ihn wegen seiner schlechten Verse!« Womit dem unspielbaren Schlegel wieder einmal der Meister gezeigt wurde.

Was, bitte schön, soll das alles? Was, außer ein paar Neuformulierungen à tout prix, ist damit erreicht? Was, außer daß Wörtlichkeit auf Kosten der Sinnlichkeit geht, ist damit bewiesen? Was, außer den Übersetzungstantiemen, ist damit gewonnen? Hier wird die Frage nach dem Warum vielleicht doch wieder statthaft.

Beckmesserei? Allerdings. Aber der Beckmesser ist nicht, wer den Unfug aufdeckt, sondern wer ihn verübt. Laßt wohlbeleibte Männer um mich sein. Gerhard Klingenberg, und das in jeder Hinsicht, ist mager.

»Der Sinn hat keine Schwingen . . .«

(1970)

Noch bei keiner »Hamlet«-Aufführung hat man das vorzeitige Ableben des armen Yorick so tief bedauert wie diesmal. Denn er war, man weiß es, ein Bursche von unendlichem Humor. Diese »Hamlet«-Aufführung hingegen war von unendlicher Humorlosigkeit.

Damit will nun keineswegs ein Pointenregen eingemahnt sein oder irgendwelche billigen Lacher, die einer von Mord und Wahnsinn durchsetzten Tragödie wahrlich schlecht zum blutverschmierten Gesicht stünden. Vielmehr gilt die Fehlanzeige jenem Humor, durch den sich der Mensch vom Tier unterscheidet und die Ernsthaftigkeit vom sogenannten »tierischen Ernst«. Es ist eine Frage der geistigen Haltung, genauer: ihr Extrakt. Eine Frage jener »höheren Heiterkeit«, wie Thomas Mann sie gemeint und gemeistert hat und wie sie bei Shakespeare selbst in einer einschlägigen Formulierung vorkommt: »Das ist der Humor davon.«

Shakespeare – und darin liegt eine seiner vielen gewaltigen Unvergleichlichkeiten – wußte sehr genau, daß Humor noch zwischen Mord und Wahnsinn seinen Platz hat, daß Leben und Tod, auch Bühnenleben und Bühnentod, anders nicht zu ertragen wären. Und folgerichtig gibt's auch im »Hamlet» Figuren und Situationen, die durchaus auf Gelächter hin angelegt sind.

Kein Wunder, daß die Humorlosigkeit der Wernerschen Inszenierung sich gerade an diesen Anlässen besonders lähmend erprobte: etwa an Fred Liewehrs Polonius, der seine Aparts ins Publikum zwinkerte wie ein altmodischer Conférencier (und dem Ewald Balsers König in mancher Klamottenwirkung kaum nachstand). Oder an der Totengräberszene, die um keinen Millimeter tiefer geriet als das kaum ausgehobene Grab, indem sich Ernst Waldbrunn mit wahrer Todesverachtung um seine »Ergl«-Sentenzen bemühte. Und vollends an der Schauspielertruppe, die mit Klimbim und Juhu auf die Szene gehopst kam wie weiland die Tischgesellschaft im »Jedermann« – nur um sich hernach aller ihr zugedachten Effekte beraubt zu finden.

Was sich hier begab, war ein für die ganze Aufführung typisches Mißverständnis. In ihrer eigentlichen Szene nämlich, in jenem »Schauspiel«, das zur Schlinge für des Königs Gewissen werden sollte, verfielen die Akteure plötzlich in einen pseudoparodistischen Stil, von dem keinerlei Schrecken ausging, mußten Gert Westphal (als »Erster Schauspieler« eine der wenigen kompetenten Besetzungen des Abends) und Maria Martina auf eine Weise outrieren, wie man zu Shakespeares Zeiten ganz gewiß nicht outriert hat.

Und weil der beabsichtigte Schock nun sowieso schon zum Teufel war, fiel gleich auch die Vergiftungsszene weg und übernahm Oskar Werner den Text, der seinen königlichen Oheim als Mörder entlarvte. Ja, in der Tat: das Schauspiel war die Schlinge. Aber was sich in ihr verfing, war nicht das Gewissen des Königs, sondern das Gewissen des Regisseurs und Hauptdarstellers.

Oskar Werner hat vor 14 Jahren im »Theater in der Josefstadt« erstmals den Hamlet gespielt: als einen leicht exaltierten, strahlend verwundbaren Jüngling, der in konvulsivischer Verzweiflung gegen Schmach und Gram der Welt, gegen alle Unbill des Daseins aufzuckte und sich wissend ihr darbrachte, Opfer und Henker in einem.

Es war eine große, glückhaft unfertige Leistung. Da und dort blitzt ihre Konzeption auch diesmal noch durch die fertige Routine hindurch, tritt zwischen allzu deutlicher Verhaltenheit, allzu grellem Ausbruch eine hinreißende Persönlichkeit hervor, die auf dem deutschen Theater – wollte sie sich ihm nur richtig widmen – so bald nicht ihresgleichen fände. Und wenn der sterbende Hamlet seinem »Ich bin hin, Horatio!« ein fast schon überirdisches Gelächter nachschickt, erlebt man ganz zum Schluß doch noch jene Beschwingtheit, die man zuvor so schmerzlich vermißt hat.

Sie ist auch in einigen Einfällen des Regisseurs Oskar Werner enthalten, etwa in der Art, wie er die Geistererscheinung dreifach auflöst, etwa in Ewald Balsers Versuchen, sich mit dem störrischen Neffen zu arrangieren, etwa in der dennoch spürbaren Präsenz des nicht auftretenden Fortinbras. Auch mag es der Regie gutzuschreiben sein, wenn Antje Weisgerber (Königin), Achim Benning (Horatio) und Peter Matic (Rosenkranz) sich merklich über das Niveau des übrigen Ensembles hinausheben. Was jedoch die Ophelia der offenbar sehr jungen Christiane Schröder betrifft, so ist sie offenbar sehr jung.

Dankbar vermerkt sei der Respekt, mit dem der Schlegelsche Text behandelt wurde; wie sich denn überhaupt während des ganzen Abends nicht die leiseste Spur einer Schlamperei zeigte. Zweifellos hat Oskar Werner lange und gründlich über seine Inszenierung und seine Darstellung des Hamlet nachgedacht. Aber man kann – und die ganze deutsche

Gegenwartsphilosophie, besonders die politische, ist ein Beweis dafür –, man kann auch falsch nachdenken. Das Ergebnis fällt flach. Oder wie sich der König in seiner total verinszenierten Gebetsszene ausdrückt: »Der Sinn hat keine Schwingen.«

Ob Oskar Werners Hamlet, wär er hinaufgelangt, sich königlich bewährt hätte, muß zumindest bezweifelt werden. Für den Regisseur Oskar Werner wäre »königlich« und sogar »gräflich« entschieden zu hoch gegriffen. Am ehesten tät's ein kleiner Landadel.

Ein Intellektueller probt das Regieren

(1968)

Shakespeare, Schuh und Swaczynna – das ergibt, zuzüglich des Stücktitels, eine bedrohliche Häufung von Zischlauten, und da die neuerdings zum Fortschritt zählenden Festivalstörungen (die ein wirklich tüchtiges Establishment bereits als Programmpunkt einzuplanen hätte) von einer Gruppe tatendurstiger Akademiker auch in Salzburg angekündigt waren, mußte man auf alles gefaßt sein. Es kam jedoch nichts zustande, sondern nur manches, und selbst das nur auf der Bühne. Mit anderen Worten: Die großen Erwartungen, mit denen man der einzigen Schauspielnovität dieses Salzburger Festspielsommers von 1968 entgegengesehen hatte, wurden nur zum Teil erfüllt.

Aber wäre es denn überhaupt denkbar, daß dieses deutungs- und symbolträchtigste von Shakespeares Theaterstükken eine Bühnenverwirklichung fände, die allen seinen Möglichkeiten und zugleich allen Publikumserwartungen gerecht wird? Ist es nicht ein gar zu enormer Quaderstein, mit dem Shakespeare das Gebäude seines dramatischen Lebenswerks abgeschlossen hat? Und er kann sich dabei weder auf historische Vorleistungen stützen, wie etwa bei den Königsdramen, noch – wie etwa beim »Hamlet« – auf akzeptierte Klischees, die das Publikum ins Theater mitbrächte, um sie dann je nachdem bestätigt oder dementiert zu sehen.

Der »Sturm« will jedesmal aufs neue entfacht sein, und niemals werden sich alle seine Fächer dazu hergeben. Warum man ihn so gern mit der Chiffre »abgeklärt« versieht, gehört – für mich – zu seinen vielen Rätseln. Mir scheint er viel eher ein letztes, gewaltiges Aufbegehren zu sein, eine zornbeflügelte und, nun ja: stürmische Abrechnung mit den Unzulänglichkeiten der Realität, die hier noch einmal dem holdseligen Weltenbau Shakespearescher Phantasie gegenübergestellt werden soll. Mir scheint dieser Prospero, dem seine Bücher mehr wert sind als sein Herzogtum und der trotzdem, kaum hat's ihn auf die einsame Insel verschlagen, gleich wieder mit der Machtausübung beginnt, jetzt allerdings unter Zuhilfenahme von Zauberkräften, denn mit normalen Mitteln geht's leider nicht – mir scheint er durchaus jenem Typ vergleichbar, den wir heute als »Intellektuellen« bezeichnen würden.

Und daß er sich weder seinem Exekutivorgan Ariel noch seinem primitiven Fußvolk Caliban gegenüber zu irgendwelchen Sentimentalitäten verleiten läßt, zeugt von einer realpolitischen Einsicht, die ihm im Ernstfall sehr zustatten käme. Aber der Ernstfall tritt nicht ein. Der Intellektuelle probt das Regieren, und sobald die Probe geglückt ist, interessiert ihn das Ganze nicht mehr. Er zerbricht seinen Zauberstab, bittet um Nachsicht und geht ab.

Ich weiß nicht, ob Oscar Fritz Schuh seinen Shakespeare so verstanden hat, und ich bin nicht einmal sicher, ob ich meinen Oscar Fritz Schuh so verstehen darf. Doch müssen zumindest Überlegungen solcher Art mit im Spiel gewesen sein. Wenn sie nicht eindeutig zum Tragen kamen, so liegt das schon am Stück, das wahrlich keine Eindeutigkeit zuläßt. Und daß sie dort, wo sie in Erscheinung treten, wiederum allzu kraß und simpel wirkten, liegt an der Übersetzung, über deren Hersteller Wolfgang Swaczynna man gerne Genaueres erfahren hätte, als daß er sein »Sach« auf Originaltreue gestellt und mit der bekanntlich unbrauchbar gewordenen romantischen Süßlichkeit der Schlegel-Tieck-Übersetzung gründlich aufgeräumt hat.

Infolgedessen wird Caliban als »Monster vom Dienst« angesprochen, und heißt es bei Schlegel, beispielsweise: »Nein, kein Haar gekrümmt ist irgendeiner Kreatur«, so heißt es bei Swaczynna: »Nicht einmal der Verlust von einem Haar traf jene dort«, und das ist doch wohl viel besser. Auch wird die Freiheitssehnsucht Calibans, als er sich Stephano und Trinculo zu neuen Herren erkürt, von den beiden Seeleuten aus nirgends ersichtlichen Gründen lauthals aufgenommen, so daß das Bild mit dem dreifachen Ausruf: »Freiheit – Freiheit – Freiheit!« schließt. Die Störung, die hier am Platze gewesen wäre, blieb, wie schon eingangs erwähnt, aus. Nur ein paar unauffällig im Publikum verstreute Shakespeare-Kenner traf der Verlust von mehr als einem Haar, da sie sich's rauften.

Es gab also etliche Handikaps zu überwinden, darunter die beengten Raumverhältnisse, und man muß der Regie vor allem das respektvolle Zeugnis ausstellen, daß sie diese Überwindung jederzeit und überall mit Mitteln besorgte, die dem Begriff »Shakespeare« gerecht blieben. Sie wußte ihn, den Begriff, im zweiten Teil des Abends sogar in eine Richtung zu steuern, die ihm bisher noch niemals zugewiesen war und wo er sich erstaunlich überzeugend ausnahm: in die Richtung zu faustischen Regionen hin, zu Auerbachs Keller etwa (beim Gastmahl, das den schiffbrüchigen Schurken von einer gespenstisch einherhuschenden Erdgeisterschar aufgetischt und wieder entzogen wird), zur Walpurgisnacht eines Nymphentanzes oder zu den Zukunftsvisionen des jungen Liebespaares, als Ferdinand, auch ohne Trank im Leibe, Miranden in jedem Weibe sah.

An diesen beiden Figuren, von Michael Heltau und Veronika Bayer anmutig dargestellt, an der unaufdringlichen Naivität, die er ihrer Begegnung und Vereinigung mitgab, bekundete O. F. Schuh seine Fähigkeiten zur Führung der Schauspieler nicht minder glücklich als an einigen der Hauptrollen. Vor allem Will Quadfliegs Prospero erreichte eine Einheitlichkeit und Glaubhaftigkeit, die gerade aus dieser Rolle nur schwer hervorzuholen ist. Man glaubte ihm, daß er seine Bücher auch wirklich gelesen hatte, man glaubte ihm die ironische Distanz, die er in seinen Tonfall wie in seine Zaubergebärden legte, man glaubte ihm die große Liebe zu seiner Tochter und die geringe Liebe zu seiner Macht.

Nicht ganz so konsequent war's um den Caliban des trefflichen Valter Taub bestellt, dem nicht nur vom Akzent her ein paar Schwejk-Töne in die scheusälig dumpfe Diktion gerieten; er schien um die Bewandtnisse, die es mit seiner kreatürlichen Existenz hatte (oder haben könnte), ein wenig genauer Bescheid zu wissen, als eben diese Existenz es rechtfertigte. Man kann auch sagen: Er spielte den Caliban, was einem intelligenten Schauspieler leicht passieren kann, zu intelligent.

Ganz und gar im Komödiantischen, ganz und gar dem Leben zugewandt, beglückt von jedem Schritt und jedem Schluck: Hans Putz als Stephano. Ein Ariel, der sich immer noch rechtzeitig auf seine schwebende Dienstverpflichtung besann (und dem man schon anmerkte, daß er von seiner Freiheit fröhlichen Gebrauch machen wird): Heinz Ehrenfreund. Von den Gestrandeten prägten sich noch Max Mairich (Trinculo), Erik Frey (Alonso) und Eduard Marks (Gonzalo) dem Gedächtnis ein; vor allem aber taten das die Dekorationen Teo Ottos, die letzten, die er noch geschaffen hat. Der rasche Bildwechsel, den sie ermöglichten, mag dazu beigetragen haben, daß es nur zur Pause und am Schluß zu Beifallskundgebungen kam. Am Schluß erreichten sie ansehnliche Dimensionen.

Hineingezogen in des Spieles Strudel ...

(1972)

Es darf noch Theater gespielt werden. Es muß auf der Bühne nicht unbedingt finster zugehen – »finster« im Sinn von undurchschaubar, nicht im Sinn einer ausgeschalteten Notbeleuchtung, deren dämmeriges Gefunzel ein ganzes Stück zum Scheitern bringen kann. Auch müssen die gesellschaftskritischen Aspekte, die jedem Kunstwerk ohnehin innewohnen, nicht unbedingt durch vordergründige, kunstlose Aggression zur Geltung kommen. Es darf auf der Bühne noch lebensnah und lebensvoll zugehen, heiter und poetisch, verliebt und verzweifelt, und alles das entrückt in jene seltsam überhöhte, jene anheimelnd verfremdete Sphäre, die nur das Theater – laut Alfred Polgar »ein Scharlatan, der wirklich zaubert« – herzustellen vermag. Es darf noch Theater gespielt werden.

Der Zauberer, dem wir diese reaktionäre Wahrnehmung verdanken, heißt William Shakespeare, der Zauberlehrling, der sie uns vermittelt hat, heißt Otto Schenk. Dieser Otto Schenk ist unter den jüngeren Erfolgsregisseuren insofern ein Unikum, als er seine Erfolge tatsächlich mit den von ihm inszenierten Stücken erzielt und nicht mit irgendwelchen aufgepfropften In-Szene-Setzlingen, die das Stück zur bloßen Vorlage regielicher Selbstgefälligkeit degradieren. Schenk – er hat das zuletzt in München (mit »Der Widerspenstigen Zähmung«) bewiesen – nimmt beispielsweise an, daß Shakespeare genau gewußt hat, was er will, sogar genauer als Peter Zadek. Er vertraut dem Genius des Dichters und der Dichtung, und da er dieses Vertrauen auch seinen Darstellern einzuflößen weiß, hat er gewonnenes Spiel. Und zwar Spiel.

Denn in kaum einer anderen von Shakespeares Zauberkomödien sind Leben und Liebe so sehr im Begriff des Spiels zusammengefaßt, so tief ins Spielerische eingebettet, so kreuz und quer ineinander verspielt. »Nun walte, Schicksal. Niemand ist sein eigen!« lautet die Schlüsselzeile – und es gibt keine zwei unter den Agierenden, die das nicht zu spüren bekämen, die nicht in des Spieles Strudel gerissen und von ihm durcheinander gewirbelt würden und aufeinander zu und aneinander vorbei.

Glück und Ereignis der Salzburger Inszenierung beruhen darin, daß Otto Schenk dem Märchenspiel dessen eigene Logik abgewinnt, daß er die Geschehnisse auf der ihnen gemäßen Ebene glaubhaft macht – und sie eben dadurch viel näher an eine uns geläufige Wirklichkeit heranführt, als wenn er's etwa darauf angelegt hätte, daß die Zwillinge Viola und Sebastian einander »wirklich« zum Verwechseln ähneln oder daß Orsino die ihm zubestimmte Viola »wirklich« für einen Caesario hält, statt die ihm nicht zubestimmte Olivia sich ans blamable Gaukelwerk verlieren zu lassen (was fast schon einer ahnungsvollen Rache für ihre grausame Unzugänglichkeit gleichkommt). Es zählt zu den schönsten Augenblicken des Spiels, wenn Orsino seinem Botenjungen Caesario einen Abschiedskuß auf den Liebeswerbungsweg mitgibt und verwirrt zurückbleibt. Hier durchdringen einander halb durchschauter Schein und halb vorweggenommene Wahrheit. Hier ist die Stimmgabel aller Verstrickungen angeschlagen. Es stimmt.

Allerdings hat es leicht stimmen, wenn einem hervorragenden Regisseur hervorragende Darsteller zu Gebote stehen. Schon was Klaus Maria Brandauer aus der gar nicht so großen und gar nicht so dankbaren Rolle des verliebten Herzogs Orsino macht, geht über alles bisher Gewohnte weit hinaus, ist zugleich rührend und männlich, zugleich impulsiv und nachdenklich – und gerät doch niemals in die bedrohlich lockende Nachbarschaft der Sentimentalität. Ähnliches bringt Sabine Sinjen mit der sonst immer ein wenig larmoyanten Olivia zuwege. Die in ihrer Abwehr wie in ihrer Bereitschaft mit einemmal nicht herrisch wirkt, sondern mädchenhaft, die nicht aus purer Laune handelt, sondern aus purer

Sehnsucht. Und vollends Christine Ostermayer als Viola! Sie ist – und so etwas bekommt man nicht alle Tage – auf holde Weise mürrisch, auf spröde Weise schmiegsam, sie ist ein kleines Wunder für sich inmitten des wundersamen Geschehens.

Wie die Musik der Liebe Nahrung, sind Rüpelszenen die des Lustspiels. Shakespeare gibt uns volles Maß davon, ja sogar ein Übermaß, weil im Grunde noch die Kammerzofe Maria hierhergehört. Christiane Hörbiger läßt denn auch keinen Zweifel an ihrer Fähigkeit zu vollsaftiger Kumpanei und behauptet sich, ohne das geringste von ihrer Weiblichkeit einzubüßen, als durchaus gleichrangige Partnerin des Junkers Tobias von Rülp, den Hans Dieter Zeidler in legitime Falstaff-Nähe spielt. Das heißt, daß hinter seinem trinkfrohen Torkeln doch immer die menschlichen Konturen sichtbar bleiben.

Sie bleiben es auch bei Helmut Lohners Junker Bleichenwang, der den wahrlich schon nuancenreichen Abend um eine gewaltige Dimension bereichert. Ein Schwadroneur der Schwäche, ein Trunkenbold aus mangelnder Trinkfestigkeit, der feigste Haudegen in ganz Illyrien, er sagt es ja selbst: »Ich bin schon ein Kerl!« und erschrickt vor seiner eigenen Angeberei. Und wenn er dann noch seine armseligen Kapriolen schlägt, möchte man am liebsten heulen. So innig waren Tragik und Komik noch selten in eins verflochten, so hinreißend hat sich Shakespeares Kunst der Menschengestaltung noch selten offenbart.

Zwischen den beiden Sphären, zwischen Lustspiel und Liebesspiel, stolziert der Malvolio Josef Meinrads von ungewissem Ursprung zu trostlos gewissem Ende: in die Einsamkeit einer eitlen Selbstüberschätzung, die nicht daran glauben mag, daß man sich über sie lustig machen könnte. Daneben und rings umher die Vollstrecker der kleineren, aber darum nicht minder relevanten Anliegen Shakespeares: das hintergründige Freundespaar Sebastian und Antonio (Wolfgang Hübsch und Rudolf Melichar), der sozusagen als Verbindungsrüpel wirkende Fabio Heinz Mareceks, der Narr Karl Parylas und all die anderen, die samt und sonders voll auf ihrem Posten standen.

Wie bitte? Kulinarisches Theater? Keine Beziehung zum Heute? Museale Erstarrung? Dann wollen wir jetzt hurtig alle verfügbaren Museen dem Erdboden gleichmachen, mitsamt den Tizians und Rembrandts, die dort erstarrt herumhängen.

Horváth und der Dialog

Referat zu einem Horváth-Symposion anläßlich der italienischen Erstaufführung von »Kasimir und Karoline«

(1974)

Eines der zuverlässigsten Merkmale von Kolloquien und Symposien besteht in der mangelnden Koordination ihrer Beiträge. Das liegt in der Natur der Sache und in der Natur der Teilnehmer, von denen man mit Recht erwartet, daß sie unterschiedliche Standpunkte vertreten werden – was sie ja in der Regel auch tun. Notwendig bedienen sie sich dabei der gleichen Tatbestände und manchmal sogar der gleichen Argumente (wenn auch nicht unbedingt im gleichen Sinn oder zum gleichen Zweck). Und da sich diese Materialien im voraus nicht aufeinander abstimmen lassen, befinden sich die später antretenden Referenten ihren Vorrednern gegenüber in einer Position, in der sie leicht als bloße Nachredner erscheinen könnten. Es geht da ganz ähnlich zu wie bei den internationalen Skiwettkämpfen, wo immer diejenigen Läufer am besten dran sind, die gleich zu Beginn starten; später ist dann die Bahn schon allzu ausgefahren und abgenützt. Mir wurde leider eine sehr späte Startnummer zugewiesen, und je länger ich den einzelnen Referenten zuhörte, desto öfter mußte ich in ein innerliches Wehklagen ausbrechen, weil schon wieder etwas gesagt wurde, was auch ich hatte sagen wollen. So sitze ich jetzt vor den Trümmern meines Manuskripts, das ich Ihnen trotzdem nicht vorenthalten werde – schließlich habe ich mir redliche Mühe damit gegeben, und vielleicht darf die eine oder andere meiner Feststellungen noch eine gewisse Unverbrauchtheit beanspruchen. Außerdem mag es ganz nützlich sein, wenn auf solche Weise evident wird, wer sich was über Horváth denkt und wo diese Gedanken einander überschneiden.

Das bezieht sich vor allem auf die Vergleiche zwischen Horváth und Brecht, die fast in allen Referaten vorkamen und die Fritz Raddatz als untunlich abgelehnt hat – er wollte nichts von einer Antithese »Horváth *oder* Brecht« wissen, er ist für »Horváth *und* Brecht«, wogegen nun wahrlich niemand etwas einwenden kann. Daß er in diesem Zusammenhang von einem »bösen« Bertolt Brecht sprach, war ohne Zweifel ironisch gemeint und nicht etwa im Gegensatz zu einem »guten« Horváth, den es nämlich nicht gibt.

Natürlich spielt diese Thematik ins Politische hinüber, und zwar in die Frage, ob und inwieweit Horváth als politischer oder politisch motivierter Autor zu sehen ist. Die meisten meiner Vorredner haben ihn in der Tat als solchen gesehen, und einer von ihnen sprach sogar von einem permanenten »linken Bewußtsein« Horváths. Ich glaube – zum Teil aus eigener Wahrnehmung –, daß es mit Horváths linkem Bewußtsein nicht sehr weit her war, und ich möchte dazu auf einen Umstand hinweisen, der in keinem einzigen Referat erwähnt worden ist. Horváth hat von 1933 bis 1938 in Österreich gelebt, und dort war seit dem Februar 1934 ein autoritäres Regime an der Macht, das sich »Christlicher Ständestaat« nannte und unverkennbar faschistoide Züge aufwies. Die Sozialdemokratische Partei war verboten, ihr Parteiorgan, die »Arbeiter-Zeitung«, erschien im tschechoslowakischen Exil (wie es überhaupt eine nicht unbeträchtliche Gesinnungsemigration gab). Zwar herrschte, zumal im Vergleich mit Nazideutschland, kein Terror, aber doch eine straff ausgeübte Zensur und eine empfindliche Einschränkung der bürgerlichen Freiheiten. Horváth hat sich von alledem weder in seinem Leben noch in seinem Schaffen behindert gefühlt, und das läßt sich mit »linkem Bewußtsein« ebenso schwer vereinbaren wie die Tatsache, daß zu seinen engsten Freunden und Förderern Franz Werfel und Carl Zuckmayer gehört haben, zweifellos alles eher als »linke« Autoren. Horváth hätte ebensogut in die Schweiz oder nach Frankreich emigrieren können. Offenbar waren seine Bindungen an Österreich stark genug, um ihn eine unpolitische Entscheidung treffen zu lassen.

Damit will ich weiß Gott nichts Abschätziges über Horváth gesagt haben. Er befand sich in Österreich, das ja auch zur Zeit des Ständestaats der Emigration aus Nazideutschland uneingeschränkte Zuflucht bot, in recht guter Gesellschaft. Ich wollte nur meine Vorbehalte gegen eine politische oder ideologische Festlegung Horváths anmelden, ja sogar gegen seine zeitkritischen Motive, wie sie etwa in Wilhelm Emrichs außerordentlich inhaltsreichem Referat hervorgehoben wurden und von denen sich Horváth späterhin ab- und zum Metaphysischen hingewandt hätte. Herr Emrich hat bei dieser Gelegenheit eine Dialogstelle aus der »Italienischen Nacht« zitiert, die Drohung einer Nazifigur, die mit den Worten schließt: »Wir gehen bis zum Ende – und zwar vorwärts!« Daran scheint mir vor allem der Nachsatz bemerkenswert, dieses »und zwar vorwärts«, diese überflüssige Verstärkung, die in Wahrheit eine Banalisierung bedeutet. Denn daß eine politische Bewegung »vorwärts« zu gehen behauptet, versteht sich von selbst und müßte nicht eigens gesagt werden. Es handelt sich also um einen Beleg jener Horváthschen Methodik, die Emrich an andrer Stelle als »sprachliche Selbstentlarvung« bezeichnet hat. Ähnliches ließ sich aus einem Zitat heraushören, das – gleichfalls zu anderem

Erweis – von Peter Iden herangezogen wurde, aus »Kasimir und Karoline«, und zwar aus einem Dialog zwischen Karoline und Schürzinger. »Sie sind also ein berechnender Mensch«, sagt Karoline; und Schürzinger entgegnet: »Das ist ein krasses Mißverständnis.« Kein einfaches und nicht weiter kommentiertes Mißverständnis also. Es muß gleich ein »krasses« sein. Anders tun sie's bei Horváth nicht.

Damit bin ich bei meinem eigentlichen Thema. Mein Thema – oder das, was man mir davon übriggelassen hat – ist die Funktion des Dialogs in den Stücken Ödön von Horváths. Und wenn Ihnen dies oder jenes, was ich jetzt sagen werde, bekannt vorkommen sollte, so bitte ich Sie zu bedenken, daß ich es schon früher gesagt habe. Sie hören es nur später.

Aus Gründen der Fairneß – und zwar der Fairneß sowohl Ihnen wie Horváth gegenüber – muß ich noch vorausschikken, daß ich mich nicht für einen Horváth-Experten halte, ja nicht einmal für einen besonderen Horváth-Kenner. Auch meine persönliche Bekanntschaft mit ihm war zu flüchtig, als daß ich mich auf sie berufen dürfte. Meine wirkliche Beziehung zu Horváth besteht in der Überzeugung, daß er einer der bedeutendsten deutschsprachigen Dramatiker unsres Jahrhunderts ist und zumindest für dessen zweites Drittel der bedeutendste. Ich hatte mir dieses Statement im vollen Bewußtsein der Tatsache vorgenommen, daß in den hier umrissenen Zeitraum auch die große Entfaltung eines andern großen Dramatikers fällt, den viele der Anwesenden (und nicht nur der Anwesenden) wahrscheinlich für den bedeutenderen von beiden halten, nämlich Bertolt Brecht. Und obwohl mir Vergleiche solcher Art im allgemeinen weder besonders wichtig noch besonders schlüssig erscheinen, wüßte ich nicht, wie man im vorliegenden Fall um den Vergleich herumkäme.

Meine Überzeugung, daß er zugunsten Horváths zu entscheiden sei, ist verhältnismäßig neueren Datums. Das heißt, daß mir die Erkenntnis der Größe Horváths nicht von Anfang an inne war. Damit stand ich allerdings nicht allein, und ich darf Sie hier wieder an die Ausführungen einiger meiner Vorredner erinnern. Kurt Kahl hat Ihnen berichtet, daß Horváth, als er 1933 nach Österreich emigriert kam, dort keineswegs nach Gebühr eingeschätzt wurde, bis zum Schluß, bis 1938 nicht. Von Herrn Huder haben Sie gehört, daß er 1962, als er mit der Einrichtung des Horváth-Archivs begann, noch gefragt wurde: »Wer ist das eigentlich?«, und Herrn Raddatz hat man ungefähr um die gleiche Zeit dazu gratuliert, daß er Horváth in einer so guten Übersetzung aus dem Ungarischen herausgebracht hat. Ganz so lange hat es zwar bei mir nicht gedauert, aber ich habe doch einige Jahre – vielleicht bis 1936 – gebraucht, ehe mir die Bedeutung des Dramatikers Horváth aufgedämmert ist. Was vollends den Erzähler Horváth betrifft, so werden Sie es mir hoffentlich nicht als Selbstüberschätzung auslegen, wenn mein Urteil davon beeinflußt wurde, daß wir beide im selben Jahr – 1930 – unsere Erstlingsromane veröffentlichten und daß meinem »Schüler Gerber« erheblich größere Resonanz beschieden war als dem »Ewigen Spießer« Horváths. Ich war damals noch nicht ganz 22 Jahre alt, und es ist gut möglich, daß mir das alles auch den Blick auf den Dramatiker Horváth ein wenig verstellt hat. Verstellt, aber nicht getrübt. Denn daß sich hier ein ganz ungewöhnliches Bühnentalent kundgab, ein Talent von völlig neuartiger Prägung und Richtung, fast ohne Vorbild unter den Älteren und ganz gewiß ohne Gegenstück unter den Jüngeren – das war mir schon damals klar.

Dennoch enthielten die ersten Kritiken, die ich über Horváths Theaterstücke schrieb, noch manche Vorbehalte, die ich heute längst nicht mehr äußern würde. Unter diesen von mir besprochenen Stücken befand sich auch die 1936 in Prag uraufgeführte Komödie »Figaro läßt sich scheiden«, deren skeptische Distanz zum Thema »Revolution« meinem damaligen Temperament und, wie mir schien, der damals gegebenen politischen Atmosphäre nicht eben entsprach. Die meisten anderen Horváth-Aufführungen der mittleren Dreißigerjahre gab es in den Wiener Klein- und Kellerbühnen, die selten mehr als ein halbes Hundert Zuschauer faßten – ein schmerzlicher Rückfall für einen Autor, der 1931 und 1932, im vornazistischen Deutschland, mit den »Geschichten aus dem Wienerwald« am Deutschen Theater in Berlin und mit »Kasimir und Karoline« am Deutschen Schauspielhaus in Leipzig, also an zwei der größten Bühnen Deutschlands, uraufgeführt und mit dem Kleist-Preis ausgezeichnet worden war. Als die braune Flut über Deutschland hereinbrach, mußte selbst ein so arrivierter Autor ums Überleben kämpfen, glücklicherweise nicht in physischer Hinsicht, wohl aber in künstlerischer und materieller.

Um diese Zeit bin ich mit Horváth ein paarmal zusammengetroffen, gewöhnlich in den Kaffeehäusern, deren Souterrains die Wiener Kleinkunstbühnen beherbergten und wo Horváth hauptsächlich deshalb aufkreuzte, um dafür zu sorgen, daß seine schöne Freundin Vera Liessem, eine begabte Nachwuchsschauspielerin, in den dort aufgeführten Stücken (auch wenn sie nicht von ihm waren) eine Rolle bekäme. Nach dem Anschluß Österreichs im Frühjahr 1938 bin ich ihm dann noch einmal in Zürich begegnet, im Gasthof »Hinterer Sternen«, dem Treffpunkt der neuen österreichischen Emigrations-Welle mit den bereits alteingesessenen Emigranten aus Deutschland; und ich erinnere mich eines witzigen Ausspruchs, mit dem sich Horváth an einen unsrer Schweizer Freunde wandte: »Bei euch in Zürich ist alles so entsetzlich sauber«, sagte er. »Wo nehmt ihr eigentlich die Kultur her?« Das war kurz vor seiner Abreise nach Paris. Und dort, im Juni 1938, nahm sein Leben jenes tragisch-groteske Ende, von dem nicht mit Unrecht behauptet wird, daß er selbst es hätte erfinden können.

Als ich eingangs meine Überzeugung von der Größe Horváths »in vollem Bewußtsein« der Größe Bertolt Brechts gegenüberstellte, habe ich beim Gebrauch der Wendung »volles Bewußtsein« ein wenig gezögert, habe sie dann trotzdem eingesetzt und habe mich sozusagen bei vollem Bewußtsein von

Horváth ertappt gefühlt. Denn es sind Wendungen dieser Art, es ist der sinnentleerte Gebrauch stereotyper Formeln, womit sein Dialog auf so unvergleichliche, auf so mörderisch aufschlußreiche Weise operiert – gleichgültig, ob die dumpfe Horizontlosigkeit eines geistig minderbemittelten Kleinbürgertums sich an vermeintlich »gebildeten« Ausdrücken selbstgefällig hochplustert oder ob sich da jene infernalische Gemütlichkeit entlarvt, die immer zugleich den Nebenmenschen und die dazugehörige Phrase drischt. »Volles Bewußtsein«! Als gäbe es auch ein halbvolles Bewußtsein oder gar ein leeres, dessen Inhaber dennoch in der Lage wäre, sich über den Zustand seines Bewußtseins zu äußern. Bei Horváth freilich vermöchte er das, ja im Grunde äußern sich Horváths Figuren *nur* bei leerem Bewußtsein und *aus* diesem, nämlich ohne daß ihnen der eigentliche Sinn ihrer Äußerung bewußt würde. Ihr Bewußtsein – und man kann sich das beinahe plastisch vorstellen – ist gewissermaßen von Leere erfüllt, hat nur noch Platz für fertiggestanzte Klischees, auf die man sich stützen und verlassen kann, weil sie ihre Gebrauchsfähigkeit schon so oft bewiesen haben, daß man sich aus eigenem rein gar nichts mehr dazu denken muß. Deshalb stehen die Figuren Horváths niemals bloß »ganz« oder bloß »voll« zu ihren Äußerungen, sondern immer »voll und ganz«, und die so geäußerte Meinung »ist« nicht bloß die ihre, sondern sie »ist und bleibt« es. Da sie auf ihren Ruf nicht ganz einfach bedacht, sondern »peinlich« bedacht sind, werden sie auch nicht ganz einfach »verkannt«, sondern »grausam« verkannt, womit ihnen nicht bloß Unrecht geschieht, sondern ausdrücklich »bitter« unrecht.

Die soeben zitierten Stellen entstammen Horváths wahrscheinlich poetischestem Theaterstück, der »Unbekannten aus der Seine«, das mit seinem wahrscheinlich bösartigsten, mit »Glaube Liebe Hoffnung«, in der Struktur der Charaktere und Konflikte die größte Ähnlichkeit aufweist. Herr Gamper hat Ihnen die dankenswerte Information vermittelt, daß der Titel »Glaube Liebe Hoffnung« ursprünglich sogar für das andre Stück vorgesehen war. Die Ähnlichkeit ist also kein Zufall, sondern ein immanentes Merkmal des Horváthschen Verfahrens, mittels der sprachlichen Schablone die menschliche bloßzulegen. Anders als seine nun schon recht zahlreichen Schüler und Nachfahren – in Österreich etwa Wolfgang Bauer und (zumindest mit seinen allerersten Stükken) Peter Turrini, in Deutschland etwa Franz Xaver Kroetz und der leider verstummte Martin Sperr –, anders als die junge Dramatikergarde von heute, mit deren wichtigsten Vertretern sich Hellmuth Karasek beschäftigt hat, läßt Horváth es nicht dabei bewenden, dem Volk aufs Maul zu schauen und den abgelesenen Text naturgetreu wiederzugeben. Er macht ihn transparent, er leuchtet den Hintergrund aus, dem der Text entspringt, er kehrt ihn nicht stumpf in die Welt hinaus, sondern mit introvertierter Spitze gegen sich selbst, und unter der Einwirkung dieser Spitze zerfällt der Text so gründlich in seine Bestandteile, daß er auf manche von ihnen sogar verzichten kann. »Sie war meine große Liebe, das tät' ich mir ausbitten«, sagt im »Jüngsten Tag« der Stationsvorsteher Hudetz, der durch sein unzeitgemäßes Liebesgetändel mit der Wirtstochter Anna ein Zugsunglück verschuldet hat – und will sich nicht etwa ausbitten, daß Anna seine große Liebe war, sondern er möchte sich eine gebührliche Würdigung dieser Tatsache ausgebeten haben, er verlangt, nicht ohne Pathos, ihre Berücksichtigung zu seinen Gunsten. Und was sagt ihm darauf der Kriminalinspektor, der den Fall zu untersuchen hat? Er sagt: »Ein Zusammenstoß ist kein Witz, Herr Hudetz«, obwohl es noch keinem Menschen jemals eingefallen wäre, ein Zugsunglück für einen Witz zu halten. Auch hier deklassiert die Gedankenlosigkeit einer Aussage ihren Sinn, auch hier wird die Bedeutungsschwere eines Tatbestands durch ihre Konfrontation mit der Banalität umfunktioniert und ihre Pathetik bis ins Groteske entwertet.

Daß Horváth auch noch den Namen des derart Angesprochenen hinzufügt, geschieht aus wohlerwogener Absicht, der obendrein eine in Österreich häufig auftretende böhmische

Nomenklatur zugute kommt. Ihren Gipfel erreicht diese raffinierte Konfrontationstechnik in den »Geschichten aus dem Wienerwald«. Da gerät der Fleischhauer Oskar ins Philosophieren über die Liebe und wendet sich schließlich an seinen Freund und Gesprächspartner mit dem tiefsinnigen Fazit: »Das Weib ist ein Rätsel, Havlitschek« – eine so unwidersprechliche Wahrnehmung, daß man sich im gleichen Augenblick, da sie einem Havlitschek anvertraut wird, schon wieder versucht fühlt, an ihrer Richtigkeit zu zweifeln. Und wenn am Schluß der 1930 entstandenen »Italienischen Nacht« der pompöse Phrasendrescher, der sich selbst als »roter Stadtrat« bezeichnet, befriedigt feststellt: »Von einer akuten Bedrohung der demokratischen Republik kann natürlich keineswegs gesprochen werden«, so dürfen wir geradezu sicher sein, daß von einer solchen Bedrohung sehr wohl gesprochen werden kann; und dürfen aufs unbehaglichste dahingestellt sein lassen, ob und inwieweit unsre heutige Situation sich von jener unterscheidet, auf die Horváth vor 44 Jahren abgezielt hat.

»Der Kampf gegen Lüge und Dummheit ist mein einziges Thema«, hat Horváth einmal gesagt, und das könnte mit den gleichen Worten auch Bertolt Brecht gesagt haben. Nur daß Brecht die soziale Lüge meint und Horváth die individuelle, Brecht die Dummheit, die sich mit der sozialen Lüge abfindet, und Horváth die Dummheit, die von sozialer Lüge erst gar nichts weiß. Folglich und folgerichtig werden Lüge und Dummheit bei Brecht immer von zwei verschiedenen, einander antithetisch gegenübergestellten Trägern, um nicht zu sagen: von zwei divergenten Klassen repräsentiert, indessen sie bei Horváth eine ahnungslose Synthese eingehen. Und gäbe es ein krasseres Zusammenwirken von Lüge und Dummheit als die Phrase?

Es fügt sich gut, daß der Anlaß unseres Symposions das Volksstück »Kasimir und Karoline« ist, das von allen Stücken Horváths den Unterschied zwischen gesellschaftlichem und kreatürlichem Notstand am deutlichsten manifestiert. Und somit darf ich zum Abschluß und als Resümee des bisher Gesagten eine Kritik exzerpieren, die ich anläßlich einer Aufführung von »Kasimir und Karoline« im Theater in der Josefstadt 1964 geschrieben habe:

»Ödön von Horváth befindet sich – ebenso wie sein Zeitgenosse Bertolt Brecht – auf dem Weg zum Klassiker, ob er's will oder nicht und ob er's auch noch so komisch fände, wenn er's erlebt hätte. Von Mal zu Mal treten seine Eigenartigkeiten klarer hervor und seine Uneigenartigkeiten weiter zurück, schärft sich unser Blick für die Schärfe des seinen, rückt sich der Fokus zurecht, der durch alltäglichen Vordergrund hindurch ein metarealistisches Weltbild sichtbar macht, wie es kein zweiter zeitgenössischer Autor aufzubauen weiß. Und je selbstverständlicher es sich darbietet, je voraussetzungsloser es mit sich selbst auskommt, desto gültiger etabliert es seine eigene Klassik. Sie äußert sich nicht allein in der Juxtaposition der Figuren, die immer nur so gut sind, daß sie im nächsten Augenblick genau so böse sein könnten, und umgekehrt. Sie äußert sich vor allem in einer völlig einmaligen Kunst der Dialogführung und Dialogfärbung, deren Geheimnis sich erst langsam zu entschleiern beginnt. Mit dem Vergnügen an der grotesken Überspitzung ist es da bei weitem nicht getan. Die hat, gerade in der österreichischen Literatur, ihre Muster und Vorgänger. Aussagen wie ›Die Oberammergauer sind *auch* keine Heiligen‹, oder ›Zuschneider bilden sich immer gleich soviel ein‹ entstehen aus einem Kurzschluß zwischen Sprach-Kontakt und Bild-Energie, aus dem auch bei Nestroy und bei Herzmanovsky-Orlando die Funken stieben. Der eigentlich ›klassische‹ Horváth offenbart sich in jenen sprunghaften Dialogstellen, deren scheinbare Inkohärenz zu frappant einleuchtenden Kontrastwirkungen führt. So etwa, wenn Karoline auf dem Oktoberfest ihrem arbeitslos gewordenen Kasimir abhanden kommt, um sich mit zwei alten Steigern auf ein möglicherweise lukratives Abenteuer einzulassen; aber es wird nichts draus, und im letzten Bild steht sie einigermaßen betreten wieder vor Kasimir, der sie mit einem stummen Blick empfängt. ›Schau doch nicht so ironisch‹, sagt Karoline, und: ›Das kann eine jede sagen‹, antwortet Kasimir. Nun gehört aber die Aufforderung, nicht so ironisch zu schauen, keineswegs zum griffbereiten Phrasenvorrat der Alltäglichkeit. Sie hat vielmehr einen fast persönlichen, der besonderen Situation angemessenen Zuschnitt. Und wenn's mit rechten oberflächlichen Dingen zuginge, müßte Kasimir eigentlich antworten, daß er ja gar nicht so ironisch geschaut habe oder daß Karoline, im Gegenteil, schon wissen würde, warum er so ironisch schaut. Statt dessen greift er seinerseits zu einer Phrase, um Karoline abzuspeisen. Und er tut es mit Recht. Denn im Grunde hat Karoline ihm ja gar nicht gesagt, daß er nicht so ironisch schauen soll, sondern daß sie ›brav‹ war und daß sie ›nichts angestellt‹ hat; und das kann wirklich eine jede sagen. *Sie* wollte *ihn* mit einer Phrase abspeisen, die wie eine persönliche Mitteilung klang – und wurde von ihm durch eine persönliche Mitteilung entlarvt, die wie eine Phrase klang. Horváth läßt seine Figuren immer das sagen, was eine jede sagen kann – es bedeutet nur etwas andres. Das Klischee straft sich selbst Wahrheit. Dahinter aber, nackt und bloß, armselig und rührend, bockig und achselzuckend, ersteht der Mensch, um den es bei Horváth doch immer geht. Und eben weil es hier um das menschliche Engagement geht, nicht um das soziologische, können Horváths Stücke, anders als die des soziologisch engagierten Bertolt Brecht, nicht veralten. Daß Kasimir seinen Posten verloren hat und daß er dadurch in Karolinens Augen – wie Karoline in den seinen – zur Fortsetzung des Liebesverhältnisses untauglich wird, macht ihn noch nicht zum Produkt seiner ökonomischen Voraussetzungen und seine Tragik noch nicht zu deren Folge. Er hätte ebensogut sein Geld vertrinken oder beim Kartenspielen verlieren oder sonst ein Pech haben können, und wenn's nach ihm gegangen wäre, hätte er mit Karoline auch als Arbeitsloser weitergelebt (und sie mit ihm). Denn er bleibt auch als Arbeitsloser ein Mensch in seinem dunklen Drange, nicht im gesellschaftlichen Zwange.

Die »Heilige Johanna der Schlachthöfe« ist, seit die Gewerkschaften sich auch in Chicago durchgesetzt haben, beim Teufel. »Kasimir und Karoline«, in den gleichen Jahren der Wirtschaftsdepression spielend, ist heute so lebendig wie damals. Zwischen Horváth und Brecht, so seltsam das fürs erste auch scheinen mag, liegt eine ähnliche Relation vor wie zwischen Schnitzler und Shaw. Es ist keine Frage des Formats (das bei Brecht entschieden den größeren Umfang hat). Es ist eine Frage der Substanz.«

Gegen Brecht? – Ich nicht!

(1973)

Man kennt die Anekdote vom Augsburger Gymnasiasten Bert Brecht, der auf eine lateinische Schularbeit nur die Note »Genügend« bekommen hatte und sich ungerecht behandelt fühlte. Was tat er? Er zeichnete mit roter Tinte eine richtige Konstruktion noch zusätzlich als Fehler an, legte das Heft dem Herrn Lateinprofessor vor und fragte, ob da nicht vielleicht ein Irrtum passiert sei. Der Professor mußte es kopfschüttelnd zugeben und änderte das »Genügend« in »Gut«. Die Manipulation war geglückt.

Eine ähnlich aufschlußreiche Geschichte habe ich mit Brecht in der amerikanischen Emigration erlebt. Wir waren bei einem gemeinsamen Freund in Los Angeles zusammengekommen – nicht zum erstenmal übrigens, ich kannte Brecht schon von früher her, ich bewunderte seine messerscharfe Intelligenz, sein Wissen, seinen Witz, seine raffinierte Art des Diskutierens. An jenem Abend ging die Diskussion um bestimmte Formprobleme der Lyrik (wovon Brecht enorm viel verstand) und spitzte sich alsbald auf die Frage zu, ob ein Gedicht mit einer präzisen, endgültigen Zeile zu schließen habe oder – wie Brecht sich ausdrückte – »versikkern« dürfe. Brecht plädierte natürlich für die Präzision, ich, schon um das Gespräch in Schwung zu halten, fürs Versikkern. Nach längerem, höchst genußreichem Hin und Her hatte Brecht die Mehrzahl der Anwesenden auf seiner Seite und holte zum Resümee aus:

»Wenn ein Gedicht aufhört, muß man wissen, woran man ist. Da darf nichts mehr nachkommen. *Am Ende Schiffer und Kahn.*«

Das saß, und ich gab mich geschlagen. Die These von der präzisen Schlußzeile mit einer präzisen Schlußzeile untermauern – wer so etwas kann, hat gewonnen.

Stunden später, zu Hause und schon im Halbschlaf, fuhr ich hoch, um dümmlich ins Dunkel zu glotzen. Mir war eingefallen, daß die »Lorelei« ja gar nicht mit der von Brecht zitierten Zeile schloß. Mir war eingefallen, daß sehr wohl noch etwas nachkam, nämlich: »Und das hat mit ihrem Singen die Lorelei getan«, also geradezu das Muster eines versickernden Schlusses. Aber Brecht hatte mit solcher Überzeugungskraft gesprochen, hatte das irreführende Zitat so trefflich manipuliert, daß man ihm recht geben mußte. Er war schon ein faszinierender Kerl.

Und jetzt wollen wir nicht länger um den heißen Brei herumstreichen (der ohnehin ein wenig ausgekühlt ist):

Wenn gerade mir die Ehre zuteil wird, mich gerade über Bertolt Brecht zu äußern, so geschieht das wohl kaum in Erwartung eines genormten Jubiläumsjubels, wie ihn am heutigen Gedenktag zahlreiche zuverlässige Brecht-Verehrer produzieren werden; es geschieht wohl eher deshalb, weil ich – hier wäre das dubiose Wörtlein »bekanntlich« am Platze – weil ich bekanntlich »gegen Brecht« bin.

Auf die Gefahr hin, all denen, die mich mit diesem schäbigen Etikett versehen haben, eine Enttäuschung zu bereiten: ich bin nicht gegen Brecht. Zwar zähle ich mich nicht zu seinen Anbetern, zwar habe ich Einwände gegen manches, was er geschrieben und mehr noch gegen manches, was er getan hat, aber ich bin nicht gegen Brecht und war es nie. Für Kontrollzwecke empfehle ich den schäbigen Etikettierern die Lektüre meines Einleitungsreferats zu einer 1961 vom Westdeutschen Rundfunk veranstalteten Diskussionssendung über die damals brennheiße Frage: »Soll man Brecht im Westen spielen?« (Ich war bekanntlich dagegen.) Der Text wurde hernach vom »Monat« veröffentlicht und ist in meinem Sammelband »PPP« (Pamphlete – Parodien – Post Scripta) enthalten, wo ich in einer Vornotiz zum Kapitel Brecht auch auf die Wurzel eines politisch motivierten Mißtrauens zu sprechen komme, »das mir die Freude an den dichterischen Qualitäten Bertolt Brechts vergällt und das, je länger ich es hege, sich immer weniger auf ihn selbst bezieht und immer mehr auf seine Anhänger und Nutznießer«.

Das Mißtrauen ist seither um zehn Jahre älter geworden, und sein Akzent hat sich um zehn Jahre weiter zugunsten Brechts verschoben. Aber schon damals, schon zur Zeit der heftigsten Polemiken um Brecht (und schon lang zuvor) habe ich mich vor allem gegen die Tabuisierung seines Werks gewehrt, gegen die durchsichtige Dialektik, die seine ideologischen Fragwürdigkeiten mit dem Hinweis auf seine künstlerische Potenz zu bagatellisieren versuchte und umgekehrt, gegen die totalitäre Intoleranz, die keinerlei Kritik oder Vorbehalt zuließ.

In der letzten Zeit hat sich das ein wenig geändert, unauffällig, allmählich, sozusagen von selbst. Nicht ohne Grandezza lassen die einstmals unversöhnlichen Gesinnungsbolde in ihre heutigen Nebensätze allerlei Konzessionen einsickern, nun ja, es gebe auch bei Brecht gewisse Schwächen, über die man sich längst einig sei, auch er habe bisweilen mit Wasser gekocht, auch bei ihm sei dies und jenes nicht mehr ganz so aktuell . . . Hätte einer noch vor wenigen Jahren dergleichen zu behaupten gewagt und etwa angedeutet, daß es sich beim »Arturo Ui« um einen billigen Kabarettscherz handle, beim »Schweyck« um eine unzulässige Verniedlichung des Naziregimes, bei der »Heiligen Johanna der Schlachthöfe« um eine hoffnungslos überholte Holzhammer-Allegorie und bei den »Gesichten der Simone Machard« um einen schlichten Mißgriff, er wäre unverzüglich als Reaktionär, als kalter Krieger, als tendentiell faschistischer Wallstreet-Knecht entlarvt worden. Ich spreche aus Erfahrung.

Und ich möchte mir aus eben dieser Erfahrung das Recht ableiten dürfen, die Größe des Dichters Bertolt Brecht unabhängig von seinen Partisanen einzuschätzen. Sie scheint mir nämlich auch heute, zehn Jahre nach seinem Tod, noch immer von absichtsvollen, weisungs- und zweckgebundenen Fehlinterpretationen überdeckt zu sein. Daß zu diesen Fehlinterpretationen auch seine eigenen gehören, rechtfertigt die der anderen in keiner Weise, bekräftigt jedoch die Autonomie, die innere Wahrhaftigkeit seines Dichtertums, die er so oft zu unterdrücken versucht hat und die ihm so oft über den theoretisierenden Kopf gewachsen ist. Mag er im »Kleinen Organon« und seinen sämtlichen Exegesen noch so inständig von »Verfremdung« und »epischem Theater« handeln, mag er uns noch so dringlich nahelegen, die Mutter Courage nicht als Opfer des Krieges zu beklagen, sondern sie ungerührt dem wohlverdienten Schicksal einer Geschäftemacherin zu überlassen – es hilft nichts. Der hinreißenden Bühnenwirkung, die von ihr ausgeht, läßt sich nicht beikommen, nicht einmal mit Hilfe Bertolt Brechts; wie ja überhaupt seine eigentlichen und nachhaltigen Erfolge – die »Mutter Courage« und der »Galilei« und der »Gute Mensch von Sezuan« – durchaus gegen seine Theorien zustande gekommen sind (wobei er sich auf manch ein erlauchtes Vorbild berufen darf, im Grunde sogar auf Wladimir Iljitsch Lenin).

»Er hat Talent zum Genie«, sagte Alfred Polgar über den jungen Brecht. Ich bin nicht sicher, ob er dieses Talent restlos ausgenützt hat. Aber wo ihm das geglückt ist – in den schon erwähnten Theaterstücken, in fast allen seinen frühen und noch in vielen seiner späten Gedichte –, hat er uns restlose Herrlichkeiten beschert. Und selbst wo ihm die Feder ausrutscht, bleibt's eine unverwechselbare Handschrift. Sie gehört zu den markantesten in der deutschen Literatur unseres Jahrhunderts. Ich möchte die geistige, die literarische, ja die politische Erscheinung Bertolt Brecht, ich möchte seine zynische Menschenfreundlichkeit, sein böses Temperament und seine weise Resignation nicht missen. Was ich missen möchte, sind die Schmarotzer an seinem Ruhm, die Kletten an seiner Leistung, die minderbemittelten Epigonen, die in seinen Fußstapfen einherwatscheln, die getarnten Schildermaler, die ihn vor sich aushängen. Ich bin nicht gegen Brecht. Ich bin gegen die Brechtokokken.

Das Unbehagen in der Gesinnung

(1967–1968–1969)

Versuch über einige Mißverständnisse des heutigen Theaters

Dieser für »Apropos« rekonstruierte Essay stützt sich im wesentlichen auf den Text eines dreiteiligen Theaterkollegs, das 1967 vom Musischen Studienprogramm des Bayerischen Fernsehens ausgestrahlt wurde und 1968, vom Autor gekürzt, als Vortrag und Diskussionsbasis bei einem von der »Katholischen Akademie« in München veranstalteten Seminar »Theater als Ärgernis« Verwendung fand. Stellenweise herangezogen wurden auch spätere, vom Autor eingerichtete Druckfassungen einzelner Teile.

Am Beginn einer kritischen Auseinandersetzung mit dem Theater pflegt der Kritiker eidesstattlich zu versichern, wie sehr ihm das Theater am Herzen liegt und daß er es nur aus Liebe kritisiert. Nun, das sollte sich eigentlich von selbst verstehen. Einer, dem das Theater gleichgültig oder zuwider wäre, empfände wohl kaum das Bedürfnis, sich mit ihm auseinanderzusetzen.

Nicht ganz so selbstverständlich läßt sich von der Gesinnung auf dem Theater handeln. Es wäre nämlich sehr wohl ein Standpunkt denkbar, demzufolge das Theater, wenn überhaupt Gesinnung, nur eine obrigkeitsfreundliche zu verzapfen hätte oder eine gottgefällige oder eine der Mehrheit genehme; ganz zu schweigen von jenen, die das Theater am liebsten auf die Funktion einer Bildungs-, Erbauungs- oder Unterhaltungsstätte reduziert sähen.

Da alle diese Standpunkte ihre Verfechter haben (und zwar in größerer Zahl, als wir glauben), fühle ich mich zu der ausdrücklichen Feststellung gehalten, daß ich die Gesinnungsfunktion des Theaters leidenschaftlich bejahe. Ich bin leidenschaftlich dafür, daß sich das Theater mit aktuellen Zeit- und Gesinnungsproblemen befaßt. Ich sehe darin eine seiner vornehmsten und unerläßlichsten Aufgaben. Ich bin sogar der Meinung, daß es Theater ohne Gesinnung überhaupt nicht gibt und daß selbst das sogenannte »absurde« Theater, indem es jede sinnvolle Beschäftigung mit jeder Art von Problemen ad absurdum zu führen unternimmt, seinerseits eine Gesinnung verficht, die für unsere Zeit im höchsten Grad symptomatisch ist.

Diese Art von Gesinnung steht hier freilich nicht zur Debatte. Hier geht es um Gesinnungs-Theater im eigentlichen, im strengeren, im politischen Sinn, um die theatralischen Möglichkeiten und Ausdrucksformen der Politik auf dem Theater, um kämpferische Theaterstücke also, um Theaterstücke mit moralischem Anspruch.

So weit, so gut, und bis hierher sind wir vermutlich einig. Bis hierher habe ich mich lediglich bemüht, die Absicht und die Thematik meines Vorhabens zu präzisieren, Ihnen genauer zu sagen, was ich unter »Gesinnung auf dem Theater« verstehe. Sie mögen mit meinen Formulierungen nicht unbedingt übereinstimmen – grundsätzliche Meinungsverschiedenheiten dürften noch nicht entstanden sein.

Das könnte sich augenblicklich ändern, wenn wir uns dem Titel zuwenden, den ich meinem Versuch vorangesetzt habe: »Das Unbehagen in der Gesinnung«. Er drückt bereits eine

Meinung aus, die geeignet ist, Widerspruch hervorzurufen. Ich muß damit rechnen, daß mancher von Ihnen die Gesinnungsdemonstrationen unserer Dramatiker durchaus billigen und nichts Unbehagliches an ihnen finden wird. Mir behagen sie nicht, und ich glaube nicht der einzige zu sein, den dieses »Unbehagen in der Gesinnung« erfaßt hat.

Es scheint mir von ganz bestimmten Themenkreisen auszugehen, die auf dem heutigen Theater eine besonders auffällige Rolle spielen und damit weder dem Theater noch den betreffenden Themen einen besonders guten Dienst erweisen: teils weil die Themen zu vielschichtig sind, als daß sich das Theater mit ihnen gültig auseinandersetzen könnte, teils weil die Auseinandersetzung unter Vorzeichen oder Vorurteilen erfolgt, die eine geistige und künstlerische Objektivierung nicht zulassen. Zwar ist es eine an sich gutzuheißende Gesinnung, die in Theaterstücken solcher Art propagiert wird, aber wenn das Schwergewicht sich allzu sehr zur Propaganda hin verlagert, erscheint zum Schluß auch die Gesinnung als solche fragwürdig.

Zwei große Themenkreise sind es, die ich vor allen anderen für bedenklich halte, weil ihnen zwei ehrwürdige, zwei altehrwürdige Mißverständnisse zugrunde liegen: das philosemitische Mißverständnis und das pazifistische Mißverständnis. Die Gesinnung, um die sich's in beiden Fällen handelt, ließe sich ohne große Mühe auf einen gemeinsamen Nenner bringen, etwa auf den »humanistischen« oder »fortschrittlichen« und jedenfalls auf einen ethisch zwingenden. Denn welcher anständige Mensch wäre nicht gegen den Antisemitismus, nicht gegen den Krieg? Und wer möchte sich nicht als anständiger Mensch fühlen? Damit ist dem philosemitischen wie dem pazifistischen Theaterstück von vornherein eine Aufnahme gesichert, die über seine geistigen und künstlerischen Mängel hinwegzusehen bereit ist oder diese Mängel zumindest viel milder beurteilen wird, als das bei Theaterstücken, die *nicht* an die Gesinnung des Zuschauers appellieren, jemals der Fall wäre. Das heißt, daß eben jene Qualitäten, die das Theaterstück erst zum Kunstwerk machen, zugunsten des Gesinnungsappells abgewertet werden. Anderseits wird eine zeit- und gesellschaftskritische Tendenz, die in der politischen Arena viel haltbarer argumentieren müßte, um sich überhaupt Gehör zu verschaffen, auf dem Theater eben deshalb akzeptiert, weil es sich ja hier um ein Kunstwerk handelt. Diese je nach Bedarf durchführbare Akzentverschiebung hat zur Folge, daß jemand, der ein philosemitisches oder pazifistisches Theaterstück aus künstlerischen Gründen ablehnt, sich der Gefahr aussetzt, als Antisemit oder Kriegshetzer zu gelten. Das Theater wandelt sich solcherart von der moralischen Anstalt, die es sein sollte, zur moralischen Zwangsanstalt, und die Szene wird zum Tribunal, vor dem sich die Gesinnung des Zuschauers zu verantworten hat.

Das philosemitische Mißverständnis

Wenn ich als erstes das philosemitische Mißverständnis behandle, dann deshalb, weil es von allen auf dem zeitgenössischen Theater auftretenden Mißverständnissen – und ihrer sind mehr als zwei – gewissermaßen das »sittlichste« ist. Denn es ist sowohl in seinen Motiven wie in seiner Zielsetzung vollkommen einwandfrei, vollkommen gutartig, vollkommen arglos. Antisemitismus mag sich zur Not psychologisch, zur noch größeren Not theologisch begründen lassen – eine sittliche Begründung gibt es für ihn unter keinen Umständen, und zwar deshalb nicht, weil er sich gegen ein unter allen Umständen wehrloses Objekt richtet. »Wehrlos« nicht in dem Sinn, daß Juden sich gegen Angriffe oder Anfeindungen, also gegen die *Konsequenzen* ihres Jude-Seins nicht zu wehren vermöchten. Aber sie sind wehrlos gegen die *Tatsache* ihres Jude-Seins, die ja nicht das Resultat einer aus freiem Willen getroffenen Entscheidung darstellt, sondern eine biologisch und historisch unentrinnbare Fügung; und nur von dieser spreche ich jetzt, nicht von »Einstellung« oder »Bekenntnis« oder religiöser Deutung. Ich spreche vom Jude-Sein als etwas a priori Gegebenem. Man *wird* nicht Jude, man *ist* es. Und einen Menschen für etwas büßen zu lassen, was er ohne sein Zutun und ohne jede Möglichkeit eines Dagegen-Tuns ist: das bleibt unter allen Umständen unsittlich.

Wer den Antisemitismus bekämpft, handelt somit unter allen Umständen sittlich, handelt aus sittlichen Motiven und um eines sittlichen Zieles willen. Daher die Arglosigkeit des philosemitischen Mißverständnisses, das sich ja eigentlich schon in der Nomenklatur äußert. Denn was wir da als »Philosemitismus« bezeichnen, ist im Grunde nichts weiter als eine menschliche Selbstverständlichkeit (oder sollte es sein). Es wird ja auch ein Schriftsteller noch nicht zum Philologen, wenn er anständig deutsch schreibt; sondern auch das ist nur eine Voraussetzung (oder sollte es sein).

Das philosemitische Mißverständnis aufzudecken, also philosemitischen Bestrebungen zu opponieren, ist ein ebenso schwieriges wie undankbares Unternehmen, besonders – wir wollen uns darüber nichts vormachen – im heutigen Deutschland und besonders für einen Juden. Aber wenn das schon keine Erleichterung meiner Aufgabe bedeutet, so bedeutet es doch eine gewisse Legitimation, so dürfen Sie wenigstens sicher sein, daß Sie hier nicht die Argumente eines Nazi hören werden, auch nicht die Argumente eines Konvertiten oder eines Ungläubigen, sondern die eines, sagen wir: Bekenntnisjuden, der mit seinem Judentum einverstanden und im reinen ist. Bitte halten Sie das für keine bloß persönliche Einschaltung. Es fällt auch sachlich ins Gewicht. Das philosemitische Mißverständnis scheint mir nämlich zu nicht geringem Teil ein *jüdisches* Mißverständnis zu sein: indem es auf ein mangelndes jüdisches *Selbstverständnis* zurückgeht, auf eine Haltung, die den Tatbestand des eigenen Jude-Seins zwar nicht leugnet, aber doch bagatellisiert, die ihn – sei's auch noch so bona fide – für unwesentlich hält. Und das bekommt sie ebenso bona fide von nichtjüdischer Seite bestätigt. Wir stehen hier einer höchst seltsamen Form von Toleranz gegenüber, die demjenigen, dem sie gilt, erst dann zugute kommt, wenn er darauf verzichtet, das zu sein, was er eigentlich ist. Also eine Toleranz um den Preis der Selbstaufgabe. Also eine Toleranz, die nicht bereit ist, Andersartigkeit zu akzeptieren. Also keine Toleranz. Man kennt sie in der Vulgärform des mehr oder weniger wohlmeinenden Zuspruchs: »Aber Sie sind ja gar kein Jud«, oder: »Sie sind genauso ein Deutscher wie ich.« Wer so etwas sagt, wäre sicherlich überrascht, daraufhin des Antisemitismus geziehen zu werden, und sicherlich überzeugt, daß er sich doch gerade als Philosemit deklariert hat. Und damit bin ich schon ganz nahe an der These, die ich Ihnen zu unterbreiten plane: daß nämlich dieser Philosemitismus im Grunde nichts anderes ist als ein Antisemitismus mit verkehrtem Vorzeichen. Er glaubt den Juden einen Gefallen zu erweisen, wenn er ihr Jude-Sein nicht zur Kenntnis nimmt – und da er immer wieder auf Juden stößt, denen er damit tatsächlich einen Gefallen erweist, glaubt er es sogar mit Recht. Er akzeptiert den Juden als Deutschen, als Menschen, sogar als Christen – als alles, nur nicht als Juden.

Inwieweit dieses philosemitische Mißverständnis einem mißverstandenen Liberalismus entspringt, haben wir hier nicht zu untersuchen. Hier interessiert uns, inwieweit es auf dem Theater in Erscheinung tritt. Und das tut es bereits im klassischen Toleranz-Drama der deutschen Literatur, dessen edle Absichten nun wahrlich über jeden Zweifel erhaben sind, in Lessings »Nathan der Weise«.

Nehmen wir die berühmte Szene aus dem vierten Akt, in der Nathan dem Klosterbruder die Geschichte des Pogroms vom Gath erzählt; damals wurden ihm seine Frau und seine sieben Kinder erschlagen, und bald darauf brachte ihm der Klosterbruder das Findelkind, das Nathan als seine eigene Tochter Recha aufgezogen hat, ungeachtet des namenlosen Leids, das ihm durch Christen widerfahren war. Das also erzählt er dem Klosterbruder. Und was hat der Klosterbruder darauf zu sagen? Was ist die höchste Anerkennung, die er der vorbildlichen Menschlichkeit Nathans irgend zollen kann?

Nathan, Ihr seid ein Christ! Bei Gott, Ihr seid ein Christ!
Ein bessrer Christ war nie!

Nun ist dieser Klosterbruder ein einfacher und einfältiger Mann, der sich und sein redliches Gefühl nicht anders auszudrücken weiß. Aber wie steht es um Nathan selbst, den weisen Nathan? Wie drückt *er* seine Gefühle aus, wenn er zum erstenmal dem jungen Tempelherrn begegnet, dem Retter seiner Tochter?

Kommt,
Wir müssen, müssen Freunde sein! – Verachtet
Mein Volk so sehr ihr wollt. Wir haben beide
Uns unser Volk nicht auserlesen. Sind
Wir unser Volk? Was heißt denn Volk?
Sind Christ und Jude eher Christ und Jude,
Als Mensch? Ah! wenn ich einen mehr in euch
Gefunden hätte, dem es genügt, ein Mensch
Zu heißen!

»Verachtet mein Volk so sehr ihr wollt«: Dürfen wir über eine derart ungeheuerliche Selbstentwürdigung gedankenlos hinweggehen, nur weil ein würdiger Jude sie äußert? Und dürfen wir uns damit trösten, daß er's nicht gar so wörtlich gemeint hat? Bestätigt sich seine Meinung denn nicht in der rhetorischen Frage, warum Christ und Jude »eher Christ und Jude als Mensch« sein sollten? Bestätigt sie sich nicht in seiner abschließenden Hoffnung, im Tempelherrn einen gefunden zu haben, »dem es genügt, ein Mensch zu heißen«? So wenig an Lessings humanistischer Gesinnung zu zweifeln ist, so wenig darf uns der Gegensatz verborgen bleiben, der hier zwischen Mensch-Sein einerseits und Christ- oder Jude-Sein anderseits obwaltet. Kann man denn nicht Mensch *und* Christ, nicht Mensch *und* Jude sein? Muß man das eine um des andern willen hintansetzen oder gar aufgeben? Und ist es die wahre Toleranz, die eine Antithese herstellt, wo es auf

Synthese ankäme? Fast möchte man den aufbrausenden (und alsbald desavouierten) Worten, die der Tempelherr an andrer Stelle äußert, eine gewisse Berechtigung zugestehen:

Der tolerante Schwätzer ist entdeckt!
Ich werde hinter diesen jüd'schen Wolf
Im philosoph'schen Schafpelz Hunde schon
Zu bringen wissen, die ihn zausen sollen!

Er meint den Juden Nathan, und hier wiederum wäre man zu der Frage versucht, wieweit Lessing selbst den Nathan als Juden gemeint und gezeichnet hat. Im Grunde nämlich ist der Sultan Saladin kaum weniger weise, kaum weniger freigiebig und gutherzig, kaum weniger diskussionsbereit und tolerant als Nathan. Die beiden Figuren sind nahezu austauschbar – weil Lessing sie eben ausschließlich als »Menschen« darstellen will, als Menschen nicht *mit* ihrer Eigenart, sondern *auf Kosten* ihrer Eigenart. Nochmals und immer wieder sei es gesagt: Lessings Humanismus, Lessings noble Motive sind über jeden Zweifel erhaben. Es fragt sich nur, ob solche Noblesse überzeugen und die gewünschte Wirkung erzielen kann – oder ob sie nicht eher zu Mißverständnissen führt, zu unentrinnbaren Mißverständnissen. Denn dort, wo er den Nathan eindeutig als Juden zeichnet, vermag nicht einmal Lessing dem üblichen Klischee zu entrinnen, das den Juden gewissermaßen unwillkürlich mit Geld und Reichtum in Verbindung bringt. So etwa in der schon erwähnten Szene mit dem Tempelherrn, dem Nathan natürlich sofort Geld anbietet (das der junge Recke natürlich zurückweist), oder gleich zu Beginn, wenn Nathan von seiner Reise zurückkehrt und wenn schon aus seinen ersten, an Daja gerichteten Worten hervorgeht, daß er des Geldes wegen so lange gebraucht hat:

Hab' ich denn eher wiederkommen wollen?
Und wiederkommen können? Babylon
Ist von Jerusalem, wie ich den Weg,

Seitab bald rechts, bald links, zu nehmen bin
Genötigt worden, gut zweihundert Meilen;
Und Schulden einkassieren, ist gewiß
Auch kein Geschäft, das von der Hand sich schlagen läßt!

Oder wenn es um die Gewährung eines Darlehens geht, für das seine augenblickliche Barschaft nicht auszureichen scheint:

Ich überlege meinen baren Vorrat;
Doch, wie ich's ungefähr im Kopfe habe,
Kann ich die volle Summe von dreitausend
Dukaten nicht gleich schaffen. – Nun, was tut's?
Ein wohlbegüterter Hebräer hilft mir schon aus.

Leider (und mit der Bitte um Nachsicht für den kleinen Trick) ist anzumerken, daß die zuletzt zitierten Verse nicht von Lessing stammen, sondern aus Shakespeares »Kaufmann von Venedig«, und der sie spricht, ist nicht der weise Nathan, sondern der abscheuliche Shylock, der Inbegriff erbarmungsloser Geldgier. Und Antonio antwortet auf Shylocks Zusage (von deren Tücke er noch nichts ahnt):

So eil dich, wackrer Jude! – Der Hebräer
Wird noch ein Christ: er wendet sich zur Güte.

Wie sagte doch der Klosterbruder bei Lessing, als ihm die Güte Nathans innewurde? Er sagte: »Nathan, Ihr seid ein Christ!« Anti- und Philosemitismus bedienen sich der beinahe gleichen Worte. So eklatant kann das Mißverständnis sich manifestieren, so weit kann es gehen, so lange reicht es zurück.

Und es hat sich bis heute erhalten. Es geistert auch durch unsre heutige Dramenliteratur, vor allem durch jene, die sich mit den jüdischen Aspekten jüngster deutscher Vergangenheit auseinandersetzt – sei es mittels mehr oder weniger freier Erfindung, wie beispielsweise im »Zwischenfall in Vichy« des Amerikaners Arthur Miller; sei es durch Verlagerung in eine leicht durchschaubare Symbolik, wie sie etwa der Schweizer Max Frisch in »Andorra« anwendet; oder sei es, im Gegenteil, auf Grund dokumentarischer Unterlagen, die sich seit dem dramatisierten »Tagebuch der Anne Frank« besonders unter den deutschen Autoren einer wachsenden Vorliebe erfreuen, angefangen von »Korczak und die Kinder« über den »Stellvertreter« bis zu den neuesten Produkten dieser Art (die eigentlich nicht mehr dem Theater beizurechnen sind). In beinahe allen diesen Stücken begegnet man jener Tendenz, die sich zu Shakespeares und Lessings Zeiten darin geäußert hat, daß die guten Eigenschaften eines Juden als christliche Eigenschaften gewertet werden, vielleicht noch als menschliche, aber niemals als jüdische. Die Äußerungsform ist mittlerweile subtiler geworden, aber die Tendenz ist die gleiche. Um den Juden für das Publikum schmackhaft zu machen, wird er mit Qualitäten ausgestattet, die seinen Anspruch auf menschliche Behandlung und menschliche Anteilnahme erst so recht untermauern; ohne diese Qualitäten würde sein Anspruch hinfällig.

Nun ist es ja ein durchaus zulässiges Kunstmittel, den Helden eines Theaterstücks möglichst vorteilhaft darzustellen, ihm die Sympathien der Zuschauer zu sichern und ihnen dadurch die Anteilnahme an seinem Schicksal zu erleichtern. Aber was als Kunstmittel zulässig ist, kann als Gesinnungsmittel höchst dubios werden, zumal wenn es keine bloßen Theaterschicksale sind, für die auf solche Weise um Anteilnahme geworben wird, sondern wirkliche, womöglich dokumentarisch belegte Menschenschicksale. Hätte das Publikum am Schicksal der auf dem Dachboden eines Amsterdamer Hauses versteckten Judenfamilie ebenso willig Anteil genommen, wenn der Vater der Anne Frank kein so sympathischer und kultivierter Herr gewesen wäre? Oder wie stünde es um Millers »Zwischenfall in Vichy«, wenn der jüdische Psychiater sich seinem aristokratischen Mithäftling nicht als Frontkämpfer aus dem Ersten Weltkrieg vorstellen könnte? Zweifellos soll mit alledem einer guten Absicht gedient werden. Zweifellos war auch der deutsche Bühnenschriftsteller Erwin Sylvanus von den besten Absichten geleitet, als er sein Stück »Korczak und die Kinder« schrieb, das zwar nicht auf Dokumenten, aber doch auf einem tatsächlichen Vorkommnis aus der Zeit der Nazi-Besetzung Polens beruht: Dr. Korczak, der jüdische Leiter eines jüdischen Kinderheims in Warschau, begleitete damals seine 66 Pfleglinge, um ihnen den Transport zu erleichtern, freiwillig ins Vernichtungslager und freiwillig in den Tod, obwohl die deutschen Militärbehörden ihm als Lohn für die klaglose Durchführung des Transports das Leben und die ungehinderte Ausreise angeboten hatten. Und selbst diesem Helden, als wäre er noch nicht Held genug, glaubt der Verfasser eine Szene schuldig zu sein, in der er ihn den Deutschen gegenüber auf Manneswort und Mannesehre pochen läßt. Da kann's nicht fehlen.

Ähnliche Motive klingen auch in einer wichtigen Szene des »Stellvertreters« von Rolf Hochhuth an. Sie spielt 1942 in Berlin, die handelnden Personen sind der Widerstandskämpfer Gerstein, der bei ihm versteckte Jude Jacobson und der Pater Ricardo, mit dessen Hilfe Jacobson noch heute über die Grenze gebracht werden soll. Aber er hat soeben erfahren, daß seine Eltern bereits deportiert worden sind – und prompt bekommen wir zu hören, daß sein Vater ein »Schwerverwundeter des Ersten Weltkriegs« war, prompt wird um eine fragwürdige Sympathie des Publikums gebuhlt, werden heimliche Konzessionen an den Begriff einer »Wehrhaftigkeit« gemacht, die mit dem Begriff der Menschenwürde und mit der Unmenschlichkeit von Deportationen eigentlich nicht kombiniert werden dürfte. Beinahe hat es Folgerichtigkeit, wenn Jacobson (»jetzt mit geradezu alttestamentlicher Härte«) seinen Beschützer Gerstein darauf hinweist, daß er, Jacobson, dessen Eltern ihr Leben lang »gute Deutsche« waren, nunmehr als Feind des deutschen Volkes über die Grenze gehen würde. Wären die Eltern des Juden Jacobson keine guten Deutschen, sondern beispielsweise gute Polen oder sogar gute Juden gewesen, dann hätte sich ihre Deportation mit anschließender Vergasung offenbar leichter hinnehmen lassen. Und wäre ihnen die Deportation erspart geblieben, dann hätte der Jude Jacobson sich offenbar weiterhin als guter Deutscher gefühlt. Denn das hat er doch bis zu diesem Augenblick getan. Erst jetzt, erst auf die Nachricht von der Deportation seiner Eltern, wandelt er sich vom Deutschen zum Feind. Und das dürfte er entweder niemals tun, oder er hätte es schon längst tun müssen. Oder wir sind zum Schluß berechtigt, daß es nur die Deportation seiner Eltern war, die ihn zu feindlichen Regungen getrieben hat, und daß er andernfalls – Vergasungen hin, Vergasungen her – nichts dergleichen verspürt hätte ...

Natürlich ist das übertrieben, natürlich hat Hochhuth, für dessen persönliche Integrität ich jederzeit einzustehen bereit bin, das alles »nicht so gemeint«. Aber es läßt sich in diesem Sinne deuten. Er läßt sich in diesem Sinne mißverstehen. Und ich bin keineswegs sicher, ob der und jener im Publikum sich dieses Mißverständnis nicht zu eigen gemacht hat, unbewußt oder sogar bewußt.

Ungemein merkwürdig und kompliziert verhält es sich mit dem Mißverständnis, auf dem ein berühmtes Stück eines der bedeutendsten zeitgenössischen Dramatiker beruht: »Andorra« von Max Frisch.

Der Held des Stücks, ein junger Mann namens Andri, wird uns als Pflegekind eines andorranischen Lehrers präsentiert, der ihn in zartestem Alter aus dem benachbarten Reich der »Schwarzen« vor den dortigen Judenverfolgungen gerettet haben will. Anfangs liebten die Andorraner das herzige Kerlchen und bewunderten den Lehrer für seine wackere Tat. Allmählich aber sehen sie in Andri nur noch den Juden und in seinem Ziehvater nur noch den schlechten Patrioten, der diesen Fremdkörper eingeschleppt hat. Als der Lehrer endlich mit dem Geständnis herausrückt, daß Andri sein unehelicher Sohn mit einer Frau aus dem Nachbarland ist, wollen sie das nicht mehr wahrhaben. Für sie ist er nun einmal Jude. Ja, er ist es auch für sich selbst, er nimmt die Nötigung, Jude zu sein, auf sich, und als die »Schwarzen« Andorra besetzen, wird er geholt und getötet.

Die Entdeckung, daß Andri kein Jude, sondern ein ganz normaler Andorraner ist, wäre im Ablauf des Geschehens eine dramatische Explosion von unerhörter Wucht gewesen. Vielleicht weil er nicht in den Verdacht geraten wollte, auf solche Effekte hinzuarbeiten, verzichtet Frisch zugunsten der ideologischen Schockwirkung auf die dramatische. Er läßt die Entdeckung bereits am Schluß des ersten Bildes erfolgen, er löst sie mit schmerzhafter Zielstrebigkeit aus ihrem organischen Geflecht und übergibt sie einer an die Rampe tretenden Figur, die sich direkt ans Publikum wendet. Ebensogut könnte das eine andre Figur tun und ebensogut zu einem andern Zeitpunkt. Es ist austauschbar, was da geschieht. Und das dürfte es nicht sein. Nichts darf austauschbar sein in einem solchen Stück, angefangen vom fiktiven »Andorra« bis zum zentralen Punkt und Problem, bis zum vermeintlichen Juden Andri, den Frisch ja gar nicht als Juden, sondern – ebenso wie Andorra – als »Modell« verstanden wissen will. »Heut oder morgen«, so hieß es im Programmheft der Zürcher Uraufführung, »kann der ›Jud‹ Kommunist heißen, oder Kapitalist, oder Gelber, Weißer, Schwarzer, je nachdem.«

Hier wurzelt das fundamentale Mißverständnis. Jude, Jude-Sein, Judentum mögen als Begriffe oder Tatbestände der Eindeutigkeit entraten. Man kann vielleicht nicht ganz genau sagen, was sie sind. Aber man kann ganz genau sagen, was sie *nicht* sind: sie sind keine Modelle, sie sind keine austauschbaren Objekte beliebiger (und ihrerseits austauschbarer) Vorurteile, wie ja auch der Antisemitismus kein beliebiges (und seinerseits austauschbares) Vorurteil ist. So billig geben's weder die Juden noch die Antisemiten. So einfach, so geheimnislos, so flach geht's da nicht zu. Und seltsamerweise geht damit auch die Gesinnung des Stückes in die Brüche. Es läßt sich mit dem Mord an sechs Millionen Juden nur schwer vereinbaren, daß in einem Theaterstück ein Nichtjude (Andri) einem andern Nichtjuden (dem Pfarrer) sagt: »Sie sind Christ von Beruf und ich bin Jud von Geburt. So etwas fühlt man.« Oder: »Hunderttausende meiner Vorfahren sind am Pfahl gestorben, ihr Schicksal ist mein Schicksal.« Oder vollends: »Das verstehst du nicht, weil du kein Jud bist.« Einer, von dem um diese Zeit alle auf der Bühne (auch er selbst) und alle im Publikum schon wissen, daß er kein Jud ist, darf so etwas nicht sagen. Sonst degradiert er es nämlich zur Phrase, zu leeren Worten, hinter denen keine Wirklichkeit steht (oder eine austauschbare). Sonst klingt es unweigerlich ironisch und fast wie ein Hohn auf jene, die es *wirklich* sagen dürfen und vielleicht sagen *müssen:* weil sie sich anders über den Martertod ihrer hunderttausend Vorfahren und ihrer Millionen Zeitgenossen nicht trösten könnten, weil sie anders in ihrem Schicksal keinen Sinn mehr fänden.

Verfechtbar wäre allenfalls, daß Andri aus Überzeugung zum Judentum konvertiert, daß er das jüdische Schicksal in Kenntnis dessen, was es ist, auf sich nimmt und weiß, was er damit tut. Aber er weiß es nicht, und niemand sagt es ihm, nicht einmal der Pfarrer, der es doch wissen und sagen müßte. Der Pfarrer begnügt sich damit, den schlechten jüdischen Eigenschaften, die dem Nichtjuden Andri von den Andorranern unterstellt werden, eine sozusagen positive Seite abzugewinnen (mach dir nichts draus, daß du keiner Gefühle fähig bist, dafür bist du gescheit). Andri kommt gar nicht auf den Gedanken – das heißt: Frisch läßt ihn gar nicht auf den Gedanken kommen –, daß Jude-Sein etwas andres bedeuten könnte als geldgierig sein, hinterhältig sein, feig sein, zu körperlichen Leistungen untauglich sein und was dergleichen unsympathische Eigenschaften mehr sind. Er akzeptiert die vermeintliche Tatsache seines Jude-Seins als etwas durchaus Negatives und hält an ihr, auch nachdem der Irrtum sich aufgeklärt hat, immer noch als an etwas durchaus Negativem fest: Ihr habt mir so lange gesagt, was für ein mieser Kerl ich bin, bis richtig ein Jud aus mir geworden ist, und der bleib ich jetzt schon . . .

In Wahrheit jedoch – hier kehrt der Bumerang endlich einmal in die Hand zurück, die ihn aus bester Absicht losschnellen ließ – in Wahrheit hat Andri die schlechten jüdischen Eigenschaften, zu denen er sich bekennt, gar nicht angenommen. In Wahrheit ist er trotz aller gegenteiligen Beteuerungen so offenherzig, so gefühlsstark, so mutig, so ein guter Tischler und Fußballspieler und, kurzum, so sympathisch, wie man sich einen jungen Andorraner nur irgend wünschen oder vorstellen mag. Und das bedeutet vollends den Zusammenbruch des angestrebten Beweises. Denn wenn damit etwas bewiesen sein soll, müßte sich jetzt herausstellen, daß Andri tatsächlich Jude ist. Er ist aber, wie sich herausstellt, tatsächlich Andorraner. Alle guten Eigenschaften, die er hat, sind andorranisch. Und alle schlechten Eigenschaften, die er zu haben glaubt, sind jüdisch. Es ist das genaue Gegenteil dessen, was Frisch dartun wollte. Es ist ein philosemitisches Mißverständnis reinsten Wassers.

Immerhin darf es für sich geltend machen, daß es ein *erfundenes* Mißverständnis ist und als solches nicht nur literarischen Rang besitzt, sondern den Anspruch auf dichterische Freiheit. Genau darum, genau um die freie Erfindung ist es den auf Tatsachen basierenden Theaterstücken voraus, die keinen solchen Anspruch erheben können und sich dafür auf eine dokumentarisch belegte Wirklichkeit berufen. Sie übersehen, daß das Dokument eben nur ein *Beleg* der Wirklichkeit ist, nicht ihr Ausdruck. Das Dokumentarstück aber gibt vor, ihr Ausdruck und ihr Abbild zu sein. Es bringt die Wirklichkeit auf die Bühne und macht sie eben dadurch zum Theater. Selbst wenn jeder einzelne Satz, der in einem Stück wie dem in München uraufgeführten »Joel Brand« gesprochen wird, zuvor in der Wirklichkeit ganz genau so gesprochen worden wäre: auf der Bühne wird er unweigerlich zum Bühnendialog. Der Darsteller des Eichmann muß seine Sätze unweigerlich so sprechen, daß er damit die größtmögliche Wirkung erzielt. Sonst ist er ein schlechter Schauspieler, der seiner Rolle nicht gerecht wird. Und da sie (wie alle Schurkenrollen) eine sehr dankbare Rolle ist, wird es ihm auch das Publikum unweigerlich zu danken wissen. An einer Stelle des genannten Stücks kommt die Rede auf den Plan des Fürsterzbischofs von Ungarn, alle getauften Juden unter den Schutz der Kirche zu stellen, und daraufhin bemerkt Eichmann: wenn das durchginge, dann gäbe es morgen in ganz Ungarn nur noch getaufte Juden. Er macht diese Bemerkung mit aller gebotenen Pointierungskunst, und das Publikum schmunzelt behaglich. Ich bin der Meinung, daß der betreffende Schauspieler mit Recht pointiert hat und daß die Zuschauer mit Recht gelacht haben. Denn weder ist vom Schauspieler zu verlangen, daß er eine Pointe absichtlich verhaut, noch vom Publikum, daß es sie nicht als Pointe zur Kenntnis nimmt. Dem wirklichen Zeugen eines solchen Gesprächs wäre das Lachen vielleicht in der Kehle steckengeblieben: er hätte gewußt, daß der wirkliche Eichmann mit diesen Worten das Todesurteil über Hunderttausende von Juden gefällt hat. Der Zeuge des Bühnenvorgangs sieht einen als Eichmann verkleideten Schauspieler, den er auch aus anderen Rollen kennt, hört ihn eine Pointe setzen und lacht. Und hört ihn zum Schluß, wenn der Abtransport der Juden in die Vernichtungslager beschlossen wird, die ironischen Worte sprechen: »Jetzt wird hier gearbeitet, stramm und hurtig, gelt?« Und damit fällt der Vorhang, und das Publikum applaudiert. Und es tut das alles, ich wiederhole es, mit Recht. Denn es hat ein Theaterstück gesehen.

Aus Raumgründen – auch aus Gründen des Raums, den ich in meinem arg strapazierten Innenleben für einen rein nervlichen Widerwillen ausgespart halte – muß ich es mir versagen, auch noch auf das jüngste Beweisstück dieser Reihe einzugehen, auf »Die Ermittlung« von Peter Weiss (und möchte stattdessen die grauenhaft treffsichere Charakterisierung hierhersetzen, die von Helmut Qualtinger ermittelt wurde: »Sechs Millionen suchen einen Autor«).

Ich möchte abschließend noch einem Argument entgegentreten, das man zugunsten dieser Dokumentarstücke – denen wohl auch das dramatisierte »Tagebuch der Anne Frank« beigezählt werden muß – häufig zu hören bekommt. Sie bringen, so heißt es ungefähr, der Mitwelt das Grauen einer Zeit, das sonst vielleicht in Vergessenheit geriete, mahnend und warnend zur Kenntnis. Ich habe meine Zweifel am Effekt solcher Mahnungen und Warnungen. Ich fürchte, daß die Übertragung von Gerichtsprotokollen oder Tagebüchern auf die Schaubühne einen lediglich selektiven, höchst oberflächlichen und rasch vorübergehenden Effekt ausübt, der dem angestrebten moralischen Effekt nicht dienlich ist, ja der ihn geradewegs desavouiert. Hier liegt die sogenannte »höhere Wahrheit« ausnahmsweise auf seiten der Realität. Hier wird die Wahrheit durch ihre vorgeblich künstlerische Umformung nicht überhöht, sondern erniedrigt. Eine Zeitgenossenschaft, die das Grauen ihrer Zeit erst zur Kenntnis nimmt, wenn's ihr auf dem Theater gezeigt wird, nimmt das Grauen ihrer Zeit nicht zur Kenntnis.

Das pazifistische Mißverständnis

Das andre große Mißverständnis, das einem typischen Themenkreis unsres Gesinnungstheaters zugrunde liegt, ist das pazifistische. Es scheint in noch umfänglicherem, noch weltgültigerem Ausmaß als das philosemitische Mißverständnis geeignet, die Schaubühne zu der von Schiller geforderten »moralischen Anstalt« zu erheben. Tatsächlich hat Schiller von Anfang an – schon mit dem Kampfruf »In Tyrannos!«, der über seinem ersten Drama als Motto stand – Gesinnungstheater gemacht, politisch ausgerichtetes und politisch deklariertes Theater, mit dem er dem Publikum von der Bühne her eine ganz bestimmte Gesinnung vermitteln wollte. Aber soweit sich dergleichen feststellen läßt, hat das damals auch nicht die Spur jenes Unbehagens hervorgerufen, das wir hier und heute meinen. Woran lag das?

Gewiß nicht daran, daß Schiller, wie sich mittlerweile herumgesprochen hat, ein Genie war. Denn das hat sich ja wirklich erst »mittlerweile« herumgesprochen. Damals kam es ihm in keiner Weise zugute, weder von sich noch vom Publikum aus. Weder waren »Die Räuber« oder »Kabale und Liebe« dramatische Meisterwerke, noch genoß der junge Schiller beim Publikum jenes Ansehen, das heute etwa Frisch oder Dürrenmatt genießen oder gar Bertolt Brecht. Sofern die Schillerschen Jugenddramen ein Unbehagen auslösten, galt es ihrer Ästhetik und nicht ihrer Gesinnung – wenngleich die Gesinnung, aus der er schrieb, keinesfalls zu übersehen war. Vielleicht schrieb er sogar um ihretwillen oder glaubte zumindest, um ihretwillen zu schreiben. (Er selbst muß das nicht so genau gewußt haben – Dichter wissen nicht immer ganz genau, was sie wollen.) Die Gesinnung war sein Movens, sein Antrieb, sein Ehrgeiz. Aber sie war nicht sein Kunstmittel, geschweige denn sein einziges; geschweige denn, daß er sie als Ausrede für die Defekte seiner übrigen Kunstmittel benützt hätte.

Wir dürfen uns den Schiller der »Räuber« oder des »Fiesko« getrost als das vorstellen, was man in der heutigen Literatur einen »zornigen jungen Mann« nennt: nur daß er, sozusagen, als Dichter zornig geworden ist. Er hat nicht zu dichten begonnen, um seinem Zorn Luft zu machen, sondern er wurde zornig, weil er ein Dichter war. Er war ein zorniger junger Dichter, und sein Zorn, aus dem Herzen eines Dichters kommend, war ein heißer, lodernder, pathetischer Zorn, kein dogmatisch ausgeklügelter, keine konstruierte Aufsässigkeit gegen einen Zustand, dessen Vorteile man sich im übrigen sehr wohl gefallen läßt, kein billiges Ressentiment, das auf den Beifall und das schlechte Gewissen all derer spekuliert, die aus dem gleichen Zustand die gleichen Vorteile ziehen. Auf diesen grundsätzlichen Unterschied zwischen Ressentiment und Empörung – und auf seine grundsätzliche Bagatellisierung diesseits und jenseits der Rampe – muß mit allem Nachdruck hingewiesen werden. Empörung lodert gegen ein Ziel, das sie versengen und verbrennen will, und wenn ihr das gelingt, hat sie sich erfüllt. Dem Ressentiment könnte nichts Schlimmeres widerfahren als solche Erfüllung; es verlangt nach immer neuer Bestätigung und Betätigung und wird sich die Anlässe dafür notfalls konstruieren, also sich notfalls von den Tatsachen unabhängig machen. Auch die Empörung kann Tatsachen mißverstehen, aber sie täte es aus lauteren Motiven. Das Ressentiment mißversteht mit Absicht.

Der Versuch, diesem Mißverständnis – soweit es sich in der pazifistischen Bühnenliteratur äußert – auf den Grund zu kommen, wird am besten von einer bis zur Simplizität objektivierten Voraussetzung ausgehen: Ebensowenig, wie man Jude sein muß, um etwas gegen den Antisemitismus zu haben, muß man ein Kriegsversehrter oder Bombengeschädigter sein, um keinen Krieg zu wollen. Nichts ist verdammenswerter als der Krieg, nichts erstrebenswerter als der Friede. Aber da erhebt sich schon die Frage, was »Friede« eigentlich heißt. Herrscht nicht auch im Gefängnis Friede? Nicht auch im Sarg? Welche Art von Frieden meinen die Verfasser pazifistischer Theaterstücke? Sind sie für den Frieden um jeden Preis? Und wofür oder wogegen sind sie sonst noch?

Schon daß solche Fragen überhaupt gestellt werden können, deutet darauf hin, daß hier kein restlos klarer Begriff vorliegt und daß genauere Qualifikationen vonnöten sind. Die Forderung nach »Frieden« kann nämlich mit anderen, gleichfalls sittlichen Forderungen – zum Beispiel mit der Forderung nach Freiheit oder nach Menschenwürde – in Konflikt geraten. Sie ist also nicht mehr unter allen Umständen, nicht mehr unbedingt und unanfechtbar sittlich. Sie kann von anderen Forderungen angefochten werden. Und wenn einer, der den Frieden fordert, sich über diese anderen Forderungen hinwegsetzt, werden auch seine Motive anfechtbar, mag es sich nun um unbewußte und gutartige Motive handeln oder um bewußt tendenziöse. Die Zielsetzung pazifistischer Theaterstücke ist immer zu bejahen. Die Motive sind es nicht immer. Und es hätte wenig Sinn, in einer Untersuchung wie dieser die Dinge nicht beim richtigen Namen zu nennen, die Worte nicht beim Wort zu nehmen. Es hängt zu viel davon ab, was man unter »Frieden« versteht – oder unter »Freiheit« und »Menschenwürde«, denn auch das sind keine eindeutigen Begriffe, auch damit kann man alles mögliche verdecken und verstellen. Und wenn Sie sich jetzt noch vor Augen halten, welcher Unfug etwa mit der Bezeichnung »Demokratie« getrieben wird, die in vielen Fällen geradezu das Gegenteil des ursprünglich Gemeinten bedeutet, das Gegenteil von »Volksherrschaft«, auch dort, wo sie als »Volksdemokratie«, als »Volksvolksherrschaft« auftritt, ja dort erst recht – – wenn Sie das alles bedenken, dann wissen Sie auch schon, worauf ich hinaus will: darauf, daß die Deutungen oder Inhalte der angeführten Begriffe ideologisch gefärbt, ideologisch bestimmt sind. (Beinahe hätte ich gesagt, daß sie »dialektisch« bestimmt sind – aber gerade dialektisch sind sie ja unbestimmt.)

Ich werde jetzt sehr vorsichtig formulieren und nicht von machtbedürftigen oder eroberungssüchtigen Ideologien sprechen, sondern von expansiven, von Ideologien, die das Bedürfnis haben, sich auszubreiten. Daß sie das lieber auf friedlichem als auf kriegerischem Weg tun, ist ganz natürlich, und in diesem Sinn sind sie wirklich friedliebend. Auch Hitler hat ja immer wieder beteuert, friedliebend zu sein, und solange er das Saargebiet und Danzig und Österreich und das Sudetenland und überhaupt alles, was er haben wollte, ohne Krieg bekommen hat, war er für den Frieden. Es gibt also eine Auffassung, die »Frieden« mit »kampflosem Sieg« gleichsetzt und der wir auch heute – eben bei den Staaten des friedliebenden Lagers, bei den von ihnen veranstalteten »Weltfriedenskongressen« und verwandten Unternehmungen – vielfach begegnen. Diese Auffassung von Frieden ist, so fürchte ich, nicht ohne weiteres annehmbar. Auch können wir uns nicht damit begnügen, unter »Frieden« lediglich einen Zustand zu verstehen, in dem kein Krieg herrrscht. Sehr wohl ist hingegen »Krieg« als ein Zustand definierbar, in dem kein Friede herrscht – was ja auch auf »Bürgerkrieg«, »Guerillakrieg« und in gewissem Sinn selbst auf den sogenannten »kalten Krieg« zutrifft. Während wir also den Krieg in mehreren Variationen geliefert bekommen, wollen uns die Lieferanten mit einer einzigen Ausfertigung von »Frieden« abspeisen. Darum scheint es mir dringend erforderlich, den Begriff »Frieden« zu präzisieren und ihm wenigstens den Zusatz »in Freiheit« beizugeben. Natürlich sind solche Pedanterien – wie alles, was nach Vorbehalt und nach Einengung einer guten Sache klingt – nicht populär. Natürlich ist es bequemer, einfach »für den Frieden« zu sein, ohne darüber nachzudenken, was damit gemeint ist. Denken ist eine unbequeme, mitunter sogar schmerzhafte Tätigkeit, und wer darauf beharrt, daß sie ausgeübt werde, macht sich unbeliebt. Aber da hilft nichts.

Dieser kleine Exkurs war notwendig, weil ich Ihnen erklären oder gestehen oder beichten mußte, daß und warum ich gegen pazifistische Theaterstücke von vornherein ein gewisses Mißtrauen hege. Es rührt nicht daher, daß ich vielleicht für den Krieg wäre. Ich bin für den Frieden, das dürfen Sie mir glauben. Ich halte mich für einen viel besseren und ehrlicheren Pazifisten als jene, die sich's an oberflächlichen Parolen und Manifesten genügen lassen. Mir genügt das nicht. Ich möchte den Frieden mit tauglichen Mitteln gefördert sehen, nicht mit untauglichen, die dann womöglich das Gegenteil herbeiführen helfen. Ich möchte einem Pazifismus das Wort reden, der auf dem Verständnis der Gegebenheiten beruht, nicht auf einem Mißverständnis.

Das erste pazifistische Mißverständnis, das wir somit geklärt hätten, bestünde also in der irrigen Annahme, daß »Friede« ein eindeutiger Begriff sei. In früheren Zeiten mag er's gewesen sein, heute ist er es nicht mehr. Heute unterliegt er verschiedenen, ideologisch bedingten Auffassungen. Ein Stück wie die »Lysistrata« des Aristophanes, wahrlich eines der pazifistischen Meisterwerke der Weltliteratur, wäre heute undenkbar; und nicht nur deshalb, weil die Athenerin Lysistrata und die Spartanerin Lampito, die miteinander gemeinsame Sache machen, heute unverzüglich hingerichtet würden, sondern weil eine Gemeinsamkeit, wie sie sich zwischen diesen beiden noch ganz natürlich ergab, heute nicht mehr zu erzielen ist. Daher denn auch alle Versuche, das Stück zu »aktualisieren«, scheitern mußten. Sicherlich ziehen auch heutige Ehefrauen es vor, die Ehe zu konsumieren statt darauf zu verzichten, sicherlich schicken sie ihre Männer so ungern in den Krieg wie die Mütter ihre Söhne – aber wenn schon der patriotische Appell vor den Frauen nicht haltgemacht hat, so tut es der ideologische noch weniger, das wissen wir, das haben wir erlebt, und das wurde uns unter anderm von einem Autor gezeigt, der gewiß nicht als »kalter Krieger« gilt: von Bertolt Brecht in den »Gewehren der Frau Carrar«.

Daß ein antiker Stoff wie die »Lysistrata« sich der Aktualisierung widersetzt, besagt indessen nicht, daß antike Stoffe keine aktuellen Bezüglichkeiten und Parallelen hätten oder daß sie sich nicht im Hinblick auf die Gegenwart gestalten ließen. Eine der mit Recht berühmtesten dieser Gestaltungen stammt von dem großen französischen Dramatiker Jean Giraudoux und hat ein Thema zum Gegenstand, das seit dem Altertum schon viele Dichter angeregt hat: die Entführung der Griechin Helena durch den Trojaner Paris und die Entstehung des nachfolgenden Krieges. »Der trojanische Krieg findet nicht statt« heißt das Stück, ein im allerbesten Sinn »französisches« Stück, nicht nur in der Leichtigkeit und Brillanz der Dialogführung, sondern mehr noch in der Art, wie Giraudoux einem hundertfach abgeschabten Stoff neue Seiten abgewinnt, wie er ihn in einen vorgeblich lockern, tatsächlich aber sehr schicksalsträchtigen Griff bekommt. Mit dieser Art von Schicksalsträchtigkeit haben die französischen Dramatiker seit jeher gerne und meisterhaft operiert, bis in die allerjüngste Zeit hinein: denken Sie nur an die antiken Stoffe, mit denen Sartre, Camus, Anouilh und andere eine höchst prekäre Aktualität zu verschlüsseln wußten – und sicher sein durften, daß ihre Landsleute den richtigen Schlüssel finden würden.

Gerade das ist es nun aber, was an Giraudoux' trojanischem Gleichnis noch in der Rückschau bedenklich stimmt. Man muß sich in Erinnerung rufen, wann und unter welchen politischen Umständen dieses Stück entstanden ist, um das geistige Konzept zu erkennen, mit dem Frankreichs führender Dramatiker – und einer der führenden Diplomaten seines Landes noch dazu – im Jahre 1935 der Situation beikommen wollte, immerhin zwei Jahre nach Hitlers Machtantritt. So sah und deutete er also die Entscheidung, die seinem Land und der Welt bevorstand. Das soll nicht heißen, daß er die Entführung Helenas mit dem damals heraufdrohenden Konflikt gleichsetzen wollte, und nur die borniertesten Szenenapplaudierer könnten heute aus seinen Antikriegsparolen eine »aktuelle« Geltung heraushören, nur die Denkfaulheit selber kann heute noch glauben, daß Kriege wirklich deshalb entstehen, weil irgendein Phrasendrescher irgendeine Nationalehre hochgeputscht hat (oder sich wirklich dadurch verhindern ließen, daß man ihm das Maul verbietet). Nein, so primitiv und vordergründig darf man Giraudoux nicht einschätzen. Natürlich steht der Streit um die kokette Königin bei ihm als bloßer Vorwand für eine ganz anders begründete und auf ganz andres gerichtete Kriegslust. Natürlich meinen die Germano-Griechen, wenn sie nach Helena verlangen, die Schätze Trojas, und die Franko-Trojaner, wenn sie Helena nicht hergeben wollen, den ungestörten Lebensgenuß. Aber manchmal sieht's zum Verzweifeln danach aus, als sei Giraudoux bei der Entlarvung des einen Klischees im nächsten steckengeblieben, als wäre er des Glaubens, daß ein abgewendeter Krieg auch schon den geretteten Frieden bedeute und daß dann alles weiterginge wie zuvor. Giraudoux kannte nur den verlogenen Krieg. Den verlogenen Frieden kannte er nicht. Sein Stück erweckt den verführerischen Anschein, daß man zwischen »casus belli« und »status quo« nur die richtige Wahl zu treffen brauchte. Eine andre Alternative – etwa die zwischen »Freiheit« und »Sklaverei« – ließ er nicht zu. 1944, als er im naziokkupierten Paris verstarb, wußte er's besser.

Neben dem Mißverständnis von der nuancenlosen Eindeutigkeit des »Friedens« kündigt sich hier ein zweites Mißverständnis an, ebenso wie jenes in unsrer Zeit entstanden und ideologisch bedingt. Ich meine den hartnäckigen Irrtum, daß Kriege auch heute noch aus den gleichen Gründen ausbrechen wie vor 1000, vor 100, ja vor 50 Jahren, nämlich aus der persönlichen Willkür absoluter Herrscher, aus nationalistischem Ehrgeiz, aus imperialistischem Machthunger, aus kapitalistischer Gewinnsucht, kurzum aus Gründen, die auch durch Verhandlungen weggeschafft oder weggefeilscht werden können (und es oft genug wurden). Ich für meine Person glaube nicht einmal unbedingt an die retrospektive Stichhaltigkeit oder Ausschließlichkeit dieser Gründe, weil ich mir dann z.B. die Teilung Polens nicht erklären könnte – wobei ich nicht an das 18. Jahrhundert denke, nicht an die Teilungen, auf die sich Österreich, Preußen und das zaristische Rußland geeinigt hatten, sondern an das Jahr 1940, an die einvernehmliche Teilung Polens zwischen dem nationalsozialistischen Deutschland und dem kommunistischen Rußland, also zwischen zwei radikal ideologisch ausgerichteten Staaten, die obendrein Wert darauf legten, ihre Ideologien als radikal entgegengesetzt erscheinen zu lassen ... Das, meine ich, läßt sich mit den herkömmlichen Klischees nicht erklären. Aber die reichen ja auch sonst nicht aus. Wären es immer nur feudale Selbstbestätigungswünsche oder die Interessen der Rüstungsindustrien oder die Absatzrivalitäten auf dem Weltmarkt, also immer nur materialistische und gruppenegoistische Gründe, die zu kriegerischen Auseinandersetzungen führen, dann hätte es niemals Aufstände und Revolutionen, niemals die weithin gutgeheißenen Befreiungskriege unterdrückter Völkerschaften gegeben, dann wären im Juni 1953 die Ostberliner Arbeiter nicht auf die Straße gegangen, dann hätten sich 1956 die Ungarn nicht gegen ihr eigenes kommunistisches Regime in einem Bürgerkrieg erhoben, in dem sie dann von den Panzern eines fremden kommunistischen Regimes niedergewalzt wurden – ein Thema, dem seitens der zeitgenössischen Dramatik eine schlechthin überwältigende Nichtbeachtung zuteil wird, obwohl sich möglicherweise ebensoviel Spannung und ebensoviel Sinnfälligkeit daraus hervorholen ließe wie aus den Prozeßakten in der Sache J. Robert Oppenheimer oder aus irgendwelchen lusitanischen Popanzen. Leider paßt das ungarische Thema nicht ins pazifistische Klischee (so wenig wie das tschechoslowakische, das ihm inzwischen nachgekommen ist). Leider müßte der in einem solchen Stück sehr wohl vorstellbare Verzweiflungsschrei: »Zieht eure Panzer zurück, Panzer sind kein Argument!«, der, an die Amerikaner gerichtet, garantierten Beifall auf offener Szene zur Folge hätte, hier an die Russen gerichtet werden. Und davon verspricht man sich offenbar nichts.

Damit bin ich bei einem dritten und für mein Gefühl besonders peinlichen Mißverständnis der friedliebenden Bühnenliteratur angelangt: zur unterschiedslosen Gleichsetzung möglicher Kriegsursachen gesellt sich die Tendenz, auch zwischen Westen und Osten, zwischen Demokratie und Diktatur keinen Unterschied zu machen, oder wenn, dann zugunsten des Ostens. Manchmal geschieht das in offenkundig tendenziöser Absicht und ist, wie alle Offenkundigkeit, leicht zu durchschauen. Aber manchmal geschieht es verwirrender Weise auch bei Autoren, denen solche Tendenz fernliegt – so bei Carl Zuckmayers 1955 uraufgeführtem Drama »Das kalte Licht«. Wie Sie sich erinnern werden, entstand dieses Stück in Anlehnung an den Fall des Atomspions Klaus Fuchs, der als deutscher Emigrant eine hohe Vertrauensposition in der englischen Kriegsrüstung bekleidete und – aus subjektiv ehrlicher Überzeugung – wichtige militärische Geheimnisse an die Sowjets verraten hatte.

Es liegt nicht an den kleinen politischen Naivitäten des Stücks, wenn es seine Absicht verfehlt und ihr in letzter Konsequenz sogar zuwiderhandelt. Es liegt nicht daran, daß etwa auf einer Party im Haus eines prominenten amerikanischen

Atomphysikers allen Ernstes postuliert wird, daß man die Sowjets über Fortgang und Ergebnisse der amerikanischen Experimente hätte auf dem laufenden halten müssen – zu einer Zeit, da die Sowjets ihrerseits den westlichen Militärs und Kriegsberichterstattern nicht einmal die Besichtigung der sowjetischen Frontabschnitte erlaubten. Es liegt auch nicht daran, daß der gewaltige ideologische Konflikt zwischen den beiden notgedrungen Verbündeten mit der Bemerkung abgetan wird: »Spätere Geschlechter werden nicht begreifen, daß man sich zweier verschiedener Wirtschaftssysteme wegen die Köpfe eingeschlagen hat.« An allen diesen Verharmlosungen und Blickverstellungen liegt es nicht. Sondern das Stück ist mißglückt, weil Zuckmayers Theaterpranke da nach einem Stoff gegriffen hat, der nur so strotzte von den dramatischen Möglichkeiten eines akuten, aktuellen Spionagefalls – und weil er sich dann über Gebühr davon beeindrucken und beirren ließ, daß es nicht nur ein Stoff war wie der zu Dramen, sondern wie der zu Atombomben. Das Requisit explodierte ihm gewissermaßen unter der Hand und löste eine Kettenreaktion von Problemen aus, die sich auf der Bühne wahrlich nicht mehr behandeln oder gar bewältigen lassen, auch dadurch nicht, daß man sie wieder auf das menschliche, ja private Ausmaß einer »Krise des Vertrauens« zu reduzieren sucht. Vertrauensbrüche, auf menschlicher Ebene begangen, können durch Verschiebung auf die Weltuntergangsebene ihre Substanz nicht ändern, am allerwenigsten ihre dramatische Substanz. Genau das ist es aber, was Zuckmayer im »Kalten Licht« zu bewerkstelligen versucht hat, und genau daran ist sein Stück gescheitert: daß dem Dramatiker Zuckmayer der Moralist Zuckmayer in die Quere kam. Und der Moralist Zuckmayer ist kein guter Dramatiker.

Die Gleichsetzung ungleicher Substanzen, die Nivellierung oder Verharmlosung ihrer Unterschiede, gehört zu den stetigen Merkmalen des pazifistischen Mißverständnisses. Wir finden sie auch bei einem andern, für das deutsche Theater der Gegenwart im höchsten Grad und mit höchstem Recht repräsentativen Autor, dem Schweizer Max Frisch, dem wir schon im Zusammenhang mit dem philosemitischen Mißverständnis begegnet sind. Auch das pazifistische ist ihm nicht erspart geblieben. Es tritt am deutlichsten in der »Chinesischen Mauer« zu Tage, und zwar in seinen sämtlichen Ausprägungen: in der Vorgabe eines uniformen Friedensbegriffes; in der Gleichsetzung verschiedenartiger ideologischer Standorte; und in einer bewußten Ausschaltung alles dessen, was sich an den Motiven machtpolitischer Zusammenstöße im Lauf der Zeit geändert hat. Freilich wird das alles durch die originelle, biegsame Struktur des Stücks sehr erleichtert. Es ist eine Art politischer Revue, die Frisch da passieren läßt. In ihrem Mittelpunkt steht ein kaiserlich altchinesischer Vorläufer Adolf Hitlers, der die »Stimme des Volkes«, seinen letzten noch unbesiegten Gegner, zum Verstummen bringen will und sie ausgerechnet (ja geradezu ausgeklügelt) in der Person eines sowieso schon Stummen zu entdecken glaubt. Das Ganze spielt gleichzeitig auf drei Ebenen, aus deren Verzahnung sich bisweilen sehr reizvolle Effekte ergeben – so etwa, wenn »Der Heutige«, der die Vorgänge konferiert und kommentiert, ins altchinesische Spiel miteinbezogen wird, oder wenn die junge altchinesische Prinzessin aus der Vergangenheit ausbricht und sich in den »Heutigen« verliebt. Anfechtbar wird die Sache erst auf der dritten Ebene, wenn historische oder pseudohistorische Vorgänge mit den vom Autor erfundenen vermengt und in die Gegenwart projiziert werden, von wo aus dann gewissermaßen eine Rückprojektion in die Vergangenheit erfolgt – und zwar in eine Vergangenheit, die wir mit unseren heutigen Augen sehen und mit unseren heutigen Erfahrungen deuten. Die Erkenntnisse, die sich aus solcher Sicht und Deutung für unsre Gegenwart ergeben, sind dann bereits so kunstvoll präpariert, daß uns kaum noch etwas andres übrigbleibt, als die vom Autor beabsichtigten Schlüsse zu ziehen. »Die auf dem Thron / die möchten keine Zukunft mehr / die in der Fron / die hoffen auf die Zukunft sehr!«, singt ein revolutionärer Chor, und die altmodische

Antithese »Thron – Fron«, die es in unsrer heutigen Wirklichkeit höchstens noch in Diktaturen gibt, erfährt eine weitere Stützung durch die folgende Prosastelle: »Die Barbaren sind immer die andern. Das ist noch heute so, Majestät. Und die Kultur, das sind immer wir. Und darum muß man die andern Völker befreien; denn wir (und nicht die andern) sind die freie Welt.« Was dieser Aussage den entscheidenden Akzent gibt, ist die eingeflochtene »Majestät«, an die sie sich richtet. Ebenso gut und vielleicht zeitgemäßer könnte es heißen: »Das ist noch heute so, Genosse. Denn wir (und nicht die andern) sind die freie Welt.« Aber es heißt nicht Genosse. Es heißt »Majestät«.

Zu den Begriffen, die wir bisher als definitionsbedürftig kennengelernt haben – »Friede«, »Freiheit«, »Menschenwürde«, »Demokratie«, »Kriegsursachen« und andere –, kommt in diesem Stück noch ein weiterer hinzu, von dem man das eigentlich nicht erwartet hätte. Es ist das schlichte Wörtchen »wir«. An einer bestimmten Stelle ruft der schon erwähnte »Heutige« nicht ohne Emphase (und in stolzer Gewißheit des kommenden Szenenbeifalls): »Wir können uns eine Gesellschaft, die den Krieg für unvermeidlich hält, nicht leisten!« Und es findet sich, obwohl die kabarettistische Anlage des Stücks das glatt ermöglichen würde, kein andrer Heutiger, der auf den emphatischen Ausrufer zuträte und ungefähr folgendermaßen zu ihm spräche: »Sie haben vollkommen recht, mein Lieber. Wir können uns eine Gesellschaft, die den Krieg für unvermeidlich hält, nicht leisten. Aber wen meinen Sie eigentlich mit ›wir‹? Wem sagen Sie das? Wirklich uns, die wir in diesem Theater versammelt sind? Die wir Ihre Worte hören oder lesen können? Wir wissen es ohnehin. Uns müssen Sie von der Verwerflichkeit des Krieges nicht erst überzeugen. Das sollten Sie eher bei jenen versuchen, gegen deren expansive Ideologie wir uns verteidigen müssen. Haben Sie das getan? Oder haben Sie dafür gesorgt, daß auch bei denen dort ein Schauspieler an die Rampe tritt und gegen den Krieg plädiert? Oder haben Sie überhaupt bedacht, ob dergleichen dort möglich wäre? Nein, das haben Sie nicht. Ihr Plädoyer ist einseitig, also parteiisch, also gehalten zur Schwächung derer, an die es sich richtet, denn die anderen erreichen Sie ja nicht.« Das könnte ihm jemand sagen. Aber es sagt ihm keiner.

Resümieren wir also, daß es das Umkippen aus einem Klischee ins andere, daß es die Vermengung künstlerischer und politischer Postulate ist, wodurch das »Unbehagen in der Gesinnung« hervorgerufen wird – einer Gesinnung, die als solche (ich kann's nicht oft genug wiederholen) ohne Zögern zu bejahen ist. Wann und wo mein Zögern einsetzt, warum und wodurch es sich zum Mißtrauen steigert, habe ich Ihnen jetzt auseinandergelegt, so gut ich konnte, und habe es Ihnen durch Beispiele zu erhärten versucht, die ich mit gutem Grund aus bekannten, Ihrer Kontrolle mühelos zugänglichen Stücken prominenter Autoren entnommen habe.

Wenn ich als letztes Beispiel ein weniger bekanntes Stück heranziehe, so deshalb, weil es vom schrecklichsten aller bisherigen Kriegsschrecken handelt, vom Abwurf der Atombombe auf die japanische Stadt Hiroshima, und weil es das auf eine Weise besorgt, die vom Formalen her ebenso raffiniert wie von der Gesinnung her primitiv ist. Das Stück heißt »Gilda ruft Mae West« und stammt von einem Franzosen namens Michel Parent. »Gilda« und »Mae West« bedeuten die militärischen Chiffren der beiden amerikanischen Flugzeuge, die am Abwurf der Atombombe auf Hiroshima beteiligt waren, die Hauptfigur »John« bedeutet den amerikanischen Fliegeroffizier Claude Eatherley, den die grauenhafte Erinnerung an jenen Hebelgriff, mit dem er mehr als hunderttausend Menschenleben vernichten mußte, seelisch und moralisch zugrunde gerichtet hat, und das Ganze bedeutet, daß Amerika an allem schuld ist. Über das klotzige Ressentiment, mit dem der Autor das zu veranschaulichen strebt, täuscht auch der Pseudomodernismus seiner dreigeteilten Simultanbühne nicht, die von einer Unzahl widerwärtiger Figuren bevölkert wird: von schnarrenden Generalstäblern, von unbekümmerten Bombenfliegern (flotte Bursche allesamt auf munterer Menschenhatz), von Lautsprecherstimmen, die sie geschäftsmäßig zu ihrem »prima Job« beglückwünschen, von eiskalten Staatsanwälten und Richtern, von verständnislosen Priestern und Verteidigern, von brutalen Gangstern und Gefängniswärtern, von einem grotesken Psychiater und – damit auch Amerikas Weiblichkeit nicht zu kurz komme – von einer dümmlich koketten Braut und einer grellen Prostituierten. Inmitten dieses unbeholfenen Durcheinanders wird natürlich kein Hauch der wirklichen, menschlichen Tragik des armen Eatherley spürbar – von dem sich mittlerweile herausgestellt hat, daß er ein haltloser Alkoholiker und Psychopath ist, der mit dem eigentlichen Atombombenabwurf auf Hiroshima so gut wie nichts zu tun hatte. Aber es liegt mir fern, das als Argument gegen ihn zu benützen. Es ist nur ein Argument gegen diejenigen, die ihn ausgeschlachtet haben. Ein Argument gegen die Atombombe ist es allerdings auch nicht.

Dessenungeachtet und auf die Gefahr hin, daß der »Reichsverband der kalten Krieger e. V.« mich aus seinen Reihen verstößt: ich bin gegen die Atombombe. Ich bin dagegen, daß irgend jemand eine Atombombe abwirft und daß irgend jemand von einer Atombombe getötet wird. Um die volle Wahrheit zu gestehen: meine Gegnerschaft bezieht sich nicht nur auf die Atombombe, sondern auf Fliegerbomben überhaupt, ja auf jegliches Geschoß. Ich bin sogar dagegen, daß ein Mensch dem andern etwa mit einem Bajonett den Bauch aufschlitzt. Ich möchte wahnsinnig gern in Ruhe und Frieden leben. Aber ich finde nicht, daß die Mitteilung solcher Selbstverständlichkeiten, erfolge sie nun in Wort oder Schrift, durch endesgefertigte Manifeste oder von der Bühne herab, eine moralische oder künstlerische Leistung darstellt; vielmehr finde ich, daß es keinen billigeren und bequemeren Weg gibt, sich Beifall und Publicity zu verschaffen. Auch finde ich nicht, daß jemand, der mit der Mitteilung solcher Selbstverständlichkeiten vor die Öffentlichkeit tritt, dadurch den Anspruch erwirbt, als mutiger Humanist und Menschheitsretter zu gelten, den man nicht kritisieren darf; vielmehr finde ich, daß er es sich sehr wohl gefallen lassen muß, wenn man seine Mitteilung je nach Art und Form auf ihren moralischen oder künstlerischen Wertgehalt untersucht. Ich gebe den pazifistischen Gehalt all dieser Stücke für die eine, einzige Kammerdienerszene aus »Kabale und Liebe« hin, und ihren künstlerischen Gehalt für ein Gedicht des edlen, tragisch früh verstorbenen deutschen Lyrikers Klabund, das er kurz nach dem Ersten Weltkrieg geschrieben hat. Es hieß »Die Ballade des Vergessens« und beschwor mit dichterischer Eindringlichkeit jene Visionen herauf, um die sich die pazifistischen Stückeverfertiger von heute vergebens mühen:

Der nächste Krieg kommt anders daher
als ihr ihn euch geträumt noch,
er kommt nicht mit Säbel und Gewehr
zu heldischer Geste geträumt noch

heißt es am Beginn einer Strophe, die wie alle Strophen des Gedichts ein dreimaliges »Vergessen« als Kehrzeile hat; und das apokalyptische Bild der unentrinnbaren Vernichtung schließt:

Zu spät ist's dann, von der Erde zu fliehn
mit etwa himmlischen Pässen.
Gott hat euch aus seinem Munde gespien
und vergessen, vergessen, vergessen.

Es ist ein gewaltiger Unterschied zwischen diesem künstlerisch begnadeten Ausdruck einer wahrhaften, menschlichen Friedenssehnsucht und den in jeder Hinsicht unbegnadeten und unkünstlerischen Mitteln, die ich Ihnen als Ursache des pazifistischen Mißverständnisses darzulegen versucht habe und die, wenn man sie auf ihre Substanz reduziert, der Empfangsbereitschaft eines aufgeschlossenen Publikums nichts zu bieten haben, was ein Zeitungsartikel, ein Vortrag, ein Diskussionsabend nicht ebensogut oder besser vermitteln könnte. Der Einwand, daß die Leute eben keine solchen Artikel lesen und zu keinen solchen Vorträgen gehen, hat leider etwas für sich. Aber es besteht die Gefahr, daß die Leute auch noch aufhören werden, zu solchen Theaterstücken zu gehen. Wir sollten es den Gutgesinnten unter ihnen nicht so schwer machen und den Schlechtgesinnten nicht so leicht. Wir sollten, meine ich, nicht nur die gute Absicht für uns haben, sondern die guten Argumente.

Das Mißverständnis Bertolt Brecht

Von den drei Mißverständnissen, die wir in unsrem Kolleg über »Das Unbehagen in der Gesinnung« behandeln wollten, haben wir jetzt bereits zwei hinter uns gebracht: das philosemitische und das pazifistische Mißverständnis. Es verbleibt uns noch das dritte, das ich als »Das Mißverständnis Bertolt Brecht« bezeichnet habe, also mit dem Namen des bedeutendsten Repräsentanten einer ganz bestimmten – und zwar ideologisch bestimmten – gesellschaftskritischen Tendenz auf dem heutigen Theater. Sie mögen statt »gesellschaftskritisch« auch »sozialkämpferisch« sagen oder »revolutionär«, statt »ideologisch bestimmt« auch »marxistisch« oder »kommunistisch« – in jedem Fall werden wir hier den Begriff des »heutigen« Theaters sehr viel deutlicher mit politischem Theater gleichsetzen müssen als bei den philosemitischen und pazifistischen Tendenzstücken: die ja nicht ausschließlich unter politischem Aspekt zu betrachten sind und sogar ohne diesen Aspekt Bestand haben. Hingegen sind Brecht und das von ihm repräsentierte Theater in weitaus erster Linie unter politischem Aspekt zu betrachten und haben ohne ihn keinen Bestand, oder einen falschen.

Die unpolitische Komponente der beiden anderen Tendenzgruppen war ja auch einer der Gründe für ihre moralische Wertung und für die Reihenfolge, in der sie behandelt wurden. Wir sind davon ausgegangen, das philosemitische Mißverständnis als das gewissermaßen höchstwertige zu akzeptieren, weil es sowohl in seinen Motiven wie in seiner Zielsetzung vollkommen sittlich und vollkommen arglos ist. Für das pazifistische Mißverständnis gilt das immer noch in Hinsicht auf die Zielsetzung, und für das Mißverständnis Bertolt Brecht gilt es weder in der einen noch in der andern Hinsicht. Von Arglosigkeit kann hier ganz gewiß keine Rede sein, und Brecht selbst würde sich das auch sehr entschieden verbeten haben. Es ist fast immer ein bewußtes oder absichtliches Mißverständnis, das hier erzeugt wird, und je glaubhafter seine Zielsetzung an den Mann gebracht werden soll, desto vorsorglicher müssen schon die Motive daran mitwirken. Über beider »Sittlichkeit« läßt sich streiten, aber der Streit würde zu nichts führen, weil innerhalb der Begriffswelt, in der die Stücke Bertolt Brechts operieren, »Sittlichkeit« – ähnlich wie »Friede«, »Freiheit« oder »Demokratie« – etwas andres bedeutet als außerhalb dieser Begriffswelt. Ohne diesen Bedeutungsunterschied und ohne die hartnäckige Weigerung, ihn zur Kenntnis zu nehmen, wäre das ganze Mißverständnis Brecht niemals entstanden. Es lebt davon, daß man Brechts Postulate in ein Wertsystem einordnet, das nicht das seine ist, das er verachtet, das er bekämpft: und zwar vermittels eben dieser Postulate. Ich glaube nicht, daß ein größeres Mißverständnis denkbar ist. Ich glaube nicht, daß an den Motiven und Zielsetzungen eines Autors auch nur der geringste Zweifel bestehen kann, wenn er selbst sie so eindeutig formuliert hat wie Bertolt Brecht in der »Maßnahme«:

Wer für den Kommunismus kämpft,
der muß kämpfen können und nicht kämpfen.
Die Wahrheit sagen und die Wahrheit nicht sagen.
Dienste erweisen und Dienste verweigern.
Versprechen halten und Versprechen nicht halten.

Sich in Gefahr begeben und die Gefahr vermeiden.
Kenntlich sein und unkenntlich sein.
Wer für den Kommunismus kämpft,
hat von allen Tugenden nur eine:
Daß er für den Kommunismus kämpft.

Ich muß Sie bitten, dieser Kampfansage – die von Brecht niemals widerrufen oder auch nur modifiziert wurde – wenigstens eine halbe Stunde lang eingedenk zu bleiben, weil sie der notwendige Ansatzpunkt für die nun folgende Auseinandersetzung ist. Und ich muß Sie bitten, mir eine erste und letzte persönliche Anmerkung zu gestatten. Ich weiß nicht, wie vielen unter Ihnen meine bisherigen Auseinandersetzungen mit dem Thema Brecht überhaupt bekannt sind. Ich weiß nur, daß die meisten, die über solche Kenntnis verfügen, meinen Standpunkt nicht bloß ablehnen – was jedermanns gutes Recht ist und wofür es eine Reihe guter Argumente gibt –, sondern mich zu einem mehr oder weniger blindwütigen Brecht-Gegner stempeln, der unter anderm dafür verantwortlich sei, daß in Wien zehn Jahre lang kein Brecht gespielt wurde, der überhaupt für ein generelles Brecht-Verbot im Westen eintrete, und dergleichen mehr. Ich habe nicht die Absicht, im hier gegebenen Rahmen auch noch gegen *dieses* Mißverständnis (das übrigens eine gewaltige Überschätzung meiner Möglichkeiten darstellt) zu polemisieren. Ich möchte nur der Ordnung und Klarheit halber nochmals feststellen, was ich in meinen Polemiken schon oft genug festgestellt habe: daß mir nichts ferner liegt, als für ein »Verbot« von Brecht-Aufführungen einzutreten; daß ich die politische Tunlichkeit solcher Aufführungen zwar anzweifle, aber aus ganz anderen Gründen, als sie hier zur Diskussion stehen; und daß ich mich dabei eines im allerhöchsten Grade demokratischen Verfahrens bediene, nämlich der Überredung (denn ich habe keine anderen Machtmittel als das Wort). Meine »Gegnerschaft«, soweit ein solcher Ausdruck in solchem Zusammenhang überhaupt etwas taugt, richtet sich weniger gegen Brecht als vielmehr gegen seine Anhänger, denen ich die mir vorgeworfene »Blindwütigkeit« füglich zurückgeben darf und die mich nicht daran irremachen werden, Bertolt Brecht für eine sehr bedeutende Erscheinung und für einen sehr bedeutenden Autor, einen sehr bedeutenden Dichter zu halten. Wenn es mir eine gewisse Hemmung verursacht, Brecht als »Dichter« zu bezeichnen, so liegt das an meiner Besorgnis, daß diese Bezeichnung ihm selbst vielleicht suspekt wäre, an meinem Bestreben, seinen eigenen Anschauungen und Standorten gerecht zu werden und, kurzum, an der Achtung, die ich seiner geistigen und künstlerischen Potenz entgegenbringe. Ich wüßte diese Achtung vor Bertolt Brecht nicht besser zu bekunden als dadurch, daß ich ihn so verstehe, wie er verstanden sein wollte: nämlich politisch.

Mit dem Hinweis auf die fundamentale Wichtigkeit, die dem politischen Aspekt des von Brecht repräsentierten Theaters zukommt, ist auch schon das fundamentale Mißverständnis angedeutet, dem Bertolt Brecht immer wieder begegnet und das eigentlich kein Mißverständnis mehr ist, sondern eine krasse Mißdeutung alles dessen, wofür er sein Leben lang gewirkt hat. Diese Mißdeutung zu berichtigen und klarzustellen ist mir so wichtig, daß ich die wenigen hiefür erforderlichen Sätze lieber lesen als frei sprechen möchte, um nur ja keinen Fehler zu machen:

»Seit dem Tod Bertolt Brechts hat man im Westen eine absurde und unwürdige Farce um seinen Namen aufgeführt ... (Sie) bestand darin, daß man das Werk und den Lebensweg des Kommunisten Brecht verfälschen wollte; man bemühte sich, ihn in Gegensatz zur Gesamtliteratur der sozialistischen Länder zu bringen und irgend etwas ›Wurmstichiges‹ an ihm zu entdecken. Man wollte den ›roten‹ Brecht wenigstens in das Rosa des bürgerlichen Liberalismus ... umfärben.«

Wahrscheinlich wird es Sie nicht sonderlich überraschen, wenn ich Ihnen gestehe, daß diese Sätze nicht von mir stammen. Aber vielleicht überrascht es Sie zu hören, woher ich sie habe. Ich habe sie aus der in Moskau erscheinenden Zeitschrift »Inostrannaja Literatura«, Jahrgang 1962, Nr. 4, und sie standen in einem Artikel der angesehenen sowjetischen Literaturkritikerin und Übersetzerin Ludmila Tschernaja. Es war – was Ihnen nun ganz gewiß keine Überraschung bereiten wird – ein gegen mich gerichteter Artikel, der mich wegen eines im Westdeutschen Rundfunk als Diskussionsbeitrag gehaltenen Referats zum Thema Brecht sehr scharf attackierte. Aber in diesem einen Punkt waren wir offenbar der gleichen Meinung, in diesem einen Punkt teilte eine zweifellos autoritative Seite meine politischen Bedenken gegen Brecht, von denen ich in jenem Vortrag gesagt hatte: »Daß meine Bedenken zu Recht bestehen, wird mir gerade von Brechts eifrigsten Anhängern bestätigt, indem sie permanent auf der Suche nach politischen Rechtfertigungen für ihn sind, permanent etwas aus ihm machen wollen, was er nicht ist.« Brecht ist kein unpolitischer Autor, sondern ein im höchsten Grade politischer. Er hat mit allem, was er schrieb, also auch mit seinen Theaterstücken, eine eindeutige, deklarierte, eine von ihm selbst eindeutig deklarierte politische Absicht verfolgt, nämlich die Propagierung eines ideologisch bestimmten Weltbilds, das dem im westlichen Sinn demokratischen Weltbild diametral und durchaus feindselig entgegensteht. Und wenn er mit den Machthabern des östlichen Systems gelegentliche Meinungsverschiedenheiten hatte, wenn er gelegentlich vom vorgeschriebenen Dogma abwich, so ist das allenfalls ein Beweis für den Rang seiner Persönlichkeit, aber es macht ihn in keiner Weise zu einem heimlichen Parteigänger des Westens. Damit sollte die politische Seite des Mißverständnisses Bertolt Brecht abgesteckt sein.

Es fragt sich nunmehr, ob dieses Mißverständnis auch eine künstlerische Seite hat. Und zwar fragt sich das unter zweierlei Gesichtspunkten: einmal unter dem subjektiven Gesichtspunkt Brechts und dann unter dem objektiven des Theaters. Anders und im Sinne Brechts ausgedrückt (der ja seinen Gesichtspunkt für den objektiven hielt): es fragt sich, inwieweit Brechts Theaterstücke seinem eigenen Postulat gerecht werden, also dem politischen, und inwieweit dem eigenen Postulat des Theaters, also dem künstlerischen, dem aristotelischen, dem herkömmlichen, dem bürgerlichen, wie immer Sie es nennen wollen. Der Einwand, daß Brecht erst gar keine Ambition hatte, solch theater-eigenes Postulat zu erfüllen, ja daß er auf dessen Nichterfüllung eine ganze Theorie gegründet hat, wäre zweifellos am Platze, wenn diese Theorie nicht von Brecht selbst desavouiert worden wäre – allerdings nicht theoretisch, sondern praktisch. Seltsamerweise sind es nämlich gerade die besten Theaterstücke Brechts, die seinen Theorien am wenigsten entsprechen. Man könnte das sogar umgekehrt ausdrücken: gerade die Theaterstücke Brechts, die seinen Theorien am wenigsten entsprechen, sind die besten; oder noch anders: je weniger ein Theaterstück von Brecht den Brechtschen Theorien entspricht, ein desto besseres Theaterstück ist es: »Theater« nun schon ganz eindeutig in jenem Sinn verstanden, den wir der Einfachheit halber mit dem abschätzigen Kennwort »kulinarisch« bezeichnen wollen. Das gilt für die »Mutter Courage« wie für den »Galileo Galilei«, für den »Guten Menschen von Sezuan« wie für den »Herrn Puntila«, die nicht nur zu den besten Stücken Bertolt Brechts, sondern zu den besten des deutschen Gegenwartstheaters gehören, und die ihre Qualität und ihren Erfolg ganz unzweifelhaft einer von Brecht nicht beabsichtigten kulinarischen Komponente verdanken. Niemand hat das genauer gespürt als Brecht selbst. Er bekennt es schon durch den Umfang der theoretischen Begleittexte, die er seinen einzelnen Stücken mitgibt.

Was es mit dieser Theorie im einzelnen auf sich hat – darüber gibt es, wie Sie wissen, bereits eine sehr beträchtliche Sekundärliteratur, und darüber haben wir in diesem Kolleg nicht zu befinden. Ich meinerseits bin nur gehalten, Ihnen die Gründe der leisen Skepsis, die ich auch dieser Theorie gegenüber hege, wenigstens anzudeuten und Ihnen zu gestehen, daß ich mit ihr nur dort etwas anzufangen weiß, wo sie mir schon von früheren Einkleidungen her vertraut ist. Beispielsweise halte ich den Begriff des »epischen Theaters« für einen Widerspruch in sich selbst, es sei denn, daß er als Parallele etwa zu einem »dramatischen Roman« gemeint wäre, was er jedoch nicht ist, weil »dramatisch« dann über kurz oder lang als Synonym für »spannend« dastünde, ein »dramatischer Roman« also spannend wäre, das »epische Theater« hingegen langweilig. Und das könnte man mit gutem Gewissen nicht einmal dann behaupten, wenn Brecht, was durchaus denkbar ist, nichts dagegen einzuwenden hätte, daß man seine Stücke vom kulinarischen Standpunkt aus langweilig fände. Man müßte dann eben Brecht gegen Brecht in Schutz nehmen (eine Tätigkeit, die sich seinen Anhängern gegenüber auch sonst bisweilen empfiehlt).

Ein andrer durch Brechts Theorien berühmt gewordener Begriff, der im Theaterbezirk heute schon fast so gedankenlos mißbraucht wird wie der Freudsche Begriff der »Fehlleistung« im psychologischen, ist die sogenannte »Verfremdung«. Abermals muß ich Ihnen gestehen, daß sie mir – zumindest in ihren gängigen Anwendungsformen auf der Bühne – verzweifelt altmodisch vorkommt. Wenn im »Guten Menschen von Sezuan« der Wasserverkäufer Wang sich dem Publikum mit den Worten vorstellt, daß er der Wasserverkäufer Wang sei und Wasser verkaufe, so unterscheidet sich das für mein Gefühl nicht wesentlich vom Auftrittslied einer Operettenfigur, die das Publikum wissen lassen möchte, sie sei die Christl von der Post. Und wenn Brecht einen Darsteller aus seiner Rolle heraustreten und ihn die Handlung kommentieren läßt, so erinnert mich das immer ein wenig an den abgestandenen Not- und Kunstgriff des »Beiseite«-Sprechens in den Schwänken von ehedem, in denen der überraschte Liebhaber mit jäher Wendung bekanntgab, daß es sich bei der soeben eingetretenen Dame um, oweh, seine Schwiegermutter handle. Natürlich gibt er das nicht seinen Partnern auf der Bühne bekannt, sondern seinen Partnern im Publikum. Und ist damit vielleicht gar nicht so weit von Brechts Verfremdungsintentionen entfernt, die ja gleichfalls darauf abzielen, das Publikum zum Mitdenken, also Mitwirken, also zur Partnerschaft mit den Schauspielern anzuregen. Es fragt sich nur, ob auch dem Publikum diese neue Theorie gebührlich innewird und ob es sich nicht vielmehr auf die gleiche Weise »angesprochen« fühlt wie in der guten alten Farce.

Aber all dessen ungeachtet, und weil er eben auch das ohne Mühe verträgt, bleibt der »Gute Mensch von Sezuan« ein hervorragendes Theaterstück, nicht anders als die »Mutter Courage« – an deren Schicksal wir ja desgleichen einen von Brecht nicht gemeinten und nicht gewünschten Anteil nehmen; in der wir (mag Brecht uns noch so eindringlich dazu auffordern) keineswegs die fühllose Geschäftemacherin erblicken können, die aus dem blutigen Krieg ihren schäbigen Gewinn zieht und die dem Geschäft sogar ihre Söhne opfert; ja nicht einmal die erst vom Krieg zur Geschäftemacherin Korrumpierte; sondern zum Schluß eben doch nur die arme, unglückselige Mutter, die geschundene Kreatur, die hilflose Verkörperung einer menschlichen Allerweltstragik. Auf dieser »menschlichen«, also von Brecht vorsätzlich verdrängten, ins Romantische und unausweichlich Verlogene abgeschobenen Basis berührt uns zum Schluß auch eine so zwiespältige, durch und durch intellektuelle Gestalt wie der »Galileo« und eine so lebensnahe, lebensheitere, trotz allen gegenteiligen Bemühungen des Autors beinahe rührende Gestalt wie der »Herr Puntila«, der sich zum Repräsentanten des bösen, ausbeuterischen Kapitalismus ebensowenig eignet wie sein Knecht Matti zum Repräsentanten des klassenbewußten Proletariats.

Weder der Knecht Matti noch der Knecht Surkkala (wiewohl im Personenverzeichnis ausdrücklich »der rote Surkkala« genannt) scheinen mir über ihre individuelle Existenz ins Typische oder gar ins typisch Klassenkämpferische hinauszugreifen, weder des einen noch des andern Abschied von Herrn Puntila paßt zu den von Brecht verfochtenen Theorien, und zwar weder zu den politischen noch zu den künstlerischen. Und da ich vorhin schon von Schwänken gesprochen habe, so wüßte ich beim besten Willen nicht zu sagen, wodurch sich die »Prüfung«, die der Knecht Matti mit der Tochter des Gutsherrn veranstaltet, von einem primitiven Bauernschwank unterscheidet.

Wenn es nun zutrifft – und alle Erfahrungen der letzten Jahre sprechen dafür –, daß die Bühnenwirkung der bisher erwähnten Stücke gerade auf ihrer Abweichung von Brechts Bühnentheorien beruht (die von abweichungsfrohen Regisseuren noch weiter gefördert werden kann), dann wären wir einem zweiten Aspekt des Mißverständnisses Bertolt Brecht auf die Spur gekommen, dann wären seine Theaterstücke desto besser, je weniger »kommunistisch« sie sind, und dann haben wir den merkwürdigen und zu Mißverständnissen erst recht verlockenden Fall eines kommunistischen Autors vor uns, der seine größten Erfolge und seine nachhaltigsten Wirkungen nicht nur im Gegensatz zu seinen künstlerischen Theorien erzielt, sondern im Gegensatz zu seiner politischen Überzeugung. Daß er dieser Überzeugung auf anderen Wegen zur gewünschten Wirkung verhilft, und daß in diese Wirkung auch seine »nichtkommunistischen« Stücke einbezogen bleiben, liegt in der Natur der Sache, nämlich im Funktionieren des dazugehörigen Propaganda-Apparats, und interessiert uns hier nur insoweit, als es ein Teil des zur Debatte gestellten Mißverständnisses ist.

Wir haben somit als erstes Mißverständnis den Versuch registriert, den Dichter Bertolt Brecht nicht als den Kommunisten erscheinen zu lassen, der er ist, und registrieren nunmehr als zweites, daß in manchen seiner Stücke, und zwar gerade in den besten, der Dichter Bertolt Brecht nicht als der Kommunist erscheint, der er zu sein wünscht. Wenn diese beiden Mißverständnisse in einem gewissen Widerspruch zueinander stehen, so paßt schließlich auch das zwar nicht zu Brechts Theorien, wohl aber zu seiner Praxis.

Wie steht es nun um jene Stücke, in denen Brecht die von ihm verfochtene Ideologie mehr oder weniger unmittelbar ins Dramatische umsetzt (oder um in seiner Terminologie zu bleiben: ins epische Theater)? Denn solche Stücke gibt es, und ich meine nicht die sogenannten »Lehrstücke«, die hier schon deshalb außer Betracht bleiben, weil sie nun wahrlich keinem Mißverständnis ausgesetzt sind. Ich meine die »großen« Stücke, die jedoch – anders als der »Gute Mensch von Sezuan« und der »Galileo«, anders als die »Mutter Courage« und sogar als der »Puntila«, der eine Art Zwischenstellung einnimmt – ihre ideologische Absicht von vornherein proklamieren; sei es, wie im »Kaukasischen Kreidekreis«, durch eine aktualisierende Rahmenhandlung, die den Sinn der Parabel klarstellt, sei es durch eine aktuelle Stoffwahl wie im »Aufhaltsamen Aufstieg des Arturo Ui«, in der »Heiligen Johanna der Schlachthöfe« oder im »Schweyk im zweiten Weltkrieg«. Diese sozusagen direkt ideologischen Stücke meine ich und frage nach ihrer Überzeugungskraft, nach ihrer Sinnfälligkeit, nach dem Ausmaß, in dem sie ihrer einbekannten politischen Absicht gerecht werden.

Vielleicht macht es Ihnen Spaß, wenn ich mich für die jetzt fällige kritische Untersuchung einer Form bediene, von der ich im Verlauf meiner Auseinandersetzungen mit dem Thema Brecht wiederholt Gebrauch gemacht habe und die – gewissermaßen zu Auflockerungszwecken – auch hier einmal zulässig sein mag: die Form der Parodie. »Der kaukasische Kreidekreis« wurde 1964 als zweites Stück nach der Brechung der fälschlich so genannten »Brecht-Blockade« am Wiener Volkstheater aufgeführt, und die Parodie, die ich an Stelle einer Kritik im »FORVM« veröffentlicht habe, hieß »Schwierigkeiten beim Besprechen von Brecht-Premieren«.

DER SÄNGER *Hört nun die Geschichte von der Premiere des*
Kreidekreises,
Des kaukasischen, welche statt
Im Volkstheater fand. Man könnte auch sagen:
Welche im Volkstheater stattfand. Klänge das aber
Ebenso originell? Klänge es
Ebenso bedeutend?

DIE MUSIKER *Nein. Man sagt ja auch nicht: Das Kälbchen verläuft sich. Man sagt:*
Es verläuft das Kälbchen sich. Brecht sagt es so.
Und Brecht weiß Bescheid um die Wirkung der Sprache, du Arschloch.
Auch dieses nämlich sagt er im Kreidekreis, dem kaukasischen.

DER SÄNGER *Den Schreiber Azdak läßt er es sagen, ohne*
Zwingenden Anlaß. Vielleicht nur
Weil es kräftig und volkhaft wirkt. Damit man wisse:
Kräftig ist das Volk.
Aber nicht davon wollte ich reden. Reden wollte ich
Von der Premiere des kaukasischen Kreidekreises, welche
Siehe oben.

DIE MUSIKER *War es eine schöne Premiere?*
Ist es ein gutes Stück?

DER SÄNGER *Es war eine schöne Premiere.*

DIE MUSIKER *Ist es ein gutes Stück?*

DER SÄNGER *Es war eine erfolgreiche Premiere.*

DIE MUSIKER *Ob es ein gutes Stück ist, du besoffene Zwiebel.*

DER SÄNGER *Was heißt hier gut. Schrecklich ist die Verführung zur Güte, sagt Brecht.*
Und er widerstand ihr.

DIE MUSIKER *Stimmt es wenigstens ideologisch?*

DER SÄNGER *Auch das nicht. Es gehen*
Revo- und Konterrevolution und Rekontrarevolution
So durcheinander, daß niemand sich auskennt. Warum, zum Beispiel,
Haben die Panzerreiter, da sie doch Knechte
Der Reaktion sind, den Richter gehenkt? Und warum
Machen sie nicht den Neffen des fetten Fürsten zum Richter, sondern
Den Lumpenproleten Azdak? Warum, wenn wir schon dabei sind,

Wird das Proletariat überhaupt nur durch Lumpen vertreten?
Der Großfürst hingegen, welchen der Azdak
Irrtümlich und widerwillig gerettet hat, erweist sich als Ehrenmann
Und setzt den Azdak zum Dank ein zweitesmal ins Richteramt ein.
Darf das sein? Darf ein Großfürst so anständig sein?

DIE MUSIKER *Fragen über Fragen.*
Wer gibt die Antwort?
Brecht gibt sie nicht.

DER SÄNGER *Er gibt jedoch*
Dem Theater, was des Theaters ist. Wenn Grusche
Am Seil sich haltend über den Abgrund gelangt,
Atmen die Zuschauer auf. Wenn sie dem Panzerreiter
Eins über den Kopf haut, freuen sie sich. Wenn sie dem Kleinkind
Abgewandt ihre Brust reicht, schmunzelen sie.
Wenn jemand Arschloch sagt oder besoffene Zwiebel, kichern sie.
Wenn der Azdak den beiden schwerhörigen Alten
Etwas ins Hörrohr brüllt, jauchzen sie. Und wenn am Ende
Ende gut, alles gut ist, identifizieren sie sich
Und glotzen romantisch. Befremdet
Sieht es der auf Verfremdung Gedrillte. Dieses also
Ist das epische Theater? Dieses
Ist die Erneuerung des Dramas aus dem Geiste des Fortschritts?
Und dieses zu spielen ist mutig?

DIE MUSIKER *Fragen über Fragen.*
Wer gibt die Antwort?

DER SÄNGER *Ihr habt nun gehört, was ihr nicht hören wolltet.*
Geht und seht selbst, was ihr sehn wollt. Brecht
Die Blockade. Bitte kein Rufzeichen, Setzer.

Rufzeichen gehören zum überalterten Gerümpel
Bürgerlich-emotioneller Anteilnahme. Die Revolution
Ist das Fragezeichen.

Die Verwirrung, die vor allem um die vollsaftige Volksstück-Figur des Schreibers Azdak entstanden ist, läßt sich durch keine noch so sorgfältigen Verfremdungs-Direktiven und epischen Anweisungen beseitigen. Das kann immer nur der Schauspieler tun, und immer nur mit Mitteln, die nicht die Mittel Brechts sind, immer nur dadurch, daß er seine Rolle mit echtem Leben erfüllt statt mit verfremdetem. Er wird das umso leichter tun können, als die betreffenden Figuren – der Azdak, der Herr Puntila und sein Knecht Matti, die Mutter Courage und die Shen-Te aus Sezuan – echtblütige Theaterfiguren sind, mag Brecht auch an jedem einzelnen Bestandteil solcher Charakteristik antikulinarischen Anstoß nehmen. Es hilft ihm nichts. Denn er selbst ist ein echtblütiger Dramatiker. Und als solcher wird er gegen den Theoretiker Brecht immer wieder die Oberhand behalten, wird immer wieder den autochthonen Gesetzen des Theaters verfallen. Alfred Polgar definiert das Theater als einen »Scharlatan, der wirklich zaubert«. Diesem wirklichen Zauber erliegt wohl oder übel auch Bertolt Brecht (der übrigens von Polgar auf eine desgleichen bestechende Formel gebracht wurde: »Er hat Talent zum Genie«).

Es wird sich niemals entscheiden lassen, ob Brecht mehr wohl oder mehr übel, ob er willentlich oder widerwillig dem Zauber des Theaters, also auch dem Zauber seiner eigenen Theaterbegabung erlegen ist. Daß ihm das etwa unbewußt zugestoßen wäre, darf man ausschließen. Er wußte und spürte sehr genau, wann er in die von ihm selbst geschaffene Klemme zwischen Theorie und Talent geriet. Dafür spricht ja auch das schon erwähnte Anwachsen seiner Kommentare, mit denen er sich jener Klemme zu entwinden suchte. Sie wuchsen in direkt progressivem Verhältnis zum Spielraum, den er seiner Begabung ließ und den er dann gewissermaßen wegkommentieren wollte (ähnlich wie Charlie Chaplin in seinen symbol- und bedeutungsträchtigen Spätwerken sich immer ein wenig zu genieren scheint, wenn ihm sein genialer Humor dazwischenkommt).

So gerne man sich über die dramaturgischen Verwirrungen und Widersprüche, in die sich Brecht bisweilen verwickelt, von seiner großartigen Theaterpranke hinweghelfen läßt – die ideologischen Unzukömmlichkeiten bleiben bestehen und treten desto krasser hervor, je dürftiger ihre kulinarische Verpackung ist. Der kaukasische Schreiber Azdak kann sich beinahe alles erlauben, die heilige Johanna der Schlachthöfe beinahe nichts: weil sie unter Voraussetzungen agiert, die schon zum historischen Zeitpunkt ihres (angenommenen) Bestehens reichlich naiv gesehen waren und heute so hoffnungslos überholt sind, daß sie uns kaum noch anders anfechten als etwa die Voraussetzungen der »Dreigroschenoper«. Noch ärmlicher ist es um die Haltbarkeit, um den Gesinnungs- und Gegenwarts-Appell jener Stücke bestellt, deren Vorwurf tatsächlich noch in den Bereich unsrer erlebten oder erinnerten Gegenwart fällt, in die Zeit des Nationalsozialismus und des Zweiten Weltkriegs. Für einige Szenen aus »Furcht und Elend des dritten Reichs« gilt das am allerwenigsten. Aber so etwas wie »Die Gesichte der Simone Machard« ist fürs Theater einfach nicht zu retten und ist mit Recht von den Spielplänen verschwunden. Und so etwas wie »Der aufhaltsame Aufstieg des Arturo Ui« wäre – ich zitiere jetzt François Mauriac – »von keinem Theaterdirektor zu Ende gelesen worden, wenn nicht der Name Brecht darüber stünde«. Auch der komplizierteste Kommentar, auch die Einführung eines so pompös überdrehten Begriffs wie »Doppelverfremdung« ändert nichts an der Fadenscheinigkeit des Einfalls, Hitler und die Nazimethoden in ein amerikanisches Gangstermilieu umzusiedeln, wo dann der kapitalistische »Karfioltrust« gegen Arturo Ui und dessen Bande, die er seinen eigenen Ausbeuterzwecken dienstbar machen wollte, den kürzeren zieht. Zur weiteren Verdeutlichung dient eine Nomenklatur, die aus Ernst Röhm einen »Ernesto Roma«

macht, aus Josef Goebbels einen »Giuseppe Givola«, aus Dollfuß »Dullfeet« und ähnliches mehr. Wer's trotzdem nicht kapiert, dem werden durch belehrende Texte und Projektionen die historischen Entsprechungen des jeweiligen Bühnenvorgangs klar gemacht. Zum Schluß erzeugt die Doppelverfremdung ein derartiges Doppeldurcheinander, daß Dollfuß plötzlich als Anwalt der Pressefreiheit dasteht, van der Lubbe als klassenbewußter Proletarier und Röhm als eine im Grund sympathische Landsknechtnatur.

Ich erinnere mich noch sehr genau an die Zeit zwischen 1933 und 1938, als man in Österreich auf das tobsüchtig gewordene Nachbarland schon »Rücksicht nehmen« mußte und nicht mehr alles so genau sagen durfte. Damals pflegten sich die literarischen Kleinkunstbühnen Wiens in ähnliche Verschleierungen und Transpositionen zu retten. Wenn Brecht diesen 1941 entstandenen »Arturo Ui« in irgendeinem Emigranten-Cabaret hätte aufführen lassen, wäre des dankbaren Kicherns kein Ende gewesen, und man hätte sich verständnisvoll angestoßen: »Aha, damit meint er den Reichstagsbrand ... aha, das ist der Göring ... und der Dogsborough ist der Hindenburg. Köstlich.« Aber Brecht hat, solange er lebte, diesen makabern kabarettistischen Ulk niemals aufführen lassen, weder in einem Emigranten-Cabaret noch anderswo. Er wird gewußt haben, warum.

Daß der »Arturo Ui« die Wirkung, die ihm späterhin auf deutschen Bühnen zuteil wurde, gerade seinen kabarettistischen Grundzügen zu verdanken hat, wäre gut denkbar. Sicher hingegen ist, daß der »Schweyk im zweiten Weltkrieg« überhaupt nur durch die Grundzüge wirkt, die Brecht vom originalen »Schwejk« übriggelassen hat – übriggelassen, nicht etwa übernommen oder gar weitergebildet. Denn was da nach Übernahme oder Weiterbildung aussieht, ist in Wahrheit eine einfallslose Deformation, die sich nicht einmal die Mühe macht, den unvergleichlichen, aber keineswegs unnachahmlichen Akzent des braven Soldaten Schwejk richtig zu kopieren. Statt dessen bekommen wir ein peinliches Gemengsel aus einem nichtexistenten Bauerndialekt und einem billigen Bühnen-Böhmakeln vorgesetzt, das sich zu den Köstlichkeiten der böhmisch-deutschen Sprachfärbung Schwejks ungefähr so verhält wie die Flattersche Shakespeare-Übersetzung zu der von Schlegel-Tieck.

Der fundamentale Einwand gegen diesen »Schweyk im zweiten Weltkrieg« ist indessen von andrer Art als alle bisher vorgebrachten. Über die originale, von Jaroslav Hašek zur Zeit des Ersten Weltkriegs erschaffene Gestalt ist schon so viel geschrieben worden, daß sich kaum noch etwas Neues hinzufügen läßt. Das satirische Dynamit, das sich in der rundlichen Fülle dieses vorgeblich »braven« Soldaten verbirgt, besteht ja gerade in seiner Bravheit, gerade im überquellenden Diensteifer, mit dem er die Tücken eines mechanischen Gehorsams demonstriert. Er führt die sinnlosesten Befehle willig aus – und eben dadurch ad absurdum, er widerspricht, indem er zustimmt, jedes Stichwort ist ihm recht, um es aufzunehmen und totzureden – er ist, wie ein zeitgenössischer Kritiker ihm nachgerühmt hat, im wahrsten Sinn des Wortes ein Maul-Held. Wenn aber solch einzelgängerisches Maulheldentum sich gegen den kollektiven Schwachsinn einer auf blutiges Heldentum abgestellten Kriegsmaschinerie behaupten soll, dann muß diese Maschinerie bei aller Sturheit doch irgendwo undicht sein, durchlässig für einen kleinen menschlichen Zug, für einen kleinen Anflug von Humor. Auf die Maschinerie, mit der es der brave Soldat Schwejk im Ersten Weltkrieg zu tun bekam, auf den bürokratisierten Militarismus des alten Österreich traf das immer noch zu. Hingegen wird es wohl niemandem einfallen, den Nationalsozialismus auch nur im entferntesten mit Menschlichkeit oder gar mit Humor in Verbindung zu bringen. Auch dem Autor des »Schweyk im zweiten Weltkrieg« ist das nicht eingefallen, und das Stück ist ja wirklich von einer geradezu lähmenden Humorlosigkeit. Aber das ginge noch hin. Was unter keinen Umständen hingeht, ist die Voraussetzung, auf der es basiert: daß nämlich eine Erscheinung wie der Schwejk unter Hitler überhaupt möglich gewesen wäre, daß die Nazi ihn nicht beim ersten oder spätestens dritten Wort an die Wand gestellt hätten. Brecht, einer der gescheitesten und gewitztesten Autoren unserer Zeit, hat das natürlich gewußt. Er hat sich darüber hinweggesetzt, um aus der Konfrontation einer populären, nicht von ihm geschaffenen Figur mit den Repräsentanten des brutalsten Massenmord-Regimes aller Zeiten ein paar billige ideologische Effekte herauszuholen. Er hat, ob er wollte oder nicht – sicherlich wollte er nicht –, den Nationalsozialismus verharmlost.

Das scheint mir von allen Mißverständnissen, die sich im Zusammenhang mit Bertolt Brecht ergeben haben, das bedrohlichste zu sein. Zugespitzt – und spitziger zugespitzt, als es dem Sachverhalt entspricht – könnte man sagen, daß Bertolt Brecht, wenn er auf der Bühne ideologische Propaganda machen wollte, keine guten Theaterstücke geschrieben hat, und daß in seinen guten Theaterstücken die ideologische Propaganda zu kurz kommt. Beides zugleich – ein gutes Theaterstück, das auch ideologisch wirksam wäre – ist ihm nicht geglückt. Aber das könnte auch daran liegen, daß gute Propagandastücke ein Ding der Unmöglichkeit sind.

Damit bin ich am Ende meines Versuchs, die Wurzeln jenes »Unbehagens in der Gesinnung« aufzuspüren, das mir vom zeitgenössischen Theater und von seinen politischen Stoffen auszugehen scheint. Diese Wurzeln glaube ich in drei großen Mißverständnissen entdeckt zu haben: im philosemitischen Mißverständnis, im pazifistischen Mißverständnis und im Mißverständnis Bertolt Brecht. Schon weil mir stoffliche und zeitliche Grenzen gesetzt waren, konnte ich in meinen Untersuchungen nicht immer die nötige Gründlichkeit walten lassen, mußte gelegentlich übertreiben und gelegentlich simplifizieren, habe also die gleichen Fehler gemacht, die ich den Urhebern der aufgezeigten Mißverständnisse vorwerfe. Trotzdem möchte ich hoffen, Sie zum Nachdenken über diese Mißverständnisse angeregt zu haben. Ich bin genau so wie deren Urheber und genau so wie Sie gegen den Antisemitismus, gegen den Krieg und gegen soziales Unrecht. Und ich möchte im Rahmen meiner sehr bescheidenen Möglichkeiten dazu beitragen, daß diese Gegnerschaft sich tauglicherer Mittel bedient, als es bisher so oft der Fall war.

»Wenn sich der Most auch ganz absurd gebärdet ...«

(1969)

Wir stehen am Vorabend großer Wandlungen. Der Vorabend geht bekanntlich in den Abend über, und dann wird's finster. Aber das soll uns nicht stören. Durch Nacht zum Licht.

Da und dort schimmert bereits eine leise Andeutung durch, wie es um dieses Licht bestellt sein wird. Gestützt auf den offenbaren Wohlstand und die überhaupt erstklassigen Zustände, die in den marxistisch-leninistisch organisierten Staatswesen durch Vergesellschaftung der Produktionsmittel erreicht wurden, macht man sich in den noch nicht ganz so organisierten westlichen Demokratien zunächst an die Vergesellschaftung der Kunstmittel. Zum Beispiel gibt es bereits Verlage, die nicht als Verlage geführt werden, also nicht im Hinblick auf eine möglichst haltbare Balance zwischen Qualität und Ertrag der von ihnen veröffentlichten Bücher, sondern im Hinblick auf deren vorabendliche Eignung und Funktion, wobei die Verlage gern noch eine Kleinigkeit draufzahlen, wenn die von ihnen geförderten Pfleglinge sie öffentlich als »Hosenscheißer« bezeichnen. Den Inhabern solcher Verlage fällt ungefähr die Rolle des Politbüros zu, den Lektoren die Rolle des ZK. Vielleicht auch umgekehrt. Das läßt sich nicht so leicht entscheiden. Dazu müßte man genauer wissen, worin derzeit der Unterschied zwischen Breschnew und Kossygin besteht. Und wer weiß das schon.

Oder es gibt zum Beispiel Theater, die nicht als Theater geführt werden, also nicht von einem verantwortlichen und für seine Verantwortung geschulten Intendanten, der mit Hilfe von Dramaturgen und Regisseuren (sogenannten »Fachleuten«) den Spielplan bestimmt und dafür sorgt, daß seine Schauspieler richtig zur Geltung kommen. Sondern es sind die Schauspieler selbst, die den Spielplan bestimmen, und was dabei zur Geltung kommt, sind ihre persönlichen, künstlerischen und politischen Eitelkeiten.

Nun mag man freilich einwenden, daß eine gewisse Prävalenz des Schauspielers schon zu Shakespeares Zeiten geherrscht und sich bis ins 19. Jahrhundert erhalten hat. Auch war es die längste Zeit hindurch üblich, daß die Zuschauer sich im Theater zusammendrängten wie in einer Jahrmarktbude, daß sie den Komödianten fast auf den Leib rückten, durch Zurufe in die Darbietung eingriffen und nicht selten mit saftigen Repliken bedacht wurden. Natürlich hat sich das alles mit dem Fortschreiten des Fortschritts geändert.

So erfährt man aus den Berichten über die Berliner Aufführung des »Vietnam-Diskurs« von Peter Weiss im Theater am Halleschen Ufer, daß teils heftige, teils heitere Wechselreden zwischen Bühne und Zuschauerraum den Abend würzten und daß hernach auch die altehrwürdige Sammelbüchse umging. Im übrigen wurde das Stück, falls es ein solches war, schon nach wenigen Vorstellungen abgesetzt, und zwar, wie die betreffende Aussendung besagt, aus »künstlerischen Gründen« – ein spätbürgerlich-kapitalistischer Wertbegriff, dessen man sich vom Halleschen Ufer eigentlich nicht versehen hätte.

Dafür kommt uns aus Stockholm zusätzlich progressive Botschaft. Ingmar Bergman, der berühmte Regisseur und Leiter des immer noch mit dem Epitheton »Königlich« versehenen »Dramatischen Theaters«, hat angekündigt, daß er den zweiten und dritten Rang des Hauses schließen und auf der Bühne Platz für 150 Zuschauer schaffen will, um den »Kontakt zwischen Schauspielern und Zuschauern« zu verbessern.

Dieses nimmt – auch uns sei ein reaktionärer Ausdruck gestattet – wunder. Denn abgesehen davon, daß die geplante Neuerung für beide Teile höchst unbequem ist und genau jene Enge und Bedrängnis herbeiführen wird, der man durch Schaffung eines zweiten und dritten Rangs hat steuern wollen: seit wann hängt der Kontakt zwischen Schauspielern und Zuschauern von physischer Nähe ab? Liegt er nicht vielmehr an der künstlerischen Eindringlichkeit, an der dichterischen und darstellerischen Substanz des Bühnenvorgangs? Wird ein schlechtes Stück besser, wenn man's ganz aus der Nähe sieht? Werden die Bücher, denen die nicht als Verlage geführten Verlage besonders nachhaltige Wirkung sichern wollen, künftig in größerer Satztype gedruckt?

Aber Bergman scheint zu seinen Regiefähigkeiten und seinen Schauspielern überhaupt weniger Vertrauen zu haben als zum Publikum, das er nämlich auch an den Proben teilnehmen lassen will. Wohlgemerkt und ausdrücklich: teilnehmen. Es darf nicht bloß dabeisein, was schon genug des Unfugs wäre, es darf – denn wie sollte seine Teilnahme sich anders äußern – dreinreden. Und man wird ihm zuhören, man wird – denn warum ließe man sie sonst zu – seine Wünsche berücksichtigen, ganz ähnlich wie bei den »tryouts« des durch und durch kommerzialisierten Broadwaybetriebs.

Was im Agitationstheater als improvisierte Publikumsdiskussion noch am Platz und sogar verdienstvoll sein mag, wird zum eingeplanten Probenbestandteil.

»Wenn sich der Most auch ganz absurd gebärdet ...« hub Mephistopheles an und ahnte nicht, daß der Most sich als Wein aus den denkbar ältesten Schläuchen erweisen würde. Im Durcheinander aus kollektiver Führung, Dienst am Kunden, Mitspracherecht aller Beteiligten, Theater als Publikumspferch, Kunst ins Volk, Belustigung durch Zwischenrufe, Gesinnungsdemonstration und Byzantinismus nach unten steht lediglich fest, daß die Schauspieler bestimmen, *was* gespielt werden soll, und die Zuschauer bestimmen, *wie* es gespielt werden soll. Die betroffenen Autoren sind entweder tot oder einverstanden.

»Premieren entfallen«, heißt es kurz und kommentarlos in der zitierten Meldung. Das kann man wohl sagen. Und es ist nicht das einzige, was da entfällt. Wenn es so weitergeht, geht das ganze Theater einem Entfall von totalem Ausmaß entgegen.

Wider die Verächter der Lust

(1969)

Wenn ich nur wüßte, was ein »kalter Krieger« ist! In meinen von Scheuklappen eingeengten Augen ist ein kalter Krieger, wer den heißen Krieg verhindern will, also einem höchst ehrenhaften Streben obliegt. Aber in solch ehrenhaftem Sinn wird der Ausdruck »kalter Krieger« nie gebraucht. Man bekommt ihn immer mit einem unverkennbar feindlichen Unterton zu hören, wo nicht gar in schmähender Absicht.

Ähnlich verhält sich's mit dem »kulinarischen« Theater. Wird damit eine Art Theater bezeichnet, die – wie es dem ursprünglichen Wortsinn entspräche – ästhetischen Genuß, artistisches Vergnügen oder geistige Anregung vermittelt, also durchaus Gutzuheißendes? Weit gefehlt. Aus dem Munde derer, die »kulinarisches Theater« sagen, klingt deutliche Geringschätzung, klingt's immer ein wenig nach oberflächlichem Amüsierbetrieb, nach Operettenkitsch und Kintopp.

Ob die Verächter des kulinarischen Theaters, selbst wenn es nichts weiter wäre als das, mit ihrer Verachtung recht hätten, bleibe schon deshalb dahingestellt, weil sie ja nicht eigentlich das bloße Unterhaltungstheater meinen (das für eine ernsthafte Auseinandersetzung tatsächlich nicht in Betracht kommt). Sie meinen vielmehr jegliches Theater, das sich noch irgendwie nach konventionellen Maßstäben richtet, statt sie zu zerbrechen, noch irgendwie an alten Formen festhält, statt sie zu sprengen.

Den Kompromißvorschlag, unter kulinarischem Theater jenes zu verstehen, das mehr böte als Unterhaltung und weniger als Gesinnung – sozusagen ein Mittelding zwischen Amüsement und Engagement –, würden die Antikulinarier nicht akzeptieren. Ihre Opposition richtet sich gegen alles, was bisher als Theater etabliert war; sie richtet sich, wie könnte es anders sein, gegen das Establishment.

Auch mit der Gegenüberstellung von kulinarischem und epischem Theater, von Unterhaltung und Verfremdung, kommt man nicht weiter. Denn es ist längst keine Frage mehr, daß die wirklich erfolgreichen Stücke des Ur-Verfremders Bertolt Brecht ihren Erfolg aus kulinarischen Wirkungen beziehen. Da kann uns der Verfasser in seinen theoretischen Schriften und der Regisseur in seinem Beitrag zum Programmheft noch so inständig nahelegen, daß wir die Mutter Courage als Nutznießerin des Kriegs und Schmarotzerin des Kapitalismus zu sehen haben, daß ihr ganz recht geschieht, wenn sie ihre Kinder an die Mordlust der herrschenden Klasse verliert und ihren Marketenderwagen allein weiterschleppen muß – es hilft nichts. Zum Schluß bemitleiden wir die arme, hart geprüfte Mutter, die nun ganz auf sich selbst gestellt ist, und wünschen ihr alles Gute.

Zum Schluß wird romantisch geglotzt, nicht anders als im »Kaukasischen Kreidekreis«, wenn die tapfere Grusche mit Hilfe des pfiffigen Azdak über ihre Widersacher obsiegt, nicht anders als im »Puntila«, wenn der Knecht Matti von seinem im Grund gar nicht so üblen Herrn melancholisch Abschied nimmt.

Und wie steht's mit dem »Bildungstheater«, für das uns die Klassiker der Weltliteratur (nebst einigen ihrer naturalistischen Nachfahren) als repräsentativ gelten? Noch kulinarisch? Schon engagiert?

Wie man's nimmt. Genauer: wie man's in Szene setzt.

Zwar hat Karlheinz Stockhausen noch keine Mozart-Bearbeitung vorgenommen, um die Gegenwartsbezüge der »Kleinen Nachtmusik« freizulegen, aber mit den Klassikern der Sprechbühne wird allenthalben nach diesem Gesichtspunkt verfahren. Nun, solange der Inszenator mit dem vom Dichter beigebrachten Material auskommt, mag er immerzu streichen und umstellen, Akzente verlagern und Tendenzen verdeutlichen und, kurzum, herausarbeiten, wovon er redlich glaubt, daß auch der Dichter selbst es täte, um seinem Stück zu heutiger Gültigkeit zu verhelfen. Anfechtbar wird's erst, wenn der Bearbeiter oder Regisseur aus eigenem etwas hinzutut, den Text willkürlich ändert und aktualisiert und, kurzum, das Original zur Vorlage für seine persönliche Originalitätshascherei degradiert – wobei er oft genug und bekanntermaßen darauf abzielt, dem Publikum die Freude am Werk zu verpatzen.

Hier verschwimmen die Grenzen nicht länger. Hier setzt die vorsätzliche Denunziation des kulinarischen Theaters ein – gegen die sich die toten Klassiker immer noch leichter behaupten können als die lebenden Zeitgenossen, denen im Dringlichkeitsfall nur die Alternative zwischen Verbot und Verstümmelung übrigbleibt. Nirgends, nicht einmal in den Beschlüssen irgendeines ZK-Plenums, zeigt sich die Daseins- und Menschenfeindlichkeit der Dogmatiker so kraß wie hier, nirgends wird individueller Anspruch so niederträchtig negiert und die simple Freude am Geglückten und Gekonnten so unverfroren als reaktionäres Symptom einer zu stürzenden Ordnung eingestuft.

Was dem Sturz dieser Ordnung nicht dient, wird von den Antikulinariern entweder umfunktioniert oder, wo das nicht angeht, gänzlich verworfen. Sie dogmatisieren das freie Spiel der Kräfte und Begabungen, sie versuchen nicht etwa – was diskutabel und wünschenswert wäre –, mit den Mitteln der Kunst die Wirklichkeit zu ändern, sondern mit den Mitteln der Wirklichkeit die Kunst, und das ist ein obszönes Vorhaben. Wenn es gelingt, wird einer der letzten Jagdgründe menschlicher Phantasie und menschlicher Entfaltungsmöglichkeit verdorren und veröden.

Die Welt ist nie so heil gewesen, wie das kulinarische Theater sie darstellt, und nie so unheil, wie das antikulinarische uns glauben machen will. Niemand wird sich von einer Boulevardkomödie soziologisch informieren lassen. Aber es soll auch niemand den »Arturo Ui« oder die »Heilige Johanna der Schlachthöfe« in dieser Hinsicht für zuverlässiger halten, ganz zu schweigen vom absurden, vom experimentellen, von einem im weitesten Sinn avantgardistischen Theater. (Und ganz zu schweigen davon, daß auch das absurde Theater sehr strengen formalen Gesetzen unterliegt, daß auch Experimente langweilig sein können und daß Büchner und Grabbe vor 150, Pirandello vor 50 und Thornton Wilder vor 35 Jahren beträchtlich avantgardistischer waren als alles, was uns heute unter dieser Chiffre erreicht.)

N. O. Scarpi, Meister der geschriebenen Anekdote und Theaterkenner von Erfahrung und Geblüt, berichtet über die Köchin seiner Prager Kindertage, die immer nur einmal im Jahr, am Allerseelentag, ins Theater ging, immer zu Raupachs Rühr- und Schauerdrama »Der Müller und sein Kind«, und wenn sie hernach gefragt wurde: »Na, Karoline, war's schön?«, gab sie alljährlich die gleiche Antwort: »Theater ist *immer* schön!« Das scheint mir einer der wichtigsten Aspekte des kulinarischen Theaters zu sein: daß es »schön« ist. Und genau das werfen ihm seine Verächter vor. Wenn's nach ihnen ginge, dürfte Theater *niemals* schön sein.

Dem naheliegenden Einwand, daß ich mich hiermit auf das Niveau der Köchin Karoline begeben habe, sehe ich gefaßt entgegen. Die Köchin Karoline steht dem Phänomen »Theater« – Alfred Polgar definiert es mit unnachahmlicher Präzision als »Scharlatan, der wirklich zaubert« – ungleich näher als die Antikulinarier, die Theaterpublikum mit Premierenpublikum verwechseln und die moralische Anstalt mit einer je nachdem absurden, experimentellen oder politischen Zwangsanstalt.

Daß damit weder dem Müller noch seinem Kind das Wort geredet ist, bedarf hoffentlich keiner Beteuerung. Ich bin sehr dafür, daß man die Theatergeher mit Problemen konfrontiert, sie zum Nachdenken nötigt, ihren Blick fürs Zeitgeschehen schärft, ihre Gesinnung auf die Probe stellt – daß man sie (wenn dieses grausliche Wort denn schon gebraucht sein muß) »erzieht«. Aber Erziehung durch das Theater ist, sofern sie überhaupt Chancen hat, doch wohl auf die Mittel des Theaters angewiesen, nicht auf die des Antitheaters, das nur die schon Überzeugten überzeugt. Eine Desillusionierung, die nicht mit illusionistischen Mitteln erfolgt, spannt den Wagen vors Pferd. Sie zieht nicht. Sie verfehlt ihren Zweck. Sie bleibt nicht nur unwirksam, sondern unverständlich.

Moral: Das antikulinarische Theater kann selbst in seinen exzessivsten Erscheinungsformen – den sogenannten »Dokumentar«- und den reinen Agitprop-Stücken – aufs Kulinarische nicht verzichten. Oder um Friedrich Theodor Vischers Formulierung über das Moralische abzuwandeln: Das Kulinarische versteht sich von selbst.

In sämtlichen Rollen: Fritz Kortner

Selbstdarstellung eines Theatermannes:
»Aller Tage Abend«

(1960)

Wollte man dieses Buch auf einen Generalnenner bringen, man fände kein besseres Wort als : rührend. Es ist ein rührendes Buch. Vielleicht würde der und jener statt »rührend« lieber »ärgerlich« sagen, aber das wäre doch wohl eine Humorlosigkeit. Und gerade einem Manne gegenüber, dem man so viele Heiterkeiten zu danken hat, profunde und vordergründige, erhebende und gängige – gerade Fritz Kortner gegenüber möchte man sich nicht gerne humorlos zeigen.

Fritz Kortner ist in weitaus erster Linie Schauspieler, und zwar ein sehr guter Schauspieler. Er kann beinahe alles spielen, sogar Intelligenz. Schreiben kann er sie schon nicht mehr so gut. Man begegnet dieser Art von Diskrepanz oft auch in anderen Zusammenhängen, und Kortner selbst wird sie von dem ihm besser vertrauten Gebiet der darstellenden Kunst her kennen. Ein Stammtisch-Witzbold mag seine Schnurren mit noch so viel schauspielerischem Aufwand zum besten geben, ohne daß er darum schon als Bühnenkomiker brauchbar wäre. Und es mag einer im Gespräch noch so geistreich wirken, ohne daß er solche Wirkung ins Literarische umzusetzen vermöchte. Der Feuilletonist und Stegreifredner Anton Kuh, einer der letzten Wiener Bohemiens und ein brillanter Formulierer, hat sich seinerzeit nicht ungern einen »Sprechsteller« nennen lassen. Dieser Titel sei auch Kortnern zugestanden, als Kompromiß zwischen dem Darsteller, der er ist, und dem Schriftsteller, der er zu sein begehrt.

Denn daran, daß er's zu sein begehrt, erlaubt er uns keinen Zweifel. Schon aus der ganzen Anlage seines Buchs geht das hervor. Es erzählt nämlich nicht einfach die Lebensgeschichte oder die chronologisch geordnete Laufbahn seines Verfassers, sondern es bedient sich höchst anspruchsvoller Kunstmittel. Es ist in eine Art Rahmenhandlung eingebettet (die in der Ordination eines Wiener Zahnarztes spielt), es arbeitet mit Rückblenden, Vorblenden und Zwischenschnitten, und manchmal hüpfen die Schauplätze des Geschehens so munter hin und her, daß man nicht mehr recht weiß, ob man sich gerade in Wien, in Amerika, in Berlin, auf der Reise nach Israel, in München oder beim Zahnarzt befindet. Am häufigsten hat man das Gefühl, beim Zahnarzt zu sein, aber das ist nur ein Gefühl. In Wahrheit verhält es sich so, daß der Ort der Handlung – gleichgültig wo sie sich gerade zuträgt – immer Fritz Kortner heißt, und niemand wird dem Autor die Souveränität streitig machen, mit der er den Übergang von einem Schauplatz zum andern bewerkstelligt. Er wechselt mühelos von Kortner zu Kortner, nimmt temperamentvoll und ambitioniert die schwierigsten Probleme in Angriff, und verwendet dabei so kostspielige Ausdrücke wie »Aufgespaltetsein«, »Fernziel«, »Hegel«, »unterschwellig«, »Leibniz« und »Sog«. Er stößt zu wuchtigen Einblicken auf dem Gebiete der Charakterkunde vor: »Er war ein anmaßender, gewissenloser, unbedenklich seinen Vorteil suchender Feigling«, sagt er von einem Reinhardtschen Hilfsregisseur namens Held, und das hat sich gewaschen. »Er war unduldsam, herrisch . . . egozentrisch bis zum Exzeß«, heißt es an einer andern Stelle, mit der jedoch Berthold Viertel gemeint ist. Diesem rühmt er anderseits nach, daß seine Phantasie »ihn weg von der Theaterkonvention riß und ihm gebot, sich dem ursprünglich unmittelbar Theaterbegabten von Geblüt zu verschreiben«, und mit dem ursprünglich unmittelbar Theaterbegabten von Geblüt ist hinwiederum Kortner gemeint. Auch sonst weiß er Kritik und Selbstkritik in schönem Gleichgewicht zu halten: »So unglaubwürdig und paradox diese Orska in allen Lebensäußerungen war, dem Beruf gegenüber war sie offenbar geradlinig. Ihr Interesse für mein Talent war echt.«

Was immer man aus derlei Wendungen (und einer rauhen Menge ähnlicher) herauslesen mag – sie haben in jedem Fall für sich, daß sie in Kortners eigene und eigentliche Domäne fallen, daß sie noch dort, wo sie anfechtbar sind, kompetent bleiben. Um wieviel williger würde man sich dieser Kompetenz anvertrauen, wenn Kortner ihren Bereich ein wenig sorgfältiger verwaltet hätte! Daß er Clausewitz falsch zitiert, läßt sich entschuldigen: der geht ihn ja nichts an. Aber er zitiert auch Shakespeare falsch. Er zitiert Schiller falsch. Und das ist umso peinlicher, als er ausdrücklich vermerkt, daß ihm das falsche Zitat von einer eben besuchten Kainz-Vorstellung her »im Ohr sang«. Er zitiert Polgar falsch. Und das ist umso peinlicher, als mit dem falschen Wortlaut des Zitats auch der Witz flöten geht. (Der richtige Wortlaut – »Noch am Grabe pflanzt ihn die Hoffnung« – ist die Paraphrase einer gleichfalls von Schiller stammenden Zeile, die Kortner offenbar nicht kennt.)

Indessen fällt dies schon mehr in das Gebiet der Literatur, welches ja nicht mehr als Kortners eigenes und eigentliches gelten darf. Hat er doch auch mit Karl Kraus, dessen Namen er oftmals zum eitlen nennt, seine liebe Not. Nachdem er sich in späteren Jahren, wie jeder wirklich gescheite Mensch, vom Abgott seiner Jugend losgelöst hat (weil er ihn als reaktionär durchschaut), attestiert er ihm mit immer noch etlichem Wohlwollen, eine Zeitlang »für ein fortschrittliches Ziel« gekämpft und »endlich die realen gesellschaftlichen Zusammenhänge« gesehen zu haben. Aber es hilft nichts: »Ein paar Jahre später setzte sein Abfall ein, sein Rückfall und schließlich sein Verfall.« Man erfährt jedoch noch mehr. Man erfährt, daß Karl Kraus »die angebrochene Alleinherrschaft des Ariertums nicht lange überlebte. Er starb an gebrochenem Herzen und an seinem langen Schweigen im Schlosse der Fürstin Lichnowsky, bei der er Zuflucht gefunden hatte.« Und das ist ein bißchen viel auf einmal. Die hier genannten Todesursachen, die ja auf medizinische Haltbarkeit erst keinen Anspruch erheben, halten nicht einmal symbolisch. Karl Kraus überlebte den Machtantritt Hitlers lange genug, um während eines Zeitraums von drei Jahren insgesamt neun Fackelhefte herauszubringen, eines davon im Umfang von 315 Seiten, das letzte, wenige Monate vor seinem Tod, noch 112 Seiten stark. Auch starb er keineswegs in einem Fürstenschloß, obwohl solch feudales Ende sehr gut zu seinem von Kortner gerügten Rückfall in die Reaktion gepaßt hätte. Die Fürstin Lichnowsky – Kortner nimmt sie nur als Fürstin zur Kenntnis, nicht als Schriftstellerin – besaß um diese Zeit längst kein Schloß mehr; sie lebte in kärglichen Verhältnissen in London. Und Karl Kraus bedurfte um diese Zeit keiner Zuflucht; er starb 1936 in Wien. Aber sonst stimmt alles.

Leider gehen nicht nur dem Literaten Kortner die Dinge

durcheinander, auch der Historiker Kortner verliert bisweilen die Kontrolle. Ein »österreichisch-ungarisches Kaiserreich« gab es nicht. Die »Neue Freie Presse« war zwar ein einflußreiches, aber niemals ein »offiziöses« Blatt. Die Kronenwährung wurde in Österreich nicht 1910 eingeführt, sondern 1898. Das Café Herrenhof, Wiens berühmtes Literatencafé, ist durchaus nicht »verschwunden«, sondern existiert nach wie vor (ich hatte die Ehre, seinem 1958 verstorbenen Oberkellner Hnatek einen Nachruf zu widmen, der auch in bundesdeutschen Zeitungen abgedruckt war). Trotzki wurde nicht in »Südamerika« ermordet, sondern in Mexico. Unter den auf Seite 372 als »Männer der Mitte und der Linken« aufgezählten Männern befindet sich, etwa mit Ausnahme Einsteins, kein einziger Mann der Mitte, wie denn überhaupt mit derlei Sammelbezeichnungen – »liberal und links«, »bürgerliche Mitte und Linke« – auf so dehnbare Art manipuliert wird, daß man sich ganz klein und häßlich und pedantisch vorkommt vor soviel Großzügigkeit. Sie bewährt sich in vielerlei Zusammenhängen. Sie spricht von »Stalins Menschenopfern für ein neues Leben«, sie weiß dem einzigen sozusagen antistalinistischen Absatz des Buchs noch die Konzession einzuflechten, daß Stalin unter dem Motto »Lern oder stirb!« gehandelt hätte, und ihre zukunftsträchtige Besorgnis umschließt noch Fragen wie diese: »Wird die Save nochmals von Soldatenblut rot werden, damit Belgrad nicht rot bleibt?« Nun, nun. Moskau und Belgrad leben zwar in Unfrieden miteinander, aber deshalb braucht man die friedliebenden Sowjets doch nicht gleich zu verdächtigen, daß sie die Save mit Soldatenblut rot färben wollen.

Indessen haben wir hier nicht mehr den Literaten oder den Historiker Kortner vor uns, sondern eher wohl den Politiker, als der er ja gleichfalls auftritt. Der Schutzumschlag bescheinigt es ihm, und er selbst will begreiflicherweise hinter einem bloßen Klappentext nicht zurückstehen. Immer wieder setzt er sich mit dem »Zeitgeschehen« auseinander, unverdrossen analysiert er soziale Zustände und politische Entwicklungen, verdrossen stellt er in Amerika ein »Brachliegen seiner politischen Energien« fest, und nach einer kurzen Abhandlung über die Rolle der Frau in der amerikanischen Geschichte lernen wir ihn als Berater Dorothy Thompsons kennen, der damals einflußreichsten politischen Journalistin Amerikas, an deren Kampagne für die Wiederwahl Roosevelts der Schauspieler Fritz Kortner – damals war er noch kein Regisseur – sich »leidenschaftlich mit Rat und Tat beteiligen durfte«. Zum Abschluß dieser Episode heißt es: »Damit (nämlich mit der Wiederwahl Roosevelts) war meine Aufgabe erfüllt. Ich empfahl Budislawsky, einen früheren Mitarbeiter der liberalen ›Weltbühne‹, einer Berliner Wochenzeitschrift, als meinen sie beratenden Nachfolger und ging mit meiner Familie nach Hollywood.« Dieser Satz schlägt der Sprache fast ebenso viele Schnippchen wie dem Sachverhalt. Der von Kortner als sein sie beratender Nachfolger empfohlene Herr war nämlich kein »früherer Mitarbeiter«, sondern schlechtweg Chefredakteur der »Weltbühne« – die allerdings unter seiner Leitung nicht mehr in Berlin, sondern in Prag und später in Brüssel erschien. Auch konnte sie damals, zwischen 1934 und 1938, selbst mit Nachsicht aller Kortnerschen Taxen nicht mehr als »liberal« gelten, sondern schwenkte, wie ich aus eigener Mitarbeiter-Erfahrung weiß, immer folgsamer auf die KP-Linie ein. Ihr einstiger Chefredakteur und Dorothy Thompsons Berater nahm denn auch 1946 seinen Aufenthalt in der deutschen Sowjetzone und soll dort unter dem Titel »Ich war Amerikas führende Journalistin« eine fröhliche Artikelserie veröffentlicht haben. Wenn die Parole »Lern oder stirb!« mittlerweile nicht auch an ihm ausprobiert wurde, dann lebt und wirkt er heute noch in Leipzig. Sicherlich ahnt Kortner nichts von alledem, sonst hätte er's ja wenigstens angedeutet. Und im übrigen bleibt uns die Hoffnung, daß es sich da um jemand andern handelt. Kortner nennt seinen Nachfolger – öfter als einmal, es kann also kein Druckfehler sein – Budislawsky. Der betreffende Herr hieß jedoch Budzislawsky. Und man wäre fast zu der Annahme verleitet, daß er nicht nur Dorothy Thompson, sondern gelegentlich auch seinen Vorgänger beraten hat. Manche Stellen in Kortners Buch lassen sich anders kaum erklären – etwa wenn er seine »Überzeugung« darlegt, es gebe »eine Kollektivschuld der machthabenden Kreise in Deutschland, England, Frankreich und Amerika durch die fast komplicenhafte Duldung des hitlerischen Aufstiegs, seiner Machtergreifung und seiner Raubzüge«.

In dieser Aufzählung wird auch der oberflächlichste Betrachter die Sowjetunion vermissen, die doch eigentlich als einzige Großmacht in einem regelrechten Paktverhältnis mit Hitler stand und zum Beispiel seinen polnischen Raubzug nicht nur komplicenhaft geduldet, sondern sich komplicenhaft an ihm beteiligt hat. Es scheint hier einer jener Fälle von Gedächtnisschwund vorzuliegen, wie er die Männer der Mitte und der Linken manchmal heimsucht.

Man sieht, daß auch auf den Politiker Kortner kein rechter Verlaß ist. Vielleicht hat er sich doch nicht genug mit der Politik beschäftigt, vielleicht hätte er bessere Arbeit leisten können, wenn die Probenzeit länger gewesen wäre – jedenfalls läßt er auf diesem Gebiet nicht immer die nötige Gründlichkeit walten. Es gibt nur einen einzigen Punkt, den er mit denkbar gründlichster, geradezu allumfassender Intensität behandelt: die von Hitler entfachte und in erster Linie gegen Fritz Kortner gerichtete nationalsozialistische Bewegung. Sie stellt im Wirrwarr dieses Buchs die Orientierungsachse dar, nach der man sich richten kann und nach der auch Kortner sich richtet. Alles, was vor Hitler geschehen ist, steuert auf Hitler zu, alles, was seit Hitler geschieht, leitet sich von ihm her. Kortner teilt die Zeit in eine Vorhitlerzeit und eine Nachhitlerzeit ein, unterscheidet zwischen vorhitlerischem und nachhitlerischem Theater und begutachtet Menschen und Dinge vorwiegend, wo nicht ausschließlich, nach ihrer Einstellung zu Hitler.

Damit nun hier kein Mißverständnis entstehe, am allerwenigsten auf seiten eines immer noch vorhandenen bestätigungslüsternen Nazigezüchts: Kortners Haltung ist nicht nur begreiflich, sie ist sein gutes persönliches Recht, und niemand dürfte auch nur im mindesten an ihr zu mäkeln wagen, wenn Kortner sie in der Tat als persönliche Haltung zur Schau trüge. Aber er macht sie zur eingeleisigen Basis politischer Untersuchungen und weltanschaulicher Urteile, deren hochgemuter Anspruch auf Allgemeingültigkeit nicht zu übersehen ist. Und da komme ich mit der eingangs erwähnten Rührung nicht mehr zurecht. Da muß ich mich dem eingangs erwähnten Risiko der Humorlosigkeit aussetzen. Denn für mich als Juden, der unter den Nazi haarscharf so viel zu leiden hatte wie Kortner und der es auch an jüdischem Bekennermut mühelos mit ihm aufnimmt, ist es eine recht peinliche Vorstellung, daß dieses Buch einem Leser in die Hand fiele, der nicht zu den Opfern des braunen, sondern zu den Opfern des roten Faschismus gehört. Angeblich soll es auch solche geben. Und ein solcher könnte die Kortnerschen Gesinnungsdemonstrationen, könnte die bewundernswerte Charakterfestigkeit, mit der Kortner den feschen Linksidealen der Berliner Zwanzigerjahre treu bleibt, könnte die unbekümmerte Freundschaft, die er den geistigen und künstlerischen Mitläufern jenes andern Blutregimes hält, möglicherweise falsch auffassen. Es ist nicht sehr wahrscheinlich, daß das geschieht. Aber in einem nach Kortners Überzeugung so unheilbar nazistisch verseuchten Land wie der Bundesrepublik, die ihn mit einem hohen Ehrenzeichen dekoriert hat, die ihn machen läßt was er will, und die das Eingreifen eines Kultusministers für zweckmäßig erachtet, wenn eine Kortner-Inszenierung einmal nicht ganz vorbehaltlos gepriesen wird – in einem so übel beschaffenen Land muß man auf alles gefaßt sein. Kortner ist es, und er könnte sich das alles schon selbst überlegt haben. Vielleicht ist er noch auf keine Lösung gekommen. Vielleicht kommt er noch drauf.*

* Es hat den Anschein, als wäre das mittlerweile – nämlich zwischen der Niederschrift dieser Buchbesprechung und ihrem Erscheinen – bereits geschehen. Nach den Schmieraktionen im Januar hatte Fritz Kortner be-

Er täte, wenn's einmal so weit ist, auch gut daran, jene Stellen seines Buchs, die sich mit jüdischen Dingen befassen, nochmals zu überprüfen. Sie strotzen von Fehlern. »Jeruscholajim« ist nicht, wie Kortner glaubt, die »alttestamentarische« Bezeichnung für Jerusalem, sondern schlicht und einfach die hebräische, auch heute. Die Kollektiv-Siedlungen, deren Einzahl »Kibbuz« lautet, heißen in der Mehrzahl »Kibbuzim«, nicht »Kibbuzims« (wenn Kortner wüßte, daß der hebräische Plural bereits durch die Endung »-im« gegeben ist, empfände er das von deutscher Laienhaftigkeit angehängte »s« vermutlich als antisemitisch). Die jüdische Fußballmannschaft Wiens, deren Erfolge auf Kortner so unauslöschlichen Eindruck machten, daß er sich sowohl bei der Schilderung seiner Wiener Jugend als auch später in Israel nachdrücklich an sie erinnert, hieß nicht »Maccabi«, sondern »Hakoah«; das hätte Kortner sogar bei mir erfragen können, ich habe dort gespielt. Der erste Präsident des Staates Israel, den Kortner zweimal »Waitzmann« nennt, hieß Weizmann. Die zweimal »Acro« genannte Stadt gibt es nicht; es gibt ein Accra an der Küste von Ghana, und es gibt in Israel die alte Kreuzfahrerfestung und Hafenstadt Akko.

Kleinigkeiten? Umso leichter hätten sie sich vermeiden lassen. Und umso näher legen sie den Verdacht, daß Kortner sich für all diese Dinge nicht wirklich interessiert, daß – um es noch deutlicher zu sagen, so deutlich, wie es ihm ein Nichtjude gar nicht sagen könnte – daß auch seine jüdische Haltung einigermaßen fragwürdig ist.

Wirklich echt und über alle Zweifel erhaben ist sein Ressentiment gegen Österreich und gegen Wien. Über das »Bekenntnis Österreichs zu Hitler«, von dem er wie von einem historisch festgelegten Ereignis spricht, ließe sich allenfalls

kanntgegeben, daß er in München, von wo ihm zahlreiche antisemitische Schmähbriefe zugegangen seien, nie mehr arbeiten würde. Neueren Nachrichten zufolge hat er sich aber doch bereit erklärt, dort wieder eine Inszenierung zu übernehmen. Offenbar ist er auf dem Wege zu einer ruhigeren und sachlicheren Beurteilung der Situation.

diskutieren. Oder meint er etwa die 99 % der unterm Naziregime abgehaltenen »Volksbefragung?« Das wäre ein absonderliches Vertrauensvotum für die Schwindel- und Terrormethoden nazistischer »Abstimmungen«, und überdies läge er da wieder einmal mit einem Datum falsch. Unabhängig von jedem Datum definiert er hingegen den »Jedermann« als die »stückgewordene österreichische Sehnsucht nach keinem Richter, zumindest keinem irdischen«, wobei ihm nicht nur entgeht, daß in diesem »zumindest« der ganze Sinn des Stücks beschlossen liegt, sondern daß es sich, as everyman knows, eigentlich um die stückgewordene englische Sehnsucht nach keinem Richter handelt. Dergleichen dürfte einem Theatermann seines Ranges so wenig passieren wie ein falsches Schiller- oder Shakespeare-Zitat. Dafür bekommt man's wieder mit der Rührung, wenn er sich in seiner ausführlichen Schwärmerei für Fritzi Massary auf die Mitteilung beschränkt, daß sie »blutjung im wilhelminischen Berlin auftauchte«, – ohne zu sagen, woher; das gönnt er der Stadt Wien nicht mehr. Anderseits gilt ihm der Titel einer von den Besatzungsmächten gegründeten Zeitung – »Weltpresse« – als Beweis für die »wienerische Selbstüberschätzung«. Die ist nun freilich ein Fehler, in den dann und wann sogar Kortner verfällt. Zumal die Theater seiner Heimatstadt überschätzt er. Er sollte seinen an sich berechtigten Mißmut darüber, daß er nicht nach Wien engagiert wird, nicht immer wieder durchblicken lassen. So gut, wie er es schlecht macht, ist das Burgtheater gar nicht.

Damit wollen wir nun endlich, endlich zum Schauspieler und zum Regisseur Fritz Kortner zurückkehren, den wir über dem Literaten, dem Charakterforscher, dem Historiker, dem Soziologen, dem Politiker, dem Juden, dem Religionsphilosophen und dem Völkerpsychologen Fritz Kortner beinahe vergessen hätten (nicht nur aus eigener Schuld). Und wenn bei der Lektüre alles dessen, was er auf diesen Gebieten vorzubringen hat, manchmal der Eindruck entsteht, als sei er nur deshalb nach Deutschland zurückgekommen, um die Deutschen für Hitler zu bestrafen, so dürfen wir hier endlich und aufatmend feststellen, daß ihm dies nicht ganz nach Wunsch gelungen ist. Er hat doch auch ein paar sehr schöne Inszenierungen zustande gebracht. Gern hätte man mehr über sie erfahren, hätte sich gern ein Bild davon gemacht oder wenigstens Anhaltspunkte dafür gewonnen, warum zum Beispiel der »Julius Cäsar« oder der »Godot« so hervorragend gut waren, der »Faust« oder der »Danton« so hervorragend schlecht. Aber auch wenn uns solche Details versagt bleiben: die allgemeinen (und hier tatsächlich allgemeingültigen) Auskünfte, die Kortner uns über Schauspielerei und Regieführung erteilt, sind auf fulminante Weise aufschlußreich und eindrucksvoll, sind von einer Theaterbesessenheit durchpulst, die uns glatt überwältigt, und bekunden eine Schärfe und Präzision des Einblicks, die eben nur der wirkliche Fachmann aufbringt und um die den Fachmann Kortner ein jeder, einschließlich des Nichtfachmannes Kortner, beneiden kann. Wenn er das »Schwarzweiß-Theater« daran erkennt (und damit erledigt), daß es »den Schatten des Bösen unterschlägt«, wenn er den Begriff des »Beteuerungstheaters« prägt, auf dem beteuert statt dargestellt wird und auf dem »eine Ansammlung von Boten über den Zustand der auftretenden Personen aufgeregt berichten«, wenn er Moissi als eine »romantisierte Taschenausgabe von Kainz« definiert oder die angelsächsische Technik des Unterspielens als einen »Zigaretten paffenden Pausen-Naturalismus«, so landet er Blattschüsse, die uns nur desto mehr bedauern lassen, daß er über sein Blattschußrevier so oft und so weit hinauszielt. Auch breiter angelegte Schilderungen aus diesem Revier – die Rußlandreise des Reinhardt-Ensembles vor dem ersten Krieg, die Begegnungen mit Bassermann oder Wegener, der Skandal um Jessners »Tell«-Inszenierung – besitzen die unverwechselbare Atmosphäre des kennerisch Erlebten. Es versteht sich, daß auch allerlei schnurrige Theaterhistörchen in das Buch eingestreut sind: die Geschichte der um 5 Mark verkauften Solosätze, der Probenkrach mit Barnowsky nebst sofort anschließendem Engagement an einem andern Theater, der Krach im Direktionszimmer der Wiener Volksbühne nebst sofort anschließendem Engagement dortselbst – denn auch daß Kortner immer sofort engagiert wird, immer sofort Erfolg hat und bei einem Krach immer im Recht ist, versteht sich. Man schreibt ja schließlich keine Selbstbiographie, um den anderen Recht zu geben.

Völlig jenseits von Recht oder Unrecht, in den geheimnisvollen Gefilden wahrhaftiger Ergriffenheit, ruht die Gestalt seines Vaters, des kleinen jüdischen Uhrmachers aus der Brigittenau – eines der liebenswertesten Vaterporträts, die jemals zwischen Buchdeckeln lebendig wurden. Auch die still duldende Mutter, die hilfsbereiten Geschwister, die ganze lärmend und ahnungslos an der Karriere des Sprößlings anteilnehmende Sippe weiß Kortner plastisch heraufzubeschwören. Und wenn er von »seiner Hanna« spricht, von der hartgeprüften Gefährtin seines Lebens, tut er's mit so viel inniger Liebe, daß man sich vor dieser wunderbaren Frau und Schauspielerin in stummem Respekt verneigt.

Gerührt legt man Fritz Kortners Selbstdarstellung aus der Hand. Aller Tage Abend ... Vor dem leise umflorten Zukunftsblick will fernhin eine Szene erstehen, mit irgendeinem späten Enkel, der ein Buch aufgeblättert hat und sich fragend an seinen Großpapa wendet:

»Wer war eigentlich dieser Fritz Kortner?« fragt er.

Und Großpapa, die Furien der eigenen Erinnerung jäh im Nacken, antwortet pflichtschuldigst:

»Kortner? Das war zuerst der größte Schauspieler seiner Zeit, dann begann er Regie zu führen und war der größte Regisseur seiner Zeit.«

»Schauspieler und Regisseur?« verwundert sich der wißbegierige Enkelsohn. »Warum redet er dann immer von Sachen, die gar nichts damit zu tun haben und von denen er gar nichts versteht?«

»Tja, mein Junge«, seufzt Großpapa. »Darüber haben wir

uns schon damals den Kopf zerbrochen. Und damit hat er gerade denen, die ihn mochten, schwer zu schaffen gemacht. Er war halt, wie man so sagt, eine Persönlichkeit.«

uns schon das aus dem Kopf zerbrochen. Und damit hat er ge-
rade denen, die ihn [illegible] schwer zu schaffen gemacht
[illegible]

Apropos kalter Krieg, oder »der Friede ist die Fortsetzung des Krieges mit anderen Mitteln«*

* Kommunistische Maxime, hier zitiert nach Stalins Generalstabschef Boris M. Schaposchnikow

Fussball und Fortschritt

Ein Beitrag zur Technik der freiheitsliebenden Berichterstattung

*(1954)**

Beim sportlichen Wettkampf zweier Schülermannschaften fiel die eigenwillige und egoistische Spielweise des nach den wissenschaftlichen Leistungen besten Schülers auf. Obwohl dies nicht überraschend und schon vorher bekannt war, gab es nach Schluß des Spieles hitzige Diskussionen. Die Mannschaft des besten Schülers hatte verloren! Warum? Seine Spielweise war für das Kollektiv nicht nützlich, sondern hinderte es an der vollen Entfaltung seiner Stärke. Eine Einfügung ins Kollektiv hätte den Schwung und das Selbstvertrauen der Mitspieler erhöht und ihnen wahrscheinlich den Sieg gebracht. Denn: Warum gewann Ungarn gegen England? Weil jeder Spieler der ungarischen Nationalmannschaft seine hervorragenden sportlichen Fähigkeiten zum Ruhme seines Vaterlandes in den Dienst des Kollektivs stellte.

»DEUTSCHE LEHRERZEITUNG«
(Ostberlin) Nr. 7 vom 28. April 1954

Das Fußballspiel ist ein schönes und aufregendes. Es wird in manchen Ländern besser gespielt, in manchen hingegen schlechter, und man kann – anders als etwa beim Billard- oder beim Tarockspiel – verhältnismäßig leicht und zuverlässig feststellen, wo es besser und wo es schlechter gespielt wird. Zu den Ländern, in denen es besonders gut gespielt wird, gehört zum Beispiel Ungarn, und zwar seit jeher, seit den Zeiten der Monarchie über Bela Kun und Horthy bis auf den heutigen, volksdemokratischen Tag. Auch die Österreicher waren seit jeher besonders gute Fußballspieler und sind es unter jedem Regime geblieben. Nicht ganz geradlinig verhält es sich mit den Tschechen. Sie standen die längste Zeit den Ungarn und Österreichern um nichts nach, ein paar Jahre hindurch standen sie ihnen sogar vor – heute aber, obgleich ihnen

* Seither hat sich nichts geändert.

die Sonne der volksdemokratischen Freiheit leuchtet, spielen sie nicht nur schlechter als ihre der gleichen Beleuchtung ausgesetzten ungarischen Brüder und nicht nur schlechter als die von monopolkapitalistischem Zwielicht umdüsterten Österreicher, sondern sie spielen auch schlechter als zu der Zeit, da sie noch von den Habsburgern geknechtet waren. Woraus hervorgeht, daß die Wege Gottes rätselhaft und die fußballerischen Leistungen eines Volkes von seiner Staatsform unabhängig sind. Eher bestehen gewisse Zusammenhänge zwischen Fußball und Kaffee, welcher die Phantasie auch des Fußballers anzuregen scheint. Denn in allen Ländern, in denen gut Fußball gespielt wird, trinkt man auch guten Kaffee: wie in den schon zuvor genannten, so noch in Italien und Jugoslawien, in Brasilien und Uruguay. Bei den Engländern, die das Fußballspiel erfunden haben und dank diesem klug herausgearbeiteten Vorsprung jahrzehntelang die besten Fußballspieler der Welt waren, macht sich der Umstand, daß sie Teetrinker sind, immer nachteiliger bemerkbar. Sie verlieren ein Match nach dem andern und wurden zuletzt von den Ungarn sogar 7:1 geschlagen. Es heißt jedoch, daß sich in England allmählich der Espresso durchsetzt; das könnte ihnen für die nächsten Weltmeisterschaften wieder einige Chancen geben. Was schließlich die Deutschen betrifft, die soeben die Weltmeisterschaft gewonnen haben, so liegt die Sache ganz einfach: sie trinken zwar miserablen Kaffee, aber er schmeckt ihnen. Aus dieser Fähigkeit erklärt sich so manches deutsche Wunder.

Das Fußballspiel – und darum ist es ja so unempfindlich gegen politische Konstellationen – wird auf der ganzen Welt nach denselben Regeln gespielt. Für das Theaterspielen z. B. gilt das schon nicht mehr so ganz, und noch weniger gilt es für die Literatur im allgemeinen oder für die Musik. In den Ländern des Fortschritts, zumal im Vaterland desselben, in der Sowjetunion, wird bekanntlich viel fortschrittlicher gedichtet und komponiert als anderswo. Auch gemalt. Aber nicht Fußball gespielt. Ein Fußballspieler mag noch so unablässig dem Fortschritt dienen – in der Sekunde, in der er das Spielfeld betritt, bis zu der Sekunde, in der er es wieder verläßt, ist er ein Fußballspieler und sonst nichts, unterliegt er den Regeln des Fußballspiels und keinen andern. Nicht nur den Regeln unterliegt er, sondern, darüber hinaus, dem sozusagen inneren Gesetz, das dem Fußballspiel wie allen Mannschaftsspielen innewohnt und das gleichfalls für die Mannschaften der ganzen Welt verbindlich ist. Es ist das Gesetz, nach dem sie antreten. Mit Politik hat dieses Gesetz nichts zu tun. Nicht einmal in den Ländern des Fortschritts. Selbst dort tritt die Politik erst wieder in Erscheinung, wenn der Sieg errungen oder die Niederlage erlitten ist. Dann allerdings wird's wüst.

Die Berichterstattung der kommunistischen Presse Österreichs – oder, präziser ausgedrückt, der in Österreich erscheinenden kommunistischen Presse – über die Fußball-Weltmeisterschaften erfolgte weder aus sportlichen oder patriotischen Motiven, noch aus der üblichen Kombination dieser beiden. Daß auch Österreich an der Konkurrenz teilnahm, lag ihr stagelrot auf. Ihr Interesse konzentrierte sich von Anfang an auf die Ungarn als die voraussichtlichen Sieger und Weltmeister. Ein wenig davon bekamen auch die Tschechen ab, die als weitere Vertreter der guten volksdemokratischen Sache zur Stelle waren; freilich nicht für lange, denn sie vertraten die gute Sache schlecht und schieden in den Vorkämpfen aus, nachdem sie gegen Uruguay 2:0 und gegen Österreich sogar 5:0 verloren hatten. Dieses 5:0 war einer der glänzendsten Siege der österreichischen Auswahlmannschaft in den letzten Jahren, der denn auch allenthalben gewürdigt und belobigt wurde. Zumal dem Stürmer Probst, der drei von den fünf Toren geschossen hatte, wurden schwelgerische Preisgesänge zuteil und viele Veröffentlichungen von Kampfbildern, die ihn bei seinen erfolgreichen Torschüssen zeigten. Daß diese erquickenden Momentaufnahmen besonders gerne von österreichischen Zeitungen veröffentlicht wurden, versteht sich. Für die in Österreich erscheinenden kommunistischen Zeitungen verstand es sich nicht. Sondern auf der Sportseite des »Abend« vom 21. Juni erschien ein Schnappschuß einer wenig aufschlußreichen Szene im Mittelfeld, wo Probst gerade mit dem tschechischen Läufer Pluskal um den Ball kämpfte, und:

Probst, der österreichische Goalgetter, wird von Pluskal gestoppt

lautete der Text, dem ein schadenfrohes »Etsch!« nachzuschweben schien. Es muß den Sportredakteur des »Abend« gewaltige Mühe und Geduld gekostet haben, aus den vielen Photos, die er von den einschlägigen Agenturen zugeschickt bekam, just das eine herauszufischen, das die Österreicher im Nachteil und die Volksdemokraten als Herren der Lage zeigte. Aber es ist ihm geglückt, und wenigstens der Weltkommunismus konnte sich – was den tschechischen Fußballern versagt geblieben war – ein Bummerl aufschreiben.

Die »Österreichische Volksstimme«, das offizielle Parteiorgan, wußte am 21. Juni den 5:0-Sieg Österreichs desgleichen nicht anders zu illustrieren als durch einen Schnappschuß des Spielers Pluskal in (offenbar dominierender) Aktion. Den Text ihrer Sportseite widmete sie zum größeren Teil dem in der gleichen Vorrunde erzielten 8:3-Sieg der Ungarn gegen die Deutschen, die – eben weil es sich nur um ein Vorrundenspiel handelte – mit sechs Ersatzleuten angetreten waren, um ihre erste Garnitur für die entscheidenden Spiele zu schonen. Zweifellos eine fragwürdige Taktik (wenngleich ihr späterer Erfolg dem Trainer, der sie sich ausgedacht hatte, recht gab). Zweifellos ein ungewöhnliches Vorgehen. Vielleicht sogar ein unfaires. Vielleicht sogar eine nordische List. Aber ganz gewiß nicht das, was die »Volksstimme«, zweispaltig fett, aus ihr machte:

»Westdeutsche Provokation gegen Ungarn«

hieß es da, und man fuhr unwillkürlich zusammen, man dachte im ersten Schreck an diplomatische Verwirrungen, vielleicht weil die ungarischen Minderheiten in der Rheinpfalz mißhandelt worden waren – bis man sich aufatmend besann, daß es dort keine solchen gab und daß lediglich elf westdeutsche Fußballspieler elf ungarische dadurch provoziert hatten, daß sie sich schlagen ließen, wobei obendrein einer der elf Ungarn, namens Puskas, verletzt ausscheiden mußte, da waren's nur noch zehn, also doch eine Minderheit. Immerhin, die diplomatischen Gewitterwolken verzogen sich, und die Sportseite der »Österreichischen Volksstimme«, am Tag nach dem 5:0-Sieg der österreichischen Mannschaft gegen die Tschechoslowakei, hob das auch entsprechend fett hervor:

»Ungarn gebührt besonderer Dank«

lautete ein Zwischentitel, und

»Puskas, ein wahrer Sportsmann«

lautete ein anderer, über einem Absatz von nicht weniger als 32 Zeilen, aus dem man genau erfuhr, wo Puskas nach dem Spiel »erschienen« war, mit welchen Worten er die Entschuldigung seines Gegners (der irreführenderweise Liebrich hieß) »zur Kenntnis nahm«, welche Anordnungen der ungarische Arzt getroffen hatte, und was dergleichen majestätische Paraphernalien von brennend österreichischem Interesse mehr sind.

Auch der Feuilletonist, der sich in der »Österreichischen Zeitung«, dem Organ der sowjetischen Besatzungsmacht, über die Rundfunkübertragungen von der Fußball-Weltmeisterschaft ausplauderte, nahm nicht etwa ein Spiel der österreichischen Mannschaft zum Anlaß seiner schnurrigen Betrachtung, sondern (unter dem Titel *»Hidegkuti – Hidegkuti – Goaaal!«*) den Sieg der Ungarn gegen Brasilien. Die arge Schlägerei, zu der es nach diesem Spiel gekommen war, inspirierte die gleiche »Österreichische Zeitung« (vom 29. Juni) zu der finsteren Überschrift:

**»Brasilianische Spieler
als Provokateure entlarvt«**

– aber der geschulte Leser ließ sich davon nicht verwirren. Er behielt den Kopf oben, und das ist mehr, als die in der

Sowjetunion entlarvten Provokateure von sich behaupten können.

Die Fußball-Weltmeisterschaft und die kommunistische Berichterstattung nahmen ihren programmgemäßen Fortgang, und bis zum Semifinale war noch einzusehen, warum die kommunistische Presse hartnäckig von »Westdeutschland« sprach statt von »Deutschland«. Offenkundig sollte der gute Name der ostdeutschen Sowjetrepublik (die an den Weltmeisterschaften nicht teilnahm) in keinerlei Mitleidenschaft gezogen werden, weder durch die unsportlichen Maßnahmen des deutschen Trainers, noch durch die nun wohl unweigerlich bevorstehenden Niederlagen der Mannschaft.

»Westdeutschland sieht sich schon im Finale«

höhnte im Untertitel ihres Sport-Aufmachers die »Volksstimme« vom 25. Juni und wurde im Text noch deutlicher:

Die Eingenommenheit vom eigenen Können ist umso erstaunlicher, da Westdeutschland über das Achtelfinale nur mit Ach und Krach durch ein Wiederholungsspiel hinweggekommen ist.

Nämlich mit einem 7:2 gegen die Türkei. Und zumindest machten die Westdeutschen mit einem solchen Resultat dem deutschen Namen keine Schande mehr. Im Viertelfinale, mit ihrem 2:0-Sieg gegen die hochfavorisierten Jugoslawen, begannen sie ihm sogar Ehre zu machen. Und vollends als die Österreicher im Semifinale gegen Deutschland das katastrophalste Debakel seit Königgrätz erlitten und 6:1 geschlagen wurden; als die Westdeutschen, die sich am 25. Juni schon im Finale gesehen hatten, sich am 4. Juli tatsächlich im Finale sahen –: da hätte man im Lager des Fortschritts getrost ein wenig vorsichtiger werden dürfen und hätte von dem großherzigen Angebot der übrigen Welt, die westdeutschen Erfolge dem ganzen deutschen Volk zugute kommen zu lassen, vielleicht doch Gebrauch machen sollen. Man tat nichts dergleichen. I wo. Die Eingenommenheit vom eigenen Können, oder, genauer ausgedrückt, die Eingenommenheit der in

Österreich erscheinenden kommunistischen Presse vom Können der im kommunistischen Ungarn fußballspielenden Fußballspieler, versah die Vorbesprechungen zum Finale mit balkendicken Überschriften wie:

»Ungarn – Westdeutschland
um Weltmeistertitel
Vor neuem Triumph der Ungarn«

in der »Österreichischen Volksstimme« vom 4. Juli, oder:

»Der Olympionike Ungarn
vor dem Weltmeisterschaftssieg«

in der »Österreichischen Zeitung« vom selben Tag.

An dieser Stelle geziemt sich die Feststellung, daß die ungarische Auswahlmannschaft, obgleich sie das Finale 3 : 2 verloren hat, besser Fußball spielt als die deutsche oder irgendeine andre; daß unter normalen, für beide Partner gleichen Voraussetzungen die deutsche Auswahlmannschaft nicht nur gegen die ungarische verlieren dürfte, sondern wahrscheinlich gegen die Auswahlmannschaften aller kaffeetrinkenden Länder, zumindest aber gegen Brasilien, Uruguay und Österreich; daß also die deutschen Fußballspieler keineswegs die besten der Welt sind, sondern Sieger in einer (nach anfechtbarem System ausgetragenen) Weltmeisterschaftskonkurrenz. Und es ziemt sich, anderseits, die Feststellung, daß sie jeden einzelnen ihrer Siege, auch den gegen Ungarn, mit den denkbar einwandfreiesten Mitteln sportlichen Wettkampfs errungen haben; daß sie dem Gesetz, nach dem sie und alle andern Mannschaften angetreten sind, am besten von allen gerecht wurden; und daß sie ihren Erfolg verdient haben.

Dies war festzustellen.

Infolgedessen wurde es von der kommunistischen Presse nicht festgestellt. Sondern angesichts des deutschen Sieges – er blieb nach wie vor »westdeutsch« und den Söldnern Adenauers vorbehalten – vollführte sie eine Schwenkung, neben der selbst die bizarrsten Wendungen und Windungen der Parteilinie sich wie ein Schienenstrang ausnehmen. Die in

Österreich erscheinende kommunistische Presse besann sich nämlich auf Österreich. Am Samstag, dem Vortag des Finales, hatte in Zürich das Trostspiel um den 3. und 4. Platz stattgefunden, in welchem die von den Deutschen geschlagenen Österreicher gegen die von den Ungarn geschlagenen Uruguayer 3:1 obsiegten, was selbstverständlich besser war als umgekehrt, worüber die sonntäglichen Morgenblätter alles Berichtenswerte bereits berichtet hatten, und wovon ab Sonntag abend, nach dem sensationellen Sieg der Deutschen gegen die Ungarn, kein Mensch mehr sprach. Noch dem Montag-»Abend« aber schien diese abgestandene Samstagsuppe heiß genug, um sie an der Spitze seines Sportteils über drei Spalten auszugießen:

»Österreichs Fußballer gehören zu den Besten der Welt«,

jubelte sein jäh erwachter Patriotismus, und auch der nächste große Zwischentitel dieser Seite, zweispaltig immerhin, hieß Haase und wußte von nichts:

»Himmelhoher Unterschied: Uruguay und Brasilien«.

Tief darunter kam ein weiterer Titel, auf die gleichen zwei Spalten beschränkt wie der himmelhohe Unterschied, und lautete:

»Nach 8:3 Niederlage nun Weltmeister«.

Wer? Wieso? Wessen Niederlage gegen wen? Wann »nach«, wann »nun«? *Wer* ist Weltmeister geworden? Wenn man schon so lange warten und suchen muß, ehe man sich durch die Drei- und Zweispalter über das vorgestrige Ereignis endlich zum gestrigen durchgearbeitet hat, dann möchte man wenigstens auf den dritten Blick sehen, wie es ausgegangen ist ... dafür müßte sich doch ein Anhaltspunkt finden, irgendeiner ... halt. Schon da. Ein Schnappschuß vom Finalspiel. Text:

Czibor und Kocsis jubeln.
Es steht 2:0 für Ungarn.

Danke, das genügt. Der Text ist vollkommen klar. Ungarn

hat verloren. Jawohl, verloren. Denn da uns der »Abend« über die Niederlage der Tschechen gegen Österreich dadurch ins Bild gesetzt hat, daß Probst von Pluskal gestoppt wird, kann der Jubel von Czibor und Kocsis nur eine Niederlage der Ungarn bedeuten. Wie man ja auch in der »Österreichischen Zeitung« vom 6. Juli sich nur die Photos und ihre Texte anzuschauen brauchte, um zu wissen, wieviel es geschlagen hatte, und wer wen:

Kocsis setzt zum Torschuß an ...

So fiel durch Czibor der zweite Treffer für Ungarn ...

Puskas sprang am höchsten ...

Nicht vor Freude. Das taten die deutschen Zeitungen, und ein paar von ihnen taten des Guten zuviel und überschlugen sich. Sie sprachen vom Sieg der elf deutschen Fußballspieler, als hätte das ganze Volk ihn errungen, als wären durch diesen Sieg auf dem Fußballfeld sämtliche Niederlagen auf dem Schlachtfeld hinfällig geworden, als stünde die deutsche Treue hinter ihm und nicht der deutsche Trainer. Es war manchmal ein bißchen komisch, manchmal peinlich und manchmal sogar bedrohlich. Das wurde auch prompt und laut und deutlich festgestellt, und zwar von den deutschen Zeitungen selbst. Die Ordnungsrufe im eigenen Haus erfolgten sogar weit häufiger als die Verletzungen der Ordnung.

Aber wie es erst im umgekehrten Fall, im Fall eines ungarischen Siegs zugegangen wäre; was sich *da* in der kommunistischen Presse, und wahrhaftig nicht nur in der ungarischen, an Taumel und Symbolik abgespielt hätte, an ideologischem Triumph, an zwangsläufigem Zerbröckeln der kapitalistischen Gesellschaft, an neu gestärkter Friedens- und Freiheitsliebe, und, kurzum, an unaufhaltsam fortschreitendem Fortschritt –: das wollen wir uns erst gar nicht vorstellen; schon deshalb nicht, weil wir es sowieso auswendig können. Und keine einzige kommunistische Zeitung hätte es gewagt, dem Treiben Einhalt zu gebieten.

Wie über alle Maßen grauenhaft es gewesen wäre, geht wenigstens andeutungsweise aus dem Grauen hervor, das sich am 7. Juli im »Abend« entfaltet hat, ganz vorn, auf der ersten Seite:

»Siegesdelirium in Westdeutschland«

heißt der Haupttitel, der da groß und fett aus dem Delirium der Niederlage emporsteigt, und sogar ein Klischee läßt sich's der »Abend« kosten, Klischee nicht im Sinne von kommunistischer Propaganda, sondern von einem auf Druckstock aufgegossenen Faksimile, das eine Überschrift aus einer deutschen Zeitung wiedergibt: *»Wiener Walzer gegen Marschmusik«*. Sie stand über einer fast zwei Wochen zurückliegenden Vorbesprechung des Spiels Österreich–Deutschland, und es will uns scheinen, als ob es eine durchaus adäquate und unpathetische, der Selbstbescheidung nicht gänzlich entratende Überschrift sei. In jedem Fall will sie uns harmlos scheinen. Dem »Abend« will sie nicht. Dem »Abend« muß sie einen Kommentar liefern. Der »Abend« zieht seine Schlüsse, auch wenn er sie an den Haaren herbeiziehen muß, die er sich über die volksdemokratische Niederlage rauft:

Mit solchen Schlagzeilen, wie sie hier aus der »Bildzeitung«-Hamburg (1,5 Millionen Auflage) reproduziert werden, versetzte die westdeutsche Massenpresse seit Tagen die Bevölkerung in einen nationalistischen Rausch – gerade in dem Augenblick, da Adenauer Frankreich mit der Aufstellung einer deutschen Nationalarmee droht.

Ein scherzhafter Fußballtitel als Aufrüstungsparole – nein, gegen diesen Gehirnkrampf hilft kein Masseur, nicht einmal der des ungarischen Teams, der zweifellos der beste der Welt ist. Und man kann nur mühsam und ruckweise zu sich nehmen, was der »Abend« über das westdeutsche Siegesdelirium sonst noch zu berichten hat:

Unbeschreibliche Szenen ... vieltausendstimmiges »Heil« ... rasende Menge ... Begeisterung ... nimmt vielfach die Form wilder chauvinistischer Ausbrüche an ... Am treffendsten drückte die Stimmung ein Indu-

strieller aus, der im Speisewagen zwischen Kassel und Frankfurt, unmittelbar nach Bekanntwerden der Siegesnachricht, ausrief: »Und uns haben sie für unwürdig erklärt, Kolonien zu verwalten.«

Das ist sehr, sehr merkwürdig. Nicht, daß ein deutscher Industrieller im Speisewagen sitzt, wo sollen die deutschen Industriellen denn sitzen wenn nicht im Speisewagen, oder wer sitzt denn sonst in den deutschen Speisewagen, wenn nicht lauter Industrielle. Das Merkwürdige ist, daß am gleichen Tag ein ungarischer Werktätiger im Speisewagen zwischen Budapest und Debrezin saß – in den ungarischen Speisewagen sitzen nur Werktätige –, der nach Bekanntwerden der Niederlage ausrief: »Und uns haben sie einreden wollen, daß an der Volksdemokratie etwas dran ist!«

Wenn uns der »Abend« verrät, wo er seinen Industriellen her hat, geben wir ihm genauere Auskünfte über unsern Werktätigen. Bis dahin zweifeln wir sogar an unserer eigenen Geschichte. Aber – wie der »Abend« es ganz richtig (und nur in die falsche Richtung) formuliert –: »Der gedankliche Kurzschluß vom Sport zur Politik ist so allgemein«, daß beide Aussprüche tatsächlich gefallen sein könnten. Wir wissen es nicht. Aber wir glauben zu wissen, daß der ungarische Werktätige die Stimmung in den Volksdemokratien ganz ungleich treffender ausgedrückt hätte, als der Industrielle die Stimmung unter den Kolonialfaschisten.

Gespräch mit dem Feind?

*(1954)**

Das FORVM, diese so orginelle wie unnachahmliche Schöpfung Friedrich Torbergs, wollte seinem Namen gerade auch dadurch Recht geben und Ehre

* Seither hat sich nichts geändert.

erweisen, daß es aktuelle Themen von öffentlichem Interesse zur Diskussion stellte: pro und contra. »Es soll« – so sagte der Vorspruch in Nummer 1 der Zeitschrift – »in jedem Fall ein Thema sein, an dem sich möglichst viele Geister möglichst heftig scheiden. Und die Vertreter zweier besonders extrem geschiedener Standpunkte werden den Beweis zu erbringen haben, daß sie trotzdem auf einem immer noch gemeinsamen Boden stehen: eben auf dem Boden ehrlicher Diskussionsbereitschaft . . . Das erste ›Pro und Contra‹ gilt eigentlich dem Thema selbst, gilt den Möglichkeiten und Grenzen der politischen Diskussion, der Frage nach Sinn oder Sinnlosigkeit des Gesprächs zwischen Kommunisten und Nichtkommunisten.« Pro schrieb Friedrich Heer, an sein fünf Jahre zuvor erschienenes Buch »Gespräch der Feinde« anknüpfend. Torbergs Contra galt nicht bloß diesem Pro und auch nicht bloß dem Buch von Heer, sondern überhaupt jenem Utopismus, der seither mittels der sogenannten »Anerkennung der Realitäten« sich selber seinen »Realismus« zu attestieren nicht mehr müde wird.

»Wir müssen«, schrieb kürzlich die in Moskau erscheinende Zeitschrift »Zapadnaja Mysl« (»Abendländisches Denken«), das Organ der westlich orientierten liberal-demokratischen Opposition, »wir müssen aufhören, den guten Willen und die Verständigungsbereitschaft der nichtkommunistischen Welt so zynisch zu mißbrauchen, wie das seitens unserer Machthaber im Kreml bisher geschehen ist. Selbst die geduldigsten Freunde, die wir im Westen haben«, fuhr der Artikel fort, »kommen allmählich dahinter, daß ihre ehrlichen Bemühungen, ein Gespräch anzubahnen, von der reaktionären Führer-Clique unseres angeblich sozialistischen Vaterlandes immer nur für die Propagandazwecke des Sowjet-Imperialismus ausgeschrotet werden. Wenn das so weitergeht, wird über kurz oder lang kein vernünftiger Mensch mehr mit uns reden wollen. Wir warnen das Politbüro!«

Der Artikel erregte kein besonderes Aufsehen. Er ging spur- und wirkungslos unter. Er ist, um die volle Wahrheit zu sagen, gar nicht erschienen. Wie und wo hätte er das auch tun sollen? Es gibt in ganz Moskau, in ganz Rußland, im ganzen kommunistischen Machtbereich (geographisch *und* parteidisziplinär verstanden) keine Zeitschrift, die das Abendland im Titel führt oder führen dürfte, es gibt keine westlich orientierte, keine liberale, keine demokratische und überhaupt keine Opposition, die irgendeine Möglichkeit hätte, sich öffentlich hörbar zu machen, es gibt keinen Gesprächspartner, der ein Gespräch auch nur halbwegs auf der gleichen Basis führen könnte, auf der es ihm vom Westen her angeboten wird. Kürzer gesagt: es gibt keinen Gesprächspartner.

Soviel zur Ausgangssituation des Gesprächs.

Natürlich wird deshalb niemand mit klaren Sinnen und in vollem Ernst für ein Aufhören jeglichen Gesprächs plädieren. Im diplomatischen Rahmen mag und muß es geführt werden – sei dieser Rahmen immerzu so eng wie der Sehschlitz eines Panzerwagens. Wäre er weiter gesteckt, besäße er auch nur den Umfang des Verordnungsblattes, mit dem 1945 die amerikanische Regierung im allgemeinen Bruderschafts- und Friedenstaumel die Vernichtung großer Mengen ihres Kriegsmaterials befahl, dann käme auch im diplomatischen Rahmen kein Gespräch mehr zustande, sondern nur ein Diktat, diktiert von der einen Macht, die dann als einzige im Panzerwagen säße, und entgegengenommen von der andern, die wenigstens noch die Rückseite jenes Verordnungsblatts frei hätte. Verachtet mir die Panzer nicht und ehrt mir ihre Kunst. Annähernd gleichmäßig auf beide Seiten verteilt, sind sie eher ein Schreib- als ein Kriegsrequisit, sind sie eine sehr brauchbare, ja kaum entbehrliche Unterlage zum Aufsetzen von Verträgen und eine nüchterne, sachliche, dem Zeitalter der Stahlrohrmöbel durchaus angepaßte Sitzgelegenheit, die vielleicht kein Behagen bietet, aber doch eine gewisse Rückendeckung.

Von den Gesprächen, die unter solchen Voraussetzungen stattfinden und immer wieder anzustreben sind, ist hier nicht die Rede. Auch von den andern nicht, den »leisen und sehr stillen«, denen »das langsame, in unendlich kleinen Wegstükken wachsende Kontaktnehmen« obliegt. Gespräche dieser Art zu führen und sich ständig für sie bereit zu halten, gehört zu den selbstverständlichsten Daseinsverpflichtungen, und eher geht ein Kommunist durch ein Nadelöhr, als daß er vergebens zu einem Nichtkommunisten komme, um mit ihm zu sprechen – gleichgültig, ob er sich selbst konvertieren will oder den andern. Schon deshalb, schon weil es sich hier in jedem Fall um menschliche Auseinandersetzung handelt, scheidet die Frage nach Zweckmäßigkeit oder Zulässigkeit aus. Die vorliegende Betrachtung gilt also weder dem extrem privaten, dem sozusagen »unpolitischen« Gespräch, noch dem extrem öffentlichen der Berufspolitiker.

Dazwischen aber, zwischen diesen beiden Extremen, liegen ja erst die hundert vermeintlichen Möglichkeiten, »das eigene Anliegen darstellen und vertreten zu können«. Dazwischen liegen die hundert Verführungen einer vorgetäuschten Wechselseitigkeit, deren einladend grinsende Masken immer die gleiche, zum Gähnen langweilige Fratze der kommunistischen Propaganda verdecken sollen. Dazwischen liegen die Friedenskongresse und Protestadressen und Aufrufe zur Wahrung gemeinsamer Interessen, die Aktionen aller völkerversöhnenden und fortschrittlichen Kräfte, die Resolutionen zur Linderung der physischen Notlage der geistig Schaffenden bzw. der geistigen Notlage der physisch Schaffenden. Dazwischen liegen die Einladungen zur Teilnahme an frei zugänglichen Debatten, die bereitwillig offengehaltenen Druckspalten zur Wiedergabe der sehr geehrten gegnerischen Ansicht, die bedachtsam gespendeten (und bedachtsam dosierten) Anerkennungen, die freundlichen Hinweise und Interviews und Zitate und all die übrigen Kunst- und Werbemittel einer bis zur Betäubung organisierten Gesundbeterei, die schon längst »Amen« gesagt hat und deren willige Opfer ihr nur das »Ja« nachzuliefern haben (willig: weil sie sich immer noch um eine Kleinigkeit dümmer stellen als sie sind, und Opfer: weil sie immer noch um eine Kleinigkeit dümmer sind als sie sich stellen). Dazwischen liegen die in jedem Sinne eitlen Erbötigkeiten, von Pietro Nenni bis Pierre Cot, von Thomas Mann bis Jean Paul Sartre, vom englischen Dean bis zum deutschen Pastor (der schon so heißt, als ob er sich selbst abschwören wollte), vom reiselustigen Kulturrat bis hinunter zum beflissenen Tinterl, das an einer deklarierten Propaganda-Monstrosität des kommunistischen »Scala«-Theaters harmlos künstlerischen Gefallen findet, nicht ohne sich vorher mit kokettem Augenaufschlag zu vergewissern, daß dies »doch auch dem Andersgläubigen gestattet« sei.

Wie sehr gerade die Hervorkehrung der Andersgläubigkeit dem kommunistischen Gesprächspartner willkommen ist, ja daß sie ihm erst die rechte Gunst erweist, daß diese scheinbar distanzierenden Eröffnungen (man sei kein Kommunist, müsse aber trotzdem sagen ...) den Propagandawert des trotzdem Gesagten nicht einschränken, sondern steigern –: hätten die unbeirrbar Gesprächswilligen, und zwar die besten unter ihnen, nicht die billigsten, wirklich keine Ahnung davon? Wäre ihnen wirklich niemals aufgefallen, daß im Kontakt mit diesem Partner noch ihre Vorbehalte sich in Zustimmungen verwandeln, noch ihre allerdürftigsten Selbstbehauptungsversuche in Zugeständnisse? Und das geschieht ihnen nicht etwa durch einen »Trick« des Gegners oder durch einen Verstoß gegen das fair play (den Trick hat er ja schon vorher angewendet, um sie zum Mitspielen zu bewegen, und gegen das fair play kann er schon deshalb nicht verstoßen, weil sein Spiel andern Regeln unterliegt und weil er infolgedessen auch andre Begriffe von Fairneß hat, nämlich keine). Sondern es geschieht ihnen durchaus mit Recht und Fug, wobei das Recht zwar abermals von den Rechtsbegriffen des Gegners ausgeht, der Fug jedoch von ihnen: sie haben das entscheidende Zugeständnis bereits gemacht und die entscheidende Zustimmung bereits erteilt, als sie mit dem Gegner auf *seiner* Basis zu diskutieren begannen. Mehr hat er nicht gebraucht und nicht verlangt. Wenn erst einmal *seine* Diskussionsbasis akzeptiert ist, ergibt sich alles weitere von selbst. Und auf einer andern Basis diskutiert er nicht.

Dies und nur dies und sonst nichts, am allerwenigsten die »Ergebnislosigkeit« solcher Gespräche, ist der fundamentale Einwand gegen sie. Übrigens sind sie gar nicht ergebnislos.

Sie werfen durch ihr bloßes Stattfinden dem Kommunismus ein Ergebnis ab, das der andern Seite noch nie zugute gekommen ist. Oder wann wäre auf einer antikommunistischen Veranstaltung schon ein Begrüßungstelegramm von, sagen wir, Ilja Ehrenburg eingelaufen – wie deren so viele auf prokommunistischen Veranstaltungen von, sagen wir, Thomas Mann eingelaufen sind? Wann hätte Dmitrij Schostakowitsch, etwa durch Jean Paul Sartres Mitwirkung an sowjethörigen Weltfriedenskongressen inspiriert, sich zu einem Pax-Christi-Kongreß gemeldet? Aber selbst angenommen, daß dergleichen geschähe: kein halbwegs geschulter Kommunist würde darin etwas andres erblicken als eine weise, wohlberechnete, den kommunistischen Interessen förderliche Maßnahme der Parteiführung, kein halbwegs geschulter Kommunist ließe sich dadurch im mindesten beeinflussen oder beirren, kein halbwegs geschulter Kommunist begänne deshalb unsicher zu werden oder gar nachzudenken, ob an der Demokratie und am Christentum nicht vielleicht doch etwas dran sei, wenn sogar Ehrenburg und Schostakowitsch . . . nein, nichts davon. Dergleichen gibt's nur bei uns. Und wer vermöchte zu sagen, wie viel frucht- und formbare Unsicherheit durch den verantwortungslosen Eingriff unsrer geistigen Instanzen schon in die falsche Richtung abgesichert wurde? Wieviel ehrliche Nachdenklichkeit sich vom verlogenen Präzeptorentum unsrer Begrüßungstelegraphierer und Kongreßteilnehmer schon alle weiteren Gedankengänge abnehmen ließ? Denn wir, gottlob, sind beeinflußbar und beirrbar, und unsre Selbständigkeit geht höchstens noch so weit, daß wir uns auf Zauberformeln und Heilsworte wie »democracy« oder »freedom» nicht verpflichten lassen, geht höchstens noch bis zu der Entdeckung, daß zwischen dem Mißbrauch des Worts in der »freien Welt« und bei den Totalitären nur ein quantitativer Unterschied besteht.

Nun: gelogen wurde zu allen Zeiten und auf allen Seiten. Und wenn es wirklich das ist, worüber wir uns klar zu werden haben, wenn es uns wirklich gar so gut tut, den Unterschied zwischen dem Mißbrauch des Worts in der »freien Welt« und der totalitären, oder (denn darauf läuft's ja wohl hinaus) den Unterschied zwischen Amerika und Rußland als einen lediglich quantitativen festzuhalten – noch besser täte uns die Erkenntnis, daß dieser Unterschied selbst dann, selbst als tatsächlich einziger, immer noch der Unterschied zwischen Leben und Tod wäre; daß die totalitäre Lüge, eben weil sie totalitär ist, auch die Möglichkeit ihrer Wahrnehmung ausschließt, indessen die »freie Welt«, eben weil sie »frei« ist (obschon von Anführungszeichen eingeengt), uns diese Möglichkeit immerhin freistellt. Und das ist nicht wenig. Denn solange wir sagen können, daß bei uns gelogen wird, können wir auch etwas dagegen tun; ja indem wir die Lüge im eigenen Lager wahrnehmen und anprangern, bekämpfen wir sie bereits. Es ist eine groteske Grandezza, die das übersieht oder es für einen quantitativen Unterschied nimmt statt für einen fundamentalen. Sie merkt nicht, oder will nicht merken, daß die Anschuldigung, die sie im eigenen Lager gegen das eigene Lager erhebt, eben dadurch hinfällig wird. Sie merkt nicht, oder will nicht merken, daß sie dem Gegner andernfalls gar kein Gespräch anbieten könnte – dem Gegner, der weder ihr noch sich selbst auch nur die geringste Anschuldigung gegen sein Lager gestattet. Es ist eine Grandezza, die sich nicht etwa ad absurdum *führt,* sondern bereits von der Absurdität *ausgeht.*

Wenig ist getan, wenn in diesem Zusammenhang auf historische Parallelen und Präzedenzen hingewiesen wird. Natürlich (und notwendig) sind für die sowjetische Politik auch Motive und Erwägungen mitbestimmend, die schon für die Zaren maßgebend waren. Natürlich hat der Ost-West-Konflikt nicht erst heute oder gestern begonnen. Natürlich trägt es zum Verständnis östlicher Denkungsart und Handlungsweise bei, die Haßliturgien mittelalterlicher Athosmönche zu kennen oder die Schimpfkanonaden russischer Allslawen im

19. Jahrhundert. Aber mit alledem, so richtig es im einzelnen ist, werden unsre Gesprächsbereiten die Sachlage nicht klären, sondern noch weiter vernebeln. Denn sie übersehen auch hier gerade den wesentlichen Faktor, den neu hinzugekommenen, durch den sich der heutige Ost-West-Konflikt von seinen sämtlichen Vorgängern unterscheidet und neben dem die andern, gleichgebliebenen Faktoren zu bloßen historischen Schnörkeln verkümmern. Sie übersehen den weltweiten ideologischen Ansprung, mit dem der Osten uns Heutigen zuleibe rückt, und die skrupellos weltverschwörerischen Mittel, deren er sich hierbei bedient. Sie übersehen die Millionenparteien etwa des haßerfüllten Athosmönchs Togliatti in Italien oder des schimpfenden Allslawen Thorez in Frankreich. Sie übersehen, daß der Osten längst im Westen ist, daß er sich mitten unter uns in einem noch nie dagewesenen Ausmaß entfaltet und mit einer noch nie dagewesenen Kühnheit die Vergünstigungen eben jener Demokratie beansprucht, der er eingestandenermaßen den Garaus machen will. Sie übersehen, daß sie mit jeder zusätzlichen Vergünstigung, die sie ihm über das legal verankerte Minimum hinaus gewähren, mit jeder Entfaltungsmöglichkeit, zu der sie ihm freiwillig die Hand bieten, also auch mit jedem Gespräch, sich als Handlanger ihres eigenen Untergangs betätigen.

Noch weniger ist damit getan, unser aller Zukunft von einer »Schicht« der Gesprächsbereiten abhängig zu machen, »die sich quer durch alle Fronten und Systeme unserer Zeit zieht«, und auf diese Schicht schon heute zu bauen. Das wäre ein fatal einseitiger Bau, und er würde alsbald über uns zusammenstürzen. Denn damit er Sinn und Aussicht auf Bestand hätte, müßte diese Schicht ja auch auf der andern Seite als Grundlage fungieren oder zumindest in Erscheinung treten können. Wann wäre das je geschehen, und welche Anzeichen bestehen dafür, daß es unter den gegebenen Umständen geschehen kann? Wo gibt es – jetzt einmal abgesehn vom fiktiven Autor des eingangs fingierten Artikels oder von den fiktiven Gegenleistungen der Ehrenburg und Schostakowitsch

– wo gibt es auf der andern Seite den souveränen Nonkonformisten, den draufgängerischen Kämpfer und Rufer, den unsre Seite in Friedrich Heer besitzt? Wo? Wir wissen es nicht. Und käme er hervor, so könnte er das unter den jetzt gegebenen Umständen doch nur auf unsrer Seite tun – und auf der Gegenseite doch nur unter andern Umständen als den jetzt gegebenen. Wir wollen hoffen, daß er existiert. Wir dürfen sogar überzeugt sein davon. Und wir sollten alles tun, um ihn zu stützen und zu ermutigen, damit er die Gesprächssituation in sich aufrechthalte. Ob das dadurch zu erreichen ist, daß wir seine Kerkermeister als gleichwertige Gesprächspartner akzeptieren, scheint allerdings fraglich.

Am wenigsten aber dürfte damit getan sein, sich irgend etwas von der »hohen Aufmerksamkeit« zu versprechen, mit der der Osten nicht nur die »Produktionsziffern und strategischen Pläne«, sondern auch die »Lebenszeichen« des Westens beobachtet. Weiß Gott, das tut er. Und weiß Gott, daß seine »ungemein geschickt lancierte Friedenspropaganda« sich auf direktestem Weg aus dieser Beobachtung der »seelischen und geistigen Verhältnisse im Westen« ergeben hat. Mit ihren Erfolgen. Denn zu den aufschlußreichsten »Symptomen« dieser Verhältnisse gehört ja gerade die unablässig sich offerierende Gesprächsbereitschaft um jeden Preis und auf jeder vom Osten vorgeschriebenen Basis. Und wenn die Sowjets aus der unverhohlenen Friedenssehnsucht des Westens ihr politisches Kapital schlagen, wenn sie »die Macht über das Wort ›Frieden‹ erlangt« haben, so ist das nicht etwa eine Folge westlicher Unterlassungen. Es ist die Folge eben dieses Übereifers, der erst hernach und mit Verblüffung merkt, daß jene die Macht, die er ihnen in die Hand gespielt hat, tatsächlich besitzen; und der auch hernach und dennoch nicht wahrhaben will, daß es tatsächlich »kommunistische« und »westliche« Worte gibt, daß »Friede« im östlichen Wörterbuch tatsächlich anders als im westlichen definiert wird, nämlich als kampfloser Sieg des Kommunismus (indessen der geringste Versuch, sich dem Sieg des Kommunismus zu widersetzen, im Großen Le Russe unter »Kriegshetze« nachzuschlagen ist, vgl. auch »Reaktion«, »Wallstreet«, »Imperialismus, amerikanischer«). Aber da die weltgeschichtlichen Entscheidungen nun einmal »im Ringen um das Wort, um die Sprache fallen«, dürfte einer, der daran glaubt, sich's nicht verdrießen lassen, in seiner Ausdrucksweise künftighin auf peinlichste Sprachpräzision bedacht zu sein und statt des bloßen »Friedens« (welcher ein kommunistisches Wort geworden ist) zum Beispiel »Friede in Freiheit« zu sagen, oder »Friede ohne Diktatur«, oder »Friede mit ungehinderter Religionsausübung«. Das ist zwar ein bißchen umständlich, aber im Vergleich zu den großen Dingen, um die es da geht, wirklich nur eine Kleinigkeit. Sie würde freilich genügen, um den kommunistischen Gesprächspartner augenblicklich (und mit der Begründung, daß er mit Kriegshetzern nicht diskutieren kann) zum Abbruch des Gesprächs zu veranlassen. Und das darf doch um keinen Preis geschehen.

Denn Demokratie ist Diskussion. Wer hätte das besser gewußt als der alte Masaryk, der wenigstens nicht mehr erleben mußte, wie die von ihm ins Staatsleben gerufene Demokratie an der Diskussion mit dem Totalitarismus gleich zweimal zugrunde ging: weil sie (um Friedrich Heers Zitat aus seinem »Gespräch der Feinde« heranzuziehen) dem Gegner so viel Lebensraum ausgespart hatte, daß für sie selbst keiner mehr übrig blieb. Demokratie als »Diskussion« zu verstehen, sichert sie nämlich nur nach innen, nicht gegen außen. Demokratie – und der polemischen Ordnung halber darf auch hier ein Zitat erfolgen – »ist eine Übereinkunft zwischen zivilisierten Menschen, die entschlossen sind, bestimmte Regeln einzuhalten . . . Im Fußball ist es verboten, den Ball in die Hand zu nehmen. Im Rugby ist es erlaubt. Die Demokratie muß sich darüber klarwerden, daß sie mit Fußballregeln gegen ein Rugbyteam spielt. Sie muß aufhören zu spielen.« (Friedrich Torberg: »Die zweite Begegnung«)

Der Mensch aber, welcher zu enden fürchtet, wenn das

Gespräch erlischt, sei guten Mutes. Das Gespräch erlischt nicht. Was erlischt, ist nur der Kontakt mit jenen, die ihm sowieso niemals Gesprächspartner waren; denen es sowieso nicht darauf ankam, ihm zuzuhören, sondern nur darauf, ihn auszuhorchen; die von seinen Versuchungen durch »Bestialismus und Angelismus« nichts wissen, weil ihnen Tier und Engel gleich gelten; weil all derlei für sie zum Gerümpel eines Aberglaubens gehört, über dessen immer noch vorhandene Gemeinde sie sich bestenfalls ins links geballte Fäustchen lachen; und weil die »sakramentale und höchst reale Einheit«, die uns alle, Mit-Glieder welcher Kirche auch immer, über alle Gegensätze hinweg verbindet – weil die Einheit des Menschlichen für sie nicht besteht. Für sie wird Einheit erst bestehen, wenn sich ihr Glaube erfüllt hat ganz und gar, und wenn mit der Wiederkunft Marxis das Jahr 1 der Menschheitsgeschichte zu schreiben ist. Erst dann werden sie anfangen, sich nach ihrem eigenen Wort und Begriff für Menschen zu halten. Bis dahin kann es ein Gespräch, an dessen Erlöschen der Mensch enden würde, mit ihnen gar nicht geben.

Zwischen den andern jedoch, die so vermessen sind, sich schon heute als Menschen zu fühlen; so demütig, dieses ihr Menschentum als Gnade und Verpflichtung zu empfinden; und so heißen Herzens, daß sie sich vom Wort der Unmenschen weder blöd noch glücklich machen lassen –: zwischen den andern geht das Gespräch weiter.

Es hat soeben eines stattgefunden.

»Gegen die Schieläugigen!«
Über Manès Sperbers politische Essays

»Zur täglichen Weltgeschichte«

(1968)

Der Theaterjargon kennt den Begriff des »Gastspiels auf Engagement«. Es sollte ihn auch in der Literatur geben, zumindest in dem einen ihrer Randbezirke, der ans Politische grenzt und wo es infolgedessen fast täglich zu Grenzüberschreitungen kommt, besonders gerne von Seiten engagierter Schriftsteller. Wie man weiß, steht ihr Engagement durchaus im Einklang mit den herrschenden Mächten, allerdings mit jenen, die anderswo herrschen als dort, wo diese sich engagieren. Nun ist es den Engagierten gewiß nicht übelzunehmen, wenn sie ihr flammendes »J'accuse«, das allemal auf zahlreiche Unterschriften und jubelnden Beifall rechnen darf, immer nur dem eigenen Establishment und seinen Verbündeten entgegenschleudern. Man würde bloß wünschen, daß sie alle, die Schleuderer, die Unterschreiber und die Beifallsjubler, sich zuvor über den Gegenstand ihrer Empörung – sei's Vietnam, sei's Persien, sei's Mozambique oder was halt sonst in der Nähe liegt – annähernd so genau informiert hätten, wie der in einschlägigen Diskussionen unermüdlich herbeistrapazierte Zola über den Gegenstand *seines* »J'accuse« informiert war. Aber daran denken sie nicht. Solche Mühe machen sie sich nicht. Sie möchten die Redlichkeit ihrer Impulse nicht durch Erforschung von Hintergründen in Gefahr bringen und lassen sich's darum am vordergründigen Anschein genügen. Sie sind gar nicht wirklich engagiert. Sie gastieren auf Engagement.

Manès Sperber gehört zu den wenigen Schriftstellern, die ihr Engagement wirklich als Verpflichtung auffassen und betätigen, als geistige und sittliche Verpflichtung, nicht als Applaus-Provokation wie die auf Engagement gastierenden Gesinnungstenöre. Auch ihnen eignet politische Denkfähigkeit, kein Zweifel; aber sie reduzieren sie doch wieder auf ein tenorales Maß, indem sie an einem willkürlich gewählten Punkt zu denken beginnen und an einem willkürlich gewählten Punkt zu denken aufhören. Sperber hingegen läßt seinem bohrenden Intellekt nicht eher Ruhe, als bis er vom äußerst erreichbaren Ausgangspunkt zum äußerst erreichbaren Endpunkt gelangt ist. In seinem mehr als sechzigjährigen Dasein hat es noch keine herrschende Macht gegeben, der er nach dem Munde geredet hätte, keine, mit der er nicht früher oder später in Konflikt geraten wäre. Das darf indessen nicht den leisesten Gedanken an einen streitsüchtigen Querulanten wecken. Im Gegenteil, was man an diesem dritten Essayband noch mehr als an den beiden vorangegangenen (»Zur Analyse der Tyrannis« und »Die Achillesferse«) bewundern muß, ist die Souveränität, mit der Sperber seine Konflikte austrägt. Sie liegt zum Teil an der Weltläufigkeit dieses in Paris lebenden, deutsch und französisch schreibenden Altösterreichers jüdischer Prägung; zum Teil an seiner individualpsychologisch geschulten Menschenkenntnis (er hat während seiner Wiener Jahre ein wichtiges Buch über seinen Lehrmeister Alfred Adler veröffentlicht); und zum Teil wohl auch daran, daß es ihm geglückt ist, sich ohne Krampf und Eklat von seiner Bindung an den Kommunismus zu lösen (worüber seine Romantrilogie »Wie eine Träne im Ozean« bedeutsamen Aufschluß gibt).

Das alles mag zusammengewirkt haben, um aus Manès Sperber einen gelassenen, beinahe weisen Registrator jener Ereignisse zu machen, die schon während ihres Ablaufs (oder kurz danach) als weltgeschichtliches Material transparent werden. Und es ist gewiß kein Zufall, daß er sich im Vorwort – bewußt oder unbewußt – einem andern Weisen unserer Zeit annähert, dem 1933 im böhmischen Exil von Nazihand ermordeten Philosophen Theodor Lessing aus Hannover, dessen Hauptwerk den Titel »Geschichte als Sinngebung des

Sinnlosen« trug. »Jede Epoche«, schreibt Sperber, »erfindet für ihren Gebrauch eine Vergangenheit, die ihrer Vorstellung von der Zukunft am gemäßesten ist. Die Menschheitsgeschichte bringt nur jenen eine Botschaft, die sie erwarten und im voraus wissen, was sie enthält . . . Man sucht das Schloß, für das man den Schlüssel in der Tasche hat.«

Auch diese Skepsis, auch diese immer wache Selbstkritik gehört zu Sperbers Statur. Da er weise ist, hütet er sich vor dem Irrtum, den Stein der Weisen entdeckt zu haben. Aber ein paar kleine abgesplitterte Steinchen trägt er ganz offenkundig mit sich herum:

»Die Propheten beriefen sich auf Gott. Doch waren sie in der Tat die ersten Intellektuellen, die, nur ihrem eigenen Gewissen treu, in die Politik eingriffen. Sie waren gekommen, ihre Sendung zu erfüllen; sie lehnten es ab, irgendeinem Herrn oder seinem Interesse zu dienen.« Überhaupt weiß er auf seltsam überzeugende Art in die Geschichte rückwärtszugreifen und oft verblüffende Parallelen hervorzuholen. Muß man, wenn er das Scheitern Robespierres und St. Justs als den »Sieg der besiegten Revolution« deutet, »der seit 170 Jahren andauert«, nicht an den ungarischen Volksaufstand von 1956 denken? Und nicht an eine hautnahe deutsche Gegenwart, wenn er von einem »neurotischen Protest gegen Armut, gegen erdrückende väterliche Gewalt . . . gegen tyrannische Verwöhnung oder demütigende Vernachlässigung« spricht? Er meint eine Romanfigur von Joseph Roth, den »stummen Propheten« Kargan, der »in der Rebellion sein Heil« sucht, er meint den Unterschied zwischen einem Revolutionär und einem Rebellen – und hat mit eins die keineswegs stummen Propheten erwischt, die heutzutage Schlagzeilen machen: »Die Rebellion kann sich in verschiedenen Akten, auch kriminellen oder sexuellen oder politischen äußern. *Ein Rebell stößt ebenso leicht zu einer revolutionären Bewegung wie zu einer konterrevolutionären.*«

Dies sind, wenn schon nicht wahllos, so doch unsystematisch herausgegriffene Zitate aus den Essays dieses Buchs, die von Djilas und Mihajlow handeln, von falschen Alternativen und unbewältigter Vergangenheit, von de Gaulle und von der chinesischen »Wallfahrt nach Utopia« des rührend gutgläubigen Altkommunisten Jules Roy, von der 1963 durch das Franco-Regime verübten Hinrichtung Grimaus, gegen die Sperber leidenschaftlich protestiert, wohl wissend, »daß Grimau, wäre er zur Macht gekommen ... genauso gehandelt hätte wie ein Rakosi, ein Gerö, ein Gottwald«. Aber: »Genau wie die Mörder Imre Nagys spekuliert der Caudillo auf die Pseudodialektik der totalitären Logik, die die von ihr Verblendeten immer wieder in befehlsgemäß wutschnaubende Trottel verwandelt.«

Sperber schnaubt nicht. Er kann zornig werden, aber niemals wütend. Er ist bei aller blutvollen Anteilnahme kein Sanguiniker, bei allem Temperament kein Choleriker. Er ist – im schönsten Sinn dieser von Flachköpfen zum Schimpfwort verflachten Bezeichnung – »ein kalter Krieger«, eigener Angabe zufolge »auch deshalb, weil ich den heißen Krieg als Kind kennengelernt habe«. Er ist ein engagierter Schriftsteller, engagiert »gegen die Schieläugigen aller Religionen, Nationen und Parteien ... gegen die wirklichen oder vorgeblichen Mehrheiten ... gegen die diktatorischen Lügen und gegen die ideologischen Verfälschungen – ohne irgendeine auszunehmen.«

Dies ist das wahre, das wahrhaftige Engagement. Das einzige, das vor der Weltgeschichte – und nicht nur vor der täglichen – Aussicht auf Bestand hat. Alles andere sind Gastspiele.

Tragisches Ende eines einstmals Naiven

(1970)

»Sie sind zynisch!« – »Nein, ich bin 79.«

»Einem Löwen sagt man nicht, daß er aus dem Mund riecht.«

Après-Swimmingpool-Dialog auf einer Luxusjacht: »Deine Frau soll wenigstens den Bikini ausziehen, wenn Monsignore kommt.« – »Ich dachte, wenigstens den Bikini sollte sie anbehalten.«

Was ist das alles? Das alles ist aus einem politischen Theaterstück, das sich im Untertitel ausdrücklich als »Tragödie« bezeichnet. Und was bekommt man da zum Beispiel an politischen Einsichten zu hören? Zum Beispiel dieses:

»Wernher von Braun ist die Rache Hitlers an Amerika.«

»Rußland hat keine Neger.«

Oder die ernsthaft entrüstete Bemerkung einer aufgeplusterten Society-Hyäne und Millionärsmutter (im Stück fachkennerisch »Mom« geheißen): »Wie kann etwas korrupt sein, was gesetzlich ist?«

Oder die angebliche Meinung des Papstes zu der Frage, ob der Kinsey-Report auf den Index gesetzt werden soll: das wäre zwecklos, denn die Leute, die den Index lesen, lesen den Kinsey-Report nicht, die Leser des Kinsey-Reports bekommen hingegen den Index nicht zu Gesicht ...

Genug der Perlen und zur Sache (obwohl sie das eigentlich schon ist).

Nach dem »Stellvertreter« – der in weiten Kreisen die Vermutung zurückließ, daß nicht Hitler den Massenmord an den Juden verschuldet hätte, sondern Papst Pius XII. – mochte man dem jungen Autor bei aller Naivität doch eine gute Absicht und redliche Motive zutrauen.

Nach den »Soldaten« – denen ähnlich weite Kreise zu entnehmen glaubten, daß der politische Mord weniger von den Diktaturen als vielmehr von Churchill geübt worden sei – war das schon etwas schwerer.

Und nunmehr belehrt uns Rolf Hochhuth, daß die Bedrohung, die uns an der Gurgel sitzt, nicht vom Osten herrührt, sondern vom Westen.

Die fünfaktige Tragödie »Guerillas« wurde in Wien am Volkstheater aufgeführt, Regie: Gustav Manker, Bühnenbild: Heinz Ludwig, Bilder: 16, von denen in der Aufführung der Berliner Volksbühne nur insgesamt 4 zu sehen waren. In Stuttgart sollen es deren etwas mehr gewesen sein. Es scheint sich also um eine Art Wiener Einrichtung der Stuttgarter Fassung zu handeln, die jedenfalls den Beweis lieferte, daß sich aus dem von Hochhuth akkumulierten Material mehrere Stücke machen lassen, und alle sind gleich schlecht.

»Schlecht« ist gar kein Ausdruck. Auch »Stück« trifft nicht ganz zu. Es handelt sich um eine primitive Aneinanderreihung ebenso langweiliger wie läppischer Szenen, teils Kolportage, teils Leitartikel mit verteilten Absätzen (wobei anzumerken ist, daß kein Provinzblatt solche Leitartikel drucken würde, nicht einmal in Amerika).

Inhalt und Tendenz dürften allmählich als bekannt vorausgesetzt werden, sogar als sattsam bekannt: Hochhuth plädiert für eine amerikanische »Revolution von oben«, die allein imstande wäre, dieses durch und durch korrupte, brutale, auf nichts als Mord und Ausbeutung bedachte Amerika, diese Pestbeule unseres Planeten, vielleicht doch noch in ein brauchbares Sozialgebilde zu verwandeln.

Zum edlen Zweck verschwört sich eine Gruppe edler Verschwörer, die auf höchsten politischen und militärischen Staatsposten stehen und die auch ihrerseits, wann immer nötig, morden und meucheln, was jedoch an ihrem Edelmut nichts ändert. Da sie sich leider ein wenig übernehmen und gleich auch Südamerika mit aufarbeiten wollen, wird der schöne Plan entdeckt, und da das amerikanische Mordregime zu allem bereit ist, nur grad zum Selbstmord nicht, wird das

Haupt der Verschwörung rücksichtslos zur Strecke gebracht und auf offener Bühne gekillt.

Diese Lichtgestalt eines Senators, in dem sich von Roosevelt bis Kennedy alle Leit- und Abziehbilder der Fortschrittslegende spiegeln, gab am Volkstheater der vortreffliche Schauspieler Kurt Meisel eigens als Gast und fügte damit den vielen Rätseln des Abends ein weiteres hinzu. Vielleicht wollte er vor Antritt seines schweren Amtes in der Intendanz des Münchner Residenztheaters besonders intensiven Abschied von den Niederungen der Gegenwartsdramatik nehmen; man möchte es in seinem und Münchens Interesse hoffen. Gleichviel – er ist ein klar artikulierender Mime, und die große Weltbeglückungs-Arie im III. Akt, die er mit fulminantem Pathos über die Rampe schmetterte, trug ihm verdienten Szenenapplaus ein.

Dacapo-Rufe erübrigten sich, denn ähnliche Parolen wurden auch von anderen Seiten immer wieder vorgebracht. Und das Ensemble umfaßte gut 25 Darsteller, von denen nur 5 oder 6 als schwarze Schurken aufzutreten hatten. (Der mitwirkende Mohr war weiß.)

Den Herren Trimbur, Strobel, Werner und Rüdgers sowie den Damen Epp und Buchegger gelang das schier unglaubliche Kunststück, ihren Text so zu sprechen, daß man ihn stellenweise mit einer Rolle verwechseln konnte.

Revolution als l'art pour l'art

(1967)

Der »Spiegel« fragte deutsche und österreichische Intellektuelle: Was halten Sie von dieser Alternative, die Hans Magnus Enzensberger in »Times Literary Supplement« formuliert hat: ». . . Tatsächlich sind wir heute nicht dem Kommunismus konfrontiert, sondern der Revolution. Das politische System in der Bundesrepublik läßt sich nicht mehr reparieren. Wir können ihm zustimmen, oder wir müssen es durch ein neues System ersetzen. Tertium non dabitur.«

Tertium sehr wohl dabitur, besonders in der Politik, die ja schlechterdings die Kunst des Tertium ist. Enzensbergers anmutige Formulierungen – ich würde am liebsten »anmuthig« schreiben, so rührend altmodisch sind sie – treffen auch diesmal wieder haarscharf am Schwarzen vorbei und ins Blaue hinein. Was heißt denn das, daß wir »nicht dem Kommunismus konfrontiert« sind, »sondern der Revolution«? Ins Klinische übertragen, ergäbe das etwa die Diagnose: »Wir haben es nicht mit einer Epidemie zu tun, sondern mit ihrem Ausbruch.« Und warum bewilligt uns Enzensberger keine Reparaturen? Warum will er die schadhaften Stellen unseres demokratischen Gebäudes gleich »durch ein neues System ersetzen« (das doch keinesfalls neu wäre)? Dieser feinsinnige Ästhet des Politischen scheint die Revolution als l'art pour l'art betreiben zu wollen – ein Verdacht, der mir auch bei manchen seiner Fortschrittsgefährten bisweilen hochkommt.

Das Exempel auf der Probe

(1966)

Angesagte Revolutionen finden nicht statt. Nichtangesagte auch nicht. Das wäre, in großen Zügen, die Moral des neuen Stückes von Günter Grass.

Ersetzt man »Revolution« durch »Sensation«, dann wäre auch der Gesamteindruck der Premiere formuliert. Sie hatte schon seit Wochen und Monaten ihren sensationsumwitterten Schatten vorausgeworfen, und dieser Schatten fiel vor allem aufs Gemüt der feschen Fortschrittsintellektuellen. Einer der vermeintlich Ihren, ein Mitglied der »Gruppe 47«, ein für die deutsche Nachkriegsgeneration repräsentativer Autor (und zweifellos der begabteste von allen), unterfing sich, gegen das heiligste ihrer Tabus anzurennen, gegen Bertolt Brecht. Und noch dazu hatte er sich erst bei den letzten Bundestagswahlen für die SPD stark gemacht, so daß man ihn nicht einmal als »Faschisten« oder »Reaktionär« diffamieren konnte. Nein, ein ehrlicher demokratischer Sozialist, ein sauber und unverhohlen linksstehender Mann bezog hier Stellung gegen den ideologischen Schwindel einer schmierigen, verhohlenen Pseudo-Linken. Das war's.

Anlaß dazu bot ihm jener historische 17. Juni 1953, als die Arbeiter Ost-Berlins und der Sowjetzone gegen das Zwangsregime Ulbrichts aufstanden, als ihr Aufstand niedergeschlagen wurde und als das Regime sich bald darauf mit einer von Bertolt Brecht ihm übermittelten (und niemals dementierten) Ergebenheitsbotschaft brüsten durfte. Wie das zustande gekommen und was dem vorangegangen war, versucht Grass in seinem Stück darzustellen. Er zeigt den »Chef« genannten Dramatiker und Regisseur auf der Probe zu einer aktualisierenden Inszenierung von Shakespeares »Coriolan«; er zeigt die Vertreter der aufständischen Arbeiterschaft, die mit der Bitte um Hilfe, um eine Solidaritätserklärung, um ein Manifest von der Hand des allseits Hochangesehenen in die Probe einbrechen; er zeigt, wie den revolutionären Paradedichter von alledem nichts interessiert als die etwa möglichen Nutzeffekte für seine Inszenierung, wie er die Bitten der Aufständischen zynisch zerredet und abschlägt, weil er an den Erfolg des Aufstands nicht glauben kann – und wie er, der Wissende und Geschulte, damit sogar recht behält gegen die Unwissenden und Ungeschulten, von denen er zum Schluß, in trostloser Einsamkeit nach der zusammengebrochenen Erhebung, mit Brechts eigenen Worten Abschied nimmt: »Ihr Unwissenden! Schuldbewußt klag' ich euch an.«

Dies alles zeigt Grass und zeigt es mit Mitteln, die in geistiger und politischer Hinsicht ebenso kompetent sind wie in Hinsicht auf Intelligenz und Gesinnung. Nur in einer einzigen Hinsicht – und just in jener, auf die das Theater nur schwer verzichten kann – sind sie es nicht so sehr: in theatralischer. »Die Plebejer proben den Aufstand«, im Untertitel »ein deutsches Trauerspiel« genannt, ist, um es kurz und klar zu sagen, kein gutes Theaterstück. Es ist natürlich viel besser als alles, was sich in der letzten Zeit an semi-dokumentarischem Wirklichkeitsabfall auf die Bühne verirrt hat, und es ist all diesen kläglichen Protokollschmarotzern schon um den genialen Grundeinfall voraus. Aber gerade dieser Genialität wird die Durchführung nicht gerecht. Und das hätte man sich gerade in diesem Fall brennend gewünscht.

Immerhin gibt es Vorzüge, die Mängel aufzubessern: Etwa die Szene, in der ein irrer Wutausbruch eines getäuschten Arbeiters aufs Tonband aufgenommen und gleich danach entseelt zurückgespielt wird; oder wenn die ins Handgemenge geratenen Arbeiter und Komparsen, die Proleten und Plebejer zur Laokoon-Gruppe erstarren; oder wenn der zuvor davongejagte Parteiphrasendrescher als Sieger zurückkehrt und dem »Chef« die Unterschrift abnötigt, die den Aufständischen verweigert worden war. Auch scharf gezeichnete Charaktere gibt es, auch Vorgänge von latenter innerer Spannung. Nur die äußere, deren das Theater doch gleichermaßen bedarf, kommt zu kurz. »Der Aufstand tritt auf der Stelle«, heißt es am Schluß des zweiten Akts. Und das tut folgerichtig auch das Stück, in dem die Plebejer den Aufstand proben – und das, all dessen ungeachtet, die Probe aufs Exempel liefert, wie sich der pseudorevolutionäre Geist im Zusammenstoß mit der rebellischen Wirklichkeit benimmt. Er benimmt sich schlecht. Oder, mit den Worten der leicht durchschaubaren Gattin des »Chefs« (von ihm als »Flintenweib« und »Barrikadenduse« apostrophiert): »Was bist du doch für ein mieser Ästhet!«

Möglich, daß ein anderer Regisseur aus alledem heftigeren dramatischen Zündstoff herausholen kann, als Hansjörg Utzerath es vermochte. Möglich auch, daß ein anderer Darsteller für die schillernde »Chef«-Gestalt provokantere Konturen finden wird, als es der noblen, von der Melancholie des Scheiterns a priori überlagerten Gestaltung Rolf Hennigers entsprochen hatte. Daß das schon zitierte Flintenweib der Gattin Volumnia mehr hergibt, als Gisela Mattishent nahm, ist so gut wie sicher. Exemplarische und in ihrer Vollgültigkeit kaum zu überbietende Figuren: der verbissene Regieassistent Stefan Wiggers, der blutvoll rebellische Maurer Rolf Schults, der von Klischees nur so dampfende Parteihengst Martin Hirthes. Auch viele andere standen voll auf dem Posten.

Es war, wenn schon kein großer, so doch ein wichtiger Abend, der dem Schillertheater Ehre gemacht hat. Der erwartete oder gar angekündigte Skandal blieb aus und wäre wohl auch ohne verstärktes Polizeiaufgebot ausgeblieben. Ein paar brechtomanische Rabauken, die das Stück partout auf ein »Anti-Brecht-Stück« reduzieren wollten, kamen mit ihren Schmäh- und Buhrufen nicht durch und bewirkten lediglich, daß der Schlußbeifall demonstratives Ausmaß erreichte.

Übersetzung gesucht

(1968)

Die englische Sprache – sowohl des Königs Englisch wie Onkel Samuels – verfügt über Ausdrücke von einer Prägnanz und Inhaltsfülle, die unsereinen vor Neid erbleichen lassen. Wenn man nur sieht, was die mit dem Wort »hell« zustande bringen . . . es könnte einen der Teufel holen, ohne daß man von ihm etwas Gleichwertiges geliefert bekäme. Auch ist »assignment« mehr als die beintrockene »Zuweisung« oder »(jur.) Übertragung«, die uns der enzyklopädische Muret-Sanders anbietet, und »background« mehr als ein bloßer Hintergrund. Ganz zu schweigen vom »approach«, dem die statische »Einstellung« knapp bis zur Hüfte reicht und dem am ehesten mit »methodologischer Annäherung« beizukommen wäre, aber wer möchte das schon.

Soviel zur Einleitung. Nein, noch eine Kleinigkeit dazu.

Diesmal aus dem Französischen, ein köstlich Sprüchlein, das von Wilhelm Busch sein könnte, wenn er Franzose gewesen wäre: »Cet animal est très méchant – Quand on l'attaque, il se défend.« Zu deutsch, à la manière de Busch: »Dies Tier ist äußerst widerlich – Wenn man ihm wehtut, wehrt es sich.«

Und damit sind wir beim Thema, nämlich bei den randalierenden Studenten, welche uns wehtun, nämlich bei ihren immer zielstrebigeren Aktionen zur Vernichtung alles dessen, was ihnen als »Establishment« gilt und uns als Demokratie. Diese Demokratie, die ihnen ohnehin widerlich ist, attakkieren sie, und wenn die Demokratie sich zur Wehr setzt, liefert sie damit nur einen neuen Beweis ihrer Widerlichkeit, nur einen neuen Beweis dafür, daß sie mit Recht attackiert wird.

Man hatte die Radaustudenten schon lange im Verdacht, daß es ihnen eben darauf und auf nichts andres ankäme. Mochte man die Parallelen zu einer unseligen, radau- und wutschaumgeborenen Vergangenheit für zutreffend halten oder nicht: aus dem Nebeldunst mißverstandener Toleranz trat immer deutlicher die Einfahrt in jene Sackgasse hervor, die sich den selbstmörderischen Komponenten der Demokratie so gerne öffnet und an deren Ende irgendeine Junta oder eine ähnlich autoritäre Körperschaft nach dem Rechten zu sehen pflegt, rücksichtslos und unbekümmert um die demokratischen Spielregeln, an die wir armseligen Liberalen uns selbst dann noch gebunden fühlen, wenn die andre Seite sich schon längst und hämisch über sie hinweggesetzt hat.

Hämisch, aber nicht ausdrücklich. Die Ausdrücklichkeit blieb unseren randalierenden Studenten vorbehalten, denen es nach eigenem, öffentlich verlautbartem Bekenntnis gar nicht mehr »um das ursprüngliche Ziel einer Hochschulreform« geht. Vielmehr – so heißt es in der zitierten Verlautbarung des SDS – geht es ihnen darum, »den Gegner so lange zu reizen, bis er seine pseudodemokratische Maske fallen läßt und seine faschistische Brutalität zeigt«. Gewissermaßen: Und brauchst du nicht willig Gewalt, dann zwing' ich dich dazu. Oder auch: Und willst du nicht faschistisch sein, dann schlag ich dir den Schädel ein. Denn dann mußt du dich wehren, dann wirst du brutal, dann bist du endlich so, wie ich schon die ganze Zeit gesagt habe, daß du es bist.

Genau dafür besitzt die englische Sprache einen unnachahmlich treffsicheren Ausdruck: »self-fulfilling prophecy«. Eine Prophezeiung, die selbst für ihre Erfüllung sorgt. Das ist freilich nur eine sinngemäße Wiedergabe. Als Übersetzung ist es unbrauchbar. Es schleppt. Es holpert. Es haut nicht hin (um eine einschlägige Phrase zu gebrauchen, die hier zu neuer Bildhaftigkeit erwacht).

Gesucht: eine präzise Übersetzung von »self-fulfilling prophecy«. Sie könnte auch aus Kreisen der Studenten kommen. Die sind doch, wenn wir nicht irren, Akademiker. Das müßte sie doch interessieren. Das müßte sie doch reizen. Vielleicht so lange, bis sie ihre pseudodemokratische Maske fallen lassen und . . . aber das tun sie ja sowieso.

Gefährdet Amerika den Frieden?

*(1952)**

Gefährdet Amerika den Frieden? – Ich habe mir darüber eine Meinung gebildet – Sie zweifellos auch. Nun: seien wir uns unserer Meinungen darüber getrost unsicher. Wir dürfen es sein, eben weil wir sie uns selbst gebildet haben, weil wir sie nicht aufdiktiert bekommen. Wir dürfen uns ruhig fragen, was wir unter »Gefährdung«, ja was wir unter »Frieden« uns eigentlich vorstellen sollen. Heißt »Friede« wirklich nichts anderes als »kein Krieg«? Und selbst, wenn wir uns mit dieser dürftigsten aller Definitionen bescheiden: haben wir diesen Frieden? Und hätten wir ihn sogar: wäre solcher Friede es wert, um jeden Preis aufrechterhalten zu werden?

Denn darum geht es doch wohl: um die Aufrechterhaltung

* Seither hat sich nichts geändert.

des Friedens um jeden Preis. Das ist es doch, was jene Unterschriftensammler für »Friedensresolutionen« meinen, ohne es zu sagen. Und indem sie »Friede« sagen, ohne es zu meinen, wissen sie sehr wohl, daß niemand in aller Welt auf die Frage: »Sind Sie für den Frieden?« mit Nein würde antworten wollen und niemand auf die Frage: »Sind Sie für den Krieg?« mit Ja. Die Spekulation ist einfach genug. Eine Spekulation auf die Einfalt ist sie. Denn die Fragesteller erwecken ja nicht nur den Anschein, als seien sie für den Frieden, und wenn's nach ihnen ginge, dann gäbe es ihn, sondern als brauchte es nur das Ja der Befragten, damit er gesichert wäre. Auf diese Weise gerät dann einer, der nicht einfach Ja sagt, sondern die Gegenfrage stellt, was für ein Friede da eigentlich gesichert werden soll, unweigerlich in die Rolle des Störenfrieds, und wenn er gar noch Vorbeugungsmaßnahmen trifft, weil er sich in einem solcherart gesicherten Frieden nicht sicher fühlt, so ist es er, der den Frieden gefährdet.

Dies scheint die Rolle zu sein, die den Vereinigten Staaten von Amerika in der öffentlichen Meinung Europas vielfach zugewiesen wird. In Wahrheit gefährdet Amerika den Frieden ungefähr so, wie der Arzt das Wohlbefinden des Patienten gefährdet, wenn er ihm, der zum Beispiel magenkrank ist, den Genuß bestimmter Speisen verbietet – natürlich solcher, die der Patient besonders gerne genießt, geradezu für sein Leben gern: zu dessen Erhaltung er sich doch den Arzt bestellt hat. Es ist ein rechtes Dilemma. Der Patient Europa möchte für sein Leben gern den Frieden genießen, und merkt nicht oder will nicht merken, daß das, was ihm unter der gleichen Bezeichnung aus der östlichen Garküche gereicht wird, sich im Handumdrehn – im Umdrehn der Hand, die es ihm darreicht – ins mörderische Gegenteil verkehren kann. Denn jene Friedenspartisanen, jene Appellanten und Resolutionseinbringer, die so gerne im Frieden fischen – sie hielten ja, selbst und gerade wenn man ihnen Glauben schenkt, nicht nur den Frieden in Händen, sondern auch den Krieg. Und die Willfährigkeit, einen Frieden nach ihrer Definition zu akzeptieren, dürfte keine Grenzen kennen, müßte sich immer wieder und immer weiter der Definition anpassen, die den Definierern gerade paßt – weil sie ja in jeder Abweichung von ihrer Definition, als von der akzeptierten Definition des Friedens, eine Kriegsdrohung erblicken würden, nicht anders, als sie in jeder Abweichung von ihrer Parteilinie eine reaktionäre Verschwörung sehen. Muß dem Europäer, der mit den Wegen der Diktatur, mit ihren inneren und äußeren Gesetzmäßigkeiten vertraut ist – muß ihm wirklich erst gesagt werden, daß es zu einer solchen Abweichung früher oder später zwangsläufig käme?

Was der Amerikaner tut, ist im Grunde nichts anderes als die Vorwegnahme dieser Zwangsläufigkeit. Er tut das im vollen Bewußtsein, daß darin ein Risiko beschlossen liegt, aber zugleich mit dem Risiko auch dessen Kehrseite: die Chance. Die einzige Chance, der Zwangsläufigkeit zu entgehen, die einzige Möglichkeit, etwas andernfalls Unabwendbares abzuwenden. Hier, wie in allen entscheidenden Alternativen unserer Tage, steht die lebendige Chance gegen die tödliche Gewißheit. Wie in der fundamentalen Auseinandersetzung zwischen Demokratie und Diktatur die Demokratie keineswegs für vollkommene Freiheit steht, sondern für die Möglichkeit der Freiheit gegen ihre vollkommene Unmöglichkeit, so steht in der Entscheidung zwischen Widerstandswillen und Widerstandsunwillen der Widerstand für die Aussicht auf den Frieden gegen seine vollkommene Aussichtslosigkeit.

An diesem Punkt wird es allerdings unerläßlich, sich einmal eindeutig darüber klar zu werden, wodurch sich die amerikanische Konzeption des Friedens, oder wenn man will, die westliche, die abendländische, die demokratische Konzeption von der östlich-diktatorialen unterscheidet. Keine unmittelbare Bedrohung an Leib und Leben, keine Sorge um das tägliche Brot und den täglichen Schlaf – wenn das alles wäre, wonach unser Trachten stünde, dann täten wir am besten, als lebenslängliche Zuchthäusler auf die Welt zu kommen. Denn das alles, die Sicherstellung der physischen Existenz, den leiblichen Schutz, die Nahrung und die Unterkunft bekommt man in jedem Gefängnis garantiert. Was man im Gefängnis garantiert *nicht* bekommt, ist die Freiheit. Und darauf läuft der Unterschied hinaus. Ein primitiver Unterschied, wie ich gern zugeben will – aber inmitten der verworrenen Begriffe und Tatbestände, die uns umgeben, tut es manchmal ganz gut und manchmal sogar not, den Unterschied auf sein Primitivum zurückzuführen. Das also ist er. Das ist die Vorstellung von Frieden, die den sowjetischen UNO-Delegierten Wischinsky eine ganze Nacht gekostet hat, weil er so sehr darüber lachen mußte, daß man sich solche Vorstellungen vom Frieden macht. *Seine* Vorstellungen sind freilich anders geartet, ganz anders. Und der Begriff der Freiheit kann in ihnen schon deshalb nicht aufscheinen, weil er ja auch unter Freiheit etwas anderes versteht als wir – nämlich die Freiheit zur Versklavung all derer, die seinen Vorstellungen zu widerstehen versuchen.

Adenauer und die Intellektuellen

(1957)

Beharrlichkeit ist ein schöner Zug. Sie zeugt nicht unbedingt von Intelligenz, aber sie zeugt von Charakter. Und so gehört die Beharrlichkeit, mit der die bundesdeutschen Intellektuellen »gegen Adenauer« sind, zu ihren besten Eigenschaften (denn daß »Intellekt« nicht unbedingt »Intelligenz« bedeutet, hat sich ja schon herumgesprochen).

Die bundesdeutschen Intellektuellen sind heute, da er zum drittenmal gewählt wurde, genau so heftig gegen Adenauer wie nach seiner zweiten und nach seiner ersten Wahl. Sie sind es sogar um einiges heftiger, und zwar entspricht ihr Zuwachs an Heftigkeit ungefähr seinem Zuwachs an Stimmen. Anders gesagt: Je mehr vom »Volk« sich *für* Adenauer entscheidet, desto mehr vom »Intellekt« entscheidet sich *gegen* ihn. Die Steigerung seiner Gefolgschaft unter den »Massen« steht in direkt proportionalem Verhältnis zur Steigerung seiner Gegnerschaft unter den Intellektuellen, die aus seinem wachsenden Erfolg keineswegs schließen, daß sie unrecht haben, sondern daß sie recht haben. Sie halten sich da offenbar an Schillers verführerisches Wort aus dem Demetrius-Fragment: »Was ist die Mehrheit? Mehrheit ist der Unsinn – Verstand ist stets bei Wenigen nur gewesen.« Darin liegt, wie jedermann – etwa mit Ausnahme der Intellektuellen – weiß, eine höchst aristokratische Attitüde beschlossen, und jedenfalls alles eher als das Prinzip der Demokratie, um deren Wahrung es den Intellektuellen doch zu tun ist und zu deren Rettung vor den Adenauerschen Diktaturgelüsten sie sich doch aufgerufen fühlen: was sie ihrerseits in zahlreichen Aufrufen vor den Wahlen zum Ausdruck brachten. Daß Adenauer trotzdem mehr als 50% aller Stimmen auf sich vereinigt hat, gilt ihnen nicht als der weitaus klarste Wahlsieg in der Geschichte der deutschen Demokratie, sondern als besorgniserregende Übertrumpfung Hitlers, der es bei den letzten nach außenhin noch demokratischen Wahlen nur auf 44% gebracht hatte. Von hier aus bis zu einer Interpretation, derzufolge dann also Adenauer ein um 6,2% größerer Diktator als Hitler sein müsse, ist es nur noch ein Schritt.

Die bundesdeutschen Intellektuellen haben ihn noch nicht getan. Aber sie sind auf dem Gedankensprung dazu – man merkt das an zahllosen Kommentaren und in zahllosen Diskussionen, man merkt es am Auftauchen von Wendungen wie »Stimmvieh« und »politisch urteilslose Wählerschaft«, man merkt es an der ressentimentgeladenen Aufnahme eines in Ruhe, Frieden und Freiwilligkeit gefallenen Volksentscheids. Die feurigsten Verfechter der Demokratie erweisen sich als ihre schlimmsten Verächter.

Wie ist es nun um diesen Mann bestellt, der so extreme und

leidenschaftliche Reaktionen hervorruft, dem von der einen Seite alles Unheil in die Schuhe geschoben wird und von der andern Seite alles Heil, aus dem ein Teil der deutschen Oppositions-Journalistik (weniger die parteigebundene als die affektgebundene) während des Wahlkampfes einen bösartig senilen Analphabeten zu machen suchte und den der grand old man des Liberalismus, Salvador de Madariaga, als den bedeutendsten Staatsmann der Gegenwart bezeichnet hat? Wie »gibt« er sich in der Privatbegegnung, wie »wirkt« er aus der Nähe?

Das Nachfolgende ist ein persönlicher Bericht, genauer noch: die Wiedergabe persönlicher Eindrücke. Sie müssen notwendig an der Oberfläche bleiben (wodurch sie sich nicht wesentlich von den sonstigen Argumenten um Adenauer unterscheiden). Aber sie sind unter genügend günstigen und aufschlußreichen Umständen zustande gekommen, um ein annähernd geschlossenes Bild zu ergeben.

Ich hätte sie sehr gern (und damit ich's nur gleich gestehe: zur Befriedigung eines eigenen Ressentiments) mit der Feststellung eingeleitet, daß Konrad Adenauers intellektuelle Widersacher sich gefällig nichts antun mögen, und so intellektuell wie sie ist er noch lange. Leider muß ich mir diese Feststellung versagen. Konrad Adenauer ist kein Intellektueller, gehört keineswegs jenem geistig ausgerichteten und universell eingerichteten Typus an, den wir – ein wenig selbstgefällig noch im Vorbehalt und mit kollegialer Verbundenheit noch in der Ablehnung – als »intellektuellen« Typus anzusprechen pflegen. Das Raffinement, über das Adenauer verfügt und das ihm sogar seine Gegner konzedieren, ja geradezu vorwerfen, ist kein intellektuelles Raffinement, sondern ein durchaus politisches. Überhaupt bestätigt der persönliche Augenschein im höchsten Grad, was schon der sachliche vermuten ließ: daß Adenauer der klassische Fall eines professionellen Politikers ist, den im Grunde nichts anderes interessiert und der zur Politik ungefähr die gleiche Einstellung hat wie ein englischer Fußballprofi zum Sport: also zu einem Beruf, bei dem das Vergnügen an der Leistung nicht ganz zu kurz kommt. Aber ein Intellektueller ist Konrad Adenauer nicht.

Er ist noch etwas andres nicht, wovon man sich vorstellen könnte oder vielleicht wünschen würde, daß er es sei: er ist mitsamt seinen zweiundachtzig Jahren alles eher als ein Patriarch, er weist auch nicht die Spur jener milden Altersweisheit auf, die man unter Umständen bereits einem Fünfundsechzigjährigen zutrauen oder zubilligen würde. Daß er sich obendrein auch physisch wie ein höchstens Fünfundsechzigjähriger ausnimmt und beträgt, gehört nicht hierher; damit mögen sich Mediziner beschäftigen.

Es ist nun einigermaßen eindeutig festgestellt worden, was er *nicht* ist. Und es schickt sich allmählich, ebenso eindeutig festzustellen, daß er, wiewohl kein Intellektueller, von einer sofort spürbaren, auf Anhieb sich erprobenden und eklatant geistigen Sprungbereitschaft ist. Im Verlauf des Abends, der mir die Begegnung mit ihm vermittelte, bekam er es bisweilen mit drei oder vier Gesprächspartnern gleichzeitig zu tun, und nicht just mit den simpelsten: es waren gewiegte Journalisten, und sie wollten alle etwas aus ihm herausbekommen. Er bewältigte den Ansturm völlig mühelos und mit der Sicherheit eines Simultan-Blindspielers, nur daß er nicht so lange nachdachte. Seine Fähigkeit, von einem Thema zum andern zu wechseln und sich im neuen Thema sofort Bewegungsfreiheit zu verschaffen, hat etwas nahezu Artistisches. Auch besitzt er, wiewohl der Altersweisheit entratend, die Flexibilität und Aufgeschlossenheit einer in langen, langen Jahren geschulten Fachintelligenz, die sich am geringsten Anlaß genau so hingebungsvoll betätigt wie am anspruchvollsten: einfach, weil sie nicht anders kann. Und wenn es ihm an väterlicher Milde mangelt (was es wahrhaftig tut), so hat er doch die Nachsicht des Vielerfahrenen mit denen, die weniger erfahren haben als er, und hat das verschmitzte Lächeln eines alten

Indianerhäuptlings, der den Jüngeren beim Tanz zuschaut.

Sein Eintritt in den Saal, in dem doch ein paar Dutzend erwartungsvoller Routiniers versammelt waren, vollzog sich in einer Formlosigkeit, die von weither nichts mit Pomp und mise-en-scène zu tun hatte (geschweige denn mit diktatorialer Allüre). Es dauerte fast eine Minute lang, ehe sein Erscheinen zur Kenntnis genommen wurde und ehe das Geplauder ringsum zu verebben begann. Noch einige Sekunden länger, und es wäre eine Verlegenheitspause entstanden. So ging's gerade noch, so sah es aus, als hätte er die Unterhaltung der ihm Zunächststehenden nicht stören wollen, hätte abgewartet, bis sie für den Händedruck der Begrüßung bereit wären, und jetzt waren sie's.

Steifheit, Protokoll oder irgendwelche Empfangsformalitäten können da erst gar nicht aufkommen. Auch die Art, wie sein Pressechef Felix von Eckardt ihm die erforderliche Stille für eine kurze, im Stehen und aus dem Stegreif vorgebrachte Ansprache verschafft und wie diese Stille sich einstellt und die Gruppierung sich ergibt, hat etwas erquickend Ungezwungenes an sich. Ich weiß nicht, ob ich als einziger versucht war, die ganze Atmosphäre als »gemütlich« zu empfinden – eine Versuchung, die mich an diesem Abend auch noch bei andern Gelegenheiten überkam und gegen die sich auch das Bewußtsein, einer der Schlüsselfiguren der Weltpolitik gegenüberzustehen, nicht recht durchsetzen konnte.

Es ist der erste Kontakt, den Adenauer nach der siegreichen Wahl mit den in Bonn akkreditierten Auslandsjournalisten nimmt. Er hat sein neues Kabinett noch nicht gebildet, und er ist, verfassungstechnisch, noch nicht mit der neuen Bundeskanzlerschaft betraut. Daraus begründet er, demonstrativ und nicht ohne Behagen, daß und warum er seine Zuhörer würde enttäuschen müssen: »Sie werden Auskünfte von mir erfragen, die zu erteilen ich vielleicht in der Lage wäre, deren Erteilung ich jedoch im heutigen Zeitpunkt für falsch hielte.«

(Ganz genauso sagte er das. Ich habe es mitgeschrieben, ich wollte den Satz in seinem originalen Wortlaut festhalten; nicht jeder Intellektuelle improvisiert so sprachrein). »Aber da gibt es zwei Punkte, die mir sehr wichtig scheinen, meine Herren. Auf die möchte ich kurz zu sprechen kommen.«

Was er zu diesen zwei Punkten äußert, ist nun durchaus nicht neu oder überraschend. Es ist nicht einmal besonders originell. Aber es wird wichtig, weil er es gerade in diesem Zeitpunkt sagt, den er für den geeigneten und gebotenen hält, an das Gründungsjahr der NATO zu erinnern und an die erfolgreiche Selbstbehauptung des Westens seither – die ohne NATO nicht möglich gewesen wäre. »Vergessen Sie bitte nie, daß die NATO nicht nur ein militärisches Instrument ist, sondern daß die Staatengebilde, die hinter ihr stehen, auch Politik machen.« Das ist der eine Punkt.

»Der zweite Punkt ist die Frage einer neutralen oder entmilitarisierten Zone, oder wie Sie das nennen wollen.« Abermals im Wortlaut festgehalten, und mehr als »oder wie Sie das nennen wollen« hätte er eigentlich gar nicht sagen müssen, damit man wisse, daß er nichts davon hält. Das einzige, wovon er etwas hält – und der Tonfall ernsthaftester Besorgnis, den er darauf verwendet, verfehlt trotz unverkennbar regulierter Absichtlichkeit seinen Eindruck nicht –, ist die kontrollierte Abrüstung. »Wenn man sich über eine wechselseitige Kontrolle der Abrüstung nicht einigen kann, dann wird alles Gerde vom Frieden immer nur Gerede bleiben. Und dann stehen uns schwere Zeiten bevor.«

Dr. Luchsinger, Bonner Korrespondent der »Neuen Zürcher« und Obmann des »Klubs der Auslandsjournalisten«, erwidert namens seiner Kollegen. Mit diskret aufgetragener Treuherzigkeit, die allenthalben und nicht zuletzt von Adenauer selbst beschmunzelt wird, knüpft er an dessen kokette Ausrede an, daß die Person des nächsten Bundeskanzlers noch gar nicht feststehe. »Sollten Sie, verehrter Herr Bundeskanzler, dennoch Gelegenheit haben, den nächsten Bundeskanzler zu sehen, dann sagen Sie ihm bitte, daß die Auslandsjournalisten bestrebt sein werden, seine Arbeit, ebenso wie bisher die Ihre, objektiv zu würdigen. Und bitte verweisen Sie ihn auf eine Stelle im Evangelium Lukas, wo es heißt: ›Fürchte dich nicht vor dem großen Haufen‹...«

»Ich werde es ihm noch heute abend sagen«, lautet des alten Indianerhäuptlings entgegenkommende Antwort.

Die Runde löst sich auf, zum weitaus größten Teile an die beiden sehr reichhaltigen Buffettische hin und in einen anschließenden Raum, zum weitaus geringsten Teil – dessen Auswahl so unmerklich wie umsichtig vom Staatssekretär Globke getroffen wird – folgt sie dem Kanzler zur Klubgarnitur in der Ecke des Empfangssaals. Dort finden in großen, bequemen Fauteuils um einen runden Tisch etwa fünf bis sechs Leute Platz, ungefähr ebenso viele bleiben im Halbkreis stehen. Man hält sich zunächst noch an die Direktiven des einleitenden Ablenkungsmanövers und spricht über alles mögliche, nur nicht über Politik. Einigen Umgehungsversuchen weicht Adenauer in Privatgespräche aus, die er mit seinen unmittelbaren Sitznachbarn anspinnt. Auch das gehört ganz offenbar zu seinen präzise ausgebildeten Fähigkeiten: wie er sich augenblicks auf ein bestimmtes Thema konzentrieren kann und sich gegen alles andre absperrt, so kann er sich auch auf einen bestimmten Menschen konzentrieren und hat dann für keinen andern Aug und Ohr (oder vermittelt dem jeweiligen Partner das Gefühl, als sei er jetzt nur für ihn da).

Aber dann ist er es selbst, der von zwei weiter entlegenen Sitzen her einen Gesprächsfetzen über die sowjetische Fernrakete aufschnappt, über die Mitwirkung der in Rußland arbeitenden deutschen Wissenschaftler an ihrer Herstellung, und wie das alles denn zustande gekommen sei. Darüber weiß er einiges. Und man bekommt bei diesem Anlaß eine unvermutet reizvolle Geschichte über den Zusammenhang zwischen der »V 1«-Waffe und einem Roman von Jules Verne zu hören, den ein Hitlergeneral damals zur Unzeit gelesen hat. (Wenn er von Hitler oder etwas Hitlerischem spricht, nimmt seine Stimme und nimmt sein Gesicht einen so degoutierten Ausdruck an, als wollte er irgendein ekles Zeug zwischen zwei Fingern von sich weghalten. Der muß ihm namenlos zuwider gewesen sein. Nein, er hat ihn niemals leibhaftig gesehen, antwortet er mir auf meine halb widerstrebend gestellte Frage; er hat ihn nur im Radio gehört. Nein, auch unheimlich war ihm diese Erscheinung nie. Unheimlich war ihm, daß das deutsche Volk auf sowas hineingefallen ist.)

Natürlich helfen die ablenkenden Direktiven auf die Dauer nichts, und über kurz oder lang dreht sich's um die Atomrüstung und um den Anteil, den die Deutsche Bundesrepublik an ihr haben oder nicht haben soll.

Vielleicht müßte sie ihn haben, konzediert einer; aber dann doch bitte so wenig wie möglich.

Die Korrektur, die Adenauer an dieser Formulierung vornimmt, wird von einem bedächtigen Kopfwiegen eingeleitet: »Wollen wir statt ›so wenig wie möglich‹ doch lieber ›so viel wie nötig‹ sagen. Das trifft's genau.«

Dergleichen sagt er nicht obenhin. Es kommt ihm sichtlich darauf an, daß es genau treffe, und er hat auch sehr genaue Vorstellungen vom Ausmaß und von den Grenzen dessen, was »nötig« ist. Nötig wofür? Für Deutschland? Gewiß auch das, gewiß auch für die »respektable Bescheidenheit«, die ihm als Ziel und Geltung (und Begrenzung) vorschwebt. Aber noch nötiger, ganz ungleich nötiger für Europa. Immer wieder und mit überzeugender Selbstverständlichkeit tritt das zutage: daß Adenauer europäisch denkt. Ich habe ihn im Verlaufe dieses ganzen Abends kein einzigesmal von »Deutschtum« oder »deutschem Wesen« reden hören, in keinem Teil des Gesprächs, weder im persönlichen noch im weiter ausgespannten. Nationalismus ist für ihn keine politische Kategorie. Auch mit der pathetisch verschwommenen Konzeption einer »abendländischen Welt« operiert er nicht. Er ist, in vollkommener Entsprechung zu seiner realpolitischen Prägung, ein Real-Europäer.

Da das Gespräch nun schon Raketengeschosse und Atomwaffen berührt hat, läßt es sich um die Sowjetunion und um die Sowjetführung nicht mehr lange herumsteuern. Die Vorsicht, die er sich da auferlegt, ist nicht von der üblichen »diplomatischen« Art; sie bezieht sich auf die Gültigkeit der persönlichen Erfahrungen, die er bei seinem Moskauer Besuch gemacht hat. In Malenkow erblickte er den »vernünftigsten« unter den Sowjetführern und in Mikojan den »Fachmann an sich«. Was ihn wundernimmt, ist die Unermüdlichkeit, mit der Chruschtschow seine marxistischen Phrasen abdrischt und sich von keiner gegenteiligen Evidenz daran beirren läßt, daß der Kapitalismus in den letzten Zügen liege und daß Amerika sich nur noch durch wahnwitzige Rüstungsinvestitionen eine letzte Scheinkonjunktur verschaffe und daß wahrer Wohlstand nur durch die sozialistische Gesellschaftsordnung erzielbar sei und solcherlei mehr.

Im übrigen ist dieser Teil des Gesprächs ein besonders markantes Beispiel für die Art, wie er Gespräche führt (oder mit sich führen läßt):

»Ich kann mir nicht vorstellen«, hat er nach etlichem Hin und Her kopfschüttelnd wiederholt, »daß Chruschtschow an das alles glaubt.«

Weil nun aber zu diesem Punkt nichts mehr zu sagen bleibt, rechtfertigt sich einer jener Diskussions-Sprünge, denen er sich mehrmals gewachsen gezeigt hat:

»Na ja. Können Sie sich zum Beispiel vorstellen, daß die deutschen Intellektuellen wirklich daran glauben, daß Sie Diktaturgelüste haben?«

Der Indianerschädel legt sich mit leicht geschlitzten Augen ein wenig schräg, und der breite rheinländische Akzent bekommt noch freieren Spielraum als sonst:

»Da haben Sie wohl mit einjen entsprungenen Irrenhäuslern jeredet?«

»Nein. Mit deutschen Intellektuellen.«

»Und die glauben das?«

»Es scheint so.«

»Dabei wollen wir bleiben: daß es nur so scheint. Wissen Sie – in Wirklichkeit glauben die das gar nicht. Die glauben nur, daß man unbedingt eine andre Meinung haben muß als die anderen. Ich habe die schon immer im Verdacht gehabt, daß sie Snobs sind.«

Und im übrigen amüsierte ihn dieser Teil des Gesprächs nicht besonders.

Ganz deutlich amüsierten ihn hingegen die Anforderungen der auch von andern Seiten auf ihn eindringenden Themenwechsel, die sich oft in verwirrend rascher Aufeinanderfolge vollzogen (verwirrend für den Zuhörer; was ihn betraf, so bereiteten ihm diese Sprungübungen beinahe körperliches Wohlbehagen).

Nein, das »christlich« im Namen seiner Partei bedeute keine religiöse Ausschließlichkeit, und schon gar nicht eine katholische; das »christlich« sollte ja gerade Katholiken *und* Protestanten umschließen und sei vor allem als programmatische Abkehr von der Unchristlichkeit des Naziregimes in den Parteinamen aufgenommen worden. Nein, die gemeinsame Erklärung Titos und Gomulkas über die Oder-Neiße-Grenze scheine ihm nicht so bedrohlich, wie man sie manchenorts aufgefaßt habe; man müsse da auch die Schwierigkeiten, denen besonders Gomulka ausgesetzt sei, in Rechnung ziehen und dürfe nicht in den alten deutschen Fehler verfallen, alles nur in bezug auf Deutschland zu deuten.

Auf Gomulka und auf die deutsch-polnischen Beziehungen kam später nochmals die Rede, als die Besetzung um den runden Tisch schon zum vierten- oder fünftenmal gewechselt hatte und mit den neu Hinzugekommenen auch der Korrespondent der Warschauer »Trybuna Ludu« sich niederließ. Es war mit einemmal mucksmäuschenstill im ganzen Raum, und es drängten sich alle heran, um mitzuhören. Und es war, obwohl der alte Herr das Gespräch in unverändert entspannter Haltung und mit unverändertem Gleichmut führte, dennoch völlig klar, wie sehr er es als ein politisches Gespräch auffaßte und wie genau er wußte, daß unter denen, die da die Ohren spitzten, auch die Vertreter von »Tass« und »Trud« sich befanden. Dabei lief es recht harmlos an, mit historisierenden Rückblicken auf Deutschlands Beteiligung an Polens Geschick, mit Hinweisen auf Platens »Polenlieder« und mit sonst noch aufschlußreichen Wechselfällen der Geschichte.

»Ja, und da ist doch auch dieser Poniatowski jewesen . . .« (Es klang wieder sehr rheinisch.) »Und das ist ja nun für Polen nichts Neues, eine russische Kolonie zu sein.« (Es war wieder sehr ruhig.) »Glauben Sie mir: wir haben bei allem, was wir tun, die gefährdete Lage Ihres Landes im Auge. Und glauben Sie mir: die Gefährdung kommt nicht von uns.«

Ob ihm der Korrespondent der »Trybuna Ludu« das wirklich geglaubt hat, wird sich schwer feststellen lassen. Daß er's ihm gerne glauben würde, dürfte schon minder zweifelhaft sein. Und es war ein kleines Meisterstück nicht nur an diskussionstechnischer Strategie, wie Adenauer das Gespräch im gleichen Handumdrehen, in dem es sich so gewichtig angespannt hatte, wieder zu entspannen verstand. Eine Minute später summte es wieder fröhlich durcheinander, und nach einer weiteren Minute war es schon so, daß er sich verschwörerisch zu seinem polnischen Gesprächspartner vorbeugen konnte: »Ich will nicht intim werden«, sagte er. »Aber Ihr seid doch gar keine Kommunisten.« Darauf erwartete er natürlich keine Antwort, sondern nur Gelächter. Welches auch eintraf.

Zum Schluß waren mehr als drei Stunden vergangen statt der im Höchstfall üblichen zwei, war die siebente oder achte Welle schon von der achten oder neunten abgelöst worden, und die Sekretärin, die jetzt mit der dringenden Mahnung erschien, daß es oben noch allerlei zu unterschreiben gäbe, war entweder zu spät erschienen oder zu früh. Zu spät: wenn sie den Kanzler nach der üblichen Zeitdauer hätte fortlocken sollen. Zu früh: wenn es nach ihm gegangen wäre. Denn er hätte gut und gerne auch noch eine zehnte und elfte Welle in Empfang genommen und bewältigt. Es machte ihm Spaß. Es fesselte ihn nicht immer und im Gespräch ging's ihm nicht immer rasch genug, weil ja Professionals auch ihre eigenen Begriffe vom Tempo haben und manchmal, wenn sie sich allzu lang mit Selbstverständlichem abgeben müssen, ein wenig ungeduldig werden – aber es machte ihm Spaß und es hätte ihm noch stundenlang Spaß gemacht. Und es war ein grandioser Eindruck, ihm dabei zuzusehen und zuzuhören.

»Fussnoten«

Einleitung zu den Erinnerungen des Freiherrn Karl Theodor von Guttenberg

(1971)

Gleich am Beginn dieser Lebenserinnerungen, in einem Rückgriff auf das Jahr 1936, berichtet der Verfasser über ein Gespräch seines Vaters mit einem englischen Freund, der zu den Olympischen Spielen nach Berlin fahren will und durch noch so eindringliche Vorhalte, daß er sich da einem gigantischen Propaganda-Unternehmen Hitlers dienstbar macht, von seinem Plan nicht abzubringen ist. »Mein Vater brach das Gespräch ab«, heißt es am Schluß der Aufzeichnung; und: »Nach heutiger Terminologie hätte ihn sein Partner einen unbelehrbaren kalten Krieger genannt.«

Damit ist die Stimmgabel angeschlagen, die den Tenor des ganzen Buchs bestimmen wird. Und nicht nur den politischen. Auch die geistige Position des Verfassers kündigt sich hier an, auch sein Blick für historische Zusammenhänge und Parallelen, ja sogar die Tatsache, daß seine Persönlichkeit von einem ebenso starken wie stolzen Familiensinn geprägt erscheint (der im Verlauf der Aufzeichnungen immer wieder mit unverhohlener, unprätentiöser, manchmal geradezu rührender Deutlichkeit hervortritt).

Wichtigste Schlußfolgerung der zitierten Episode bleibt jedoch, daß diejenigen, die heute von der Bezeichnung »kalter Krieger« mit größter Vorliebe (und ebensolcher Oberflächlichkeit) Gebrauch machen, sie im damaligen Zusammenhang unpassend fänden, auch rückwirkend noch; daß diejenigen, die sich's noch heute und rückwirkend an ihrem Antinazismus genug sein lassen, eine sonderbar selektive Abneigung praktizieren und daß, kurzum, Antinazismus nur als integraler Teil einer Gegnerschaft gegen jegliche Diktatur, gegen jeglichen Totalitarismus etwas taugt.

Es ist diese antitotalitäre Gesinnung, nicht bloß – obwohl sie für mich als Juden getrost maßgeblich sein dürfte – ihre antinazistische Ausformung, mit der mich der Baron Guttenberg von Anfang an kaptiviert hat und auf der meine persönliche Beziehung zu ihm beruht. Es scheint mir statthaft, ja geboten, diese persönliche Beziehung ausdrücklich festzustellen. Eine bessere Befugnis oder Begründung, warum ich dieses Buch einbegleite, kann ich nämlich nicht ins Treffen führen. Ich verfüge über keinerlei Attachement an die fränkische Reichsritterschaft, der Karl Theodor von und zu Guttenberg entstammt, und daß er in der Zeitschrift FORVM, die ich von 1954 bis 1965 in Wien herausgegeben habe, gelegentlich zu Wort gekommen ist, liegt doch schon allzu lange zurück. Außerdem hat es immer etwas Prekäres an sich, von Österreich her in innerdeutsche Belange einzugreifen. Ich besorge das im allgemeinen weniger auf dem politischen als auf dem kulturellen Gebiet, wo ich mich als Romanschriftsteller und Theaterkritiker einigermaßen legitimiert fühle. Und obwohl ich heute, wenn ich in Deutschland ansässig wäre, mich eher für die Politik der CDU/CSU entscheiden würde, gelten meine grundsätzlichen, von Sentimentalität nicht gänzlich freien Sympathien immer noch der Sozialdemokratie. Nein, wirklich: Ich weiß nicht recht, wie ich dazu komme, für das Buch eines CSU-Parlamentariers ein Vorwort zu schreiben. Ich bin nicht einmal sicher, ob ich mit seiner Auffassung von »Konservativismus« Schritt halten kann. Für mich bedeutet Konservativismus, soweit ich selbst ihn verfechte, die Pflege jenes Kindes, das in Gefahr schwebt, mit dem Bade ausgeschüttet zu werden. Für ihn bedeutet es etwas wesentlich anderes und wesentlich von seinem katholischen Glauben Mitbestimmtes. Ich kann also nicht gut die Partei der Partei ergreifen, der er angehört. Ich ergreife die Partei seiner Person.

Ich ergreife die Partei eines Mannes, der Zeit seines Lebens unverrückbar für seine Überzeugung geradestand – angefangen bei seinen ersten Zusammenstößen mit dem Hitlerregime über sein Verhalten an der Ostfront und in Frankreich, seine Gefangennahme und seine Tätigkeit für den Sender Calais bis zum Wiederbeginn seines privaten und zur Aufnahme seines politischen Daseins nach 1945 und stets seither.

Ich ergreife die Partei eines Mannes, der offen eingesteht, wie sehr er sich über die Zuneigung der Bauern, über das Vertrauen der »einfachen Leute« des von ihm vertretenen Landkreises freut, ohne daß er dabei einem »Byzantinismus nach unten« anheimfiele (was einer bestimmten Art von Kontaktbedürftigkeit gern zustößt); die Partei eines Mannes, der in allen seinen Begegnungen mit einflußreichen oder namhaften Zeitgenossen, mit Kennedy und Tschiangkaischek, mit westlichen und östlichen Politikern, mit Wehner und Augstein, Gegenspielern und Kampfgefährten, niemals in Versuchung gerät, seinen Stellenwert falsch einzuschätzen, sei's zu hoch oder zu niedrig.

Und ich ergreife diese Partei mit freudiger Zustimmung auch dort, wo ich sachlichen Widerspruch anzumelden hätte; das betrifft etwa sein negatives Urteil über Günter Grass, etwa den für meine Bedürfnisse allzu wuchtigen Akzent, den er – im Zusammenhang mit dem 20. Juli 1944 und andernorts – auf Deutschlands Ehre legt, etwa die eine oder andre seiner theologischen Thesen. Dennoch bin ich in diesem ganzen

Buch auf keine einzige Zeile gestoßen, die meinem Respekt vor der dahinterstehenden Persönlichkeit Abbruch täte. Es ist immer und überall der gleiche, konsequente, fest in sich selbst und einem gefestigten Weltbild ruhende »character indelebilis«, der da sichtbar wird und dem auch seine Gegner in der Arena des politischen Kampfs, bei allen noch weit gewichtigeren Widersprüchen, niemals den Respekt versagt haben – ein Charakter von unbeirrbarer Haltung und untrüglichem Instinkt: nicht für das »Gute« (das ja eine wackelige Größe ist), wohl aber für das Echte, für das ihm Gemäße.

Damit will keineswegs gesagt sein, daß seine Konsequenz mit Unbelehrbarkeit oder gar mit Sturheit verwechselt werden dürfte, daß er nicht zu Selbstkritik und Selbsterkenntnis fähig wäre. Im Gegenteil, er ist es gerade aus der Sicherheit seines Standorts und seines Glaubens. Manch einer, für den »die Mitte sehr weit rechts« ist, könnte sich an der bedachtsamen Toleranz ein Beispiel nehmen, die sich folgendermaßen kundgibt: »Nicht wofür oder wogegen, sondern *daß* junge Menschen aufbegehren ist das Entscheidende.« Oder: »Zum Kommunismus kann man auf humanitären Wegen kommen, zum Faschismus nicht.« Oder: »Nur primitive Gemüter verwechseln das Paradies mit dem Schlaraffenland.« Und schließlich: »Aber ich halte eben nichts von einer sogenannten christlichen Politik, die die Menschen auf ein besseres Jenseits vorbereiten will. Ich bin vielmehr davon überzeugt, daß die Aufgabe der Politik die Sorge um das Wohlergehen der Menschen jetzt und hier ist.« Einem, der solches auszusagen vermag, kann man von Herzen nachfühlen und konzedieren, wenn er an einer andern Stelle vermerkt: »Ob ich es je lernen werde, Verleumdungen mit Gelassenheit zu ertragen? Ich fürchte, ich bin zu eitel dazu.«

Es gibt noch eine Menge anderer Formulierungen, die sich sehen lassen können (und die dem Leser nicht vorweggenommen werden sollen). Es gibt Schilderungen von Natur- und Kunsterlebnissen, deren Reiz gerade darin besteht, daß sie keinen »fachmännischen« Ehrgeiz haben. Und es gibt, immer wieder, die zutiefst bewegenden Aufzeichnungen privater Art: über den Unfall und die Rettung seiner jüngsten Tochter; über den Zusammenstoß mit einem Priester, von dem er sich (vergebens) die richtige Erziehung seines Sohns erhofft hatte; über das Glück des Einverständnisses mit einer unendlich liebens- und bewundernswerten Frau. Und vollends in den drei »Tischreden« anläßlich der Hochzeitsfeiern seiner Kinder finden sich Stellen, deren Gültigkeit weit über den persönlichen Anlaß hinausreicht, die Zeugnis ablegen von einem vorbildlichen Verantwortungsbewußtsein, in denen Herkunft und Verpflichtung, Stolz und Demut eine fast schon anachronistisch wirkende Paarung eingehen.

Eine zumindest für mich bemerkenswerte Fügung hat es so eingerichtet, daß mich das Manuskript dieses Buchs – und der Wunsch seines Verfassers, ihm ein Vorwort mitzugeben – in einem Zeitpunkt erreicht, da ich damit beschäftigt bin, die letzte Hand an einen Roman zu legen, an die Arbeit vieler Jahre, handelnd von der seltsamen Gestalt des jüdischen Minnesängers Süsskind von Trimberg, des ersten Juden, der in deutscher Sprache gedichtet hat; eines seiner Lieder ist gegen den Adel gerichtet – genauer: gegen einen falschen Adels-Begriff – und beginnt mit der Zeile: »Wer adellichen tuot, den wil ich han vür edel« (Wer adlig sich beträgt, soll mir für edel gelten).

Der Freiherr Karl Theodor von Guttenberg tuot adellichen.

Apropos Friedrich Torberg

Die Entdeckung

(1934)

Max Brods in Liebe und Verehrung gedenken – viele Tausende tun es und nicht bloß aus diesem besonderen Anlaß: zur Feier seines fünfzigsten Geburtstags. Max Brods Schaffen und Werk zu beleuchten und zu würdigen haben andre übernommen und sie werden das wahrscheinlich besser besorgen, als ich es zu tun vermöchte. Was derart noch übrigbliebe: Max Brod zu feiern und zu beglückwünschen – das wäre für mich zu wenig, das kann überhaupt jeder. Ich möchte gerne etwas tun, was nicht jeder kann. Was nur jene könnten, auf deren Lebensentwicklung und -gestaltung Brod solchen Einfluß genommen hat wie auf die meine. Die ihm entscheidenden Antrieb zu danken haben. Die er, kurz gesagt, entdeckt hat.

Solcher gibt es einige. Aufspüren, Entdecken, Fördern: das gehört ja zu seinem Lebenswerk und Lebensinhalt. Nicht als nahezu mechanische oder mindestens mechanisierte Auswirkung seiner Einflußmöglichkeiten, nicht als Ausdruck prominenter Gewichtigkeit, als literarisches Nebenher in Gestalt von Waschzetteln und freundlichen Hinweisen, sondern als etwas durchaus Organisches, als ein Bestandteil seines Lebens wie seines Werks. Max Brod muß entdecken, wird es immer müssen, es geht gar nicht anders. Und es geht auch – wie alles, was aus Zwang oder Notwendigkeit geschieht – gewiß nicht ohne Enttäuschungen ab. Wenn es mir einmal gelingen sollte, von Brod nicht zu seinen Enttäuschungen gezählt zu werden, oder wenn mir das zu einem kleinen Teil etwa schon gelungen ist: so wird niemand besser als er mein Glück ermessen können. Denn niemand weiß besser als er, wie unlösbar die Gründung dieses Glücks mit ihm verbunden ist.

Indem ich diese Gründungsgeschichte erzähle, wird es sehr

oft den Anschein haben müssen, als spräche ich nur von mir. Und wieder wird niemand besser als Max Brod wissen, wie sehr und ausschließlich von ihm die Rede ist, wenn ich über meine »Entdeckung« berichte.

Sie erfolgte lange bevor eine größere Öffentlichkeit durch das Erscheinen des »Schüler Gerber« davon Kenntnis erhalten haben mag. Es war in der ersten Hälfte des Jahres 1927, ich bemühte mich (wie sich herausstellen sollte: ohne Erfolg), den letzten Jahrgang der Mittelschule zu absolvieren, und hatte eigentlich keine besonders festen Vorstellungen von meiner Zukunft. Mit Kunst würde sie irgend etwas zu tun haben, das glaubte ich zu wissen – aber ob es gerade die richtige und echte Literatur sein würde, schien mir damals einigermaßen zweifelhaft. Ich schrieb zwar sehr viele lyrische Gedichte, fertigte ungemein korrekte Übersetzungen der im »Französischen Übungsbuch« enthaltenen Proben von Vigny, Hugo, Lamartine u. a. an, nahm auch die immer größer werdende Pein der Mittelschule zum Vorwurf mancher Verse – aber mit all dem kam ich nicht an die Öffentlichkeit, und daß dies mit meinen »ernsten Gedichten« überhaupt geschehen könne, schien mir umso weniger wahrscheinlich, als meine mehr oder weniger öffentlichen Erfolge sich auf einem sehr entgegengesetzten Gebiet abspielten: ich hatte nämlich eine sehr starke Vorliebe fürs Kabarett, begann – zuerst in geschlossenen Kreisen – allerhand Gereimtes vorzutragen, das ich für lustig hielt und die Zuhörer offenbar auch, und mit etwa siebzehn Jahren trat ich dann richtig zum erstenmal als Conférencier bei einer allgemein zugänglichen »Akademie« auf. In der Folgezeit wurde ich immer öfter zur Mitwirkung an den unterschiedlichsten »Veranstaltungen mit Programm« herangezogen, und zwar, leider, mit Erfolg (»leider« deshalb, weil ich durchaus nicht imstande war, ihn richtig einzuschätzen und sehr verwirrt wurde), die Sache gefiel mir, die Dichterzukunft aus den Tagen meiner Knabenvorsätze geriet in immer fernere Nebel, und würde man mich um diese Zeit ernsthaft vor die Frage gestellt haben, was ich werden wolle, so würde ich wahrscheinlich am ehesten »Conférencier« geantwortet haben.

Ich weiß nicht mehr, auf welchen Umwegen ich eines Tags erfuhr, daß Max Brod sich zu unserem damaligen Deutschprofessor Dr. Thieberger über mich geäußert hätte; vorteilhaft, soviel stand fest, aber in welchem Zusammenhang konnte ich zunächst nicht eruieren. Mir war die Sache nicht recht erklärlich, ich dachte schließlich, daß Brod vielleicht die Gedichte gelesen hätte, die ein paar Jahre vorher, kurz nach meiner Übersiedlung von Wien nach Prag, in »Jung Juda« erschienen waren und daß er sich eben in einem Gespräch mit Dr. Thieberger (der ja beschämend Gutes von mir hielt) daran erinnert haben könnte. Das war eine ziemlich groteske Vermutung. Doch verhielt es sich in der Tat noch viel grotesker: es stellte sich nämlich heraus, daß Brod mich irgendwo conferieren gehört hatte und daß sein Lob meiner Conférence galt.

Wie sehr ich mich auch geschmeichelt fühlte und wie sehr ich nun überzeugt war, daß ich, wenn sogar ein Dichter an meiner Conférence Gefallen findet, doch wahrscheinlich ein guter Conférencier werden würde, vielleicht sogar ein zweiter Fritz Grünbaum – es hatte, im tiefsten Grund, doch etwas unsagbar Peinliches an sich, mir den Dichter Max Brod als Zeugen meines Podium-Gewitzels vorzustellen. Peinlich nicht bloß für mich (der noch nachträglich Lampenfieber bekam), sondern in einer gewissen Hinsicht auch für ihn, der mir nicht recht in solche Kulisse passen wollte. Ich kannte fast alle seine Bücher und liebte sie sehr, besonders den »Reubeni«, den ich kurz vorher gelesen hatte, und mein Bild vom Autor namentlich dieses Romans war fest umrissen, selbstherrlich und grausam fest umrissen – wie Achtzehnjährige sich eben Bilder machen. Was in diesem Bild alles enthalten war, kann ich nicht sagen; doch Anwesenheit bei einem Kabarett-Abend gehörte nun einmal nicht dazu.

Ich war auf eine sehr merkwürdige Art beunruhigt, wollte sogar zu Dr. Thieberger gehen, um mit ihm über die Sache zu sprechen, ließ es dann aber bleiben. Mit einemmal empfand ich den intensiven Wunsch, Max Brod kennenzulernen; vielleicht hätte ich das schon früher bewerkstelligen können, etwa auf dem Weg über die zionistischen Kreise, in denen ich mich sehr viel bewegte – aber meine Scheu war immer zu groß gewesen. Sie war es auch jetzt noch. Ich erinnere mich sehr genau der erkünstelten Impulsivität, mit der ich an jenem Nachmittag zum Telephon lief, um Max Brod in der Redaktion des »Prager Tagblatt« anzurufen. Hätte ich ihn nicht erreicht, so wäre es wahrscheinlich nichts geworden. Die Verbindung wurde aber sofort und mit enttäuschender Leichtigkeit hergestellt, da meldete sich nun am Telephon: »Brod«, und jetzt hatte auch ich meinen Namen zu nennen und dann wohl irgend etwas kaum Zurechtgelegtes herzusagen – aber dazu kam es nicht, auch dazu nicht, daß ich mich hätte sonderlich in Erinnerung bringen müssen als der und der, und die Aufforderung, ihn zu besuchen, ging spontan von Brod selbst aus.

Ich darf an dieser Stelle nochmals ganz kurz erwähnen, wie sich die Dinge damals mit mir verhielten: ich war achtzehn Jahre alt, hinter aller Oberflächlichkeit meiner Betätigungen ein tief pathetischer Mensch, und mein mehrfach abgebogener Ehrgeiz steigerte den Respekt, den ich vor jeder Art von Prominenz empfand, ins Maßlose. Publizität und Berühmtheit hatten für mich etwas ungeheuer Faszinierendes, und Brod war nun die erste Verkörperung dieser Faszinationen, mit der ich in Kontakt kommen sollte. Man kann sich also ungefähr denken, mit wie schlotternder Erregung und mit wie verwirrten Vorstellungen vom Kommenden ich ein paar Tage später sein Redaktionszimmer betrat.

Im Rückblick will mir scheinen, als hätte sich die ganze beglückende Freiheit und Fruchtbarkeit der Beziehung, in die ich späterhin zu Max Brod treten durfte, schon damals, in den ersten Augenblicken unserer ersten Begegnung, angedeutet und vielleicht entschieden. Ich habe seither viele berühmte Dichter kennengelernt, darunter waren einige, deren Werke ich liebte und denen ich deshalb auch persönlich alle Verehrung entgegenzubringen bereit war – bei keinem, wirklich bei keinem einzigen hatte ich ein so unmittelbar und restlos gutes Gefühl wie bei Brod. Gutes Gefühl: jede ausführlichere Definition wäre unzulänglich. Ich war sehr jung, ich wußte wenig von der Welt oder Falsches und ich achtete, was man so »menschlich« nennt, nicht eben hoch. Brod hat mir diese Achtung in den ersten Minuten unseres Beisammenseins beigebracht. Ich weiß ganz sicher, daß dies nicht erfunden und nicht eingebildet und keine nachträgliche Glorifizierung ist, und wenn mich etwas an der Ehrlichkeit meiner Erinnerung irremachen könnte, so wäre es nur, daß sich in den Jahren seither eben ganz unwahrscheinlich vollkommen bestätigt hat, was ich schon damals gespürt zu haben glaube: daß hier ein Mensch ist. Nicht »vor allem« ein Mensch, sondern eher vielleicht hinter allem. Daß hinter allem, was Brod tut und sagt und schreibt, eine grandiose Menschlichkeit steht, wobei »Menschlichkeit« keine Qualität bedeuten soll, sondern eine Kategorie; so etwa, wie bei André Gide hinter allem der Geist steht, bei Hamsun hinter allem die Natur, bei Heinrich Mann hinter allem die Zeit: nicht anders – und ebenso mit sämtlichen Mängeln, welche eindeutiger Antrieb aufweisen muß – steht bei Brod hinter allem Menschlichkeit.

Ich will, wie gesagt, nicht behaupten, daß mir das damals schon klar gewesen wäre. Aber gespürt habe ich es ganz bestimmt, in diesen ersten Minuten; heute kann ich es nur besser erklären. Ich könnte es erklären aus den Worten, mit denen mich Brod empfing und all die quälenden Formalitäten, vor denen ich solche Angst gehabt hatte, beiseite tat: »Wir kennen einander ja schon.« Was hieß das alles für mich! Nicht: »ich kenne Sie« (was für mich doch ein völlig unverhoffter Tatbestand war), sondern: »wir kennen einander«, wir haben voneinander Kenntnis durch unsere Tätigkeiten, Sie kennen mich aus meinen Büchern und ich kenne Sie von Ihrem Auftreten her, ich gehöre zu Ihrem Publikum ungefähr wie Sie zu meinem, schön und erfreulich, daß wir nun auch in personis zusammentreffen, aber gar so Großartiges, daß Sie deshalb nervös werden müßten, hat es damit nicht auf sich –: »wir kennen einander ja schon«.

Keiner läppisch anmaßenden Eitelkeit entsprang solche Interpretation einer an sich belanglosen Floskel, sondern eben dem untrüglichen Gefühl, daß sie so gemeint und beabsichtigt war. Anders hätte ja auch meine Befangenheit nicht so augenblicklich schwinden können, und anders wäre ich nicht so vollkommen beglückt von dieser ersten Unterredung weggegangen. Ihre Einleitungsworte *hatten* eben diesen Sinn, und von hier aus setzte er sich auch fort und entwickelte sich, gradlinig, ohne Abweichung, bis auf den heutigen Tag. – Damals ging es über Erkundigungen nach meiner Situation und über die Frage nach etwaiger Schriftsteller-Arbeit zur freundlichen – von mir weder bezweckten noch erwarteten – Aufforderung, einige Proben vorzulegen. (Brod redigierte damals, was mir gleichfalls unbekannt war und wovon er auch keine Erwähnung machte, die Sonntags-Beilage des »Prager Tagblatt«.)

Drei Tage brachte ich über der Auswahl dieser Proben zu. Sie enthielt schließlich: zwei Prosa-Humoresken, einen Essay über Schlagertexte, ferner einige Parodien; und schließlich – die legte ich aber erst nach sehr langer Überlegung bei und mit einem Gefühl, als schmuggelte ich sie ein –: drei Liebesgedichte. Es schien mir ziemlich klar, daß ich auch von Brod zu hören bekommen würde, was ich bei ähnlichen (und deshalb immer selteneren) Anlässen zu hören bekam: »Wissen Sie, Sie sind ja ein sehr witziger Bursche und über manche Ihrer Einfälle muß man wirklich lachen – aber bleiben Sie doch dabei, und lassen Sie um Gottes willen die Lyrik sein. Es paßt ja auch gar nicht zu Ihnen.«

Brod war nun eine entscheidende Instanz, und wenn auch er mich in diesem Sinn beurteilen würde, dann, dachte ich, wird es schon seine Richtigkeit haben, dann sind eben diese Gedichte und überhaupt alles, was ich ernst meine, eben doch nur »Pubertätserscheinungen«, und dann ist die Sache wenigstens entschieden.

Ich gab die Manuskripte in der Redaktion ab, Brod war sehr beschäftigt und entschuldigte sich bei mir, ganz ernsthaft, als hätte nicht ich mich ununterbrochen zu entschuldigen gehabt dafür, daß ich ihn störte, dafür, daß ich seine wahrscheinlich gar nicht ernstgemeinte Aufforderung nun so prompt beim Wort nahm, und überhaupt für alles. – Ich hatte ein Exemplar des »Reubeni« mit und bat um eine Widmung. Während er schrieb, ging ich aus dem Zimmer, dann nahm ich das Buch entgegen und verabschiedete mich. Erst auf der Gasse sah ich die Widmung an: sie war eine fraglose Verdeutlichung und Vertiefung des Eindrucks, der mir vom erstenmal zurückgeblieben war, er nannte mich »seinen jüngsten Kollegen«. Ich wurde rot vor Glück und war doch nicht beschämt. (Vielleicht ist das eine Formel für das, was ich Brods »Menschlichkeit« nannte, und vielleicht ist es überhaupt eine Formel für alle Menschlichkeit: beglücken, ohne zu beschämen.)

Wieder nach einigen Tagen kam ich mir Bescheid holen. Welchen ich erwartete, habe ich schon erwähnt. Es ließ sich auch ungefähr so an:

»Die eine Geschichte ist sehr lustig«, sagte Brod. »Die andre weniger. Und die Parodien gefallen mir gar nicht, allerdings habe ich für diese Kunstgattung nicht viel übrig. Aber wissen Sie –« (und jetzt mußte es wohl kommen; vielleicht bin ich wirklich mit gesenktem Kopf dagesessen), »wissen Sie, am besten gefallen mir eigentlich Ihre Gedichte. Besonders dieses.«

Er blätterte in den Manuskripten, griff eines heraus und begann es nochmals zu überlesen. Was unterdessen in mir vorging, könnte ich selbst dann nicht schildern, wenn ich eine Erinnerung daran hätte. Es war einfach ein Taumel, und ich glaube, daß ich den nächsten Worten Brods nicht sehr genau zugehört habe. Zur völligen Besinnung – und zu einer im ersten Mißverständnis grausam nüchternden – kam ich erst, als ich ihn sagen hörte:

»Und was stellen Sie sich eigentlich vor? Was ist Ihr Ziel?

Doch nicht, daß diese Gedichte im ›Prager Tagblatt‹ gedruckt werden?«

Natürlich nicht. Wie hatte ich mir so etwas auch plötzlich einbilden können: daß Liebesgedichte von mir erscheinen würden, und noch dazu im »Prager Tagblatt«. Ich wurde sehr verlegen, stotterte an irgendeiner blödsinnigen Erklärung herum.

»Das ist doch kein Ziel«, sagte Brod sehr ruhig. Und nochmals: »Das kann doch nicht Ihr Ziel sein. Es ist vielleicht schmeichelhaft für Sie – ich denke, daß ich diese zwei nehmen werde –, es ist vielleicht ein Erfolg, auf den Sie vielleicht sogar stolz sein können, schließlich sind Sie ein sehr junger Mensch. Aber was *wollen* Sie eigentlich? Sie müssen doch irgend etwas wollen. Sie müssen doch wissen, wozu Sie Ihre Begabung haben.«

Es dürfte nicht eigentlich »Erleichterung« gewesen sein, was diese Worte mir verursachten. Natürlich war meine Freude, weil die Gedichte nun doch erscheinen sollten, ungeheuer groß. Aber sie war nicht mehr hemmungslos, ich fühlte sie bedrückt, und bedrückt von etwas, worüber ich mir bisher noch keinen einzigen Gedanken gemacht hatte. Ja, was wollte ich denn wirklich? Erfolg haben, stolz sein können, berühmt werden – alles, was Brod so nebenher abgetan hatte: war es nicht genau das, was ich wollte? Aber das konnte ich doch jetzt nicht sagen, und vielleicht war es auch gar nicht mehr wahr. Und noch weniger konnte ich mit den Phantastereien daherkommen, mit den hochfliegenden Weltverbesserungsplänen der Knabenzeit – wie tief ich sie auch jetzt noch immer hegen mochte. Was wollte ich also?

»Vielleicht die Liebe«, sagte ich. »Ich möchte, daß es die Liebe geben soll. Wirkliche Liebe, oder eigentlich: ehrliche. Ohne Lüge.«

»Das ist schon etwas. Aber es ist nicht genug.«

Auch was ich als nächstes sagte, war nicht genug, und auch das übernächste nicht. Brod sprach sehr wenig (von sich selbst überhaupt kein Wort), er hielt mir nicht etwa einen lehrhaften Vortrag über Schaffen und Ziele des Schriftstellers – er ließ mich reden und dirigierte es nur mit kurzen, aufgrabenden Zwischenbemerkungen, für mich unmerklich in ihrem Zweck. So holte er alles aus mir heraus, woran ich irgend hätte denken können oder sollen, und ein wie wüstes Durcheinander sich da aus Liebe, Sport, Judentum, Schulreform und hunderterlei andrem auch ergeben haben muß: es war doch alles ehrlich gemeint und ganz ernst, es war nichts Unwürdiges dabei und nichts Verantwortungsloses.

Erst nachher merkte ich, wie himmelweit entfernt dieses Gespräch von allen Gesprächen lag, welche ich in der letzten Zeit über mich und meine Pläne geführt hatte. In einer ganz andern, neuartigen Region war es vor sich gegangen, mit völlig veränderten Maßen und Begriffen. Daß ich meiner (bis vor kurzem doch sehr akut gewesenen) Kabarett-Pläne keine Erwähnung getan hatte, war selbstverständlich; aber ich hatte nicht einmal von fernher daran gedacht, es war a priori indiskutabel gewesen, es war vorbei (ich bin auch seither – und ohne daß ich etwa einen besonderen »Entschluß« dazu gefaßt hätte – nicht mehr aufgetreten). Wenn Brod mir das erst hätte »ausreden« müssen, wenn er Wort und Argument hätte aufzuwenden gehabt dagegen – vielleicht wäre das dann für mich ein Grund, an der Richtigkeit und Gemäßheit dessen zu zweifeln, worauf er mich in jenem Gespräch hingelenkt hat. Aber es kam ja gar nicht zur Sprache, es zerflog von selbst in das Nichts, das es doch war, und blieb es auch – ohne daß ich sogleich handfesten Ersatz dafür gehabt hätte. Im Gegenteil. Wo ich jetzt stand, war doch ein neuer Beginn, ich mußte fast ganz von vorne anfangen und ohne die mindeste Rückversicherung auf meine bisherigen »Erfolge«.

Ich könnte es jetzt so darstellen, daß es mich – nochmals: ich war achtzehnjährig, eitel und verwöhnt – allerhand Überwindung gekostet hat, auf diese »Erfolge« nun plötzlich und in alle Zukunft zu verzichten. Vielleicht wäre eine solche Darstellung sogar glaubhafter. Aber sie wäre unwahr. In der Tat hat es mich überhaupt keine Überwindung gekostet und wurde mir ein Verzicht gar nicht bewußt: weil diese Problemstellung nicht existierte, weil es eine Alternative »Kabarett oder Literatur« für mich nicht gab und eigentlich nie gegeben hatte. Denn nicht zwischen Oberflächlichkeit und Verantwortung, nicht zwischen Kinderei und Ernsthaftigkeit hatte ich mich zu entscheiden, und überhaupt in keiner Alternative: ohne Übergang und dennoch beruhigend selbstverständlich hatte mich Max Brod vor die Unzahl der Möglichkeiten und Aufgaben gestellt, die es *innerhalb* der Verantwortung, *innerhalb* des Ernsthaften gab.

Wie übergangslos das geschehen war und wie unvorbereitet es mich betroffen hatte, kann ich vielleicht mit folgendem erhärten: mir fiel erst am nächsten Tag ein, daß die beiden von Brod zur Veröffentlichung angenommenen Gedichte doch unmöglich unter demselben Autornamen erscheinen könnten wie die Humoreske; im Manuskript war alles mit meinem damaligen Namen Fritz Kantor gezeichnet – und von dem würde man doch alles eher erwarten als Lyrik! Nein, ich war auf ein mögliches Erscheinen dieser Gedichte wirklich nicht gefaßt gewesen, ich hatte mir eine etwaige schriftstellerische Tätigkeit offenbar doch nur als Fortsetzung oder als Parallele des Kabaretts vorstellen können – wie anders war das jetzt alles. Ich ging zu Brod, erklärte ihm den Sachverhalt (den er nicht recht zu verstehen schien – als hätte er schon vergessen, daß er mich doch als Conférencier kennengelernt hatte), dann bildete ich aus der zweiten Silbe meines Vaternamens und dem Mädchennamen meiner Mutter einen neuen Namen, der mir kein bloßes Pseudonym bedeutete, sondern eben etwas Neues zu kennzeichnen hatte – und so stand als Verfasser der beiden Gedichte im »Prager Tagblatt« Friedrich Torberg angegeben, nachdem eine Woche vorher am gleichen Platz eine Humoreske von Fritz Kantor erschienen war. (Als ich nach etwa einem Jahr überhaupt aufhörte unter diesem Namen zu schreiben und ihn späterhin gänzlich ablegte, hatte auch das einen besonderen Sinn für mich und Brod muß ihn wohl verstanden haben.)